中国 历史与文明

Geschichte und Zivilisation Chinas

Inhalt

第一篇 日出东方——史前时代

Kapitel 1.

Die Sonne geht im Osten auf

-- Die vorgeschichtliche Zeit

Die chinesische Nation hat eine lange Geschichte. China ist einer der Geburtsorte der Menschheit, und hier stand eine der Wiegen der menschlichen Zivilisation.

Der Gelbe Fluss

I. Legenden aus grauer Vorzeit

Archäologische Fundorte von Relikten aus der Altsteinzeit in China

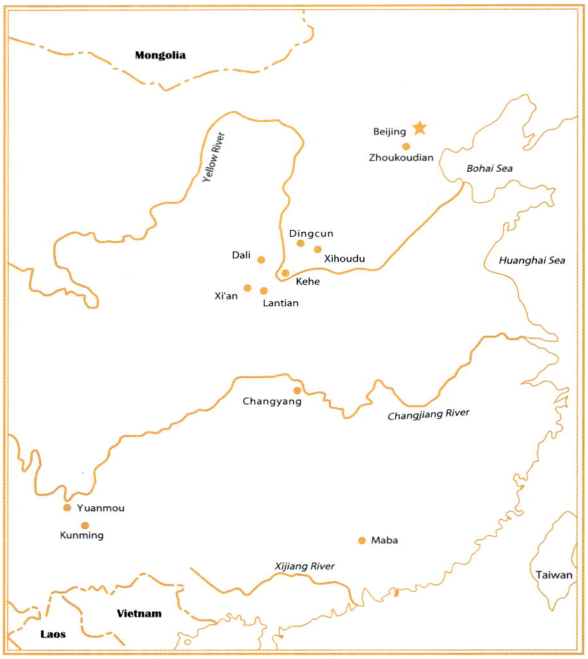

Der chinesischen Mythologie zufolge war Pan Gu der Schöpfer des Universums. Er trennte den Himmel und die Erde. Dann verwandelte er seine Körperteile in die Sonne, den Mond und die Sterne am Himmel, und in Gebirge, Flüsse, Land, Erde, Gras, Bäume, Wind und Wolken auf der Erde.

Der Mensch wurde von der Göttin Nüwa aus Erde geschaffen. Später Chaoshi, der Führer eines Stammes die Menschen, aus Holz einen Wetterschutz zu bauen. Auf diese Weise lernte der Mensch den Hausbau. Der Feuererfinder Suiren lehrte die Menschen, durch Reibungshitze mit Holz Feuer zu machen. Dadurch lernte der Mensch, das Feuer zu beherrschen. Gleichzeitig domestizierte die Göttin Fuxi Tiere, um die Menschen mit Fleisch zu versorgen, und der Mensch lernte Jagen und Fischen und begann mit der Viehzucht. Die Legende erzählt zudem, dass der Vorfahr der Menschheit, Fuxi, die primitiven Menschen kultivierte, indem er sie dazu überredete, Ehebeziehungen aufzunehmen. Durch Beobachtung des Himmels und der Erde hat er auch die acht Diagramme erfunden und die chinesische Schrift geschaffen, so dass der Mensch die frühen Methoden aufgab, Ereignisse durch Knoten in Bändern aufzuzeichnen. Der Yan-Kaiser Shennong erfand vor etwa 5000 Jahren pflugähnliche Feldwerkzeuge für die Urbarmachung des Landes und brachte seinem Volk den Ackerbau bei. Durch Versuche am eigenen Leib entdeckte er viele Heilkräuter. Er lehrte seinem Volk außerdem das Spinnen und die Herstellung von Keramik, und er richtete Märkte ein, damit die Menschen Tauschhandel treiben konnten. In der damaligen Zeit gab es keine Regeln oder Gesetze und weder Auszeichnungen noch Strafen. Die Menschen arbeiteten gemeinschaftlich und alle waren gesellschaftlich gleich. Weil es noch keine Ehebeziehungen gab, konnten die Leute ihre Mütter identifizieren, aber ihre Väter nicht. Frauen spielten eine dominante Rolle in der Gesellschaft, so dass diese Zeit auch matriarchalische Gesellschaft genannt wird. Nach und nach gingen viele Stämme zur patriarchalischen Gesellschaft über. Zwei der berühmtesten Stämme lebten am Oberlauf des Gelben Flusses. Der eine hatte Kaiser Huang Di als Stammesführer, während der andere von

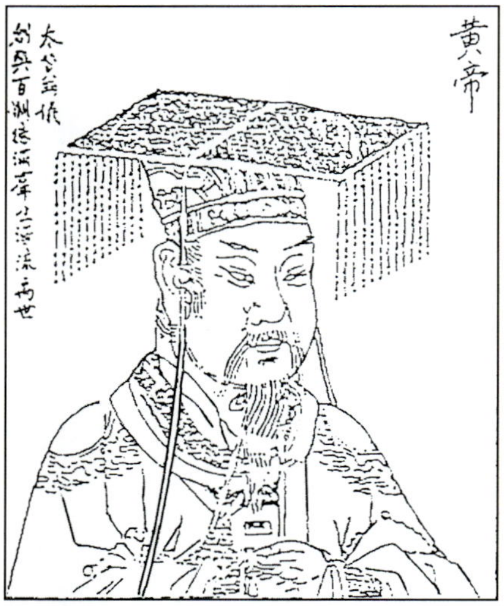

Huang Di

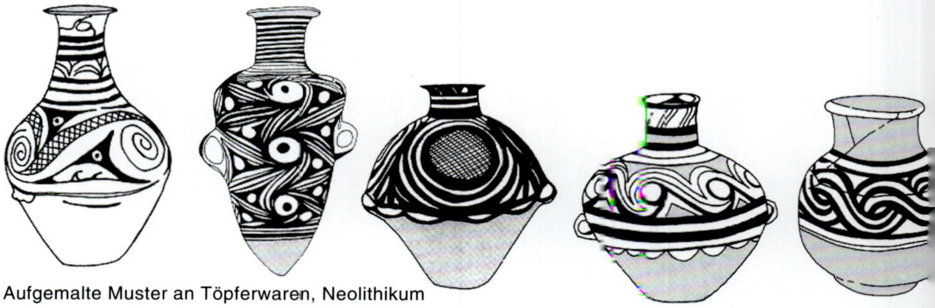

Aufgemalte Muster an Töpferwaren, Neolithikum

Tontopf, Neolithikum, Höhe 16,5 cm hoch, Ständer 12,5 cm hoch, ausgegraben in Cishan, Wu'an, Provinz Hebei

Bemaltes Tongefäß der Liangzhu-Kultur (3300-2200 v. Chr.)

Bemalte Tonschüssel mit Tanzszenen, Neolithikum, aus der Zongri-Kultur (ca. 3300-2050 v. Chr.), Höhe 12, 5 cm, Durchmesser 22,8 cm, ausgegraben in Zongri, Tongde, Provinz Qinghai

Das Grab von Kaiser Huang Di im Kreis Huangling, Provinz Shaanxi

Yan Di geführt wurde. Huang Dis Stammname war Ji oder Xuanyuan. Der Stamm von Huang Di stammte aus der Gegend, die heute als Shanbei bekannt ist. Später wanderte der Ji-Stamm in das südöstliche Tal des Gelben Flusses und ließ sich in der Gegend des heutigen Zhuolu, Provinz Hebei, nieder. Der Stammesname von Yan Di, vermutlich ein Nachkomme von dem Kaiser Shennong, lautete Jiang. Der von Yan Di geführte Stamm lebte zunächst ebenfalls in Shanbei und wanderte später den Weihe-Fluss und den Gelben Fluss entlang Richtung Osten in das Gebiet, das heute zur Provinz Shandong gehört. Ein anderer Stamm, die Miao, lebte im

Bemalte Tonschüssel mit Fischmuster und menschlichem Gesicht, aus dem Neolithikum, Durchmesser 50 cm, ausgegraben in Banpo, Xi'an, Provinz Shaanxi

Bemalte Tonschüssel mit Fisch- und Froschmuster, Neolithikum, Durchmesser 30,4 cm, ausgegraben in Jiang Zhai, Lintong, Provinz Shaanxi

Bemalte Tonschüssel mit eingeschnitzten Symbolen, Neolithikum, Durchmesser 34,2 cm, ausgegraben in Jiang Zhai, Lintong, Provinz Shaanxi

Fuxi, einer der drei „Sagen-Könige". Nach der Legende hat er die acht Diagramme erfunden und Schriftzeichen geschaffen

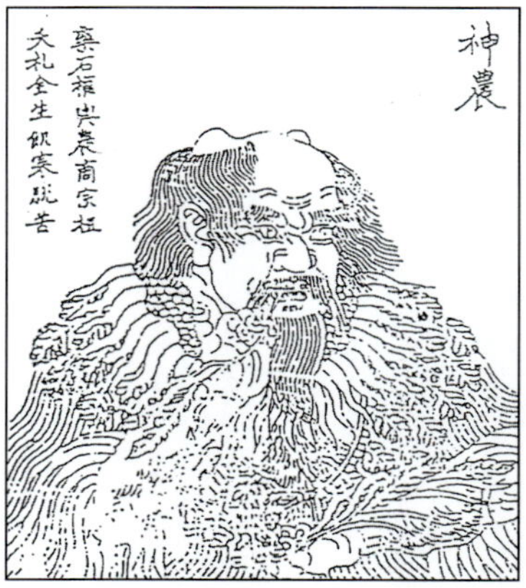

Shennong, auch Yan Di genannt, ist der Erfinder des Ackerbaus. Nach der Legende entdeckte er viele Heilkräuter durch eigene Versuche und kannte sich sehr gut in der Pharmakologie aus.

Cangjie, der Legende nach Schöpfer der chinesischen Schriftzeichen

Das Bild von Fuxi und Nüwa, Tang-Dynastie, Künstler unbekannt, Seidenrolle, 220 cm hoch, 116,5 cm breit

Shennong mit frühem Pflug, Steinrelief aus der Han-Dynastie, Wuliang-Halle für Vorfahrenverehrung

Menschliches Gesicht aus Ton, Neolithikum, 5,5 cm hoch, ausgegraben in den Dorfruinen in Zhaobaogou, Chifeng, Autonomes Gebiet der Inneren Mongolei

Yangtse-Huaihe-Becken und wurde von San Miao geführt. Ein vierter Stamm, auch Jiuli-Stamm genannt, war unter der Führung von Chiyou in den Provinzen Shandong und Zentral-Anhui aktiv.

Während der westlichen Expansion vergrößerte der Jiuli-Stamm sein Territorium durch Invasionen. Immer wieder überfiel er Huang Dis und Yan Dis Stämme. In der Folge brach ein heftiger Kampf zwischen den alliierten Streitkräften von Yan Di und Huang Di und dem Jiuli-Stamm am Rand von Zhuolu aus. Der Jiuli-Stamm wurde besiegt und Chiyou wurde enthauptet. Ein Teil des Jiuli-Stammes trat dem Stamm Yan und dem Stamm Huang bei. Die restlichen wanderten südlich in das Gebiet, das damals Jing und Chu (heute Hubei) genannt wurde. Allmählich vermischten sie sich mit dem Miao-Stamm. Später brachen drei heftige Kämpfe zwischen dem Stamm von Huang Di und dem Stamm von Yan Di in Banquan (heute zum Huailai-Kreis in der Provinz Hebei gehörend) aus, deren Ausgang war, dass Yan Di besiegt wurde. Die zwei Stämme verschmolzen sich weiter und ließen sich mit Teilen des Jiuli-Stammes in der Zentralebene nieder. Seitdem achtete und verehrte das Han-Volk Huang Di. Sie betrachteten ihn als den gemeinsamen Vorfahren der chinesischen Nation und nannten sich selbst Nachfahren von Yan-Huang oder Nachfahren von Huang Di.

Horn aus Ton aus der Dawenkou-Kultur (4300-2500 v. Chr.), ausgegraben in Linghe, Kreis Ju, Provinz Shandong

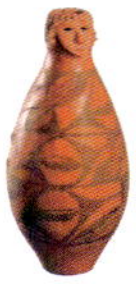

Drachen und Phönix, Malerei auf Seide, Streitende Reiche, 28 cm hoch, 20 cm breit, ausgegraben in Chu-Grab in Chenjia Dashan, Changsha, Provinz Hunan

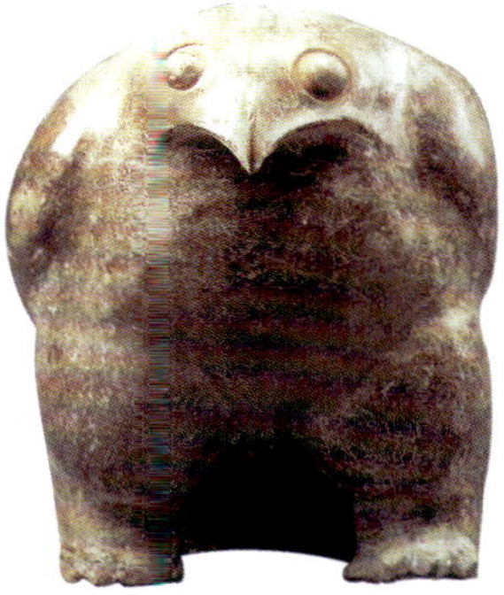

Eulenförmiger Dreifuß aus Ton, 23,3 cm hoch, ausgegraben in Dorf Huquan, Kreis Hua, Provinz Shaanxi

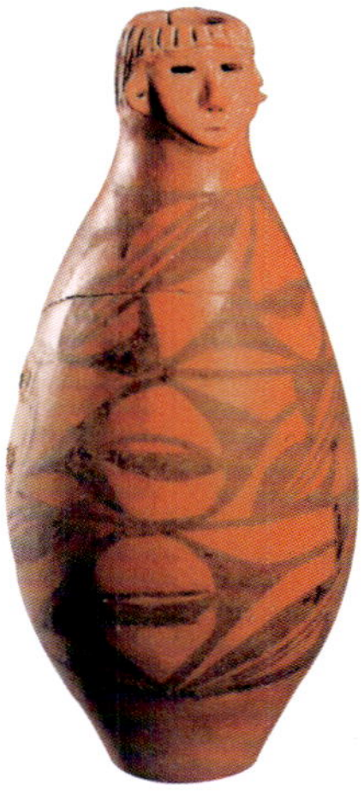

Bemalte Tonflasche mit einem menschlichen Gesicht an der Öffnung und einem flachen Boden, Neolithikum, 31,8 cm hoch, ausgegraben in Dadiwan, Qin'an, Provinz Gansu

Bemalte kürbisförmige Tonflasche mit Zeichnungen von Fischen und Vögeln, Neolithikum, 29 cm hoch, ausgegraben in Jiang Zhai, Lintong, Provinz Shaanxi

Polierter hervorgehobener schwarzer Tonteller mit einer vögelförmigen Stütze, 23,4 cm hoch, Durchmesser 36,2 cm

Bemalte Tonschüssel, Durchmesser 29 cm, ausgegraben im Dorf Huquan, Kreis Hua, Provinz Shaanxi

Viereckige Tonschüssel, 11,7 cm hoch, ausgegraben in Hemudu, Yuyao, Provinz Zhejiang

Schwarzer Essensbehälter mit zwei ohrförmigen Handgriffen, 13,9 cm hoch

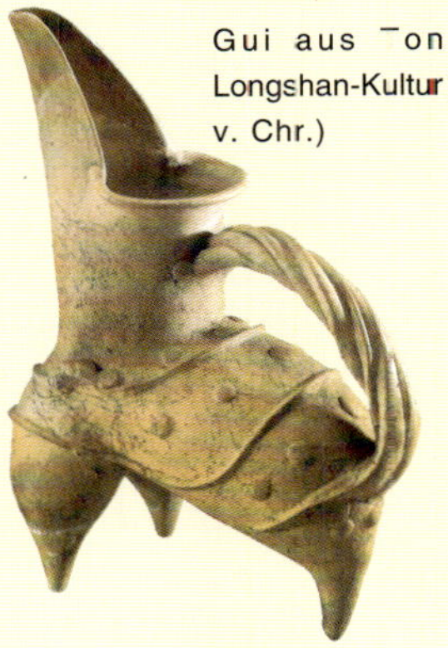

Gui aus Ton aus der Longshan-Kultur (2500-2000 v. Chr.)

II. Die Entdeckung der alten Gesellschaft durch archäologische Ausgrabungen

(Altsteinzeit: 1,7 Mio bis 10000 Jahren v. Chr.) (Neolithikum: 10000 bis 4000 v. Chr.)

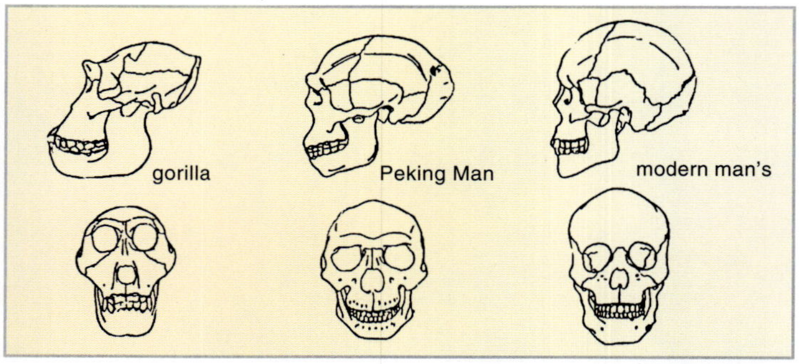

Vergleich der Schädel von Gorilla und Peking-Mensch und modernen Menschen

Die Shandingdong-Relikte, Zhoukoudian, Beijing

Woher kommt die Menschheit? Woher stammt die chinesische Nation? Die Forschungsergebnisse der Archäologie und Paläoanthropologie haben gezeigt, wie die Vorfahren der chinesischen Nation die Zivilisation entdeckten. Forschungen an dem in Shanxi entdeckten 45 Millionen Jahre alten Fossils des Zhaishu-Affenmenschen und an dem Fossil des 8 Millionen Jahre alten Lama-Affenmenschen sowie an dem Fossil des 1,7 Millionen Jahre alten Yuanmou-Menschen kamen zu dem Ergebnis, dass die frühen Vorfahren der Menschheit aus China stammten. Die steinzeitliche Epoche sah die Geburt der Zivilisation der chinesischen Nation.

Vor 1,7 Mio. Jahren hatte der Yuanmou-Mensch bereits gelernt, Steinwerkzeuge herzustellen. Vor 800000 Jahren wohnten die Lantian-Menschen im Gebiet des heutigen Kreises Lantian, Provinz Shaanxi. Forscher glaubten, dass diese Affenmenschen die ersten stehend laufenden Menschen waren, auch wenn sie sich etwas gebeugt gingen. Die von ihnen hergestellten Steinwerkzeuge waren rauh und unhandlich. Der Peking-Mensch, der vor 500000 Jahren in Zhoukoudian beheimatet war, konnte schon aus Holz und Knochen einfache Werkzeuge herstellen und diese verwenden. Vom Jinniushan-Menschen vor 280000 Jahren bis zum Dali-Menschen, Dingcun-Menschen, Maba-Menschen, Changyang-Menschen und Xujaiyao-Menschen vollzog sich schließlich die Evolution vom Affenmenschen zum Homo Sapiens. In der späten Altsteinzeit hatte der Homo Sapiens wie z. B. der Hetao-Mensch, der Shandingdong-Mensch (der Mensch der Oberhöhle), die Liujiang-Mensch, der Zuozhen-Mensch, der Xiacaowan-Mensch und der Ziyang-Mensch, schon die neuen Fertigkeiten des Schleifens und Bohrens usw. erworben und verwendete diese Fertigkeiten bei der Herstellung von Steinwerkzeugen. Außerdem wurden auch Schüssel und Schießbogen aus dieser Zeit gefunden.

In der Altsteinzeit hat sich der Affenmensch allmählich zum modernen Menschen entwickelt. Die gesamte Altsteinzeit war durch die Herstellung von geschlagenen Steinwerkzeugen gekennzeichnet. Im Neolithikum wurde der Mensch sesshaft und praktizierte zur Gewinnung von Ackerland die

Farbige Muster der Yangshao-Kultur

Restauriertes Haus aus der Banpo-Ausgrabungsstätte der Yangshao-Kultur

Mahlstein und Stab, Neolithikum. Der Mahlstein ist 56,5 cm lang, der Stab ist 41,5 cm lang, ausgegraben in Cishan, Wu'an, Provinz Hebei

Archäologische Fundorte von Relikten aus dem Neolithikum in China

Knochennadel der Shandingdong-Menschen

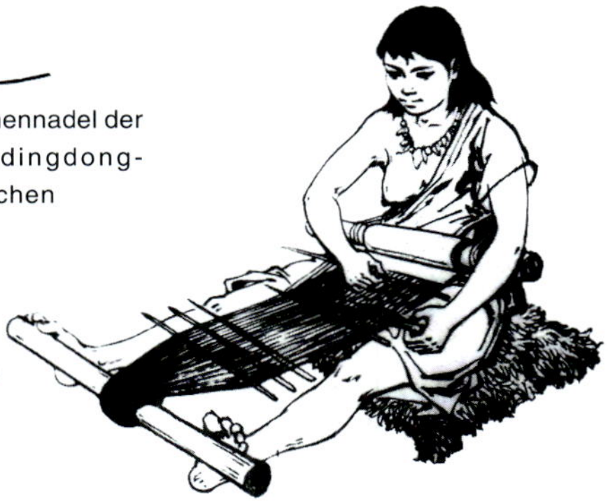

So weben vermutlich Frauen in der Frühheit

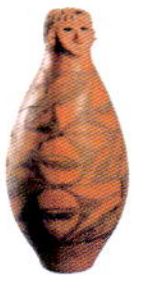

Brandrodung. Komplexe Steinwerkzeuge tauchten in dieser Zeit auf. Die älteste Fabrik für die Produktion von Steinwerkzeugen wurde bei Ausgrabungen der Überreste der alten Dayao-Kultur entdeckt. Mit Hilfe von scharfen Steinwerkzeugen begann der Mensch mit Jagen und Sammeln und verbesserte die Werkzeuge zum Fischen. Er lernte auch, Töpferwaren und hölzerne Werkzeuge herzustellen und Stoff zu weben. Dadurch verbesserte er die Produktion von Gütern.

In der frühen Phase der Menschheit lebten die Menschen in primitiven Gemeinschaften ohne Ehebeziehungen, um der unbarmherzigen Herausforderung durch die Natur gewachsen zu sein. Erst in der späten Phase der Altsteinzeit formte sich die Sippengesellschaft. Vor etwa 100000 Jahren trat die Sippengesellschaft schrittweise in die Zeit der matriarchalischen Gesellschaft ein. Vor etwa 6000 oder 7000 Jahren erreichte die matriarchalische Gesellschaft im Gebiet zwischen Gelbem Fluss, dem Yangtse und Perl-Fluss ihren Höhepunkt. In dieser Zeit spielten Frauen eine dominante Rolle in der Gesellschaft: Familieneigentum wurde von der mütterlichen Seite vererbt und die Positionen in der Familienhierachie wurden gleichfalls mütterlicherseits bestimmt. Es etablierte sich ein System der Exogamie.

Die Jiangzhai-Ausgrabungsstätte im Kreis Lintong in der Provinz Shaanxi förderte relativ gut erhaltene Überreste eines Dorfs im Becken des Gelben Flusses zutage, das vor etwa 4600 bis 3600 Jahren bestand und dies sind die bisher größte Ausgrabung der Dorfruinen aus dem Neolithikum in China. Sie hat die Sozialstruktur und die Lebensweise in der matriarchalischen Gesellschaft verdeutlicht.

In der späten Jungsteinzeit schließlich spielten Männer eine dominante Rolle in unterschiedlichen produktiven Aktivitäten. Nach und nach gingen alle Stämme zur patriarchalischen Sippengesellschaft über. Familieneigentum wurde von der väterlichen Linie geerbt und die Positionen in der Familienhierachie wurden von der väterlichen Linie determiniert. Jagd und Fischerei standen damals in den produktiven Aktivitäten der Menschen nach der archaischen Landwirtschaft und Häuslichen Viehzucht nur an zweiter Stelle. Die landwirtschaftliche Produktion und häusliche Viehzucht lag primär in der Hand der Männer, in diesem Bereich waren früher vor allem Frauen beschäftigt und sie spielten nun eine untergeordnete Rolle. Frauen beschränkten sich zu dieser Zeit eher auf die Hausarbeit wie Weben. Ein wichtiges Symbol der patriarchalischen Sippengesellschaft war das Aufkommen eines festeren und dauerhaften monogamischen Systems der Ehebeziehungen. Die gemeinsamen Gräber von erwachsenen Männern und Frauen tauchten zum ersten Mal in der späten Phase der Dawenkou-Kultur auf. Der Mann war unveränderlich in der Mitte mit je einer Frau zu beiden Seiten, die mit dem Gesicht nach oben oder dem Mann gewendet lagen. Diese Phänomen zeigt, dass die Eheform eine dramatische Veränderung erfuhr.

So sah vermutlich der Ackerbau im Neolithikum aus.

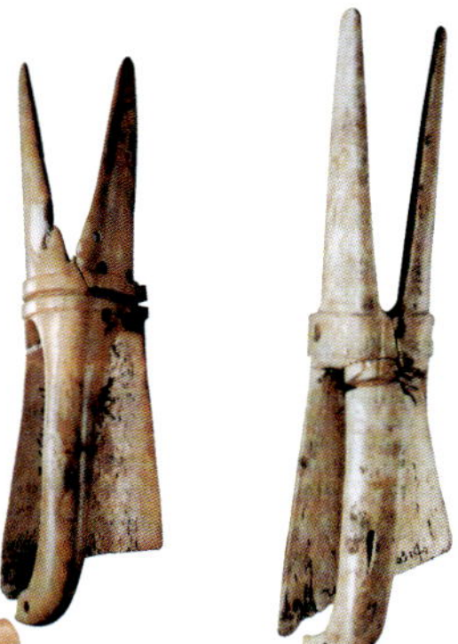

Gabelförmige Knochenwaren, 15,8 cm hoch, ausgegraben in Jiahu, Provinz Henan

Knochenflöte, 22,2 cm lang, ausgegraben in Jiahu, Provinz Henan

Nachbildung des Jiangjun-Felsbildes in Lianyungang, Provinz Jiangsu

III. Die Entdeckung der Ästhetik

Das Streben nach Ästhetik geht bis auf die ersten primitiven Gesellschaften zurück. In der frühen Steinzeit entstanden mannigfaltige Kulturen. Die verschiedenen Stämme schufen ihre eigenen Kulturen mit jeweils deutlichen Besonderheiten. Unter den Hinterlassenschaften der Shandingdong-Menschen befanden sich nicht nur die von ihnen gebrauchten Werkzeuge und Überreste verzehrter Tiere, sondern auch mit großer Sorgfalt hergestellte Schmucksachen wie z. B. durchbohrte Tierzähne, Kieselstein, geschliffene Vogelknochen und steinerne Perlen. All dieser Schmuck zeigt die Suche der primitiven Menschen nach Schönheit.

Bunt bemalte und schwarze Töpferwaren waren symbolisch für die Entwicklung der Zivilisation. Unter den in den Überresten der Yangshao-Kultur ausgegrabenen Gegenständen gibt es schöne handgemachte Terrakotta und unglasierte Töpferwaren. Darauf waren Tiere, Pflanzen und geometrische Muster aufgemalt. Die von den Banpo-Menschen hergestellten Töpferwaren sind mit schwarzen oder roten Mustern in Formen von Wirbeln, Wellen, geometrischen Formen, Blumen, Hirschen und Fischen mit einem menschlichen Gesicht usw. verziert. Die Gestalt und Form von manchen bemalten Töpferwaren sind geradezu elegant.

Die Hongshan-Kultur, die in der heutigen Provinz Liaoning beheimatet was, ist die großartigste Entdeckung der Steinzeit. In Xishuiquan im Kreis Chifeng wurde die kleine Tonstatue einer Frau entdeckt. Sie wurde mit braunem Lehm geformt, mit stehenden Brüsten und schmaler Hüfte. Der untere Teil des Körpers hat die Gestalt einer Trompete. In Dongshanzui nahe dem Ort Kazuo der Provinz Liaoning wurden einige Tonstatuen von nackten Frauen mit zerbrochenen Köpfen ausgegraben, deren Körper Anzeichen von Schwangerschaft zeigen. Diese Statuen repräsentierten wahrscheinlich die Göttin der Fruchtbarkeit, die von Leuten damals verehrt wurde.

Jagen und Sammeln waren weitere Themen, die von den frühen Menschen dargestellt wurden. Die heute vorhandenen frühzeitlichen Darstellungen sind hauptsächlich in Felsen eingraviert oder darauf gemalt. Zu den berühmtesten Felsbildern zählen die Cangyuan-Felsbildern in Yunnan, die Huashan-Felsbilder in Guangxi, die Jiangjun-Felsbilder in Liangyungang, die Hutubi-Felsbilder in Xinjiang, die Gangcha-Felsbilder in Qinghai und die Heishan-Felsbilder in der Nähe von Jiayuguan. Diese Felsmalereien haben gesellschaftliche und produktive Situationen sowie die Gruppenorganisation der frühen Menschen zum Thema. Manche davon beschreiben auch religiöse Aktivitäten, Dörfer, Kriege und Tanzszenen. Es gibt Felsbilder von Vögeln, Fischen und Steinäxten die im einfachen und ungekünstelten Stil gehalten sind. Sie präsentieren ein anschauliches Thema in lebendigen Bildern. Der Ursprung mancher grundsätzlicher Techniken der

Symbolzeichen an Töpferwaren aus der Majiayao-Kultur

Ein weiter Blick von Hongshan an der südlichen Seite des Yingjin-Flusses in Chifeng, Innere Mongolei

Aufgemalte Muster an Töpferwaren aus dem Neolithikum

Jadefigur, Spätes Neolithikum, 8,1 cm hoch, ausgegraben in Lingjiatan, Hanshan, Provinz Anhui

Jadefigur, spätes Neolithikum (ca. 30. Jh.-26. Jh. V. Chr.), 9,6 cm hoch

Guiaus Ton, 33 cm hoch, ausgegraben im Zhufeng-Grab der Longshan-Kultur, Linqu, Provinz Shandong

Yan aus Ton (ein altes Kochgefäß mit einem Rost), 50 cm hoch, ausgegraben in Pingliangtai, Huaiyang, Provinz Henan

chinesischen Malerei wie z. B. Strichzeichnung und Farbfüllung kann auch auf diese Felsbilder zurück geführt werden.

Verschiedene Materialien wie Knochen, Zähne, Töpferwaren und Stein wurden für die Schnitzkunst verwendet. Das vögelförmige Knochenmesser der Hemudu-Kultur, die ausgehöhlte Elfenbeinbüchse von Dawenkou und das Reliefportrait vom Yuanyang-Teich, das in der Provinz Gansu entdeckt wurde, sind von hohem künstlerischem Niveau. Der Rand der farbigen Tonflasche, die in Miaodigou ausgegraben wurde, ist ein rundgeschnitztes Kopfbild mit herabhängendem Haar. Die Augen, der Mund und die Nasenhöhlen sind ausgehöhlt. Der Übergang zwischen Kopf und Körper war größtenteils veranschaulicht. Die Flasche gilt als ein Meisterstück der grauen Vorzeit.

Musik und Tanz sind ebenso alt wie die Menschheit. Im Kreis Datong der Provinz Qinghai wurde eine bemalte Tonschüssel aus dem Neolithikum freigelegt. An der Innenwand der Tonschüssel sind lebendige Malereien mit Tanz zu sehen. Die bisher freigelegten frühzeitlichen Musikinstrumente umfassen Xun aus Ton (ein eiförmiges Blasinstrument mit Löchern), eine Knochenpfeife, Tontrommeln und Tonglocken sowie Glocken aus Bambus, Holz, Seide usw. Mit der Geburt der Musikinstrumente begannen die Menschen, die Beziehungen zwischen unterschiedlichen Tönen zu erkennen und eine Tonskala zu entwickeln. Ein Xun-Instrument aus Ton, das in Kreis Wantong ausgegraben wurde, kann vier verschiedene Töne spielen. Über zehn Knochenflöten wurden in Wuyang, Provinz Henan, gefunden. Die meisten haben sieben Löcher und können entsprechend sieben Töne spielen. Manche dieser Xun funktionieren auch heute noch.

Tonstatue einer nackten Frau mit Schuhen

IV. Übergang zur Zivilisation

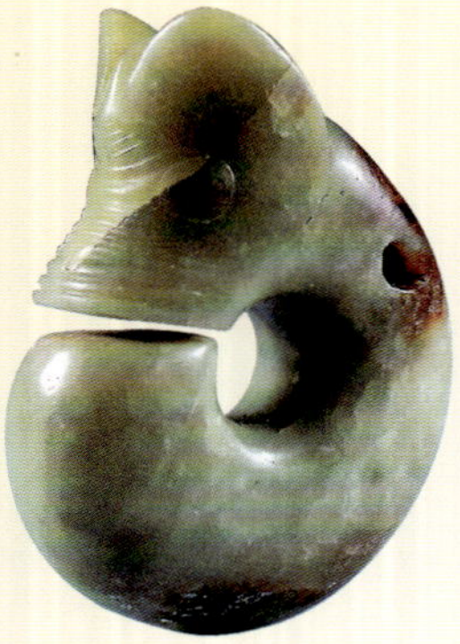

Schweineähnlicher Jadedrachen, Neolithikum, Hongshan-Kultur (ca. 3. Jh. v. Chr.), 7,9 cm hoch, 5,6 cm breit, ausgegraben in Niuheliang, Lingyuan, Provinz Liaoning

Steinerner Eule 2,5 cm lang

Phönixförmiger Jadeschmuck in Zierrahmen (ca. 25.-21. Jh.v. Chr.) ausgegraben im Kreis Li, Provinz Hunan

Die urzeitliche Kultur ist die Wurzel der chinesischen Zivilisation. Verschiedene Sippen, die ihre produktiven Tätigkeiten unter unterschiedlichen Bedingungen ausführten, schufen frühe Kulturformen mit jeweils eigenen Besonderheiten.

Das Flussgebiet des Gelben Flusses war die Wiege der chinesischen Shu-Mai (Hirse-Weizen)-Landwirtschaft. Die vergleichsweise vollendeten landwirtschaftlichen Werkzeuge und Tierhaltung wie die von Hühnern, die in den Überresten der Pei-Ligang-Kultur in Henan und der Ci-Berg-Kultur in Hebei, die vor 7000 oder 8000 Jahren bestanden, freigelegt wurden, zeigen, dass China das erste Land auf der Welt ist, das Hühner züchtete.

Die Hemudu-Kultur in Zhejiang entwickelte die Technik des Reisanbaus. Ausgegrabene karbonierte Reiskörner wurden als künstlich angebaut identifiziert und belegen somit die älteste Reiskultur auf der Welt. Zwei weitere Sorten von Reiskörnern wurden als Japanreis und Indienreis identifiziert.

Primitives Weben war eine Art von Handwerk in seiner ältesten Form. Es griff manche Techniken aus der Herstellung von Bambuswaren auf. Im Neolithikum kannte die manuelle Weberei zwei Methoden, nämlich Flachweben und Hängeweben. Die älteste Seide wurde in den Überresten der Liangzhu-Kultur in Huzhou, Provinz Zhejiang, ausgegraben. Das einzige Webwerkzeug zu dieser Zeit war das Weberschiffchen.

Zur gleichen Zeit kamen religiöse Vorstellungen auf. Religiöse Konzepte und Vorstellungen wie die Verehrung von Phallus, Sonne und anderen Göttern wurden in den Felsbildern und Schnitzereien, in der Gestaltung von Häusern und der Grabanlagen zum Ausdruck gebracht. Die Hongshan-Kultur in der heutigen Provinz Liaoning ist das wichtigste Beispiel der neusteinzeitlichen Kultur. Der mit Stein gebaute Komplex, der am Fuß des Berges Kazuodong entdeckt wurde, und die in Niuheliang entdeckte Ruine eines Tempels zur Verehrung einer Göttin sind hauptsächlich quadratisch und zur Hälfte unterirdisch. Der Tempel, einige Gruppen von Steingräbern und ein ummauerter Platz, vielleicht eine Burg, die eine Fläche von etwa 40000 Quadratmeter bedeckte, waren die Orte, wo die frühzeitlichen Menschen den Göttern und den Vorfahren opferten. Im Tempel der Göttin wurden einige feingefertigte und zynisch gestaltete Töpferwaren gefunden, die Opferzwecken dienten. Dies verdeutlicht, dass viele Opferzeremonien im Tempel stattfanden und zu dieser Zeit vergleichsweise fortgeschrittene

Jadedrachen, 21 cm lang, 26 cm hoch, ausgegraben in Sanxingtala, in der Banner Ongniud, Autonomes Gebiet der Inneren Mongolei

Adler aus Jade, 8,4 cm lang, ausgegraben in Lingjiatan, Hanshan, Provinz Anhui

frühzeitlichen Gruppen aufkamen. Ein schweineähnlicher Drachen aus Jade, ein halbkreisförmiger Anhänger mit zwei Drachenköpfen aus Jade und die Überreste des Unterkiefers von einem bunt bemalten schweineähnlichen Drachen sind die ältesten Drachenbilder aus der grauen Vorzeit, welche die Archäologie kannte. Jade wurde zu vielfältigen Schmuckwaren oder kleinen Figuren wie Seeschildkröten und Vögeln verarbeitet. Solche Figürchen wurden in der Nähe von Steinbauten für Gedenkfeiern entdeckt. Sie stehen für religiöse Symbole oder waren für religiöse Zwecke bestimmt.

Lehmstatue einer Göttin, ausgegraben im Tempel in Niuheliang, Lingyuan, Provinz Liaoning

Cong aus Jade, 4,5 cm lang, ausgegraben in Liangzhu, Yuyao, Provinz Zhejiang

Tierförmiges Doppelgefäß aus Ton, Neolithikum, 32 cm lang, ausgegraben in Karuo, Changdu, Tibet

Bemaltes Dou - Tongefäß der Dawenkou-Kultur (4300-2500 v. Chr.), 29,3 cm hoch, ausgegraben in Dawenkou, Tai'an, Provinz Shandong

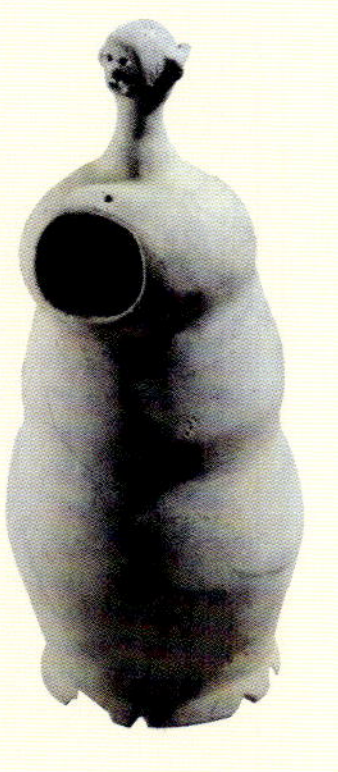

Tonkrug mit menschlichem Kopf (ca. 40.-30.Jh. v. Chr.), 21 cm hoch, ausgegraben in Dafen, Jiaxing, Provinz Zhejiang

第二篇 青铜时代——夏、商、周

Kapitel 2

Die Bronzezeit

-- Die Xia -, die Shang - und die Zhou - Dynastie

Die Xia war die erste Dynastie in China.
Die Shang bildet den Anfang der schriftlich niedergelegten Geschichte
In der Zhou-Dynastie erfolgte die Einigung Chinas, eine wichtige Phase für die Bildung der chinesischen Nation.

Ruine von Sanxingdui, Guanghan, Provinz Sichuan

I. Xia - Die erste Dynastie

(ungefähr von 2070 v. Chr. bis 1600 v. Chr.)

Könige der Xia

1 Siyu – 2 Qi – 3 Taikang, 4 Zhongkang – 5 Xiang – 6 Shaokang – 7 Zhu – 8 Huai – 9 Mang – 10 Xie – 11 Bujiang, 12 Jian – 13 Yinjia, 14 Kongjia – 15 Gao – 16 Fa – 17 Lugui Jie

Shun Di

Nach der Legende gewann Da Yu (Großer Yu) im 21. Jahrhundert vor Christus dank seiner großen Leistungen in der Bekämpfung von Überschwemmungen das Vertrauen der Menschen. Daraufhin wurde er zum Oberhaupt seines Stammes ausgewählt. Weil Yu in einem Ort namens Xia mit dem Titel belehnt wurde, bekam sein Stamm auch diesen Namen. Da Yu führte sein Volk bei der Weiterentwicklung der Landwirtschaft und unternahm Feldzüge gegen den Sanmiao-Stamm im Süden. Er lud viele Stammesfürsten auf den Berg Tu ein und hielt dort eine Konferenz ab. Er machte Inspektionsreisen in den Süden und Jagdzüge in den Norden. Er teilte auch den Staat in neun Verwaltungsbezirke und führte in der Waffenherstellung Bronze ein und erschloss die Bodenschätze des Landes. In den späten Jahren seines Lebens empfahl Da Yu, Gaotao zum seinem Nachfolger zu machen. Jedoch starb Gaotao unerwarteterweise vor Yu, und Boyi wurde als neuer Nachfolger bestimmt. Doch ergriff Qi, Yus Sohn, gestützt auf den Einfluss seiner Familie nach dem Tod seines Vater die höchste Macht und gründete den ersten Staat in China, die Xia. Damit war das bisherige Prinzip aufgelöst, dass der Herrscher vor seinem Tod einen qualifizierten Nachfolger bestimmte, der keineswegs notwendigerweise zu seinem Nachkommen zählte. Stattdessen etablierte sich ein familiäres Nachfolgersystem. In alten Zeiten wurde das als Beginn eines Systems betrachtet, in dem der Herrscher über das Land wie über seine Familie bestimmte.

Da Shun (ehrende Anrede für Shun) pflügt das Feld, Steinziege-Schnitzerei, Jin-Dynastie, ausgegraben in Jishan, Provinz Shanxi

Die Überresten der späten Xia-Paläste sind zwischen den Ruinen von Erlitou nahe der Stadt Yanshi in der Provinz Henan verteilt. Der Komplex wurde auf einer großen Plattform aus Stampflehm gebaut. Die Plattform ist quadratisch, in Ost-West-Richtung 108 m lang, in Süd-Nord- Richtung 100 m breit und bedeckt eine Fläche von ca. 10000 Quadratmeter. Der staatliche Aufbau des Xia-Reiches war relativ einfach. Der König war der höchste Herrscher des Landes. Die Ämter Xishi und Heshi waren für die Beobachtung der Himmelskörper und die vier Jahreszeiten zuständig. Die Ämter Muzheng, Chezheng und Paozheng waren für die Verwaltung verantwortlich. Gefängnisse namens „Xiatai" wurden eingerichtet. Das Xia-Reich war in neun Verwaltungseinheiten aufgeteilt und entsprechend wurden neun Gouverneure bestellt. Xishi

Der Plan der Xia-Dynastie

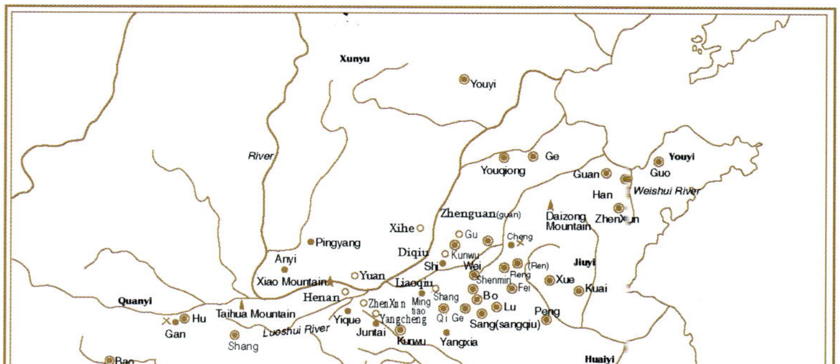

Bronzekanne (ein Dreifuß zum Erwärmen von Wein), zu Ende der Erlitou-Kultur (17.-14. Jh. v. Chr.), ausgegraben in Erlitou, Yanshi, Provinz Henan

Yu der Große, Führer der Xia-Dynastie

Hauptstädte der Xia-Dynastie

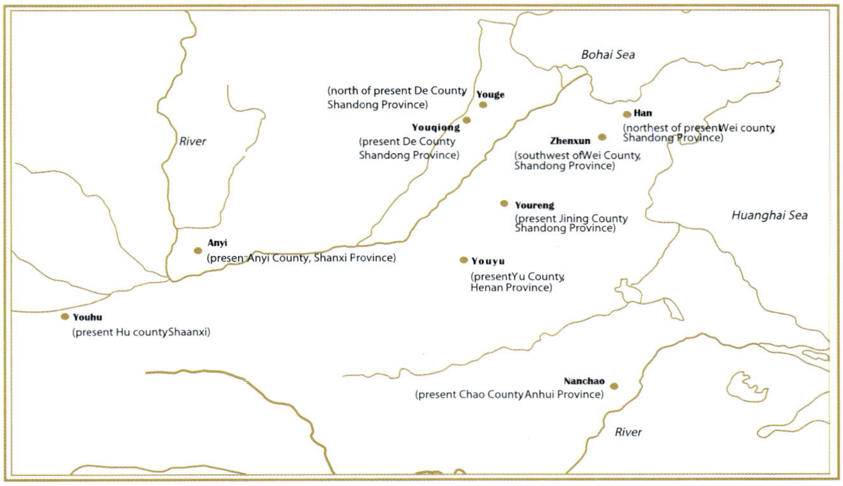

Bronzeschmuckteller mit einem eingelegten Tiermaskenmotiv aus Türkis, Xia-Dynastie (ca. 21. Jh.-16. Jh. v. Chr.) ausgegraben in Erlitou, Yanshi, Provinz Henan

und Heshi erarbeiteten einen Kalender, der „Xia Xiao Zheng“ genannt wurde und das Jahr in 12 Monate einteilte. Sie zeichneten auch die monatliche Konstellation und Bewegung der Sterne, geeignete Ackerbautätigkeiten entsprechend der unterschiedlichen Lebenszuständen der Pflanzen und Tiere in verschiedenen Monaten.

Landwirtschaft war die Hauptsäule der sozialen Wirtschaft des Xia-Reiches. Die Xia-Menschen lebten auf dem Lössplateau des Gelben Flusses, das durch Ablagerung feinpulveriger Sedimente geformt wurde. Sie begannen, primitive Werkzeuge aus Holz und Stein in der Feldbestellung zu verwenden und wussten schon, wie man Kanäle für Bewässerung gräbt und Felder durch Brunnen bewässert. Mit der Entwicklung der Landwirtschaft entstand ein Überangebot an Getreide, was zur Entwicklung der Brauindustrie führte. Alkoholische Getränke waren die regelrechte Mode bei den Xia-Menschen.

Auch in Hinsicht auf die Produktion der Ton-, Stein- und Bronzewaren hat man in der Xia-Dynastie Erfolge erzielt. Die Töpferwaren wurden gewässert, bevor sie das Brennofen verließen. Deshalb waren die meisten der Töpferwaren von schwarzer oder grauer Farbe und von harter Beschaffenheit . Außer Korb-, Karo- und Schnurmustern gab es noch weitere feine Muster wie Nagelmuster, Federmuster und Linienmuster. Bronzegießerei war eine neu entwickelte Industrie, deren Technik recht fortschrittlich war. Die Ruinen von großen Palästen, die in Erlitou nahe der Stadt Yanshi in der Provinz Henan gefunden wurden, stimmen mit den in historischen Dokumenten niedergelegten Informationen überein. An den in Erlitou und in den Ruinen der Dawenlou-Kultur ausgegrabenen Gegenständen gab es über 20 verschiedene eingeschnitzte Zeichen. Diese Zeichen zeigten bereits die Strichformen der chinesischen Schriftzeichen. Außerdem wurde in Erlitou einige Werkzeuge für die Wahrsagerei gefunden. Die meisten davon waren nicht beschriftet oder sons twie bearbeitet. Musikinstrumente aus der Xia-Dynastie z. B. steinerne Glockenspiele, tönerne Blasinstrumente mit Löchern und Glocken aus Ton wurden auch ausgegraben. Die Leute konnten nach der „Shao-Musik“ der Xia-Dynastie singen und tanzen, die - so ist überliefert - eine schöne Melodie hatte.

Ein Bild von der Feier für Da Yus Erfolge in der Bekämpfung von Überschwemmungen (Da Yu ist ehrende Anrede für Yu), Steinmetzarbeit aus dem Pavillon für Kaiser Yu in Kaifeng, Provinz Henan

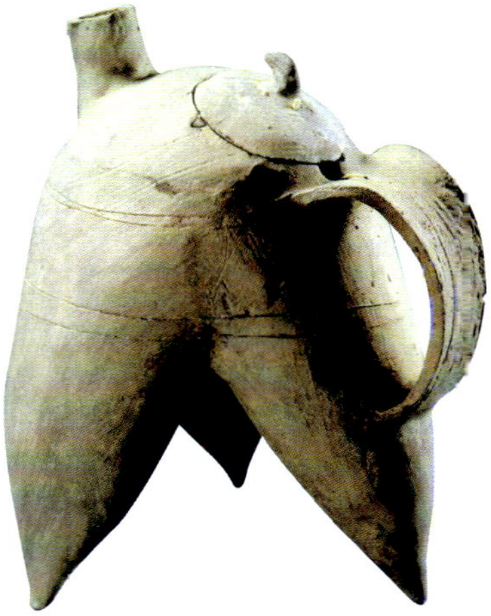

Bronzekanne, Xia-Dynastie (17. -14 v. Chr.), ausgegraben in Erlitou, Yanshi, Provinz Henan

Mausoleum Dayus in Shaoxing, Provinz Zhejiang

II. Die Shang-Dynastie

(ungefähr von 1600 v. Chr. bis 1046 v. Chr.)

Könige der Shang-Dynastie

Der Plan der Shang-Dynastie

Die Shang-Dynastie geht zurück auf einen alten Stamm, der am Unterlauf des Gelben Flusses lebte. Der Stamm gehörte zu den Yi-Stämmen im Osten, die schwarze Vögel verehrten. Seit seiner Etablierung bis zur Zeit des Königs Tang wechselte der Shang-Stamm acht mal sein Zentrum der Aktivitäten, bis König Tang sich in Bo niederließ. Als die Macht der Xia-Dynastie sich in ihrer Spätzeitabschwächte, trafen Shang geheime Abmachungen mit neun Yi-Stämmen und besiegten die Xia in Mingtiao (heute Fengqiu in Henan). Jie, der letzte König der Xia-Dynastie, floh daraufhin nach Nanchao (heute Chaohu in Anhui). Die Führer von drei tausend anderen Stämmen unterstützten Tang als ihren König. So gründete Tang im 16. Jh. v. Chr. dann die Shang-Dynastie.

Der Einflussbereich der Shang-Dynastie reichte wesentlich weiter als der der Xia. Die Könige der Shang nützten alte Überreste der Xia-Paläste und bauten ihre eigenen Paläste und Tempel im Süden des Dorfs Erlitou nahe der Stadt Yanshi in der Provinz Henan. Diese Bauten zählen zu den ältesten heute erhaltenen Tempeln und Palästen in China. Ihre Baustile und -formen übten weitreichenden Einfluss auf spätere Zeiten aus. Die in der heutigen Stadt Zhengzhou gefundenen Ruinen einer Shang-Stadt erstrecken sich über eine Fläche von 25 Quadratkilometern. Dort gibt es Stadtmauern, Überreste von Fundamenten aus Stampferde und verschiedene Werkstätten. Im Zentrum der

Kaiser Chengtang

Elfenbeinbecher mit eingelegtem Türkis, Shang-Dynastie (ca. 16. –11.Jh. v. Chr.), 30,3 cm hoch, ausgegraben im Fuhao-Grab, Anyang, Provinz Henan

Bronzetiger mit zwei Schwänzen, Shang-Dynastie (ca. 16. –11. Jh. v. Chr.), 53 cm lang, ausgegraben in Xingan, Provinz Jiangxi

Überreste des Fundaments von einem Gebäude aus der Shang-Dynastie in Dongbeidi, Xiaotun, Anyang, Provinz Henan

Mao-Speer aus Bronze, von der Qijia- bis zur Kayue-Kultur (ca. 20.-11. Jh. v. Chr.), 61 cm hoch, ausgegraben in Shenna, Xining, Provinz Qinghai

Überreste der Fundamente des westlichen Teils von dem Shang-Palast in Yanshi, Provinz Henan

Überreste eines Shang-Palasts am nördlichen Ufer des Gelben Flusses

Fundorte von Ruinen der Shang-Dynastie

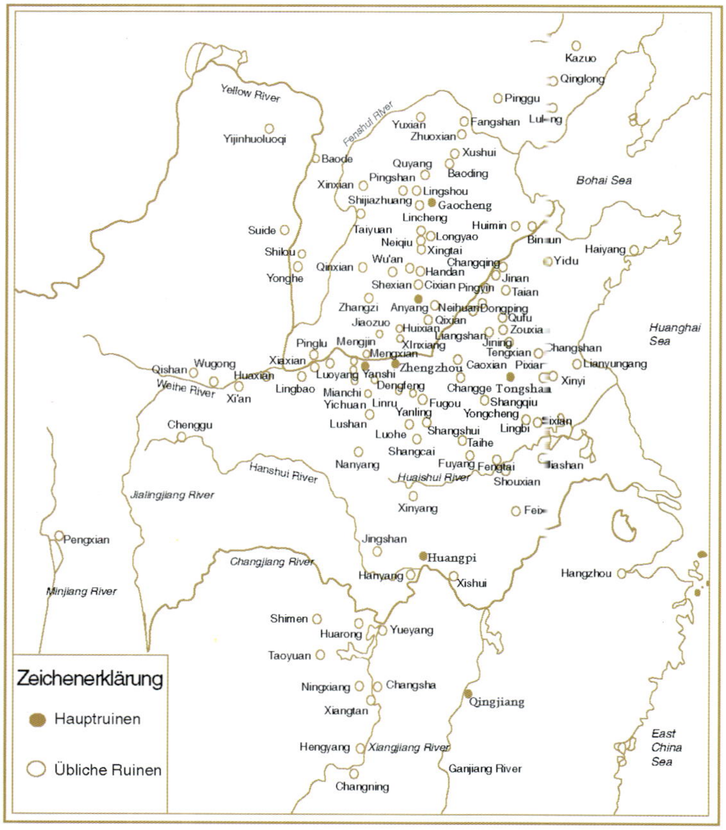

Elefantenförmiges Zun, Ende der Shang-Dynastie, 22,8 cm hoch, 26,5 cm lang, ausgegraben in Liling, Provinz Hunan

Ausgrabungsstätte befand sich eine 7 km lange Palastmauer. Die Ruinen der Paläste nehmen eine Fläche von über 60000 Quadratmetern ein. Die in Ton geritzten Schriftzeichen „Bo“ und „Bo-Bezirk“, die in den Ruinen gefunden wurden, zeigen, dass sich an diesem Ort die Tempel und das Führungszentrum der Frühzeit der Shang-Dynastie befanden.

Um Naturkatastrophen zu bekämpfen, verlegten die Shang mehrmals ihre Hauptstadt, bis der König Pan Geng im 14. Jh. v. Chr. die Hauptstadt nach Yin verlegte (im Nordwesten von Anyang in der Provinz Henan) und sich dort niederließ. Von da an bestand die Shang-Dynastie noch 225 Jahre lang und sah 12 Könige aus 8 Generationen. Seit der Umsiedlung nach Yin erlebte die Shang-Dynastie unter der Führung ihres Königs Wuding ihre Blütezeit. Wuding unternahm viele militärische Feldzüge gegen die angrenzenden Stämme und Staaten. Er eroberte die Städte Tu Fang und Gui Fang im Nordwesten und errang Siege in den Kriegen im Becken des Hanjiang-Flusses im Süden. Dadurch wurde das Territorium des Shang-Reiches erheblich erweitert. Auf den König Wuding folgten mehrere Könige, die eher ihr Vergnügen als die Staatsangelegenheiten im Auge hatten. Der letzte König, Zhou, ist in der Geschichte als berüchtigter Tyrann bekannt. Er baute prächtige Paläste und Gärten und führte ein Leben voller Ausschweifungen. Daraufhin ergriff König Wu des kleinen Staates Zhou am Fuß des Bergs Qi in der Provinz Shaanxi die günstige Gelegenheit und startete 1046 v. Chr. einen östlichen Feldzug gegen König Zhou. Bald erreichte Wu Chaoge (heute die Kreisstadt in der Provinz Henan), die Hauptstadt des Shang-Reichs. Die Niederlage vor Augen beging der König Zhou der Shang Suizid durch Selbstverbrennung. Somit ging die Shang-Dynastie zu Ende.

In der Shang-Gesellschaft verfügte der König über die höchste Macht. Bevor der König Pan Geng nach Yin umzog, folgte nach dem Erbprinzip der jüngere Bruder auf den Thron des älteren Bruders, oder der Sohn auf den Thron seines Vaters. Nach dem Umzug von Pan Geng nach Yin etablierte sich das Erbsystem des Machtwechsels vom Vater zum Sohn. Niedriger im Rang als der König waren die Adligen. Nach historischen Aufzeichnungen gab es etwa 20 adlige Familien in der Shang-Dynastie.

Si Yang Fang Zun (Vierschaf-Vierfuß), Ende der Shang-Dynastie, 58,3 cm hoch, Randdurchmesser 52,4 cm lang, ausgegraben in Ningxiang, Provinz Hunan

Si Mu Wu (Vierfüßiger Behälter), Ende der Shang-Dynastie, 133 cm hoch, Rand 110 cm lang und 79 cm breit, ausgegraben in Anyang, Provinz Henan

Jedoch waren die einfachen Leute die wichtigsten Schöpfer des Reichtums. Sie verrichteten nicht nur schwere produktive Arbeit, sondern mussten auch Wehrdienst leisten. Sie wurden unterdrückt und dienten als Arbeitssklaven in der untersten Sozialschicht. Sie verrichteten Schwerstarbeit, konnten willkürlich getötet oder gar lebendig mit Toten oder Getöteten begraben und den Vorfahren geopfert werden. Viele Überreste solcher Menschenopfer wurden in den Ruinen von Yin gefunden. Die Tötungsmethoden umfassten Enthaupten, Zergliedern und Verbrennen. Getötet wurden vor allem Gefangene, Knechten, aber auch einige Konkubinen.

Das Shang-Volk begann mit dem Anbau von Pflanzen wie He (Korn), Shu (echte Hirse) Mai (Weizen), Ji (Hirse) und Dao (Reis). Sie züchteten Pferde, Kühe, Schafe, Hunde und Schweine. Die Handwerker der Shang-Dynastie stellten Bronze-, Töpfer-, Knochen- und Jade- sowie Lackwaren her. Unter allen Handwerksgewerben war die Bronzeherstellung am weitesten entwickelt. Bronze besteht aus Kupfer und Zink. In der Shang-Dynastie waren Bronzewaffen schon weit verbreitet, auch tauchten zu dieser Zeit große Dreifüßige und Vierfüßige Behälter auf. Der berühmte große Vierfüßige Behälter „Si Mu Wu“ und ein weiterer mit vier Schafen und Füßen gelten als Meisterstücke dieser Bronzekultur. Im Töpferhandwerk kamen außer den üblichen grauen und roten Töpferwaren nun fortschrittlichere weiße harte Töpferwaren auf. Aus diesen Töpferwaren aus Kaolinerde entstand das frühe Porzellan. Die Provinzen Henan und Hubei sowie weitere am Unterlauf des Yangtse wurden die ersten Standorte der Herstellung des frühen blauen Porzellans. Die Shang-Menschen hatten auch bereits Leinen und Seiden. Ausgegrabene Muschelschalen zeigen, dass die Geschäftsleute der Shang bereits Handel mit den östlichen Küstengebieten trieben.

Überreste von Sanxingdui, Guanghan, Provinz Sichuan

Bronzene Büste, 41,2 cm hoch

Bronzene Büste mit Doppelgesicht, Shang-Dynastie (ca. 16.–11. Jh. v. Chr.), ausgegraben in Xingan, Provinz Jiangxi

Bronzene Büste, 46,7 cm hoch

Bronzevogel, Shang-Dynastie (ca. 16. –11. Jh. v. Chr.), ausgegraben in Sanxingdui, Guanghan, Provinz Sichuan

Profil einer bronzenen Büste eines Menschen (ca. 16. –11. Jh. v. Chr.), ausgegraben in Sanxingdui, Guanghan Provinz Sichuan

Bronzefigur, Shang-Dynastie (ca. 16. –11. Jh. v. Chr.), 262 cm hoch, ausgegraben in Sanxingdui, Guanghan, Provinz Sichuan

Tierprofil, Shang-Dynastie (ca. 16. –11.Jh. v. Chr.), 65 cm hoch, ausgegraben in Sanxingdui, Guanghan, Provinz Sichuan

Bronze-Büste mit vergoldetem Gesicht, Shang-Dynastie (ca. 16. –11. Jh. v. Chr.), 48,5 cm hoch, ausgegraben in Sanxingdui, Guanghan, Provinz Sichuan

III. Orakelknocheninschriften

Einige Beispiele für Orakelknochen-Inschriften

Orakelknochen inschriften	Normal Schrift	Orakelknochen inschriften	Normal Schrift
	衆		臣
	刍		妥
	牧		役
	工		婢
	羌		奚

Die frühesten chinesischen Schriftzeichen entstanden während der Yangshao-Zeit vor 6000 Jahren. Der Legende nach wurden die Zeichen von Cang Zhe, einem Minister von Kaiser Huang Di, geschaffen. Cang Zhe war beim Betrachten der Fußspuren von Vögeln und Tieren auf diese Idee gekommen. Die Zeichen und Muster, die in die Töpferwaren des Neolithikums geritzt wurden, gelten als älteste Formen der chinesischen Piktogramme.

Orakelknocheninschriften, die in Schildkrötenpanzer und Tierknochen eingeritzt wurden, waren verbreitete Shang-Schriftzeichen. In der Shang-Gesellschaft waren die Menschen sehr abergläubisch. Sie verehrten das Universum und brachten den Vorfahren Opfer dar. Sie glaubten auch, dass alles in der menschlichen Welt von Göttern bestimmt wurde. Deshalb strebten sie nach der Gunst der Götter und ließen sich bei allem, von staatlichen Angelegenheiten bis zum privaten Leben der Adligen, von Kriegen, Opfertätigkeiten, Landwirtschaft und Wetter bis zum Glück, von Jagd und Krankheit bis zur Geburt von Kindern wahrsagen. Wahrsager wurden extra ernannt. Diese Wahrsager bezeichneten sich selbst als Botschafter der Götter in der unsichtbaren Gegenwelt und übten großen Einfluss auf die politische Lage und die Gesellschaft aus.

Da die Shang-Orakelknocheninschriften vor allem für Weissagungen verwendet wurden, werden sie auch Weissagungsschriftzeichen auf Orakelknochen genannt. Die Anzahl der Zeichen auf einem Orakelknochen variierte von einigen wenigen bis zu über hundert. Die Gesamtzahl der Zeichen auf erhaltenen150000 Schildkrötenpanzern beträgt 1,5 Mio., darunter gibt es über 5000 verschiedene Zeichen. Knapp die Hälfte davon gelten als entschlüsselt.

Die Orakelknocheninschriften waren bereits recht ausgereift. Es gab bereits alle sechs althergebrachten Kategorien der chinesischen Schriftenzeichen, nämlich piktographische Schriftzeichen, selbsterklärende Zeichen, assoziative

„Hao“ und „Haoqiu“ eingeritzt in Töpferwaren

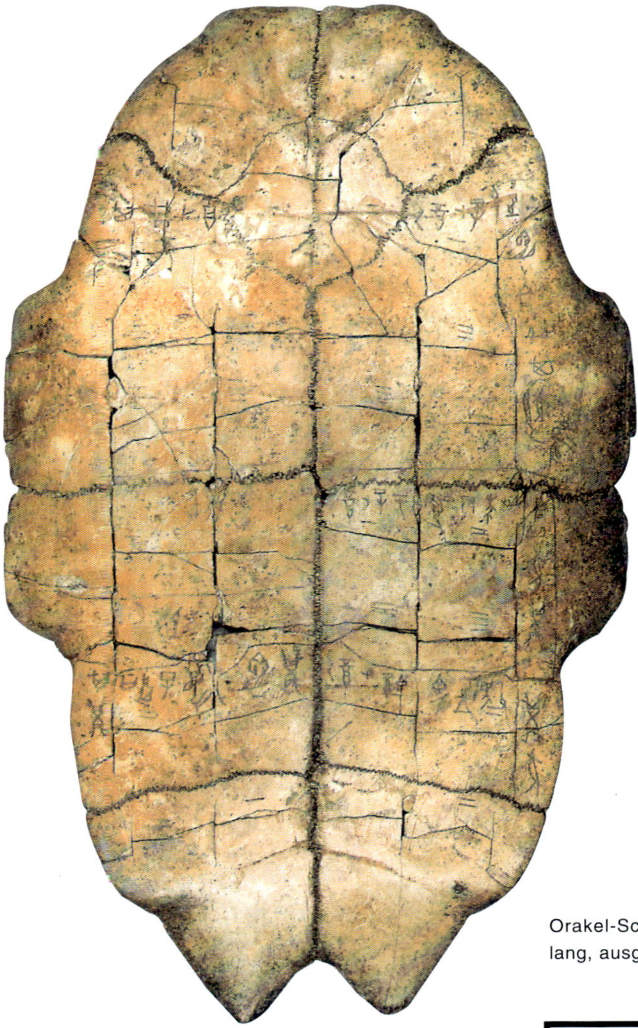

Orakel-Schildkrötenpanzer, Ende der Shang-Dynastie (14.-11. Jh. v. Chr.), 19,5 lang, ausgegraben in Nandi Xiaotun, Anyang, Provinz Henan

Orakelknochen, Shang-Dynastie, 19,5 cm lang, ausgegraben in Xiaotun, Anyang, Provinz Henan

Zusammensetzungen, phonetisch angelehnten Zeichen, piktophonetische Zeichen (bei denen ein Element zeigt die Bedeutung und das andere die Aussprache zeigt) sowie sinnverwandte Schriftzeichen. Es gab auch schon vollständige Sätze mit einer ziemlich festen Wortstellung. In den Orakelknocheninschriften gab es für die Zahlen von eins bis zehn, ein hundert, ein tausend und Zehntausend dreizehn Zahlwörter. Das dezimale System wurde verwendet, so dass vierstellige Zahlen bis zu 30000 gefunden wurden. Es gab auch die mathematischen Konzepte von ungeraden und geraden Zahlen sowie der Vervielfachung. Zehn „himmlische Stämme" genannte Schriftzeichen sowie zwölf „irdische Zweige" genannten Schriftzeichen wurden zur Benennung der Tage in einem Zyklus von 60 Tagen verwendet. Durch diese Inschriften wissen wir, dass die Shang-Menschen einen Mondkalender verwendeten, der mit dem Sonnenjahr durch den Zusatz von Schaltmonaten kombiniert wurde. Für die Zeitrechnung wurden spezielle Ausdrücke verwendet. Die Aufschriften auf den Orakelknochen zeigen ausgeteilte kalligraphische Techniken, die den Ursprung der chinesischen Kalligraphiekunst bildeten. Als direkte Träger der Kultur waren diese Schriftzeichen für die Entwicklung des menschlichen Denkens und der Zivilisation von epochemachender Bedeutung.

Die Entwicklung der chinesischen Schriftzeichen

Die Entwicklung der chinesischen Schriftzeichen

Orakelknocheninschriften	Zeichen an Bronzewaren	Zeichen in der Zeit der Streitenden Reiche	Siegelschrift	Normalschrift
				馬
				隹
				游

IV. Die Zhou-Dynastie

(von 1046 v. Chr. bis 771 v. Chr.)

Vögelförmiges You (Weingefäß mit kleiner Öffnung), König Cheng der Westlichen Zhou, 23,4 cm hoch

Das Zhou-Volk zählt ebenfall zu den alten Stämmen mit langer Geschichte. Der Stamm war für seine Landwirtschaft berühmt. Der älteste Vorfahr, Qi, war Minister für Landwirtschaft von Yao. Er wurde dank seiner hervorragenden Leistungen als Gott der Landwirtschaft verehrt. Zusammen mit Xia Yu, Shang Qi wurde Qi Chuns Minister und half Shun bei der Bekämpfung der Überschwemmungen. Sein Urenkel Gongliu begann, sich in Bin niederzulassen. Zehn Generationen später führte der Vater Gu Gongtan seine Leute nach Zhouyuan (heute Nordwesten in der Provinz Shaanxi), wo er sich mit seinen Leuten mit Ackerbau beschäftigte. Er ließ seine Stammesangehörigen Häuser, Tempel, Paläste und Stadtmauer bauen und die Stadt von einem Minister verwalten. All dies legte den Grund für den Aufgang der Zhou-Dynastie. Gu Gongtan wurde später als der große König geehrt. Sein Nachfolger war sein jünger Sohn Ji Li, unter dessen Regime Zhou eine große Macht im Westen wurde. Ji Chang, Ji Lis Sohn, wurde später der berühmte König Wen der Zhou-Dynastie. Ji Chang schätzte talentierte Leute und ihre Leistungen. Er nahm alle Kräfte zusammen, um sein Land zur Blüte zu bringen. Deshalb gewann er die Unterstützung vieler Stämmen und wurde Oberherr der westlichen Stämmen und Staaten.

Vier Jahre nach dem Tod des Königs Wen griff der König Wu den König Zhou der Shang-Dynastie an, und vernichtete Chaoge, womit die Shang-Dynastie stürzte. König Wu gründete die Zhou-Dynastie, deren Hauptstadt in Haojing (Südwesten von Xi'an, Provinz Shaanxi) war. In der Geschichte wird sie als die Westliche Zhou-Dynastie genannt.

König Wu teilte sein Land in drei Teile, die Bei, Yong und Wei hießen, für deren Verwaltung er jeweils einen Gouverneur ernannte. Als der König Wu starb, vertrat sein Bruder Ji Dan, Herzog von Zhou, als Regent den jungen König Cheng für sieben Jahre, bis Cheng vollmündig war. Wu Cheng, der Sohn des Königs Zhou der ehemaligen Shang-Dynastie rebellierte in Bündnis mit den anderen zwei Brüdern des Königs Wu, Guan Shu und Cai Shu, gegen die Zhou. Der Herzog von Zhou unternahm einen östlichen Feldzug und rettete damit die Zhou-Dynastie.

Um die neulich eroberten großen Gebiete zu beherrschen, begannen die Könige der Zhou-Dynastie, viele Lehnfürsten unter ihren Kontrolle einzurichten. Als der Herzog von Zhou als Regent das Land verwaltete, legte er fest, dass der älteste leibliche Sohn des Königs, der von der Königin geboren wurde, auf den Thron folgte. Deswegen fielen die Thronen generationenlang auf die ältesten Söhne. Das war der hauptsächliche Stamm. Die anderen Söhnen, die von der Königin und den Konkubinen geboren wurden, wurden Lehnfürsten und bildeten somit den Nebenstamm. Sie wurden von dem König mit Land und Stadt belehnt. Die Vasallenherren mit dem königlichen Familiennamen gehörten zu den Lehnfürsten des Königs, doch in ihrem eigenen Land etablierten sie dasselbe Erbsystem mit einem Hauptstamm und vielen Lehnfürsten. Diese Lehnfürsten gab ihr Land und ihre Leute an seine Familie und Lieblingsleute. Diese Leute waren Dafu (Seniorenbeamten) und für die Gedenkfeier, Verwaltung oder militärische Angelegenheiten zuständig. Im eigenen Lehngut behielten sie auch ein System, in dem der erste Sohn seiner Frau sein gesetzlicher Nachfolger des Hauptstamms wurde. Deshalb wurde das Clansystem mit dem König als Zentrum erheblich verstärkt. Der Herzog der Zhou-Dynastie baute auch die Stadt Luoyi (heute Luoyang in der Provinz Henan) und nannte es „Cheng Zhou''. Viele Leute, die der Shang-Dynastie treu blieben, waren gezwungen, aus der Stadt auszuziehen. Um sie zu überwachen wurden hier Truppen stationiert. Der Herzog baute etwa15 km westlich der Stadt Cheng Zhou eine weitere Königsstadt.

Die Westliche Zhou-Dynastie kennzeichnete sich durch politische Stabilität und wirtschaftliche Blüte und erlebte unter dem Regime von König Cheng und seinem Sohn, König Kang, ihren Gipfelpunkt. Diese Periode wird in der Geschichte „Goldene Zeit von Cheng-Kang" genannt. Der Sohn von dem König Kang, König Zhao, errang beachtliche Erfolge in den Kriegen gegen das Land Chu. Der König Mu war sehr mächtig und ehrgeizig und - so ist es überliefert - dass er die Gebiete von Haojing bis zum Yin-Berg im Norden bereist und den Berg Kunlun im Westen erreicht hatte. Er bekam in Yao Chi einen warmen Empfang von dem Land der Westkönigin und wurde mit einem großen Bankett begrüßt. Er hinterließ dadurch eine immer wieder erzählte Geschichte über den Austausch zwischen den Zentralebenen und den Westlichen Regionen. Der 11. König der Zhou-Dynastie, Li, war sehr grausam und

Yue Ren Shou Men Ding (Vierfüßiger Behälter), Mitte der Westlichen Zhou-Dynastie, 17,7 cm hoch, Rand 9,2 cm x 11,9 cm

Hirsch aus Jade, Westliche Zhou-Dynastie (11.–771 v. Chr.) 8,8 cm hoch, ausgegraben in Baoji, Provinz Shaanxi

Bronzekanne, Ende der Westlichen Zhou-Dynastie, 34,6 cm hoch

Houji

König Wen, Jichang

König Wu, Jifa

Skizzierter Plan des patriachalischen clansystems der Westlichen Zhou

Hou Ma Meng Shu, 16,6-17,9 cm lang

Goldener Gürtelschmuck, Westliche Zhou-Dynastie, Außendurchmesser des Rings, 3,7-4,35 cm, die Tiermaske 2 cm hoch

Knochenadel und deren Knochenröhre, Nadel 8,4-3 cm lang, Röhre 9,4-5 cm lang, ausgegraben in Tianshui, Provinz Gansu

Achatjuwel, Westliche Zhou-Dynastie, ausgegraben in Liulihe, Fangshan, Beijing

Überreste der Stadtmauer der Hauptstadt von Yan - Herzogtum in der Westlichen Zhou-Dynastie, Liulihe, Fangshan, Beijing

Herzog der Zhou-Dynastie, Ji Dan

König Cheng, Ji Song

König Kang, Ji Zhao

verhängnisvoll. Er plünderte auf böse Weise die Bewohner der Hauptstadt und unterdrückte alle öffentlichen Diskussionen mit strenger Strafe und brutalen Gesetzen, was dazu führte, dass die Leute sich nicht wagten, sich zu unterhalten, wenn sie sich auf den Straßen trafen. Sie konnten nur Augenkontakt haben. Für die Hauptstadtbewohner wurde es unerträglich, so dass sie mit anderen Landsleuten zusammen einen Aufstand starteten. Sie griffen den Königspalast an und verbannten 841 v. Chr. den König. Der Herzog der Zhou und der Herzog der Zhao übernahmen gemeinsam die Regierungsaufgabe. Die Periode wurde in der Geschichte als „Gonghe“ (öffentliche Verwaltung) bezeichnet und 841 v. Chr. wurde das erste Jahr von „Gonghe“. Der letzte König der Zhou, You, war ein eigensinniger und grausamer Herrscher. Er kündigte Königin Shen und dem Kronprinz Yi Jia und machte seine Lieblingskonkubine Bao Si zur Königin. Königin Shen attackierte in Bündnis mit dem Stamm Quanrong You. Da die Fürsten dem König You nicht mehr treu blieben, verweigerten sie sich, ihm Verstärkungstruppen zur Verfügung zu stellen. You wurde am Fuß des Bergs Li getötet (heute Lintong, Provinz Shaanxi). Die Westliche Zhou-Dynastie kam 770 v. Chr. zu Ende. Sie sah in 257 Jahren 12 Könige aus 11 Generationen.

In der Westlichen Zhou-Dynastie erfuhr die Gesellschaft und Wirtschaft weitere Entwicklung. Landwirtschaft blieb immer der wirtschaftliche Schwerpunkt. Zur gleichen Zeit entwickelten sich die Handwerksgewerben Textilindustrie, Brauerei, Bronzeherstellung und Backen sehr schnell. Ein typisches Beispiel dafür ist die Herstellung von Bronze. Nach der Mitte der Zhou-Dynastie wurde ein Verfahren für das Seriengießen mit derselben Gussform erfunden und die Produktivität der Bronzeherstellung wurde vielfach erhöht. Viele feinbearbeitete Glocken, dreifüssige und vierfüssige Behälter sind bis heute gut erhalten. Es gab auf den Bronzewaren der Xia-Dynastie keine Muster und auf den aus der Frühzeit der Shang-Dynastie nur einfache Muster. Diese Muster sind meistens auch nur einschichtig, nur einige wenige doppelschichtig, deshalb sehen sie sehr einfach aus. Die Muster auf den Bronzewaren aus der Spätzeit der Shang-Dynastie sind komplizierter, schöner und lebendiger, die Bronzewaren aus der Frühzeit der Zhou-Dynastie sind auch so. Tiermuster findet man am häufigsten . Es gibt eine Reihe von Mustern einschließlich Phönix, Vögel und Elefanten. Diese Muster sind klar, einfach und lebendig. Auf den meisten Bronzewaren aus der Zhou-Dynastie gibt es auch Inschriften. Die Zahl der Schriftzeichen reicht von knapp hundert bis einige hunderte. Diese Inschriften berichten von Kriegen, Preiserteilungen, Gedenkfeiern und Prozessführungen und Sklavenhandel, was sehr wertvolle historische Dokumente bleibt.

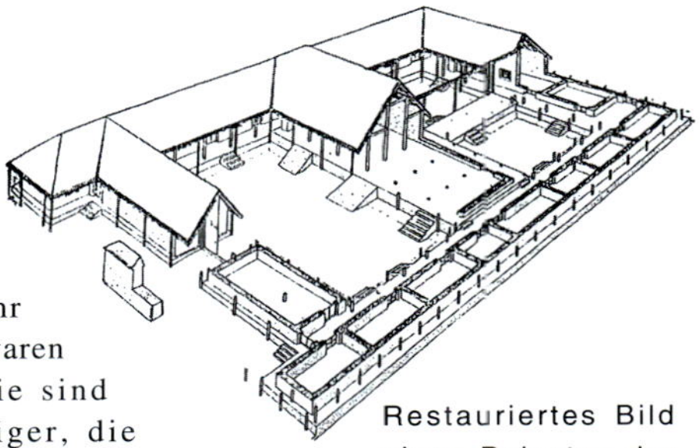

Restauriertes Bild eines Palastes der Westlichen Zhou-Dynastie

Deng Zhong Xi Zun, Mitte der Zhou-Dynastie, 38,8 cm hoch

V. Ritual und Musik

Kniender Mensch aus Jade, Shang-Dynastie (1600-1046 v. Chr.) ausgegraben im Fuhao-Grab, Yinxu, Anyang, Provinz Henan

Der Legende nach erarbeitete der Herzog von Zhou eine Reihe von Ritualen und komponierte Musik. Das Westliche Zhou-Reich etablierte ein patriarchalisches Clansystem, ein Lehnsystem, ein soziales Eigentumssystem, ein Erbsystem sowie ein System des Protokolls und der Strafe. Mit dem patriarchalischen Clansystem als Grund wurden in Zhous Protokoll Gotteswillen, monarchische Macht, Clanbeziehungen und politische Strukturen zusammengetragen, um einheitliche Protokollinstitution und das Hofmusiksystem für die Zeremonien zu gründen. Bei verschiedenen Adligen waren die Altargeschirre und deren Kombinationen unterschiedlich. Einfache Leute durften das Protokoll der Adligen nicht benutzen. Die Schulbildung der Westlichen Zhou-Dynastie hatte rituelle und zeremonielle Musik als ihre Basis. Vier andere Arten der so genannten „Sechs-Kunst-Bildung", nämlich Schießen, Pferdreiten, Kalligraphie und Mathematik wurden auch unterrichtet. Die Bildung fokussierte auf die Erhöhung des moralischen Standards. Ein System von moralischen Prinzipien mit dem Protokoll als Grund wurde errichtet, um das alltägliche Leben der Leute zu regeln.

Musik wurde auch zur Verstärkung des Regimes genutzt. Die Könige der Xia-, der Shang- und der Zhou-Dynastie kommunizierten mit den Göttern über die Hexen durch Tanz und Musik. Wu Yu, die alte Tanzanbetung für Regen, wurde eine wichtige Zeremonie. *Große Xia* von der Xia-Dynastie wurde zum Rühmen des Verdienstes von Xia Yu in der Bekämpfung von Überschwemmungen komponiert. *Große Huo* wurde zum Rühmen der Kriegserfolge komponiert. Die Herrscher betrachteten Musik als ihre größte Unterhaltung. Der König Jie der Xia-Dynastie hatte über 30000 Musikanten, die morgens laute Musik am Stadttor machten. Der König Zhou der Shang-Dynastie ließ den Musiker neue Melodien komponieren. Er hörte kitschige Musik, trank und amüsierte sich die ganze Nacht über bis zum Tagesaufbruch.

In der Zhou-Dynastie entwickelte sich die Hofmusik zur Reife. Die Hofmusik vereinte Musik der früheren Generationen und etablierte ein strenges Statussystem. Zur Hofmusik gehörten *Yun Men Da Juan* aus der Zeit Huang Dis, *die Große Xian* aus der Zeit Yaos, *die Große Qing* aus der Zeit Shuns und *die Große Xia*, die *Große Huo* sowie *die Große Wu*, die zum Rühmen der Siege des Königs Wu über den König Zhou benutzt wurde. Die Hofmusik nahm auch Volksmusik und Tänzer und die von den Yi-Stämmen auf. Die in der Hofmusik verwendeten Musikinstrumente umfassten 8 Arten: Gold-, Stein-, Ton-, Leder-, Seiden-, Holz-, Schilf- und Bambusinstrumente. Knapp 70 verschiedene Musikinstrumente gehörten zu diesen 8 Arten, einschließlich die Glocke und die große Glocke, die Glocke aus Stein, das siebensaitige Streichinstrument, das 25 saitige Streichinstrument, die vertikale Bambusflöte und das Blasinstrument. Es gab in der damaligen Musik schon 12 Tonstufen und 7 Töne, die die hohen technischen Niveaus zeigen. Um die Hofmusik zu verbreiten, richtete der Staat besondere Musikorganisationen ein und ernannte Musikbeamte für die Verwaltung dieser Organisationen. Die Zahl der Musikanten betrug damals über 14000. Nach *Li Ji* (dem Buch der zeremoniellen Rituale und Regeln) mussten die Gelehrtenbürokraten von klein auf eine Erziehung in Musik und Tanz erhalten. In der Westlichen Zhou erlebte die Hofmusik ihre Blütezeit .

Liangqi-Glocke, Ende der Westlichen Zhou-Dynastie, 53,5 cm hoch, Innenabstand 31,8 cm, ausgegraben in Fufeng, Provinz Shaanxi

Gong mit Tiermaskenmotiv, Anfang der Westlichen Zhou-Dynastie, 22,9 cm hoch

Gui-Kanne aus Bronze mit der Marke „Fu“, König Li der Westlichen Zhou-Dynastie, 39 cm hoch, Rand 43 cm, ausgegraben in Fufeng, Provinz Shaanxi

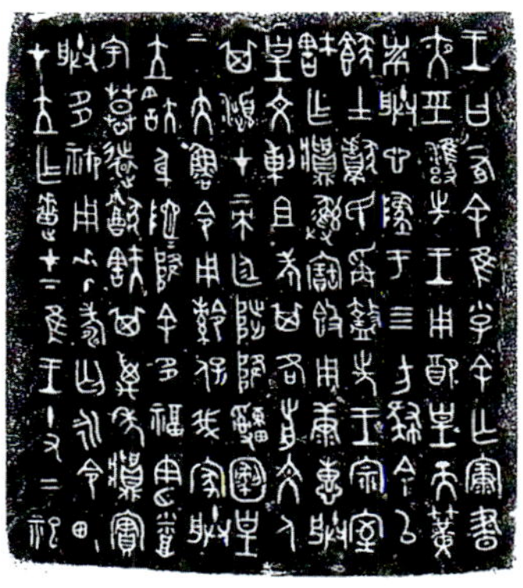

Die Inschriften auf dem Bronzegefäß Gui mit der Marke *Fu*

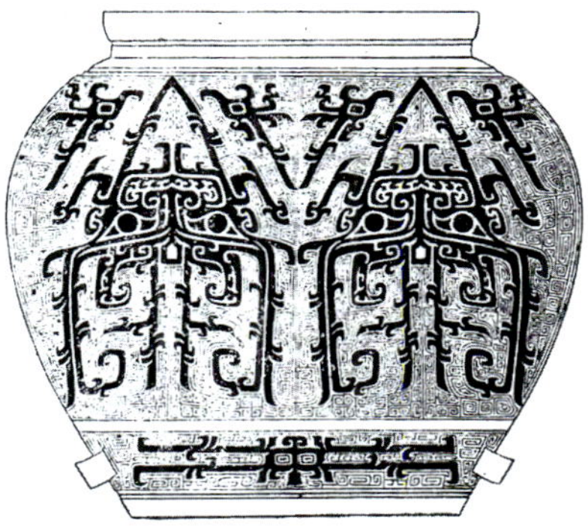

Dekorative Muster auf Bronzewaren der Shang-Dynastie

Bronzetrommel mit doppelgesichtigem Tiermaskenmotiv

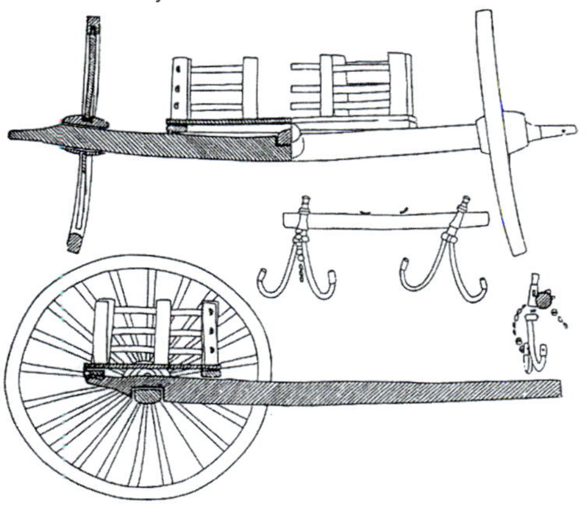

Aufbau eines Wagens aus der Shang-Dynastie

第三篇 逐鹿中原——春秋战国

Kapitel 3

Kampf um die Vormachtstellung auf den Zentral-ebenen

-- Die Frühlings- und Herbstperiode sowie die Periode der Streitenden Reiche(von 770 v. Chr. bis 221 v. Chr.)

Nachdem die Zhou-Dynastie ihr Ende gefunden hatte, kamen viele neue Mächte auf. Es war eine Zeit der heftigen Konkurrenz. Alle Staaten sammelten ihre

I. Aufstieg und Untergang der fünf Mächte

Die Lage der Strebung nach der Vormachtstellung unter den Fürsten

770 vor Christus verlegte der König Ping des Zhou-Reichs das politische Zentrum nach Luoyi (heute Luoyang, Provinz Henan). Die Östliche Zhou-Dynastie kam zustande. Sie teilte sich wieder in die Frühlings- und Herbstperiode (770-476 v. Chr.) und die Periode der Streitenden Reiche (475-221 v. Chr.) ein. Die Bezeichnung „Frühlings- und Herbstperiode" wurde aus dem Namen des Geschichtsbuches von Lu „Annalen von Frühling und Herbst" abgeleitet, das die Geschichte dieser Zeit dokumentierte.

Nach dem Umzug der Hauptstadt nach Osten erlahmten die Kräfte der Zhou-Dynastie und ihre politische Position ging drastisch herab, so dass sie von einem Beherrscher aller Staaten zu einem Vasall größerer Staaten herabsank. Daher gehorchten die Fürsten nicht mehr dem Befehl des Königs der Zhou. Stattdessen unternahmen sie nach eigenem Willen Feldzüge und kämpften um die Kontrolle über das Reich. Hierdurch verloren die Rituale an Bedeutung und die politische Ordnung geriet in Verwirrung.

Der erste Oberherr war der Herzog Huan des Staates Qi. Mit der Hilfe des intelligenten Staatsmannes, Guan Zhong, förderte er durch Münzenprägung, Preiskontrolle, Verwaltung der Produktion von Salz und Eisen sowie Abschaffung der Zölle und Marktsteuer die Entwicklung der Landwirtschaft, der Industrie und des Handels, so dass die wirtschaftliche Stärke des Staates Qi erheblich anstieg. Zugleich förderte er die Einheit der Regierung und des Militärs, wodurch die Armee gestärkt wurde. Er forderte die alliierten Staaten mit der Schlagzeile „Leistet den Barbaren Widerstand und bleiben dem König der Zhou treu" auf, gegen das Di-Volk und das Rong-

Viereckiges Bronzegefäß, Frühlings- und

Gui-Kanne aus Bronze mit der Marke „Fu“, König Li der Westlichen Zhou-Dynastie, 39 cm hoch, Rand 43 cm, ausgegraben in Fufeng, Provinz Shaanxi

Die Inschriften auf dem Bronzegefäß Gui mit der Marke *Fu*

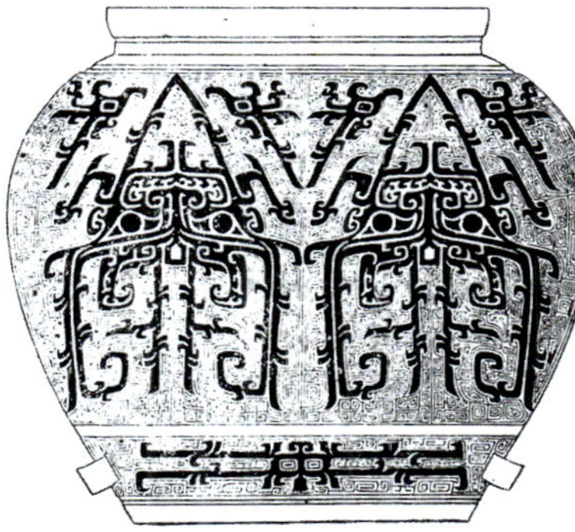

Dekorative Muster auf Bronzewaren der Shang-Dynastie

Bronzetrommel mit doppelgesichtigem Tiermaskenmotiv

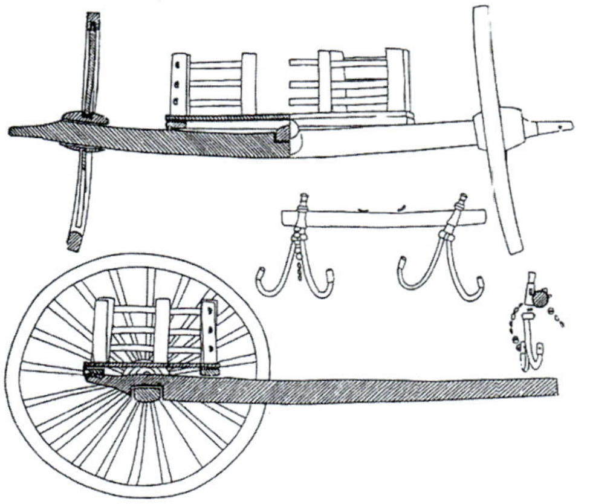

Aufbau eines Wagens aus der Shang-Dynastie

第三篇 逐鹿中原——春秋战国

Kapitel 3

Kampf um die Vormachtstellung auf den Zentral-ebenen

-- Die Frühlings- und Herbstperiode sowie die Periode der Streitenden Reiche(von 770 v. Chr. bis 221 v. Chr.)

Nachdem die Zhou-Dynastie ihr Ende gefunden hatte, kamen viele neue Mächte auf. Es war eine Zeit der heftigen Konkurrenz. Alle Staaten sammelten ihre Kräfte, um sich zur Blüte zu bringen. Zahlreiche Denker boten immer wieder ihre eigenen Strategien zur Verwaltung der Staaten an. Nur wer dem historischen Trend folgte und bereit war, Reformen durchzuführen, hatte die Chance, im heftigen Kampf die Oberhand zu gewinnen.

Dujiang-Damm und das Gebirge Qingcheng, Dujiangyan, Provinz Sichuan

青城山

I. Aufstieg und Untergang der fünf Mächte

Die Lage der Strebung nach der Vormachtstellung unter den Fürsten

770 vor Christus verlegte der König Ping des Zhou-Reichs das politische Zentrum nach Luoyi (heute Luoyang, Provinz Henan). Die Östliche Zhou-Dynastie kam zustande. Sie teilte sich wieder in die Frühlings- und Herbstperiode (770-476 v. Chr.) und die Periode der Streitenden Reiche (475-221 v. Chr.) ein. Die Bezeichnung „Frühlings- und Herbstperiode“ wurde aus dem Namen des Geschichtsbuches von Lu „Annalen von Frühling und Herbst“ abgeleitet, das die Geschichte dieser Zeit dokumentierte.

Nach dem Umzug der Hauptstadt nach Osten erlahmten die Kräfte der Zhou-Dynastie und ihre politische Position ging drastisch herab, so dass sie von einem Beherrscher aller Staaten zu einem Vasall größerer Staaten herabsank. Daher gehorchten die Fürsten nicht mehr dem Befehl des Königs der Zhou. Stattdessen unternahmen sie nach eigenem Willen Feldzüge und kämpften um die Kontrolle über das Reich. Hierdurch verloren die Rituale an Bedeutung und die politische Ordnung geriet in Verwirrung.

Der erste Oberherr war der Herzog Huan des Staates Qi. Mit der Hilfe des intelligenten Staatsmannes, Guan Zhong, förderte er durch Münzenprägung, Preiskontrolle, Verwaltung der Produktion von Salz und Eisen sowie Abschaffung der Zölle und Marktsteuer die Entwicklung der Landwirtschaft, der Industrie und des Handels, so dass die wirtschaftliche Stärke des Staates Qi erheblich anstieg. Zugleich förderte er die Einheit der Regierung und des Militärs, wodurch die Armee gestärkt wurde. Er forderte die alliierten Staaten mit der Schlagzeile „Leistet den Barbaren Widerstand und bleiben dem König der Zhou treu“ auf, gegen das Di-Volk und das Rong-

Viereckiges Bronzegefäß, Frühlings- und Herbstperiode (770-476 v. Chr.) ausgegraben in Xinzheng, Provinz Henan

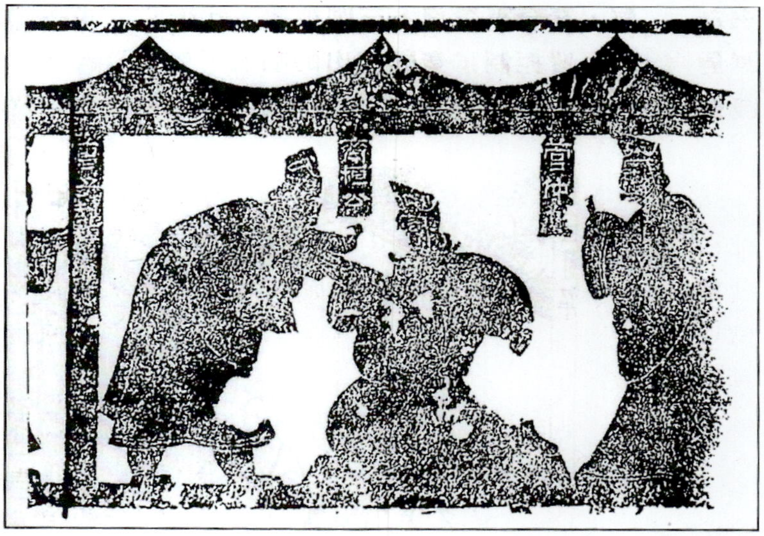

Herzog Huan von Qi und Guanzhong, Steinrelief in der Wuliang-Denkmalhalle in Jiaxiang, Provinz Shandong

Dreifüßiger Hofbehälter, Altartisch und Glocken, Frühlings- und Herbstperiode (6. Jh. v. Chr.), ausgegraben im Kreis Xichuan, Provinz Henan

Volk zu kämpfen. 651 v. Chr. hielt der Herzog Huan eine Konferenz mit den Vasallen in Kuiqiu (heute Lankao Provinz Henan) ab, wo er zum Führer aller Staaten auf den Zentralebenen gewählt wurde.

Der Herzog Wen des Staates Jin übernahm nach dem Tod des Herzogs Huan dessen Hegemoniestellung. Nach der Thronbesteigung richtete er rasch die innere Verwaltung neu aus und stärkte die Armee. 632 vor Christus bildete der Herzog mit den Staaten Qin und Qi ein Bündnis, um den Staat Song zu retten. Er entschied sich dazu, gegen den Staat Chu zu kämpfen, so dass er zur Vormachtstellung auf den Zentralebenen gelangen konnte. Die Verbündeten besiegten Chu in Chengpu (heute Kreis Pu, Provinz Henan). Der Sieg in Chengpu ermöglichte ihm, die Fürsten in Jiantu (heute Kreis Rongze) zusammenzurufen. Dort hielt er eine Konferenz ab, wo er als Oberherr über die Zentralebenen anerkannt wurde. Als der König Wen starb, erlosch auch die Freundschaft zwischen Jin und Qin. Es kam zu jahrelangen Kriegen, was dazu führte, dass Jin ihre Vormachtstellung allmählich verlor. Derweil wurde der Staat Chu am Oberlauf des Yangtse unter der Führung der Könige Wu und Wen immer stärker. In der Mitte der Frühlings- und Herbstperiode reichte das Territorium von Chu bis zum Lauf des Huaihe-Flusses. Zur Zeit des Königs

Achatohrschmuck, Periode der Streitenden Reiche (475-221 v. Chr.), Bronzering: Durchmesser 2,1 cm, Achatkügelchen: Durchmesser 1,2 cm, ausgegraben in Kreis Zichang, Provinz Shaanxi

Zylinderförmiges Gefäß gestützt von drei Nashörnern, Periode der Streitenden Reiche (spät 4. Jh. v. Chr.), Bronze, 58,5 cm hoch, ausgegraben im Kreis Pingshan, Provinz Hebei

Die Situation der Frühlings- und Herbstperiode und die Verteilung der fünf Mächte

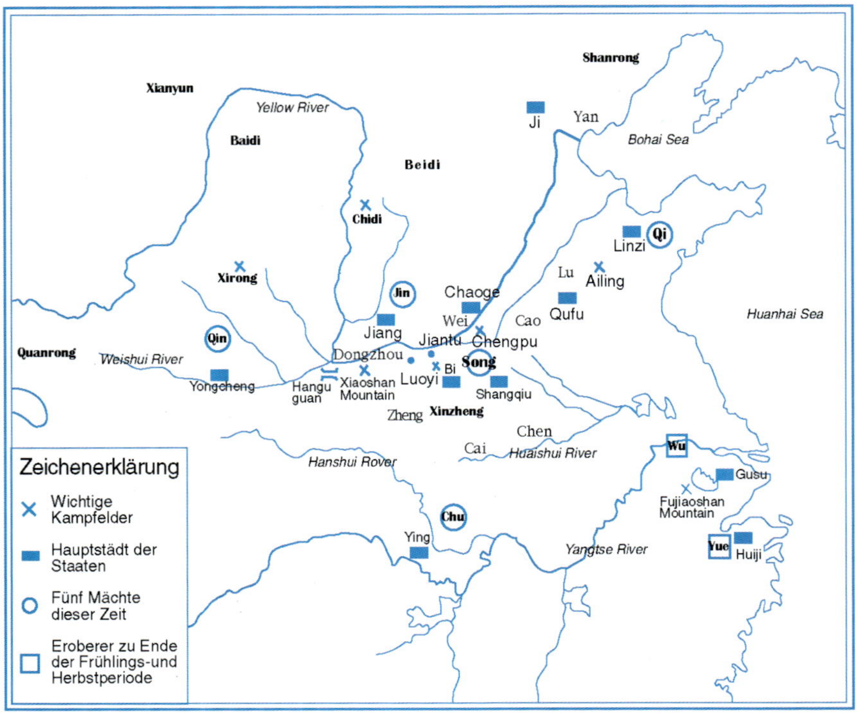

Qibei-Bronzeschwert des Königs von Yue, Periode der Streitenden Reiche (475-221 v. Chr , 64 cm lang, ausgegraben in Anqing, Provinz Anhui

Hornförmige Bronze, Periode der Streitenden Reiche (475-221 v. Chr.), 20 cm hoch

Bronzener Mao-Speer mit Zikademotiv, Periode der Streitenden Reiche (475-221v. Chr.) ausgegraben in Pengzhou, Provinz Sichuan

Chong'er, Herzog Wen von Jin (696-628 v. Chr.)

König Zhuang von Chu, Mi Lu

Zhuang des Staates Chu wurde Jin besiegt und Zhuang übernahm die Hegemonie auf den Zentralebenen. Am Unterlauf des Yangtse erwuchs mit dem Staat Wu eine neue Macht, die mehrmals den Staat Chu besiegte. Nach seinem Sieg über den Staat Yue marschierte er nach Norden und besiegte den Staat Qi. Wu eröffnete anschließend den Kampf um die Vormachtstellung gegen den Staat Jin. Die Kriege zwischen ihnen erschütterten die Zentralebenen. Doch es dauerte nicht sehr lang, bis der Staat Yue seine Stärke wiederherstellte und den Staat Wu in einem entscheidenden Krieg vernichtete. Der Staat Yue schlug Qi und Jin im Norden nieder und wurde dortiger Beherrscher.

Der Kampf um die Hegemonie unter den Fürsten ermöglichte dem Oberherrn, in Namen des Königs Befehle an die Vasallen zu geben und Tribute von kleinen Staaten zu erhalten. Es war die Aufgabe des Oberherrn, die Streitigkeiten zwischen den Staaten zu schlichten. Obwohl die Kriege um die Vormachtstellung den Massen furchtbare Katastrophen brachten, förderten sie in gewissem Maße doch auch den kulturellen Austausch zwischen den Minoritäten, etwa den Di und den Rong. In den Kriegen wurden kleine Staaten stets annektiert, während die großen Staaten nunmehr danach strebten, ihre Macht weiter auszubauen und zu stabilisieren.

Mythologisches Tier aus Bronze, Endeder Frühlings- und Herbstperiode (die 2. Hälfte von 6. Jh. -476 v. Chr.), 48 cm hoch

II. Streben nach der Macht unter den sieben Staaten

Eingeritzter Topf mit Drachenmuster, 63 cm hoch, Randdurchmesser 15 cm

In langjährigen Kriegen entstanden aus Dutzenden von Kleinstaaten in der Frühlings- und Herbstperiode sieben Staaten - Qin, Chu, Yan, Qi, Han, Zhao und Wei. In der Geschichte bezeichnet man diese Periode als die Zeit der Streitenden Reiche.

Zu Beginn der Streitenden Reiche war Wei der mächtigste unter diesen Staaten. Der Fürst Wen von Wei beauftragte Li Kui, einen talentierten Mann, Reformen durchzuführen. Zugleich wurden Wu Qi, Ximenbao und andere Talente mit der Aufgabe betreut, die Armee und die Landesteile zu verwalten. Auf diese Weise gelangte Wei zur Vormachtstellung. Als Prinz Hui von Wei den Thron bestieg, erlebte der Staat gerade seine Blütezeit. Doch er war so arrogant, dass er Feinde unterschätzte und allerorten sich neue Gegner machte.

In der Mitte der Streitenden Reiche wuchsen andere Staaten wie Qi und Qin schnell an und bildeten große Gefahr für Wei. Der König Wei von Qi ernannte Zou Ji zum Premierminister, der viele politische Reformen durchführte. Dadurch wurde Qi bald mächtig. Weil der König Wei von Qi schon lange Zeit mit der Hegemonie von Wei unzufrieden war, entschied er, die Stellung von Wei herauszufordern. 354 vor Christus griff der König Hui von Wei den Staat Zhao an. Im nächsten Jahr ernannte König Wei von Qi Tian Ji zum General und Sun Bin zum Militärberater und entsendete Truppen in den Staat Wei, um den Staat zu retten. In Guiling (heute Nordosten vom Kreis Heze, Provinz Shandong) besiegten Qis Truppen Wei. 341 vor Christus bestimmte der König Wei von Qi erneut Tian Ji und Tian Ying zum General und Sun Bin zum Militärberater und unternahm einen Angriff gegen Wei, um den Staat Han zu retten. In Maling (heute Südwesten vom Kreis Fan, Provinz Henan) gewann Qi einen vollständigen Sieg. Der Staat Wei erholte sich hiervon nicht mehr, wahrend der Staat Qi nunmehr über den Osten herrschte.

Zu Beginn der Periode der Streitenden Reiche war der Staat Qin zu schwach, so dass andere Staaten ihm keine Aufmerksamkeit schenkten. Der Herzog Xiao von Qin ernannte Shang Yang zum Minister, der für viele Reformen, mit der Schwerpunktsetzung auf Landwirtschaft und Militärkunst, zuständig war. Dank seiner effektiven Reformmaßnahmen herrschte überall Ehrlichkeit, so dass Qin von Jahr zu Jahr immer mächtiger wurde. Als Prinz Huiwen den Thron bestieg, machte er Zhang Yi aus dem Staat Wei zum Premierminister und führte eine Strategie ein, die lautete: „Bündnis mit den Staaten wie

Hauptstädte der Frühlings- und Herbstperiode und der Periode der Streitenden Reiche

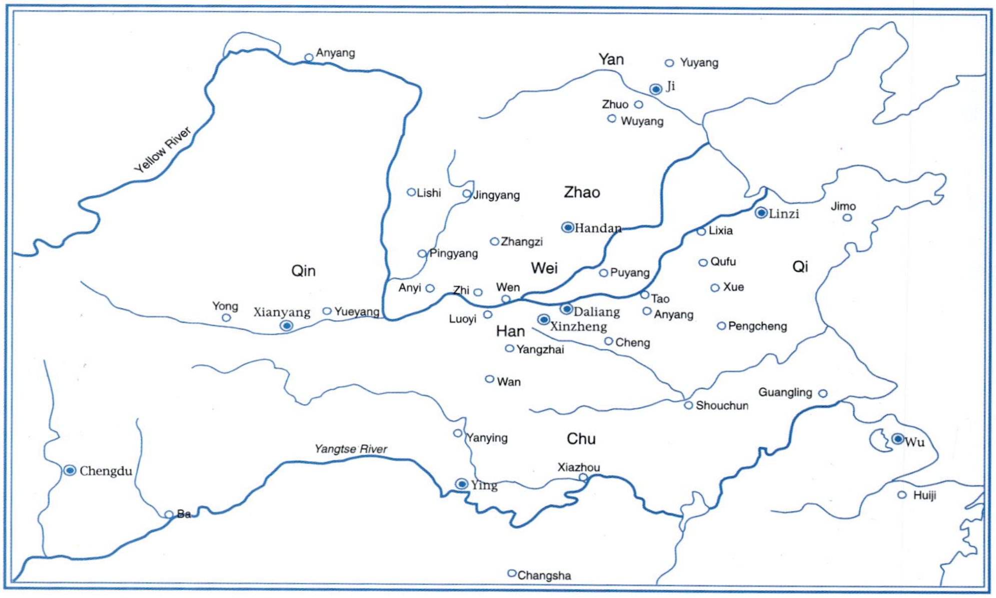

Drachenförmiger Rundgürtelschmuck aus Topas, Durchmesser 6,4 cm, 0,5 cm dick

Bronzener Drachen-und Phönixstand mit Gold-und Silbereinlegung

Bronzene Lampe mit versilberter Figur aus Bronze, Streitende Reiche (475-221 v. Chr.), 66,4 cm hoch, ausgegraben in Pingshan, Provinz Hebei

Bronzestand mit Gold-und Silbereinlegung in der Form eines Tiger-Schwalbe-Hirsches, Periode der Streitenden Reiche (475-221v. Chr.) 51 cm lang, ausgegraben in Pingshan, Provinz Hebei

Gegenstand in der Form des chinesischen Schriftzeichens „Shan", 119 cm hoch, 74 cm breit

Wei und Han abzuschließen, um andere Staaten zu trennen". Auf diese Weise sorgte er für viele Konflikte und Abspaltungen unter diesen sechs Staaten. Dabei versäumte er keine Gelegenheit, die Feinde zu besiegen und seine Macht zu erhöhen. Nach und nach übernahm Qin viele Gebiete von Wei, Han und Chu und entwickelte sich zu einer großen Macht, die die Situation der Zentralebenen unter ihre Kontrolle stellte.

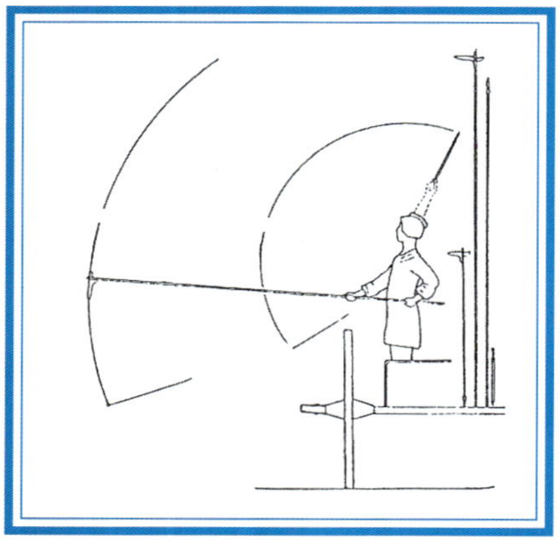

Skizze des Kriegswagens in der Periode der Streitenden Reiche

Steinrelief: Zurückgabe der wohlerhaltenen Jade an den Staat Zhao

Zun aus Bronze in der Form eines mythologischen Tiers, Periode der Streitenden Reiche (475-224v. Chr.), 53,7 cm hoch, ausgegraben im Kreis He, Provinz Guangxi

Der Staat Chu war während der Frühlings- und Herbstperiode relativ mächtig. Während der Zeit der Streitenden Reiche schwächte sich seine Kraft jedoch wegen der Diktatur und der Reibung zwischen den Adligen allmählich ab. Doch hinderte Chu seinen Konkurrenten Qin immer noch daran, durch Annektierung der anderen sechs Staaten das Land zu vereinigen. 381 vor Christus entstand unter der Führung des Königs Hui von Chu eine Allianz aus den Staaten Wei, Chao, Han, Yan, Chu und anderen Staaten, die gegen Qin kämpfte. Am Ende erlitt die Allianz eine Niederlage. Da sendete Qin Zhang Yi nach Chu, um Chu dazu zu überreden, auf die Allianz mit Qi zu verzichten und sich mit Qin zu befreunden. Im Gegenzug versprach Qin, ein Gebiet von sechs Hundert Li (eine chinesische Einheit für Länge) an den Staat Chu abzutreten. Doch brach Qin später sein Versprechen, so dass Chu 312 vor Christus einen Angriff gegen Qin startete. Qin besiegte Chu in Danyang (heute Xixia, Provinz Henan) und eroberte Hanzhong. Später startete Chu einen neuerlichen Angriff gegen Qin und wurde nochmals in Lantian (heute Shaanxi) besiegt. 278 vor Christus besetzte der General Bai Qi von Qin die Hauptstadt Yin von Chu. Chu war gezwungen, sein politisches Zentrum zu verlegen.

Yan war der schwächste unter den sieben Staaten. Nach der Thronbesteigung des Königs Zhao von Yan warb er den Strategen Yue Yi und den Diplomaten Su Qin sowie andere Talente an. Sie nahmen alle Kräfte zusammen, um das Land zur Blüte zu führen. 284 vor Christus schloss er ein Bündnis mit Qin, Chu, Zhao und Han ab und griff Qi an. Sie eroberten Qis Hauptstadt Linzi und weitere 70 Städte. Der Staat Qi sollte sich von dieser Niederlage niemals wieder erholen.

Han lag in der Mitte der Zentralebenen und grenzte im Osten an Wei, im Süden an Chu, im Westen an Qin und im Norden an Zhao. Bedroht von diesen großen Staaten wurde Han nie ein starkes Land. 335 vor Christus ernannte Fürst Hanzhao Shen Buhai zum Staatsminister, um Reformen durchzuführen. Doch kam diese Entwicklung in Han bald nach dem Tod von Shen Buhai zum Stillstand. Außerdem wurde die Bedrohung durch Qin besonders groß. Der Staat Zhao war zu Beginn der Streitenden Reiche mit Han und Wei verbündet und sie griffen oft gemeinsam andere Staaten an und erweiterte ihr Territorium nach Norden, wo sich die Minoritäten niederließen. Um sich vor einer Invasion von nördlichen Feinden zu schützen, begann Zhao mit dem Bau der Großen Mauer. Der König Wuling von Zhao betrieb militärische Reformen, indem er mächtige Kavallerietruppe organisierte und die Kavalleristen im Stil der nomadischen Völker kleiden ließen. Dies erleichterte seinen Leuten, zu reiten und zugleich Pfeile abzuschießen. Auf diese Weise wurde Han etwas stärker. Die Siege über Qin, die in Queyu (heute Heshun, Provinz Shanxi) unter der Führung von Zhao She, einem großen General, errungen wurden, zeigten die Stärke von Zhao. 262 vor Christus kämpfte Qin mit Zhao um das Gebiet Shangdang in Changping (heute im Nordwesten des Kreises Gaoping, Provinz Shanxi). Der Krieg dauerte drei Jahre. Am Ende erlitt Zhaos Armee eine vollständige Niederlage. Qins Armee begrub 400000 Mann der Zhao-Armee lebendig, einschließlich des Generals Zhao Guo. Nach diesem Krieg wurden die Hauptkräfte Zhaos vernichtet, so dass kein einzelner Staat unter den sechs stark genug war, Qin zu bedrohen.

Lampe mit 15 Tassen, 82,9 cm hoch, Grunddurchmesser: 26 cm

Lackiertes Dou mit Deckel, 24,3 cm hoch

Skizze der Konflikte zwischen den Staaten Qi und Wei

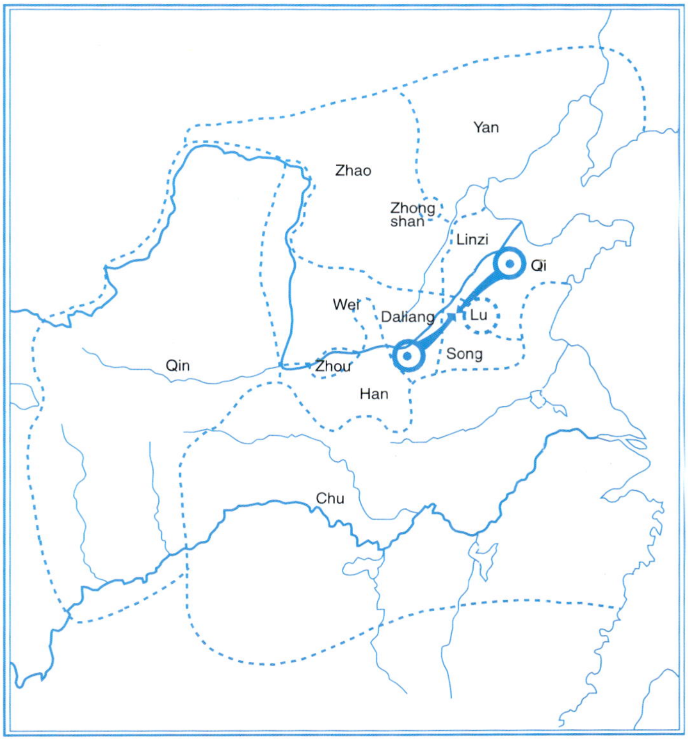

Mythologisches Zweiflügeltier mit Goldeinlegung, Periode der Streitenden Reiche (475-221 v. Chr.), 40 cm lang, ausgegraben in Pingshan, Provinz Hebei

Kristallglas, Periode der Streitenden Reiche (475-221v. Chr.), 15,4 cm hoch, ausgegraben im Dorf Shitang in Hangzhou, Provinz Zhejiang

III. Lehrer und Vorbild für alle Zeiten - Konfuzius

Konfuzius, Kongqiu (551-479 c. Chr.)

Konfuzius (551 v. Chr.-479 v. Chr.), dessen persönlicher Name Qiu und Beiname Zhongni war, wurde in Zouyi im Staat Lu (heute im Südwesten von Qufu, Provinz Shandong) geboren. Seine Vorfahren waren Sklavenhalter im Staat Song. Sein Vater starb, als er noch ein Kind war und seine adlige Familie ging allmählich unter. Er war zeitlang Meister für Zeremonie und später wurde er zum niederen Beamten berufen, der Getreidelager und Viehzucht verwaltete. Er war gleichfalls zuständig für dieJudikative von Lu. Aufgrund der Meinungsverschiedenheit mit adligen Beamten kündigte er und reiste mit seiner Lehre und seinen Prinzipien von Staat zu Staat, um seinen politischen Glauben zu verbreiten. Dieser jedoch fand zunächst keine Akzeptanz. Daher kehrte er nach Lu zurück. Hierauf nahm er viele Schüler auf und beschäftigte sich mit der Bildung und widmete sich der Kollationierung und Zusammenstellung literarischer Werke.

Konfuzius war ein großer Denker und Pädagoge. Er sehnte sich nach den Etiketten der Zhou-Dynastie' betrachtete den Verfall der Etiketten mit Sorge und hob hingegen das Gesellschaftssystem der Zhou-Dynastie hervor. Daher bemühte er sich, geeignete Rituale für eine harmonische und ideale Gesellschaft aufzustellen.

„Wohlwollen" war der Kern des Konfuzianismus'. Er trat dafür ein, „zu den Mitmenschen gutherzig zu sein" und plädierte dafür, „moralische Regeln zu setzen". Außerdem betonte er, dass sich „Wohlwollen" und „Förmlichkeit und Rituale" einander ergänzen und dass der „rituellen Etikette" das „Wohlwollen" zugrunde liege. Weiter meinte er, dass das Wesen der Etiketten darin bestehe, soziale Ordnung zu erhalten, damit jeder in der Gesellschaft an eigenen Verhaltensnormen nach dem Prinzip „Minister sollen dem Kaiser treu sein und Söhne dem Vater untergeordnet sein" festhält. Konfuzius schenkte auch der Musik große Beachtung, wodurch er Menschen zum guten Verhalten zu bringen glaubte. Er war der Überzeugung, dass die Etiketten der Ausbildung der äußeren Eigenschaften dienen und Musik die Ausbildung der inneren Eigenschaften befördert.

Konfuzius' Treffen mit Laozi, Han-Dynastie, Ziegelsteinschnitzerei, ausgegraben in Kreis Suide, Provinz Shaanxi

Konfuzius legte großen Wert auf die Persönlichkeit und das Wissen. Er schätzt breite Bildung und meinte, wer weites Wissen besitze, wer oft Fragen stelle und viel denke, der könne zum Wohlwollen gelangen. Zwar meinte Konfuzius, dass „Leben und Tod vom Schicksal vorbestimmt werden und der Himmel über Wohlstand und Rangordnung eines Menschen entscheidet". Er maß aber auch den menschlichen Bemühungen große Bedeutung bei und glaubte, dass diese Bemühungen zur Entfaltung der Moralität und Gerechtigkeit führen können. Er legte Gewicht auf die „Goldene Mitte" und strebte nach dem Zustand der Harmonie und Stabilität. Konservativ war er indes keineswegs, vielmehr nahm er eine positive Haltung zur gesellschaftlichen Entwicklung und zum Fortschritt ein. Konfuzius war nicht abergläubisch. Er glaubte nicht an die Existenz von Geistern und Teufeln und protestierte gegen derartigen Volksglauben. Dazu sagte er, wie könne man den Geistern dienen, wenn man zuerst nicht einmal dem Volk dienen könne.

Außerdem befürwortete Konfuzius, dass man in der Bildung zwischen den sozialen Stellungen nicht unterscheiden darf. Jeder sollte Zugang zur Bildung haben, aus welcher sozialen Schicht er auch kommen möge. Darum begann er mit der Einrichtung von privaten Schulen, was das Monopol der Beamten und Adligen auf dem Gebiet der Bildung erschütterte. Konfuzius hatte 3000 Schüler aufgenommen, einschließlich Adligen wie auch Bauern. Da Konfuzius die praktische Anwendung der erworbenen Kenntnisse förderte, war das, was er lehrte, sehr umfassend. Es enthielt die so genannten Sechs Künste: Ritual, Musik, Bogenschießen, Reiten, Schreiben und Arithmetik. In Hinsicht auf die Lernmethoden schlug Konfuzius vor, neue Kenntnisse durch Wiederholung alter Stoffe zu erwerben" und „nie damit anzugeben, dass man alles schon weiß, man soll vielmehr ehrlich angeben, was man weiß". Er vertrat die Auffassung, dass man sich nicht schämen sollte, die Vorschläge eigener Untergeordneter anzunehmen.

Die klassischen Werke, die von Konfuzius zusammengestellt wurden, schließen folgende Bücher ein: *Buch der Lieder, Buch der Geschichte, Buch der Rituale, Buch der Wandlung, Buch der Musik, Frühlings- und Herbstannalen*, die auch die sechs klassischen Werke genannt werden. *Das Buch der Musik* ging allerdings verloren. Konfuzius' eigene Aussagen wurden von seinen Schülern zu einem Buch mit dem Titel „Gespräche" zusammengestellt. Seine Gedanken legten den Grund für den Konfuzianismus, welcher ab der Han-Dynastie zur Hauptströmung der chinesischen Kultur wurde, deren Einfluss bald den Osten bzw. die ganze Welt umfasste.

Haupthalle des konfuzianischen Tempels, Qufu, Provinz Shandong

IV. Wetteifer hunderter Schulen mit einander

In der Zeit der Streitenden Reiche herrschten große soziale Wandlungen. So kämpften sieben Staaten um die Hegemonie und alle Staaten nahmen ihre Kräfte zusammen, um sich zur Blüte zu bringen. Diese sozialen Wandlungen ermöglichten die Verbreitung der Kulturen unter den Völkern. Die Ehrgeizigen betrachteten die Rettung der Welt als das ihnen auferlegte Schicksal und offerierten nacheinander ihre Auffassungen dazu. Manche davon reisten von Land zu Land, um den Herrschern ihre eigene Vorschläge anzubieten, manche eröffneten private Schulen oder schrieben Bücher. Manche waren unkonventionell und unbeschränkt und zeigten in der Form von Kritiken ihre Sorgen um das weltliche Leben, manche unterstützten den Herrscher bei der Verwaltung der Staaten. Auf diese Weise kam es zur Situation einer Art Wettkampf von mehr als hundert Schulen um die Führungsrolle und Deutungshoheit. Neben dem Konfuzianismus bestanden damals noch andere Schulen wie z. B. Mohismus, Taoismus, Legalismus, Yin-Yang-Schule und die Schulen der Logiker, Strategen, Agronomen sowie Eklektiker. Die Frühlings-und Herbstperiode und die Periode der Streitenden Reiche waren eine Epoche der großen Befreiung des Gedankens. Zu dieser Zeit schossen Talente wie Pilze aus dem Boden.

Davon waren der Mohismus und Konfuzianismus die zwei wohl berühmtesten Schulen. Der Begründer des Mohismus, Mo Di (478?-392 v. Chr.), der aus Lu oder Song stammte, schaffte es bis zum Seniorenmininster von Song. Seine Ideen wurden in dem Buch *Mo Zi* gesammelt. Mo Zi trat für „universale Liebe“ und „Keine-Aggression“ ein. Er stellte die Idee „Liebt euch einander und ihr werdet voneinander profitieren“ als einen effektiven Weg zur Rettung der Welt auf. Er meinte auch, dass der Herrscher intelligente Leute ungeachtet ihrer Herkunft engagieren und das Volk ein einfaches Leben ohne große Grabbeigabe und viele Formalitäten führen sollte.

Die Begründer des Taoismus waren Lao Zi und Zhuang Zi. Lao Zis Familienname war Li und Beiname war Boyang, er wird auch Lao Dan genannt. Er wurde der Überlieferung aus der Frühlings- und Herbstperiode oder der Periode der Streitenden Reiche nach in Linxianqurenli im Kreis Ku im Staat Chu (heute Guide, Provinz Henan) geboren. Er war für die Staatsbibliothek zuständig, was dazu führte, dass er umfassendes Wissen hatte. Konfuzius hatte sich bei ihm nach „Ritualen“ erkündigt und bekam viele tiefgründige Prinzipien erzählt. Er opferte sich ganz der moralischen Kultivierung und verfasste in seinen späten Jahren das Buch *Lao Zi* (auch Daodejing genannt). In diesem Buch begründete Lao Zi sein philosophisches System, dessen Kern der Begriff Weg-das Absolute-ist. Er meinte, dass der Weg die zeitliche und räumliche Grenze überschreitet und das Universum durchdringt. Er vertrat die Ansicht des „Nicht-Handelns“ (Wu Wei). Er ließ die Sachen eigene Wege nehmen und meinte, dass der Schwache den Starken besiegen und dass man mit Milde Härte überwinden könne.

Lao Zi, Li'er

Zhuang Zi, Zhuangzhou

Meng Zi, Mengke

Mo Zi, Modi (468-376 v. Chr.)

Zhuang Zi (369 v. Chr.?-286 v. Chr.), dessen Beiname Zhou war, stammte aus Meng im Staat Song (heute Nordosten von Shangqiu Provinz Henan). Er entzog sich den Anforderungen des alltäglichen Lebens und nahm eine unbeteiligte Einstellung zur Welt. Für ihn war alles auf der Welt relativ, so dass er die Unterscheidung zwischen richtig und falsch verneinte. Daher nahm er eine optimistische Haltung dazu ein, „immer ein friedliches Leben zu führen“. Das Buch *Zhuang Zi* ist eines der klassischen Werke des Taoismus. Die in ihm ausgedrückten Gedanken stehen denen von Lao Zi sehr nahe. Viele der philosophischen Ideen wurden in Form von Kategorien aufgestellt, so dass viele schöne und bewegende Geschichten geschaffen wurden, was das Buch zu einem ausgesprochen schönen literarischen Werk macht.

Menzius (390v. Chr.?-305 v. Chr.), dessen Beiname Ke war, stammte aus Zou (heute Kreis Zou, Provinz Shandong). Er hatte bei Konfuzius‘ Enkel Zisi gelernt und bezeichnete sich als Schüler des Heiligen, also des Konfuzius’. Sein Buch *Menzius* ist eines der klassischen Werke des Konfuzianismus. Menzius glaubte, dass der

Mensch von der Geburt her gut sei. Daher schenkte er dem Einfluss der Umwelt große Bedeutung. Er trat für das Pflegen des menschlichen Charakters und seines Willens ein und meinte, dass jeder Heiliger wie Yao und Shun werden könne, solange er des festen Willens sei. Er ging von dem Standpunkt aus, „der Mensch ist am wichtigsten und der Gott der Erde und der Gott des Korns stehen dahinter und der Herrscher kommt an der letzten Stelle". Damit meinte er, dass der Herrscher sich um sein Volk kümmern solle. Er war gegen Tyrannei und forderte eine gutherzige Regierung. Er war davon überzeugt, dass dies der einzige Weg zum Herrschen über die Welt sei.

Xun Zi, auch Xuan Kuang oder Xun Qing genannt, stammte Ende der Streitenden Reiche aus dem Staat Zhao. Er nahm den Konfuzianismus wieder auf und entwickelte ihn weiter. Er nahm eine kritische Stellung zu allen Schulen ein, lernte aber freilich von ihnen. Im Gegensatz zu Menzius war Xun Zi der Meinung, dass der Mensch von Geburt her böse sei. Daher betonte er Rituale und Gesetze, um den Menschen zur Besserung zu bewegen. Er entwickelte auch den Gedanken von Konfuzius weiter, dass Herrscher moralisch und gutherzig sein müssen. Außerdem meinte er, dass zum Herrschen über ein Land die Liebe zu seinem Volk sehr wichtig sei. Er verglich den Herrscher mit Schiffen und die Massen mit Wasser und glaubte, dass „Wasser die Schiffe tragen und stürzen kann". Im Buch *Xun Zi* wurden seine Werke gesammelt.

Sun Zi, Sun Wu

Xun Zi, Xun Kuang

Zusammen mit dem Konfuzianismus und der Menzius-Schule, ist der Legalismus eine weitere berühmte Schule. Der größte Vertreter des Legalismus ist Han Fei, der Ende der Streitenden Reiche im Staat Han lebte. Han war Schüler von Xun Kuang und verfasste das Buch *Han Feizi*, in dem er verschiedene Schulen der Philosophie synthetisierte und in Gleichgewicht brachte, was ihm einen großen Erfolg in der legalistischen Schule ermöglichte. In diesem Buch wurden Shang Yangs Gesetze, Sheng Buhais Strategien und Shendaos Machtlehre vereint. Lao Zis „Nicht-Handeln", Xun Zis Betonung der Rituale und Gesetze, Menzius` Streben nach der Universalität sowie die Idee von verschiedenen Namen für die selbe Substanz im Konfuzianismus wurden von ihm aufgenommen. Er glaubte nicht, dass man durch Moral, Gutherzigkeit und Gerechtigkeit allein das Land regieren kann. Stattdessen meinte er, dazu muss man Gesetze, Strategien und Gewalt anwenden. Diese Idee übte großen Einfluss auf die kommenden Generationen aus.

Die berühmten Vertreter der Schule der Strategen sind Sun Wu am Ende der Frühlings- und Herbstperiode in Qi und Sun Bin in der Mittelzeit der Streitenden Reiche. Die 13 Artikel über die Kriegskunst von Sun Zi ist eines der klassischen Werke unter den Büchern über Strategien im Krieg. Das Buch *Kunst des Kriegs* zeigt das hohe Niveau der Kriegskunst in der Zeit der Streitenden Reiche. Der Vertreter der Logiker ist Sun Long aus dem Staat Chao aus der Zeit der Streitenden Reiche. In seinem Buch *Gongsunlongzi* brachte er die Kunst der Rhetorik hervor. Der Vertreter der Eklektiker ist Lu Buwei, in dessen Buch *Frühling und Herbst von Lu* die Hauptgedanken des Konfuzianismus', Mohismus', Legalismus', der Strategen und anderer Schulen aufgenommen werden. Das Buch ist in Hinsicht auf historische Theorie und als zeitgenössische Quelle von großer Bedeutung.

Hanfei Zi

Drachenförmiges Gürtelchen (475-221 v. Chr.), 19, 5 cm, 0,5 cm dick, ausgegraben von dem Grab aus der Qin-Dynastie in Weichengwan, Xianyang, Provinz Shaanxi

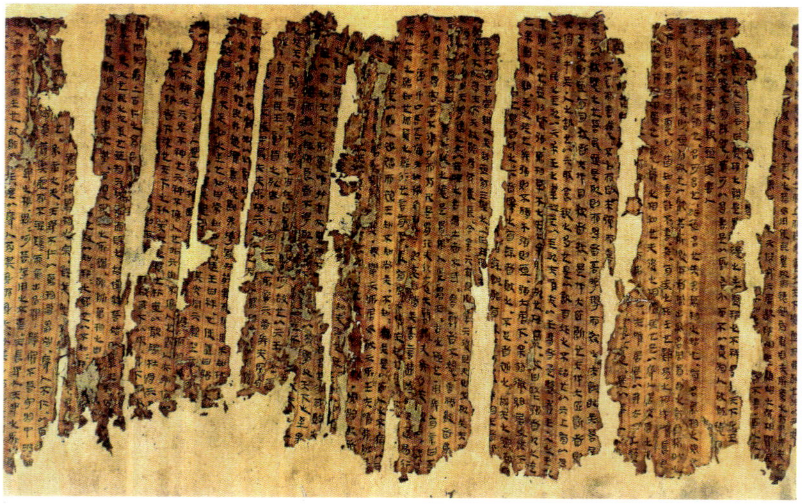

Lao Zi Seidenbuch, ausgegraben aus dem Grab aus der Han-Dynastie in Mawangdui, Changsha

V. Geschichtswissenschaft und Literatur

Qu Yuan (340-278v. Chr.)

Das Grab von Qu Yuan, Miluo, Provinz Hunan

Drachenförmiges Gürtelchen aus Bronze, Frühlings- und Herbstperiode, 19,5 cm lang

In der Geschichte heißt es, dass die *Frühlings- und Herbst-Annalen*, die die Geschichte von Lu wiedergeben, von Konfuzius verfasst wurden. Der Beamte für Geschichtsschreibung Zuo Qiuming von Lu schrieb *Kommentare über die Frühlings- und Herbst-Annalen*, die dem Buch konkrete Erklärungen mit historischen Fakten hinzufügten. Zuo Qiumings Werk wird mit *Frühlings- und Herbst-Annalen von Zuo* betitelt, oder kurz *Zuozhuan* genannt. Das Buch zeichnet die 268jährige Geschichte von 722 v. Chr. bis 454 v. Chr. auf. *Zuozhuan* konzentriert sich auf die Beschreibung von Kriegen sowie die Darstellung von Personen durch ihre lebendige und bündige Sprache, so dass viele Kapitel aus diesem Buch von Generation zu Generation immer wieder gelesen werden.

Gespräche verschiedener Staaten war ein weiteres historisches Werk aus dieser Zeit. In diesem Werk werden Personen, Geschichten, Gespräche verschiedener Staaten wie Zhou, Lu, Qi, Jin, Zheng, Chu, Wu und Yue dargestellt. Das Buch wird im Volksmund auch *Biographie von der Frühlings- und Herbstperiode* genannt. Ein anderes Buch aus dieser Zeit war *Strategien der Streitenden Reiche*, das in den späten Jahren der Streitenden Reiche oder in der Zeit zwischen der Qin- und der Han-Dynastie erstellt wurde. In diesem geht es um die Gespräche der Strategen und Geschichten der Redner. Der Schreibstil ist mal blumig, mal imposant und mal minuziös. All dies ist von großem literarischem Wert. Darüber hinaus gibt es noch andere Werke, z. B. *Annalen geschrieben auf dem Bambus*, *Shiben* usw.

Das Buch der Lieder ist die erste umfassende Gedichtssammlung in China, die der Überlieferung nach von Konfuzius erstellt wurde. Das Buch enthält 30 Gedichte, einschließlich Volkslieder, Hoflieder und Lieder für Zeremonie. Sein umfassender Inhalt und seine wunderschöne Sprache haben Generationen von Dichtern, Gelehrten und Schriftstellern mit Nahrung versorgt. Während der Periode der Streitenden Reiche trat der erste große Dichter Chinas, Qu Yuan (340v. Chr.-278 v. Chr.), auf. Er war berühmt für die Chu-Lieder. Qu Yuan, dessen Beiname Ping war, stammte aus Quping in dem heutigen Kreis Zigui in der Provinz Hubei. Zwar blieb er als ein wissensreicher und ehrgeiziger Gelehrter dem Staat Chu treu, aber er wurde von tückischen Heuchlern gedrängt. Schließlich beging er auf dem Weg in seine Verbannung im Fluss Minuo Selbstmord.

Qu Yuans repräsentatives Werk ist eine lange Lyrik namens *Klagen des Abschieds* (Li Sao). In diesem geht es um romantische Geschichten und Verärgerung über die Sorgen um den Staat. In dem Gedicht *Fragen des Himmels* mit großen Handlungen und reichen Vorstellungen stellte er 172 Fragen und erkundete sich nach dem Ursprung des Universums, der Laufbahn der Sonne, der Entwicklung der Menschheit und den Meriten der Geschichte. Dies zeigt seinen weiten Horizont auf der Suche nach der Wahrheit. Die Lieder *Yin* und *Huaisha* bringen seine Heimatverbundenheit zum Ausdruck. Neun Lieder wurden nach den Volksliedern, die zu dieser Zeit zum Himmelsopfern gesungen wurden, geschaffen und verkörperten die Liebe des Chu-Volks zu ihrem Land und ihr Streben nach Glück sowie ihre Verehrung der Helden, die für ihr Land das eigene Leben gegeben hatten. Qu Yuans Werke sind voller Leidenschaft und herrlicher Sprache. Daher übten sie großen Einfluss auf spätere Generationen.

Der Seniorenbeamte empfängt einen alten Fischer

Das Bild von Zitherspiel durch Boya, von Wang Zhenpeng, Yuan-Dynastie

VI. Wissenschaft und Technologie

Bronzene Glocken, Periode der Streitenden Reiche (475-221 v. Chr.), die Höhe des Rahmens 265-273 cm, ausgegraben aus dem Zenghouyi-Grab, Suizhou, Provinz Hubei

Während der Frühlings- und Herbstperiode erfuhr die Astronomie weitere Entwicklung. In den *Frühlings- und Herbst-Annalen* gibt es 37 Aufzeichnungen über Sonnenfinsternisse in 242 Jahren, davon erweisen sich 30 Aufzeichnungen als zuverlässig. Die Aufzeichnung über einen Kometen in den *Frühlings- und Herbst-Annalen* ist die älteste auf der Welt, sie ist um mehr 670 Jahre früher beschrieben worden als jene in Europa, die Aufzeichnung über den Fall von Ärolithen ist um gut 2000 Jahre früher entstanden. In der Zeit der Streitenden Reiche wurde der Viertelkalender, der präziseste Kalender dieser Zeit, erfunden. In diesem wird bestimmt, dass ein Jahr aus 365 Tagen und 6 Stunden besteht. Zu dieser Zeit wurde der Xia-Kalender in allen Staaten verwendet, der 30 Jahreseinteilungen enthält.

Gan De aus dem Staat Qi schrieb acht Bände der *Chronometer und Horoskope* und der Wei-Bürger Shi Shen schrieb acht Bände der *Chronometer*. Aus diesen zwei Werken wurde das Buch *Gan Shi-Horoskope*. In dem Buch geht es um das Auftauchen und Verschwinden von fünf großen Sternen, die Aufzeichnung des Gesetzes ihrer Bewegung und Messung der Lage von 121 Sternen. Außerdem zeichnet das Buch auch Namen von 800 Sternen auf. Dies ist die erste Tabelle der Sterne, um etwa 200 Jahre früher als die erste europäische Tabelle darüber.

Ein lackierter Kofferdeckel wurde im Grab von Zenghouyi im Kreis Suixian in Provinz Hubei gefunden. In der Mitte des Deckels ist ein großes chinesisches Schriftzeichen „Dou" mit 28 Namen von Sternen wie „Grüner Drachen", „Weißer Tiger" am Rand, was den Grundriss des alten chinesischen Astronomiesystems verdeutlicht.

Zu dieser Zeit entledigte sich die Pharmakologie der Fesseln der frühen Wunderheiler und Schamanen und wurde eine selbständige Disziplin. Bian Que war ein berühmter Arzt zu der Zeit der Streitenden Reiche und stellte zum ersten Mal die Methode des Pulsfühlens, der Akupunktur und der Massage zur Behandlung von Kranken vor. Außerdem legte das Buch *Der Kanon der internen Medizin von dem Gelben Kaiser,* das in der Mittelzeit der Streitenden Reiche erschien, die theoretische Grundlage für die chinesische Medizin fest und bleibt bis heute immer noch deren klassisches Werk.

Die Erfindung von Eisen und Stahl ist ein wichtiges Zeichen für die wissenschaftliche und technologische Entwicklung. In der Mittelzeit der Streitenden Reiche waren im Staat Qi eiserne Gegenstände sehr weit verbreitet. Zum Ende der Frühlings- und Herbstperiode verwendeten die Menschen im Staat Jin bereits eiserne Kochgefäße und Pflüge. Drei Staaten im Süden wurden damals das Zentrum der Eisenproduktion. Eiserne Gegenstände verschiedener Arten wurden auf dem Gebiet der Streitenden Reiche verbreitet. Außer Ackerbauwerkzeugen wie Axt, Säge, Ahle, Hammer, Messer usw. gab es auch schon Waffen wie z. B. Panzer, Stab, Schwert, Hiebaxt, Messer, Speer und Dolch sowie andere Gegenstände. Das schwarze Stahlschwert, das in Yanxiadou im Kreis Yi in der Provinz Hebei gefunden wurde, ist 100,4 cm lang und war die modernste Waffe auf der damaligen Welt.

Von der Frühlings- und Herbstperiode bis zur Periode der Streitenden Reiche wurden Bronzewaren noch feiner und schöner. Neue Technologien wie Schnitzen und Gold- und Silbereinlegung wurden erfunden. Unter den Reihenglocken, die im Zenghouyi-Grab in der Provinz Hubei gefunden wurden, wiegt eine Gruppe von Glocken mit genauem Ton und hoher Qualität über 2500 kg. Der Dujiang-Damm aus der Qin-Dynastie und das Zhengguo-Kanal zeigen den hohen Entwicklungsstand der Bewässerungstechnologie in der Zeit der Streitenden Reiche.

Chuwang-Xiongzhang-Glocke, Periode der Streitenden Reiche (475-221v. Chr.), 92,5 cm hoch, ausgegraben aus dem Zenghouyi-Grab, Suizhou, Provinz Hubei

Dujiangyan, Provinz Sichuan

第四篇 一统天下——秦、汉

Kapitel 4

Große Einigung des ganzen Landes

-- Die Qin- und die Han-Dynastie

Die Qin gründete das erste zentralisierte Reich und legte die politische Grundstruktur der chinesischen Geschichte fest, die über 2000 Jahre lang bestand. Doch das Qin-Reich fand schon bald wegen seiner Grausamkeit sein Ende. Die Han-Dynastie nahm das Qin-System auf und bemühte sich nach allen Kräften darum, das Land zu einem mächtigen Reich aufzubauen. Seitdem bleibt die chinesische Nation eine wichtige Macht auf der Welt.

Taishan-Berg, Tai'an, Provinz Shandong

I. Der erste Kaiser - Qin Shi Huang

Der erste Kaiser, Qin Shi Huang, Ying Zheng (259 v. Chr.-210 v. Chr.)

Kaiser der Qin-Dynastie

1. Der Erste Kaiser, Yingzheng (221-210BC)
2. Huhai (209-207BC)
3. Ziying (207BC)

Kupfermünze im Wert von halbem Tal, Qin-Dynastie, ausgegraben in Xi'an, Provinz Shaanxi

Qin Shi Huang, der erste Kaiser der Qin-Dynastie und eigentlich Ying Zhen hieß, war Sohn des Königs Zhuangxiang des Staates Qin. Mit 13 bestieg er den Thron und mit 19 wurde er Kaiser. Er war 37 Jahre lang an der Macht.

Zur Zeit des Königs Zhaoxiang war der Staat schon so stark, dass er über alle anderen herrschte. 238 v. Chr. engagierte sich der König Ying Zhen selbst für staatliche Angelegenheiten. Nach der Niederschlagung des Aufruhrs und der Beseitigung der von Lu Buwei geführten Partei ernannte er Li Si zum Premierminister und startete Kriege, um dadurch die anderen sechs Staaten zu annektieren.

Qin vernichtete nacheinander Han, Wei, Chu, Yan, Zhao und Qi und vereinigte 221 v. Chr. das ganze Land. Danach vertrieb er den Stamm Xiongnu (eine Minorität im Norden, auch Hunne genannt) und expandierte sein Territorium weiter nach Süden. Hierauf gründete er ein riesiges Reich. Die große Vereinigung der sechs Staaten war den gründlichen Reformen zu verdanken. Weil Qin die Leute nach ihrer Fähigkeit und Intelligenz bestellte, dienten alle Talente aus den sechs Staaten dem Qin-Reich. Shang Yang, Zhang Yi, Fan Wei, Lu Buwei, Li Si und Wei Liao leisteten alle zur Stärkung von Qin große Beiträge.

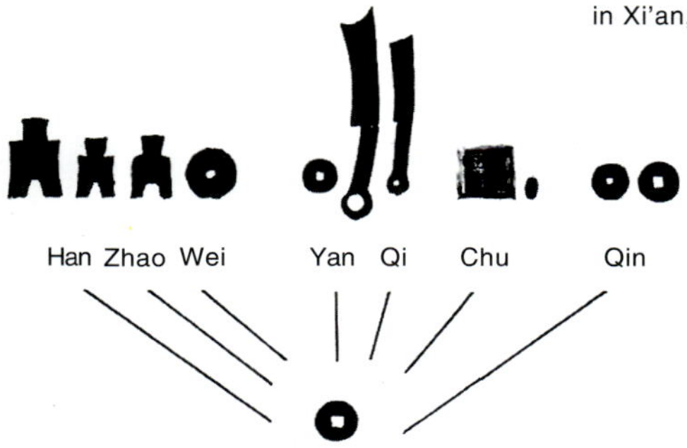

Die Vereinheitlichung der Währungen in der Qin-Dynastie

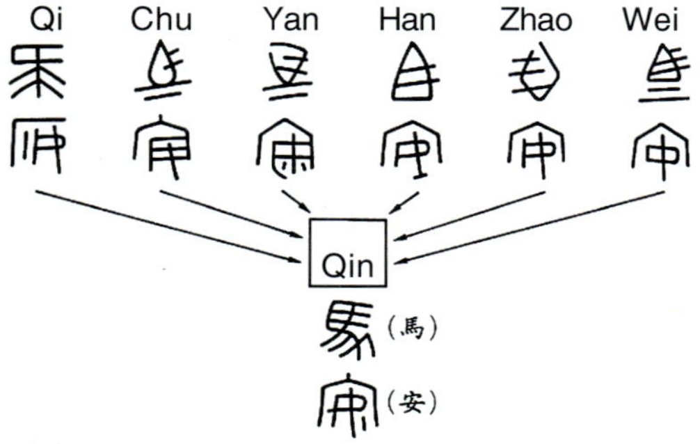

Die Vereinheitlichung der Schriften in der Qin-Dynastie

Die Situation der Qin-Dynastie

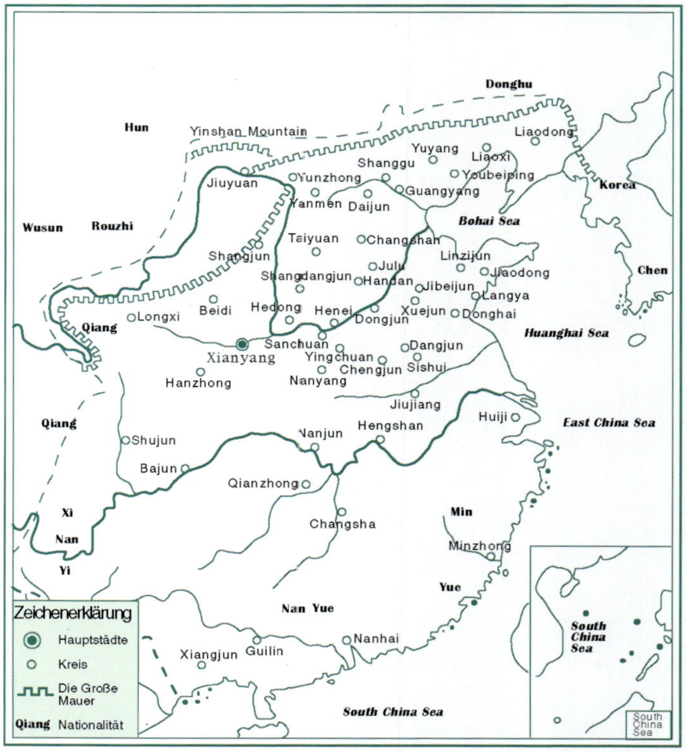

Der Epang-Palast, Teil des Bildes, Qin-Dynastie, von Yuan Yao (das 18. Jh)

Relikte des Epang-Palasts, Xianyang, Provinz Shaanxi

Nach der Einigung meinte der König Ying Zhen, dass er sogar verdienstreicher als die Sagenkönige (Fuxi, Suiren und Shennong) und die fünf verdienstvollen Kaiser (Huang Di, Zhuanxu, Di Ku, Tang Yao und Yu Shun) sei. Deshalb nannte er sich selbst der erste Kaiser (Qin Shi Huang, ein noch ehrenvoller Titel) und bestimmte, dass seine Nachfolger mit dem Zweiten und dem Dritten Kaiser usw. betitelt wurden, so dass seine Dynastie und sein Reich nie verfallen. Er errichtete ein vollständiges autokratisches Verwaltungssystem mit dem Kaiser als Zentrum und „Drei Gong und neun Qing" (Gong und Qing beziehen sich auf den höchsten Beamtenrang) als Rahmen. Außerdem beseitigte er das Lehnsystem und errichtete das Präfektursystem.

Qin Shi Huang erteilte den Befehl, die Schriften, die Messeinheiten und die Währungen zu vereinheitlichen. Er erarbeitete allgemeingültige Gesetze und schaffte alle den Verkehr hindernden Burgen und Festungen ab. Er baute Straßen, die in Xianyang kreuzten und in alle Himmelsrichtungen führten, und den Kanal Linqu, der Norden und Süden verband. Um die südliche Wanderung des nördlichen Volks Xiongnu (ein nomadisches Volk) zu stoppen, befahl er, die Festungen der frühen sechs Staaten zu verbinden und die große Mauer von Lintao im Westen bis zu Liaodong im Osten zu bauen, wodurch der Bau zu einem wahren Weltwunder

Bronzefigur mit Regenschirm, 50 cm hoch

Vergoldeter Tänzer aus Kupfer, Qin-Dynastie, 11cm hoch

wurde.

Außerdem unternahm Qin Shi Huang Bauarbeit in großem Umfang. Er baute sechs Paläste nach dem Muster der sechs Staaten und versuchte, sie mit schönen Frauen aus diesen sechs Staaten zu beleben. Außerdem ließ er den Epang-Palast und das Lishan-Grab bauen. Zu seiner Regierungszeit machte er fünf große Reisen, schnitzte Schriften und beobachtete seine Erfolge auf jedem berühmten Gebirge, das er besichtigte, um seine Macht zu demonstrieren. Um nach Medizin für ein langes Leben zu suchen, sendete er einige Tausende von Jungen und Mädchen an die chinesische Ostsee, um bei den Geistern Hilfe zu erbitten, was so viele nationale Kräfte und Menschenleben kostete, so dass Leute weder genug zu essen noch genug Kleiderstoff hatten, obwohl sie nie mit dem Ackerbau und Weben aufhörten. Zugleich suchte er seine Herrschaft durch strenge Strafen und scharfe Kontrolle der Gedanken der Menschen zu sichern. Er verbrannte Bücher und begrub konfuzianische Gelehrte lebendig, was das Wetteifern der hundert Schulen grausam beendete.

Yangling-Kupfertigerstempel als kaiserliche Bemächtigung für die Truppenversetzung in der Qin-Dynastie, der für einen General ausgestellt wurde, ausgegraben in Lincheng, Provinz Shandong

Kniender Schützer, Qin-Dynastie, 120 cm hoch, ausgegraben aus der Gruft der Terrakotta-Armee und Pferde in der Nähe des Grabes von Qin Shi Huang, Lintong, Provinz Shaanxi

Gratziegel, Qin-Dynastie, ausgegraben in Xi'an, Provinz Shaanxi

Bronzewagen und -pferde, Qin-Dynastie, 225 cm lang, ausgegraben aus der Gruft der Terrakotta-Armee und Pferde in der Nähe des Grabes von Qin Shi Huang, Lintong, Provinz Shaanxi

Tonkrieger und-Pferde, ausgegraben aus dem Mausoleum von Qinshihuang, Lintong, Provinz Shaanxi

II. Untergang der Qin und Aufgang der Han

Chen Sheng

Wu Guang

Bronzeschmuck mit zwei Tänzerfiguren, Westliche Han-Dynastie (206 v. Chr.-6 n. Chr.), 12 cm hoch, ausgegraben aus dem Grab von König von Dian im Kreis Ningjin, Provinz Yunnan

Relikte der Vorhalle des Weiyang-Palasts in Chang'an, Westliche Han, heute die nordwestliche Vorstadt von Xi'an, Provinz Shaanxi

210 v. Chr. starb der Erste Kaiser auf einer Inspektionsreise in Shaqiu (heute im Kreis Guangzong in der Provinz Hebei). Der Eunuch Zhao Gao und der Premierminister Li Si schmiedeten einen geheimen Plan, den ersten Sohn des Kaisers, Fu Su, zu vergiften, um den zweiten Sohn zum Thronfolger zu machen. Der zweite Kaiser war sehr brutal und löste großen Ärger bei der Bevölkerung aus, so dass das Land in Tumult gestürzt wurde.

Im Juli 209 v. Chr. verspäteten sich 900 arme Bauern in Dazexiang (heute Südosten vom Kreis Su in der Provinz Anhui) wegen starken Regens auf dem Marsch zur Grenze. Sie konnten nicht zur rechten Zeit das Ziel erreichen. Nach dem Gesetz von Qin wurde jemand hingerichtet, der verfehlte, das Ziel pünktlich zu erreichen. Hierdurch waren die Bauern gezwungen, ein Risiko einzugehen. Sie machten Chen Sheng und Wu Guang zu ihren Führern und rebellierten mit abgeschnittenen Baumzweigen als Waffen. Chen Sheng erklärte sich im Kreis Chen (heute Huaiyang in der Provinz Henan) zum König und nannte sein Regime Zhangchu. Kurz danach wurde Wu Guang vom militärischen Beamten unter seinem Kommando getötet und Chensheng wurde von den Rebellen getötet, was zur Niederlage des Aufstands führte. Doch wurde hierdurch eine Welle von Aufständen gegen Qin ausgelöst, sodass die Herrschaft der Qin immer wieder herausgefordert wurde.

Nach dem Ausbruch des Aufstandes von Chensheng und Wuguang töteten die Nachfahren eines Adligen aus Chu, namentlich Xiang Liang, Xiang Yu sowie den Kreisvorsteher von Huiji (heute Suzhou, Provinz Jiangsu). Sie führten eine Truppe mit 8000 Mann und überquerten nach Norden den Yangtse-Fluss. Danach starteten sie einen Aufstand gegen Qin. Gleichzeitig rief Liu Bang aus dem Kreis Pei die Rebellen zum Aufstand gegen Qin zusammen. Unterstützt von Xiao He und Cao Can bezeichnete er sich als Herzog von Pei. Bald suchte er bei Xiang Liang Zuflucht. Dann marschierten Liu und Xiang nach Norden, um Qin in einen Krieg in zwei Richtungen zu bringen. Sie vereinbarten, dass wer zuerst die Zentralebenen Shaanxi erreicht, König wird. In Juku (heute Provinz Henan) besiegte Xiang Yu eine 200000 Mann starke Truppe von Qin, was ihn sehr bekannt machte, so dass er zum größten über alle Fürsten gewählt wurde. Die Armee von Liu Bang nützte

Palastlampe des ewigen Vertrauens mit vergoldeter Figur, Westliche Han (206-24 v. Chr.), 48 cm hoch, ausgegraben aus dem Grab von Dou Wan, Kreis Mancheng, Provinz Hebei

Bronzekrug mit Nagelmuster, Westliche Han-Dynastie (206-24 v. Chr.0, ausgegraben aus dem Grab von Liu Sheng, Kreis Mancheng, Provinz Hebei

Oberherr von Westlichem Chu, Xiang Yu (232-202v. Chr.)

Kaiser Gao Zu der Westlichen Han-Dynastie, Liu Bang (256-195 v. Chr.)

nun die Schwäche der Feinde und fasste Wuguang. Dann traten sie in die Zentralebene Shaanxi ein und näherten sich Xianyang.

Zu dieser Zeit tötete Zhao Gao, ein Eunuch der Qin-Dynastie, den zweiten Kaiser und setzte den Neffen des Kaisers auf den Thron, der anstatt des dritten Kaisers den Titel König von Qin annahm. Zi Ying tötete Zhao Gao und ergab sich Liu Bang. 207 v. Chr. schließlich kam die Qin-Dynastie zu ihrem Ende.

Nach dem Eintritt in die Zentralebene Shaanxi schaffte Liu Bang die grausamen Gesetze von Qin ab und schloss deren Paläste und versprach dem Volk: Wer andere tötet, wird getötet; wer andere verletzt oder Diebstahl begeht, muss dafür sühnen, was ihm die Unterstützung des Qin-Volkes sicherte. Als Xiang Yu davon hörte, dass Liu Bang in Xianyang eintrat, führte er seine Armee zum Pass Hangu und Hongmen und versuchte, Liu Bangs Armee aufzureiben. Da Liu Bang wusste, dass er nicht in der Lage war, Widerstand zu leisten, ging er persönlich zum Feldlager von Xiang Yu, wo er ausgesprochen heuchlerisch um Entschuldigung bat, so dass er glücklich fliehen konnte. Das war das berühmte Hongmen-Bankett. Nach dem Hongmen-Bankett brachte Liu Bang seine Armee nach Xianyang, wo er König Ziying töten und Qins Paläste verbrennen ließ, was zu vielen Plünderungen und Morden führte. Kurz danach bezeichnete er sich als Führer der Westlichen Chu und machte Pengcheng (heute Xuzhou, Provinz Jiangsu) zur Hauptstadt. Er ernannte auch 18 Generäle zu Herzögen und gab ihnen Lehngut. Liu Bang wurde Herzog der Han, dessen Herrschaftsgebiet Hanzhong, Ba und Shu umfasste. Mit der Belehnung durch Xiang Yu verschärfte sich die Korruption und verursachte damit den Ausbruch von Kriegen unter den Fürsten.

Liu Bang, der auf seinem begrenzten Territorium in die Ecke gedrängt wurde, bestellte Han Xin zum Großgeneral und marschierte nach Osten. Er trat wieder in Hanzhong (Zentralebene Shaanxi) ein. Nun griff er Pengcheng im Osten an. Dort wurde er aber von Xiangs 30000 Mann starker Armee besiegt und sein Vater und seine Frau wurden Geiseln. Während der Flucht kämpfte Liu Bang entlang Xingyang und Chenggao weiter mit Xiang Yu. Nach vielen Niederlagen schloss Liu Bang ein Abkommen mit Xiang Yu ab, dass er mit Xiang Yu die Welt mit Honggou als Grenze teilen möchte. Xiang Yu stimmte ihm zu. Er ließ die Geisel frei und gab die Barrikaden und die geschlossene Mauer auf. Er führte seine Armee nach Osten. Dem Vorschlag von Zhang Liang und Chen Ping zufolge brach Liu Bang sein Versprechen und griff Xiang Yus Armee an. Schließlich bildete er ein Bündnis mit Han Xin und Peng Yue und kesselte in Gaixa (heute Lingbi, Provinz Anhui) Xiang Yu ein, wo Xiang Yu von allen Seiten belagert wurde. Während seines Rückzuges nach Wujiang (heute Kreis He, Provinz Anhui) beging er Selbstmord.

202 v. Chr. kam Liu Bang an die Kaiserkrone und bestimmte Chang'an zur Hauptstadt (heute Xi'an, Provinz Shaanxi). Hierdurch begründete er die Han-Dynastie.

III. Die große Han-Dynastie

Die Han war ein mächtiges und großes Reich. Weil sie ihre Hauptstadt in Xi'an hatte, wurde sie die Westliche Han-Dynastie genannt, im Unterschied zur Östlichen Han-Dynastie mit Luoyang als Hauptstadt.

Die Han übernahm das System der Qin-Dynastie, das „drei Gong und neun Qing" (Herzog und Minister) als Rahmen ihres zentralen Verwaltungssystems hatte. Anfangs ernannte die Han jene Helden, die zur Gründung der Han einen großen Beitrag geleistet hatten, zu Premierministern. Das lokale Verwaltungssystem der Westlichen Han bestand aus Präfekturen und Kreisen sowie Herzogtümern und Fürstentümern.

Fürstentümer waren Ländereien mit höfischen Familiennamen, während die Herzogtümer zu den Helden gehörten. Zu dieser Zeit fanden sich unter den Herzöge der König von Chu - Han Xin, der König von Liang - Peng Yue, der König von Huainan - Ying Bu, der König von Zhao - Zhang Ao, der König von Yan - Zang Tu sowie der König von Changsha - Wu Bing. Sie hatten ihre je eigene Armee und waren Oberherrn in ihrem eigenen Land, was eine potenzielle Gefahr für das Regime Liu Bangs darstellte. Daher fand Liu Bang eine Ausrede und tötete Han Xin und andere nacheinander. Er rief alle Prinzen und Minister zusammen und legte in einem Abkommen fest: „Wer nicht der Liu-

Kaiser Wu Di der Westlichen Han-Dynastie, Liu Che (156-87 v. Chr.)

Kaiser der Westlichen Han-Dynastie

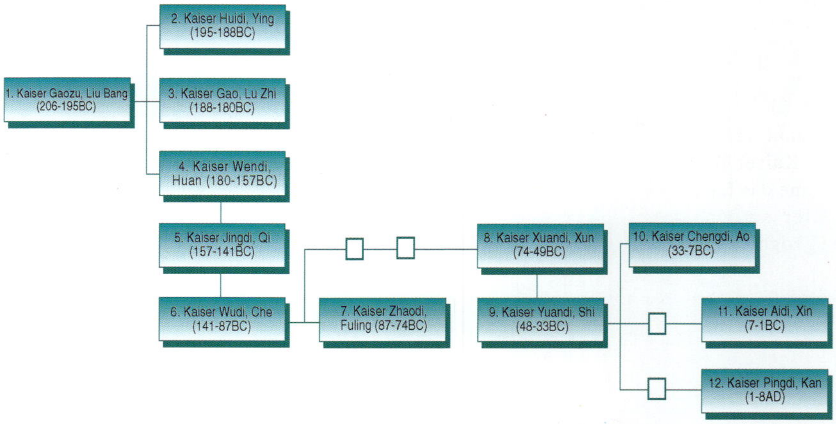

Die Situation der Westlichen Han-Dynastie

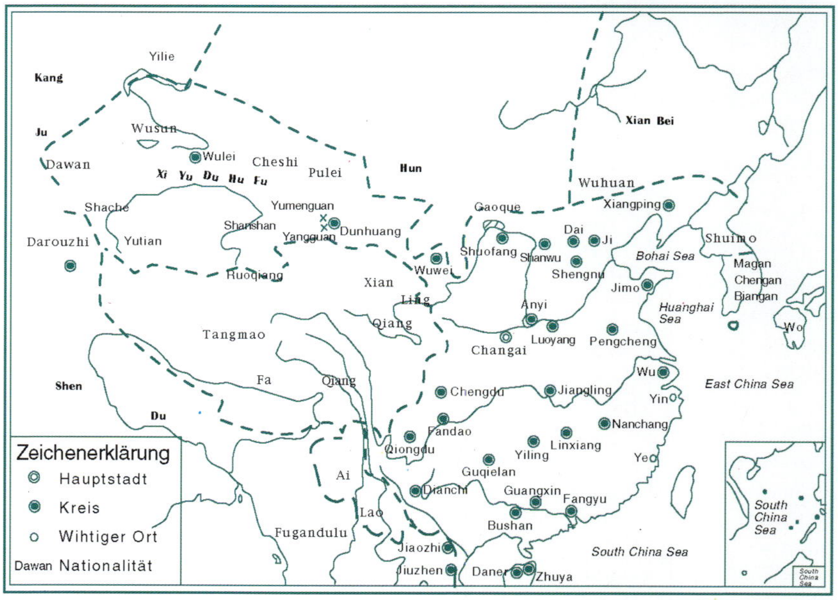

Familie entstammt, kann nicht Prinz werden, wer kein Held ist, kann nicht Herzog werden. Wer nicht von der Familie Liu stammt und sich als König zu bezeichnen wagt, wird den Angriff von allen erleiden".

Die Fürstentümer zu Beginn der Han-Dynastie ernannten ihre eigenen Beamten und erhoben ihre eigene Steuer. Sie gaben jeweils ihre eigene Währung aus und verwendeten ihr eigenes System der Jahresrechnung. Deshalb waren sie Herrscher in eigenem Lehngut. Das bildete eine furchtbare Gefahr für die Zentralregierung. Später nahm Kaiser Jing Di den Vorschlag von Zhao Guo an, der darauf zielte, das Territorium der Lehngüter zu reduzieren. Doch entfesselte der König von Wu in Allianz mit anderen Königtümern unter dem Aufruf „Zhao Guo töten und den Kaiserhof reinigen" einen bewaffneten Aufruhr, der von dem Oberbefehlshaber Zhao Yafu niedergeschlagen wurde. Danach erließ Kaiser

Jademaske, Westliche Han-Dynastie (206 v. Chr.-8 n. Chr.)

Laufpferd aus Bronze, Westliche Han-Dynastie (206 v. Chr.-8 n. Chr.), ausgegraben in Leitai, Wu wei, Provinz Gansu

Phönixlampe aus Bronze, Westliche Han-Dynastie (206 v. Chr.-8 n. Chr.), 30 cm hoch, ausgegraben aus dem Grab von Dou Wan, Prinzessin von Zhongshan, Kreis Mancheng, Provinz Hebei

Aufwärmungsgefäß, Han-Dynastie (206-220 v. Chr., 14,8 cm lang, 12,9 cm hoch, ausgegraben im Kreis Jingyang, Provinz Shaanxi

Jing Di den Befehl, dass die Beamten aller Fürstentümer von dem Kaiser ernannt werden, damit die Macht der Prinzen begrenzt wird. Später gab der Kaiser Wu Di den Erlass: Wenn ein Prinz stirbt, bekommen seine Söhne das Land. Das Territorium seiner Fürstentümer wurde deswegen unter seinen Söhnen aufgeteilt. Außerdem beseitigte er viele Herzogtümer. Dadurch verloren die Prinzen der Fürstentümer ihre Macht und wurden einfache reiche Hoffamilien.

Zu Beginn der Westlichen Han-Dynastie stagnierte die Wirtschaft. Kaiser Gaozu (Liu Bang) betrieb die Politik „der Reduzierung der Lasten der Massen" und verehrte die Schule von Huang Laos „Nicht-Handeln". Die Schule von Huang Lao ist ein Zweig des Taoismus, der von dem Gelben Kaiser (Huang Di) und Laozi inspiriert wurde. Während der Regierungszeit von den Kaisern Wen Di und Jing Di wurde die Schule „Nicht-Handeln" mit geringer Besteuerung und Strafe weiter gefördert, so dass die soziale Wirtschaft wieder hergestellt wurde und sich weiter entwickelte. Das ist die berühmte Periode des „Frieden und Aufschwungs zur Regierungszeit der Kaiser Wen und Jing".

Zur Regierungszeit von Kaiser Wu Di (156-87 v. Chr.) entsprach die Politik des „Nicht-Handelns" nicht mehr der damaligen Situation. Kaiser Wu Di nahm den Vorschlag von Dong Zhongshu (179-104 v. Chr.) an, der darauf zielte, andere Schulen zurückzuweisen und allein den Konfuzianismus zu ehren. Das garantierte dem Konfuzianismus die Vormacht und man errichtete auf dieser Grundlage ein Bildungssystem zur Ausbildung der Staatsbeamten, das die klassischen Werke des Konfuzianismus als Lehrfach hatte. Daraufhin wurde die höchste Bildungsanstalt im Hof gegründet. Die Männer, die fünf Künste beherrschten, wurden dazu erzogen, die kulturelle und ideologische Autokratie zu verstärken.

Zhangqians Reiseroute in die Westlichen Regionen

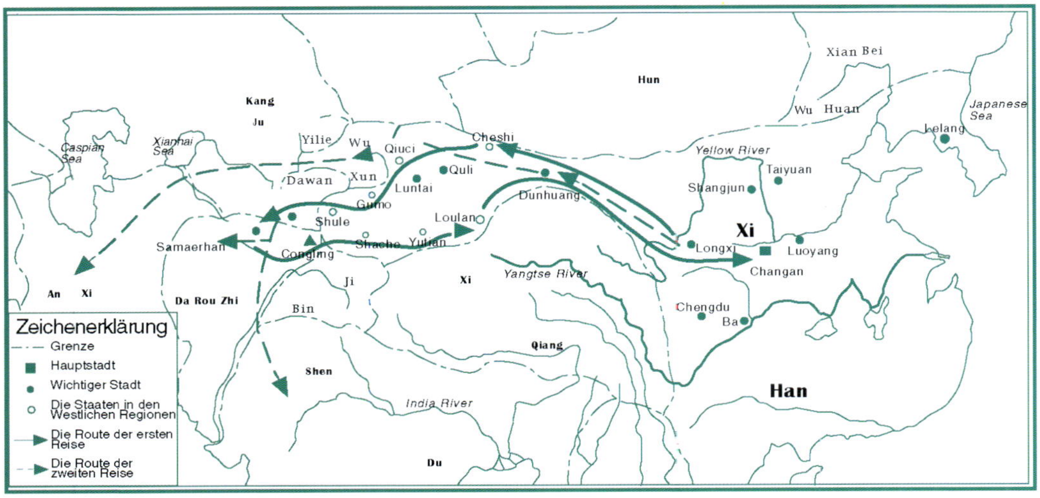

Jadeleopard, Westliche Han-Dynastie (206v. Chr.-8 n. Chr.), 23,5 cm lang, ausgegraben in Shizishan, Xuzhou, Provinz Jiangsu

Zu Beginn der Westlichen Han-Dynastie war die Minorität Xiongnu, die im Norden ein nomadisches Leben führte, eine große Gefahr für die Han. Deshalb betrieb die Han-Dynastie die Politik des scheinbaren Entgegenkommens. Doch diese Politik verfehlte ihr Ziel, die Angriffe von Xiongnu einzudämmen. Zur Regierungszeit des Kaisers Wu Di unternahmen Generäle Wei Qing und Huo Qubing viele Feldzüge gegen Xiongnu, doch alle Feldzüge endeten mit einer Niederlage. Jahrzehnte später schwächten sich die Xiongnu aufgrund der inneren Zersplitterung. Ein Teil von ihnen wurde vom Stammesführer Huhanxie unter die Herrschaft der Han-Dynastie gebracht und zog in das Gebiet nah dem Gebirge Yinshan. 33 v. Chr. arrangierte der Kaiser die Ehe zwischen Wang Qiang (Zhaojun) und dem Hunnenführer Huhanxie. Danach herrschte über 40 Jahre lang Frieden zwischen den Han und den Hunnen.

Jadekleider genäht mit Goldfaden, Westliche Han-Dynastie (206 v. Chr.-8 n. Chr.), 188 cm lang, ausgegraben aus dem Grab von Liu Sheng, Kreis Mancheng, Provinz Hebei

Als Kaiser Wu Di Truppen zum Kampf gegen Xiongnu entsendete, schickte er auch Zhang Qian als Gesandten in die Westlichen Regionen, der den Weg nach Mittelasien eröffnete, wodurch der wirtschaftliche und kulturelle Austausch zwischen den Zentralebenen und den Westlichen Regionen beschleunigt wurde. Außerdem schlug der Kaiser Wu Di auch das südliche Yue (heute Provinz Guangdong) nieder. Dort errichtete er neun Kreise und besiegte das südwestliche Yi, Yeliang und andere Minoritäten, wodurch

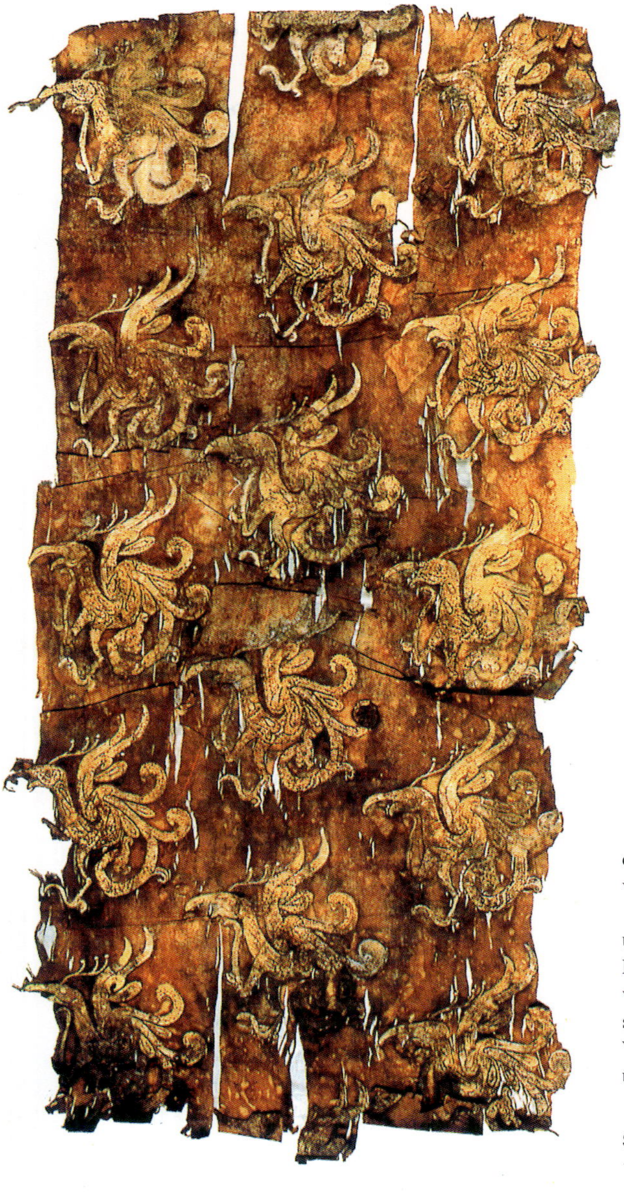

Das Bild *Mingfei (Zhaojun) geht über die Große Mauer hinweg*, Ming-Dynastie, von Qiu Ying

das Reich konsolidiert und der Austausch und die Verschmelzung der verschiedenen Minoritäten gefördert wurde.

Nach dem Tod von Kaiser Wu folgten Kaiser Zhao Di (Liu Fuling) und Xuan Di. Hernach herrschte in der Han-Dynastie Blüte und Stabilität. Diese Periode wird in der Geschichte als „Frieden und Aufschwung von Zhao und Xuan" bezeichnet. Basierend auf der starken Armee und seiner einflussreichen Kultur erhob sich das Han-Reich im Osten der Welt, das dem römischen Reich im Westen in seiner Strahlkraft sogar überlegen war.

Seidenstickerei mit Kui-Phönixdesign, Han-Dynastie (206 v. Chr.-220 n. Chr.) 105 cm lang, 45 cm breit, ausgegraben im Kreis Suide, Provinz Shaanxi

Infanterist, Westliche Han-Dynastie (206 v. Chr.-8 n. C hr.), 48 cm hoch, ausgegraben aus dem Beigrab des Changling-Mausoleums, Provinz Shaanxi

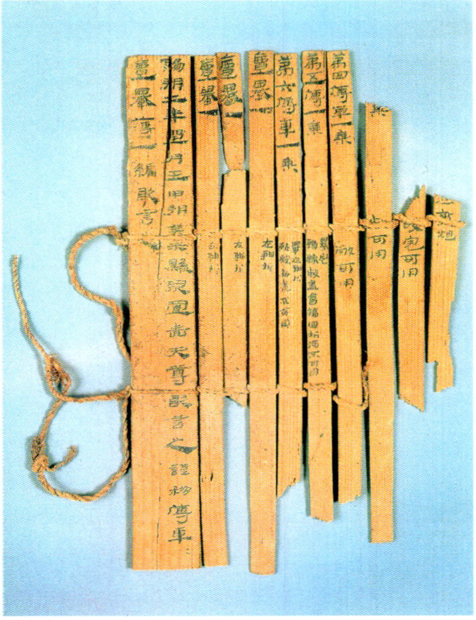

Beschriftete Holzbretter, das 2. Jahr der Yangshuo-Periode, Westliche Han-Dynastie (das 23 v. Chr.)

Bronzener vierfüßiger Behälter mit Bären als Stützen, Westliche Han-Dynastie (206 v. Chr.-8 n. Chr.), 8,1 cm hoch ausgegraben aus dem Grab von Liu Sheng, Kreis Mancheng, Provinz Hebei

Ende der Westlichen Han-Dynastie erschwächte sich die Herrschaft der Han-Dynastie nach und nach. Die Annektierung von Land geriet fast außer Kontrolle. Von den Bauern, die ihr Land verloren, wurden manche Diener, und manche formten tollkühne Gruppen in den Wäldern. Der Anspruch auf Diener führte zu heftigen Konflikten unter den Adligen, Bürokraten und Geschäftsleuten. Von Dong Zhongshu an wurde die Politik der Einschränkung der Macht und des Landes immer wieder aufgestellt. Dieser Wunsch ging aber wegen der Ablehnung der Menschen nicht in Erfüllung. Die Leute hatten kein Vertrauen mehr zur Herrschaft der Han. Nach dem Tod von Kaiser Yuan Di kam Kaiser Cheng Di an die Macht. Sein Neffe Wang Mang wurde zum Verteidigungsminister ernannt und griff in die staatlichen Angelegenheiten ein. 8 n. Chr. setzte er den jungen Kaiser Ziying ab, bezeichnete sich als Kaiser und betitelte sein Regime als Xin-Dynastie. Die Westliche Han-Dynastie ging damit zu Ende.

Um komplizierte soziale Probleme zu lösen, versuchte Wang Mang, „das alte System in Anlehnung an alte Traditionen zu verändern". In seinem Erlass hieß es, „Ackerland ist als Hofland und Dienerinnen sind als private Abhängige zu bezeichnen". Es war verboten, Ackerland und Diener zu kaufen und zu verkaufen. Außerdem erließ er das Edikt, Wujun (meint: Beamte von Wujun kontrollieren Preise, erheben Steuern, regeln Kreditvergaben usw.), Kreditverkauf, Liuguang (meint: die Regierung verwaltet die Salz-, Eisen-, Alkoholproduktion und die Währungsausgabe usw.) durchzuführen. Auf diese Weise hoffte er, Geschäfte, Preise und Steuer usw. zu kontrollieren. Er reformierte auch mehrmals das Währungssystem und verbot das private Geldprägen. Zugleich veränderte er wiederholt das lokale und zentrale Beamtensystem, den Titel, die Namen der Präfekturen und Kreise sowie die Aufteilung der Verwaltungsgebiete. Darüber hinaus unternahm er zwei große Kriege gegen Xiongnu und zwang die Führer der umgebenden Stämme dazu, die Stempel der Han-Dynastie abzugeben und die Titel der Xin-Dynastie anzunehmen. Die Tyrannei von Wang Mang rief breite Unzufriedenheit hervor und führte zum wirtschaftlichen Durcheinander und schließlich zum Untergang seines Regimes.

Skizze der Seidenstrasse

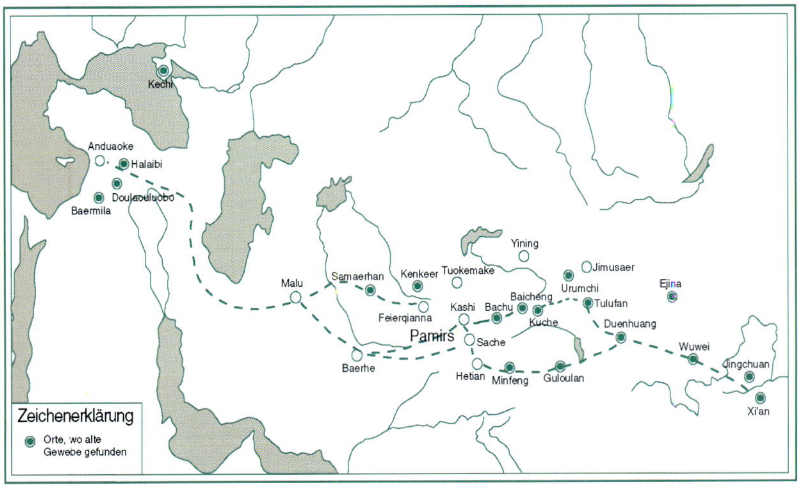

IV. Die Wiederherstellung der Han-Dynastie durch Kaiser Guang Wu

Kaiser Guang Wu der Han-Dynastie (6 v. Chr.-57n. Chr.)

Kaiser der Östlichen Han-Dynastie

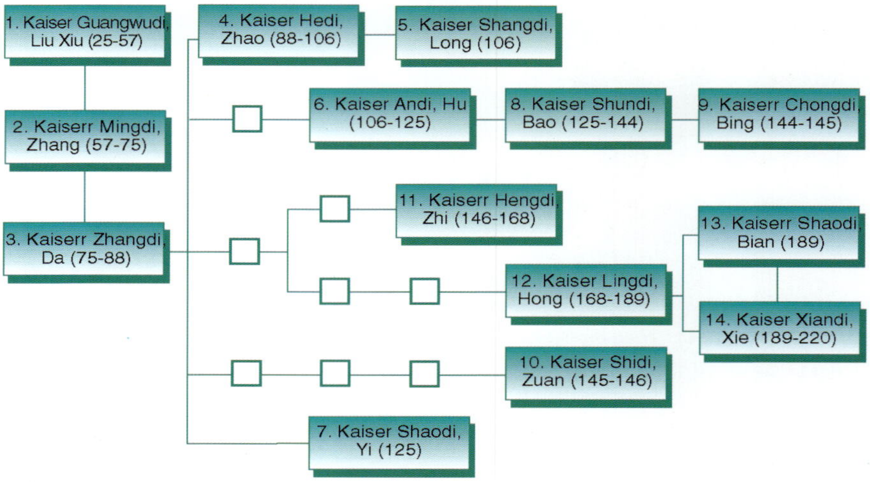

Die Fehler der systematischen Reformen durch Wang Mang brachten den einfachen Leuten noch mehr Leiden. Dies führte oft zu Bauernaufständen gegen Wang Mang, davon wurden die meisten in der Absicht zum Widerstand gegen Mang und zur Wiederherstellung der Han-Dynastie geführt. Zu den mächtigsten Armeen gehörten die von Wang Kuang und Wang Feng geführte Grünwald-Armee und die von Fan Chong geführte Armee der roten Augenbrauen. 24 n. Chr. stürmte die Grünwald-Armee in Chang'an ein und tötete Wang Mang. Damit war die Xin-Dynastie vernichtet. Zugleich stiegen Liu Yan und Liu Xiu am nördlichen Ufer des Gelben Flusses im Kampf gegen die neuen Militärkräfte auf. Im Juni 25 n. Chr. erklärte sich Liu Xiu in Haonan (heute Kreis Baixing in der Provinz Hebei) zum Kaiser. In der Geschichte wird er als Kaiser Guang Wu bezeichnet. Er verlegte die Hauptstadt nach Luoyang, so dass es in der Geschichte die Östliche Han-Dynastie genannt wird. Da er die Han-Dynastie wiederherstellte, wird sein Regime in der Geschichte auch als „Wiederherstellung der Han-Dynastie durch Guang Wu" genannt.

Zun-Gefäß aus Jade mit mythologischer Tiergestalt, Östliche Han-Dynastie (250-220 n. Chr.), 10,5 cm hoch, ausgegraben im Kreis Anxiang, Provinz Hunan

Liu Xiu war sehr großzügig und gut in der Anwerbung von Talenten. Er hat die Lehre aus Wang Mang gezogen und verbot den Verwandten seiner Mutter oder seiner Frau die Möglichkeit, sich in die staatlichen Angelegenheiten einzumischen. Er vermied auch, dass die Helden, die große Beiträge zum Staat leisteten, die Militärkräfte kontrollierten. Die drei Kanzler - der Kanzler für Zivilverwaltung, der Kanzler für Militärische Angelegenheiten und der große Anwalt - hatten keine reale Macht mehr. Die Macht lag nun stattdessen in der Hand des Kabinettsministers. Auf lokalen Ebenen beseitigte Liu Xiu über 400 Kreise. Er erschwächte damit die lokalen Militärkräfte, so dass der Kaiser mehr Macht in der Hand hatte. Außerdem beseitigte er Wang Mangs grausame Erlasse. Er gab neun Befehle, um Misshandelung oder brutale Tötung von Dienern zu verbieten und befreite damit die Sklaven. Weiter ließ er das Grundstück und die Haushalte im ganzen Land überprüfen, um die Landherren zu schwächen. Er änderte die Zehnstelsteuer in die Dreißigstelsteuer um, so dass die Gesellschaft wieder stabiler wurde.

Die Entwicklung der Metallurgie führte zur Massenproduktion von Stahl und zur Verbesserung von eisernen Ackerbauwerkzeugen. Dank der Verbreitung des Ochsenpflügens und des umfangreichen Aufbaus von Bewässerungsprojekten erhöhte sich die Produktivität der Landwirtschaft und des Handwerksgewerbes erheblich. Feine Bronze-, Lack- und Textilwaren zeigen die hohe Technologie der Handwerker. Mit der Kontaktaufnahme der Geschäftsleute mit den Westlichen Regionen und fremden Ländern gedieh der Handel. Nach mehr als 10jähriger harter Arbeit gelangte die Han-Dynastie wieder zur wirtschaftlichen Blüte.

Die Östliche Han-Dynastie unterhielt mit den Minoritäten in den Grenzgebieten geregelte Beziehungen. Zu Beginn der Östlichen Han-Dynastie stiegen die Kräfte der Xiongnu wieder an und sie wurden eine neue Gefahr für die Han. Zeitweise waren Fufeng,

Signalfeuerstätte der Han-Dynastie, Yangguan, Provinz Gansu

Shangdang, Tianshui und andere Kreise bedroht. Bald zersplitterten sich die Xiongnu wieder in einen Südlichen und einen nördlichen Teil. Der Führer des südlichen Teils, Rizhu, folgte seinem Großvaters Huahanchanyu und schloss sich der Han-Dynastie an. Zugleich beherrschte der nördliche Xiongnu-Teil die Westlichen Regionen und griff oft den Süden an. Die Östliche Han-Dynastie nützte die Chance, dass die Xiongnu geballte Angriffe erlitten und ihre Kräfte auseinander gerissen wurden. Die Han-Dynastie sendete Truppen, um Xiongnu anzugreifen, damit die vier Kreise westlich des Gelben Flusses geschützt werden konnten und der Verkehr mit den Westlichen Regionen möglicherweise wiederhergestellt werden konnte. Die Angriffe der Han-Dynastie zwangen die Xiongnu dazu, weiter nach Westen zu ziehen.

Als die Xiongnu in die Westlichen Regionen eintraten, kämpfte der König des Staats Shache im Bündnis mit anderen Staaten gegen sie und unterhielt zugleich gute Beziehungen mit der Han-Dynastie. Zur Regierungszeit des Kaisers Guang Wu waren die Kräfte der Han-Dynastie jedoch sehr begrenzt, so dass sie nicht in der Lage war, die Westlichen Regionen unter ihre Kontrolle zu bekommen. Die Staaten Cheshi, Shanshan, Qiuci und Yutian gerieten deshalb unter die Kontrolle der Xiongnu. 73 n. Chr. eroberte die Östliche Han-Dynastie Yiwu zurück und richtete dort wieder das Protektorat der Westlichen Regionen ein. Im selben Jahr entsandten die Han Sima Banchao zu einer diplomatischen Mission in die Westlichen Regionen. In Shanshan, Yutian und Shule konnte er den Wachboten der Xiongnu entkommen. Er schlug nun den südlichen Weg ein und konnte in den Westlichen Regionen schließlich Truppe stationieren. Die Truppen der Östlichen Han siegten mehrmals im Kampf gegen die Xiongnu und wiesen den Angriff von Darouzi zurück, so dass Beidao, Qiuci und andere Staaten sich Banchao ergaben. Die Han-Dynastie ernannte

Pavillonförmiges Haus aus Ton, Anfang der Östlichen Han-Dynastie (25-76 n. Chr.)

Steinernes Tier, Östliche Han-Dynastie (25-220 n. Chr.), 168 cm lang, ausgegraben in Luoyang, Provinz Henan

Lebensszene der Menschen der Han-Dynastie auf der Steinziegel und Steinreliefe, ausgegraben in China

Samensäen, 38x24 cm Deyang

Gären von Reis, 39x25 cm Pengshan

Der Wagen passiert eine Brücke, 45x40 cm Yangzishan, Chengdu

Yangzuns Brauerei, 42x25 cm Pengzhou

Pfeilerschießen und Ernten, 49x40 Yangzishan, Chengdu

Brauen, Weben und Spinnen, 275x135 Chengdu

Banchao zum höchsten Verwalter der Westlichen Regionen, dessen Quartier in Qiuci war. Kurz danach ergaben sich Yanqi und andere Staaten der Han-Dynastie, um bei ihr Schutz zu suchen. Der nördliche Weg wurde vollständig geöffnet, was dazu führte, dass sich über 50 Staaten nacheinander der Herrschaft der Han-Dynastie unterwarfen. Daraufhin wurde Banchao zum Herzog Dingyuan berufen. 97 n. Chr. entsandte Banchao Ganying auf eine Mission nach Daqin (das Römische Reich), der jedoch am Persischen Golf aufgehalten wurde und deshalb zurückkehren musste. Die Östliche Han-Dynastie eroberte auch das Gebiet südlich der fünf Hügelketten (die heutigen Provinzen Guangdong und Guanxi) und richtete in Wuhuan wieder Garnisonen ein, was eine direkte Kommunikation mit den Minoritäten im Süden, Südwesten und Nordosten ermöglichte.

Trinken bei einem Bankett, 48x40 Vorstadt von Chengdu

In der Küche, 46x42, Vorstadt von Chengdu

Vortrag und Austausch von wertvollen Erfahrungen von jemand, 45x40 cm Qingganpo, Chengdu

Spiele, 46x37 cm, Baozishan, Xinjin

Aufführung schauen, 48x40 cm Vorstadt von Chengdu

V. Untergang der Östlichen Han-Dynastie

Pflügen mit Ochse, Östliche Han-Dynastie (25-220 n. Chr.), 139 cm hoch, 61 cm breit, ausgegraben in Mizhi, Provinz Shaanxi

Königin des Westens und König des Ostens, Östliche Han-Dynastie (25-220 n. Chr.), 168 cm lang, 38 cm breit, ausgegraben im Kreis Suide, Provinz Shaanxi

Zur Regierungszeit des Kaisers He Di wurde die soziale Situation immer chaotischer. Der gut 60jährige Krieg zwischen Xiqiang und der Östlichen Han-Dynastie schwächte die Han erheblich. Eunuchen und Verwandte der Mutter oder Frau des Kaisers gerieten miteinander in Konflikt, was zu mehr politischem Chaos führte. Ende der Östlichen Han-Dynastie wurde die Bewegung des „Bloß-Kommentierens" gefördert, die dabei half, von dem Schlechten loszukommen und das Positive zu entfalten. Schüler der höchsten Bildungsanstalten und aufrichtige Beamten versuchten durch die Beherrschung der öffentlichen Meinungen die politische Lage unter Kontrolle zu bekommen. Doch sie wurden von den Kräften der Eunuchen geschlagen, was schließlich zur Diktatur einer Partei führte. Im Jahre 166 (das 9. Jahr zur Regierungszeit Yanxis) verhaftete Huan Di unter der Ermutigung von Eunuchen über 200 „Parteiangehörige". Selbst anständige Beamte waren betroffen. Im zweiten Jahr der Regierungszeit des Kaisers Ling Di waren gut 600 bis 700 Personen in die Katastrophe der Diktatur einer Partei verwickelt, die entweder getötet, verbannt, arbeitsunfähig gemacht oder ins Gefängnis geworfen wurden. Über 1000 Schüler der höchsten Bildungsanstalten wurden verhaftet. Auch ihre Verwandten und Anhänger sowie Beamte wurden von ihrem Platz entfernt und der Freiheit beraubt.

Ende der Östlichen Han-Dynastie zwangen die Korruption der herrschenden Klasse und die Heimsuchung natürlicher Katastrophen wie z. B. Überschwemmung, Dürre, Heuschrecke, Stürme, Hagelschäden, Erdbeben und Seuche die Bauern dazu, ihre Heimat zu verlassen und Flucht zu ergreifen. Das führte zum Aufruhr der Obdachlosen.

Zhang Jiao war Leiter eines Zweiges des Taoismus, Taiping-Tao (Doktrin der Gerechtigkeit). Er nützte die Doktrin, da in der Doktrin Gleichheit und Mitleid für die Bauern gefordert wurde. Außerdem bezeichnete sich Zhang Jiao als Meister der Güte und verteilte das magische Wasser als freie Behandlung an die Kranken und sendete seine Anhänger überallhin zur Anbetung. Bereits nach weniger als zehn Jahren hatte er mehrere hunderttausend Anhänger gesammelt, die sich in Qing, Xu, You, Ji, Jing, Yang, Chong oder Yu (heute Shandong, Hebei, Henan, Jiangsu, Anhui, Hubei usw.) fanden. Er verbreitete seinen Gedanken, dass der „Blaue Himmel" (dies bezieht sich auf den idealen Führer des Taiping Tao) schon vergangen und nun die Zeit für den „Gelben Himmel" gekommen sei. Das ganze Land wurde im zyklischen Jahr von Jia Zi (das Jahr 184) gesegnet, was ein deutlicher Appell an die Menschen war, gegen die Han-Dynastie zu kämpfen. Sie beschlossen, einen Aufstand zu starten. Im Jahr 184 wurde der Aufstand allerdings verraten, sodass 7 Staaten und 28 Kreise die Erhebung auf Februar vorziehen mussten. Zhang Jiao nannte sich selbst „Himmlischer General", seinen Bruder Zhang Bao

Ausflug mit Wagen und Pferden, Östliche Han-Dynastie (25-220 n. Chr.), 181 cm lang, 36 cm breit, ausgegraben in Mizhi, Provinz Shaanxi

Vergoldeter Silberteller (3.-6. Jh. n. Chr.), ausgegraben in Qingyuan, Provinz Gansu, Das Muster und das Menschengesicht haben offensichtlich westlichen Charakter.

Bronzepferd, Östliche Han-Dynastie (25-220 n. Chr.), 116 cm hoch, ausgegraben in Xushui, Provinz Hebei

Ritualplatte mit Drachenmuster, Östliche Han-Dynastie (25-220 n. Chr.), 30 cm hoch, ausgegraben in Dingzhou, Provinz Hebei

„General der Erde" und Zhang Liang „General der Menschen". Da alle Teilnehmer des Aufstands sich ein gelbes Kopftuch umgebunden hatten, wurden sie als Gelb-Kopftuch-Armee bezeichnet.

Der Aufstand der Gelb-Kopftuch-Armee verbreitete sich im ganzen Land und viele Beamten wurden getötet, was eine große Unruhe in der Hauptstadt auslöste. Da die Armee nicht gut organisiert war, konnte sie nicht gut miteinander kooperieren. Deswegen war die Han-Armee in der Lage, die Pässe zu überwachen und sie zu unterdrücken. Verschiedene Militärkräfte wie Yuan Shao, Yuan Shu, Gongsun, Zun Jian, Liu Bei und Cao Cao nützten diese günstige Gelegenheit, sich zu verstärken und besiegten immer wieder die Gelb-Kopftuch-Armee. Kurz danach starb Zhang Jiao an einer Krankheit, während Zhang Liang und Zhang Bao gefallen waren. Die Hauptkräfte der Gelb-Kopftuch-Armee wurden niedergeschlagen.

Zwar wurden die Gelbkopftuch-Soldaten besiegt, zugleich aber war das Fundament der Östlichen Han-Dynastie hierdurch erschüttert worden. Verschiedene Militärkräfte gründeten separate Regimes, so dass es zu einem wilden Kampf zwischen den Militärmachthabern kam.

VI. Wissenschaft, Technologie und Kultur

Die Verbrennung der Bücher und die lebendige Begrabung der konfuzianischen Gelehrten durch den Ersten Kaiser brachten die klassischen Werke aus alten Zeiten in große Gefahr. Die Westliche Han-Dynastie übernahm am Anfang Qins Gesetze, so dass der Konfuzianismus weiter verachtet wurde.

Dong Zhongshu (179-104 v. Chr.)

Sima Qian (145-86? v. Chr.)

Der Gedanke des von Lao Zi geförderten „Nicht-Handelns" hatte eine dominante Stellung. Zur Regierungszeit von Hui Di kamen nach und nach die klassischen Bücher der Qin-Dynastie, die von der Bevölkerung versteckt worden waren, ans Tageslicht. Zur Regierungszeit Wu Dis wurde der Name Lao Zi aus der offiziellen Bildung ausgeschlossen und Konfuzianismus gewann wieder Legitimation. Die Gedanken der großen Einigung, der Kombination von Moral und Strafe und der drei Hauptprinzipien der Monarchie (dass der Monarch über die Hofbeamten herrscht, der Vater über seine Söhne und der Mann über seine Frau), die in Dong Zhongshus Buch *Großer Tau der Frühlings- und Herbstperiode* aufgestellt wurden, blieben 2000 Jahre lang ideologische Grundlagen der Monarchie.

In der Han-Dynastie durchlief das Lehren des Konfuzianismus verschiedene Phasen' wie es sich z. B. in den modernen konfuzianischen Kanons und den alten konfuzianischen zeigt. Die modernen und alten Kanons unterscheiden sich nicht nur in Worten, Kapiteln, sondern auch in Erläuterungen. Zheng Xuan, der Ende der Östlichen Han-Dynastie geboren war, war ein konfuzianischer Gelehrter mit umfangreichem Wissen, der sich zugleich mit den alten und den modernen Kanons des Konfuzianismus befasste. Seine Arbeit bildete die Hauptströmung der Erforschung des Konfuzianismus in der Han-Dynastie.

Ende der Westlichen Han-Dynastie kam die Erforschung der Divination in Kombination mit dem mystischen Konfuzianismus vor (Die Erforschung von Chen und Wei, die die Geschichte im Namen der Geister erklärte). Da Kaiser Guang Wu an Chen glaubte, wurde die Erforschung von Chen Wei sehr lebhaft. Doch die Theorie von Chen und Wei war ausgesprochen weit hergeholt und machte den Inhalt des Konfuzianismus absurd und leer. Gelehrte wie Huan Tan und Zhang Heng bemühten sich sehr, die Erforschung von Chen und Wei auszurichten. Wang Chong schrieb *Lun Sheng* (Über das Gleichgewicht) mit 85 Aufsätzen, die sich vor allem durch Vernunft auszeichnen.

Der Buddhismus verbreitete sich Ende der Östlichen Han-Dynastie über Mittelasien nach China. Zur Regierungszeiten von Huan Di und Ling Di kamen der Mönch An Sigao, der aus Anxi stammte und der Mönch Zhi Chen aus Darouzhi nacheinander nach China und übersetzten viele buddhistische Lehrschriften, so dass einfache Leute buddhistische Lehre verstehen konnten. Der Taoismus entstand ebenfalls Ende der Östlichen Han-Dynastie, dessen Hauptwerk das Buch *Taipingqingling* ist. Der Taoismus kombinierte die Hexerei unter den Massen mit der Lehre von Huang Di und Lao Zi. Außer des Taiping-Taoismus von Zhang Jiao gab es damals noch den Taoismus von Zhang Ling und seinen Nachkommen: Fünf–Dou-Reis-Tao.

Die Aufzeichnung der Geschichte der Dynastie durch zeitgenössische Beamte wurde fortgeführt. Sima Qian (145 v. Chr.-86 v. Chr.?) mit dem Beinamen Ziyang, der in Xiayang (heute Hancheng, Provinz Shaanxi) geboren war, reiste in seiner Jugend durch Gebiete im Mittel- und Unterlauf des Yangtse und durch Zentralchina. Außerdem begleitete er viermal den Kaiser Wu Di auf seinen Inspektionsreisen. 108 n. Chr. wurde er wie sein Vater Beamter für Geschichtsschreibung. Er entschloss sich dazu, die Geschichtsschreibung zu verbessern.

99 v. Chr. erlitt er wegen seiner Worte über Li Ling, der sich nach der militärischen Niederlage den Xiongnu unterworfen hatte, die Strafe der Kastration. Allen Schwierigkeiten zum Trotz kämpfte er für das Verfassen des Buches *Die historischen Aufzeichnungen* (Shiji).

Vergoldeter Bronzeleopard, Han-Dynastie (206-220 v. Chr.), 17 cm hoch

Ban Gu(32-92)

Er hoffte, „die Gesetze der Beziehungen zwischen dem Universum und der Menschheit zu entdecken, um zu einem vollständigen Verständnis über die Veränderungen seit der grauen Vorzeit zu gelangen und ein eigenes Konzept zu entwickeln". Das Buch besteht aus 130 Bänden und umfasst die 3000jährige Geschichte Chinas von der Zeit des Gelben Kaisers bis zum Regime des Kaisers Wu Di. Mit der Zusammenfassung vergangener Erfahrungen unter einem eigenen Konzept wurde das Buch das erste historische Werk mit komplettem Inhalt und genauer Struktur. Sima Qian begründete die Gattung der Chronologie und gilt den nachfolgenden Historikern als Vorbild.

Ein anderes historisches Werk, das nach dem Buch der *Aufzeichnungen der Geschichte* erschien, war das Buch der Han-Geschichte von Ban Gu (92 v. Chr.-32 v. Chr.), der aus Anling (heute Nordosten von Xianyang, Provinz Shaanxi) der Östlichen Han-Dynastie stammte. Auf der Grundlage des Buches von seinem Vater Ban Biao, das *Aufzeichnungen der späten Geschichte* heißt, schrieb er den überwiegenden Teil des Buches. Diese Arbeit kostete ihm über 20 Jahre. Er starb im Gefängnis, in welches er nach einigen Verwicklungen geworfen worden war. Statt seiner hatten seine Schwestern Ban Zhao und Ma Xu das Buch zu Ende gebracht. Als die erste vollständige Geschichte einer ganzen Dynastie folgte das *Buch der Han-Geschichte* den stilistischen Regeln der *Aufzeichnungen der Geschichte* und entwickelte sie weiter.

Die *Aufzeichnungen der Geschichte* und das *Buch der Han-Geschichte* verkörpern zugleich das höchste Niveau der Prosa der beiden Han-Dynastien. Die *Aufzeichnungen der Geschichte* gilt sogar als *Beschwerden des Abschieds* in der reimlosen Form. Ebenso bekannt wie Ban Gu waren Jia Yi und Chao Cuo. Ban Gu zeichnete sich in Ci und klassischer Poesie aus, die ein bestimmtes Muster hatte. Er war bekannt für sein Werk *Lieder der zwei Hauptstädte* und andere. Mit ähnlichem Talent waren Mei Cheng, Sima Xiangru und Yang Xiong der Westlichen Han-Dynastie und Zhang Heng der Östlichen Han-Dynastie gesegnet. Eine andere Errungenschaft der Literatur der Han-Dynastie stellten die Volkslieder des offiziellen Konservatoriums dar. Der Kaiserhof errichtete ein offizielles Konservatorium (Yuefu), um musikalische Angelegenheiten zu verwalten und um zugleich Volksmusik und Hofmusik zusammenzustellen. Viele bekannte Lieder wie „Mit 15 in die Armee gehen", „Gehen in Moshang" und „Gehen zum östlichen Tor" usw. sind in den Yuefu-Liedern erhalten.

In der Qin- und der Han-Dynastie entwickelten sich die Astronomie und der Kalender weiter. Aus dem Grab von Mawangdui in Changsha wurde eine Sterntabelle ausgegraben, auf der die Bewegung der fünf Sterne und der Kometen in den 70 Jahren von der Qin bis zum Beginn der Han aufgezeichnet wurde. Zur Regierungszeit von Wu Di wurde Sima Qian beauftragt, mit anderen astronomischen Experten wie Sheshi, Dengping, Tangdu, Luo Xiahong u. a. zusammen einen neuen Kalender - Taichu-Kalender zu erarbeiten, um den Kalender zu präzisieren.

Während der Zeit des Kaisers Wu Di erschien das erste mathematische Buch *Die mathematische Klassik* von Zhoubi, das die Methoden zur Ermittlung der Höhe der Sonne durch Messung ihres Schattens mit einem Bambusstab aufzeichnete. Dadurch erkannte man die pythagoreische Proposition. Die Fertigstellung des Buches *Die Mathematik in neuen Sektionen* demonstrierte, dass sich die Mathematik in der alten Zeit Chinas zu einem vollständigen System entwickelte. Das Buch Zhou Yis *Partizipationsvertrag*, das von Wei Boyang der Östlichen Han-Dynastie geschrieben wurde, fasste die Erfahrungen der Alchemisten in der Herstellung von Pillen für ein langes Leben zusammen und zeichnete die Phänomenen der Materialtransformation und die Erkenntnis der chemischen Reaktion auf.

Tanzfigur aus Jade, Westliche Han-Dynastie, Anfang des Staats Süd-Yue (219-122v. Chr.)

Hua Tuo und Zhang Zhongjing, zwei berühmte Ärzte zum Ende der Östlichen Han-Dynastie, stellten das Buch *Abhandlung über Fieber* fertig, das später zu zwei Büchern *Über typhöses Fieber* und *Gold-Brust-Abhandlungen* ausgearbeitet wurde. Dies sind die zwei einflussreichsten alten klassischen Werke über die klinische Wissenschaft der chinesischen Medizin. Hua Tuo war Experte für innere Medizin, Chirurgie, Kindermedizin, Gynäkologie und Akupunktur und besonders bewandert in der Chirurgie. Er führte als erster Arzt die abdominale Operation durch und wird als Vater der Chirurgie verehrt. Er erfand auch ein Narkotikum namens Mafusan und war der erste Arzt, der allgemeine Anästhesie anwendete.

Die Erfindung von Papier war eine weitere kulturelle Leistung in der Han-Dynastie. Zur Zeit des Kaisers An Di der Östlichen Han-Dynastie fasste Cai Lun die Erfahrungen der Westlichen Han-Dynastie bei der Papierherstellung mit Flachsfaser zusammen und verwendete bei der Papierherstellung Baumrinden, Säcke und alte Fischnetze. Später wurde Cai Lun als der Fürst von Longting verehrt. Deshalb nannte man das Papier, das er erfunden hatte, auch Papier von Fürst Cai. Die Papierherstellung trug damals zur Akkumulation und Verbreitung der menschlichen Kulturen viel bei.

Zhang Heng war ein Gelehrter mit umfassendem Wissen in der Östlichen Han-Dynastie. Als Schriftsteller, Maler und Denker

Bronzener Muschelbehälter, Westliche Han-Dynastie (206 v. Chr.-8 n. Chr.)

Stickerei, Western Han (206 BC-8 AD), unearthed at Mawangdui, Changsha, Provinz Hunan

Yi-Kanne, Lackwaren, Westliche Han-Dynastie (206v. Chr.-8 n. Chr.), 60.2cm lang, ausgegraben in Mawangdui, Changsha, Provinz Hunan

Lackierter Dreifuß, Westliche Han-Dynastie (206v. Chr.-8 n. Chr.), 28 cm hoch, ausgegraben in Mawangdui, Changsha, Provinz Hunan

Zhong-Kanne, Lackwaren, 51,5 cm hoch, Westliche Han-Dynastie (206v. Chr.-8 n. Chr.), ausgegraben in Mawangdui, Changsha, Provinz Hunan

Tisch mit Tassen und Tellern, Lackwaren, Westliche Han-Dynastie (206v. Chr.-8 n. Chr.),60,2 cm lang ausgegraben in Mawangdui, Changsha, Provinz Hunan

Malerei auf Seiden, Westliche Han-Dynastie (206 v. Chr.-8 n. Chr.), 205 cm lang, ausgegraben in Mawangdui, Changsha, Provinz Hunan

erfand er Houfenyi (ein Gerät zur Voraussage der Richtung des Windes). Außerdem zeichnete er eine topographische Landkarte, schrieb ein astronomisches Buch *Ling Xian* (Gesetz des Alls) und verbesserte das Planetarium (ein Gerät zur Beobachtung astronomischer Erscheinungen). Das seismographische Gerät, das er erfand, konnte die Richtung eines Erdbebens, das tausende Kilometer entfernt war, vorhersagen. Deshalb gilt er als Vater der Seismologie.

Die Künste der Qin- und der Han-Dynastie sind großartig und im üblichen und einfachen Stil. Die große Gruft mit den Terrakotta-Figuren, die östlich des Mausoleums des ersten Kaisers in Xi'an entdeckt wurde, gilt als das Achte Weltwunder. Die gewaltige Untergrundkampfformation zeigt in anschaulicher Weise die Stärke und Tapferkeit der Qin-Truppen in der Annektierung der Territorien anderer Staaten. Die kraftvollen Soldaten, mächtigen Tonpferde und die feinen Bronzewagen repräsentieren die Anziehungskraft der Qin-Kunst. In der Han-Dynastie wurde die Plastik von Qin gepflegt und fortentwickelt. Die Steinschnitzereien vor dem Grab Huo Qubings sind Meisterstücke der plastischen Kunst der Han-Dynastie und gehören zu den ältesten und am besten erhaltenen unter den alten chinesischen Steinschnitzereien. Das bronzene Tianma (heiliges Pferd), das in Wuwei in der Provinz Gansu ausgegraben wurde, ist ein perfektes Stück und verkörpert Stärke und Schönheit. Malereien der Qin- und der Han-Dynastie sind gleichfalls in schlichtem und würdevollem Stil. Die Wandmalerei der Qin-Dynastie zeichnen sich durch farbenprächtige und brillante Muster aus. In der Han-Dynastie gab es bereits Hofmaler, deren Pflicht darin bestand, die Verdienste und Tugenden des Kaisers zu preisen. Bemalte Steinbilder und Steinziegelbilder gehören zu den besonders kunstvollen Stücken aus den beiden Han-Dynastien, bei denen es vornehmlich darum geht, zahlreiche Sagen, historische Geschichten und das reale Leben darzustellen. Die Seidenbilder, gefunden im Grab Mawangdui in Changsha, sind immer noch in frischen Farben und flüssigen Linien, obwohl sie schon vor 2000 Jahre entstanden sind. Musik wurde in der Qin- und der Han-Dynastie deutlich verbessert. Verschiedene Musikstile aus unterschiedlichen Gebieten verschmolzen in der Kommunikation miteinander, was die chinesische Musik noch lebendiger machte. Die Qin-Dynastie gründete zum ersten Mal in der Geschichte eine Musikeinrichtung- das Hofkonservatorium. Die Han-Dynastie pflegte diese Tradition der Qin. Zur Regierungszeit des Kaisers Wu Di wurde das Hofkonservatorium noch erweitert. Dank dem Austausch mit den Westlichen Regionen verbreiteten sich Musik und Musikinstrumente auch aus den Westlichen Regionen ins Inland. Dies brachte der Entwicklung von Musik und Tanz neue Vitalität.

Buddhistisches Kleid aus Gaze, Westliche Han-Dynastie (206 v. Chr.-8 n. Chr.), 128 cm lang, ausgegraben in Mawangdui, Changsha, Provinz Hunan

Jadering in Reliefarbeit, Westliche Han-Dynastie (206 v. Chr.-24 n. Chr.), Außendurchmesser 7,9 cm, ausgegraben in einem Grab der Westlichen Han-Dynastie in Xuzhou, Provinz Jiangsu

Grüner Drachen, 134x60 cm , Einschnitz auf einem Steinsarg

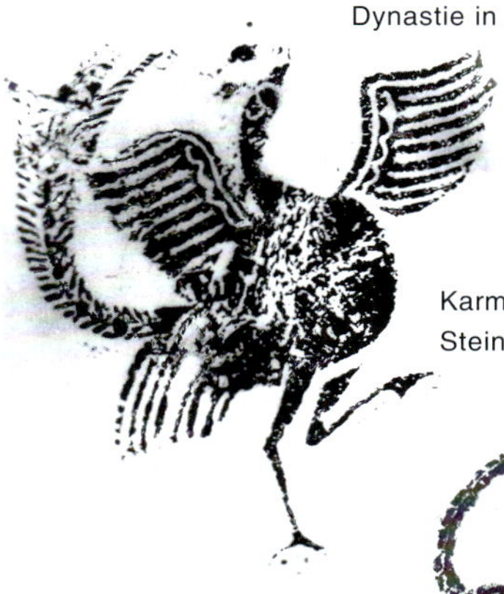

Karmingimpel, 70x79 cm, Einschnitz auf dem Steinsarg in Xingjing

Weißer Tiger, 26x6 cm, Jintang

Schildkröte, 44x40 cm Einschnitz auf einem Steinsarg

第五篇 动乱融合进步
——魏、晋、南北朝

Kapitel 5
Weiterentwicklung in unruhiger Zeit
-- Die Wei-, die Jin-, die Südlichen und die Nördlichen Dynastien

Minoritäten stiegen stetig im Norden auf und nahmen an dem Kampf auf den Zentralebenen teil. Sie waren begierig auf die Ergreifung der Staatsmacht und forderten die traditionelle Kultur auf den Zentralebenen heraus. Doch die Zentralebenen nahmen die Energie der Minoritäten in sich auf und verstärkten sich hierdurch. Nicht nur Nördliche Stämme verbanden und vereinigten sich mit dem Han-Volk, sondern auch umgekehrt übernahm das Han-Volk die Einflüsse und das Erbe der nördlichen Stämme.

Huanglong, Songpan, Provinz Sichuan

I. Konfrontation zwischen drei Königreichen

Kaiser Wu Di von Wei, Cao Cao (155-220 n. Chr.)

Kaiser Zhao Lie von Shu, Liu Bei (161-223 n. Chr.)

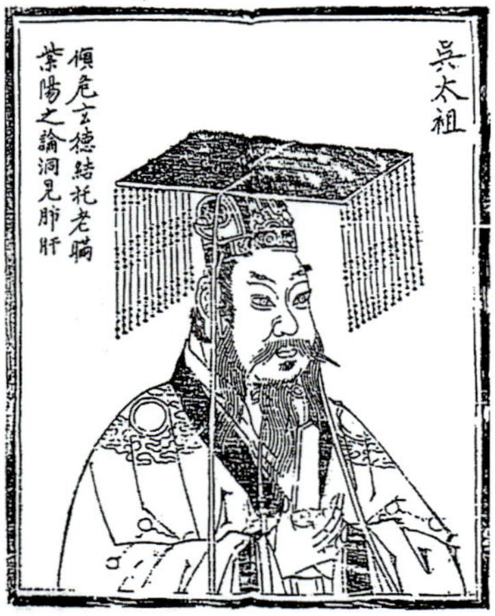

Kaiser Tai Zu von Wu, Sun Quan (182-252 n. Chr.)

Ende der Östlichen Han-Dynastie wurde das Gebiet entlang dem Gelben Fluss und dem Yangtse eine Bühne für den Kampf zwischen allen Mächten, wobei die dreiseitige Konfrontation zwischen Cao Cao, Liu Bei und Sun Quan am berühmtesten war.

Cao Cao (155-220), dessen Familienname Xiahou und Beiname Mende war, stammte aus Peiguoxiao (heute Kreis Hao in der Provinz Anhui). Er war in einer Beamtenfamilie geboren und wurde später von dem Eunuch Cao Teng adoptiert. Dementsprechend bekam er den Familiennamen Cao. Er las sehr gern Bücher über Strategien und verfasste ausgezeichnete Gedichte. In der Unterdrückung des Aufstands der Gelb-Kopftuch-Armee zeigte er zum ersten Mal sein Talent. Er führte unter dem Motto „Eine ehrliche Armee aufrufen und die Rebellion niederwerfen" alle Kreise in den Feldzug gegen Dong Zhuo. Im Jahre 199 zwang er den Kaiser Xian Di, seine Hauptstadt nach Xuchang zu verlegen. Dadurch hatte er den Kaiser unter seiner Kontrolle und befehligte die Vasallen in seinem Namen. Später vernichtete er die Kräfte von Yuan Shu, Lu Bu u. a. nacheinander. Im Jahr 200 brach in Guanddu (heute Norden von Zhengmou in der Provinz Henan) der entscheidende Kampf zwischen Cao Cao und Yuan Zhao aus. Cao Cao sendete 5000 Soldaten, um Wuchao (heute Nordosten von Yanjin in der Provinz Henan) geheim anzugreifen. Er zerstörte Yuans Armeeproviant und Tross und schlachtete über 7000 Soldaten von Yuan nieder. Später besetzte er vier Staaten-Qing, Ji, You und Bing, so dass die Zentralebenen vereinigt wurden.

Liu Bei (161-223), dessen Beiname Xuande war, stammte aus Zhao Jun (heute Zhuozhou in der Provinz Hebei) und war Nachfahr von Liu Sheng - König Zhongshan Jing (Sohn von Kaiser Jing Di). Er nahm ebenfalls an dem Kampf gegen Dong Zhuo teil, war aber nicht stark genug. Er versuchte alles, um die Unterstützung aller Talente zu gewinnen. Er machte drei Besuche bei

Die Situation den drei Reichen

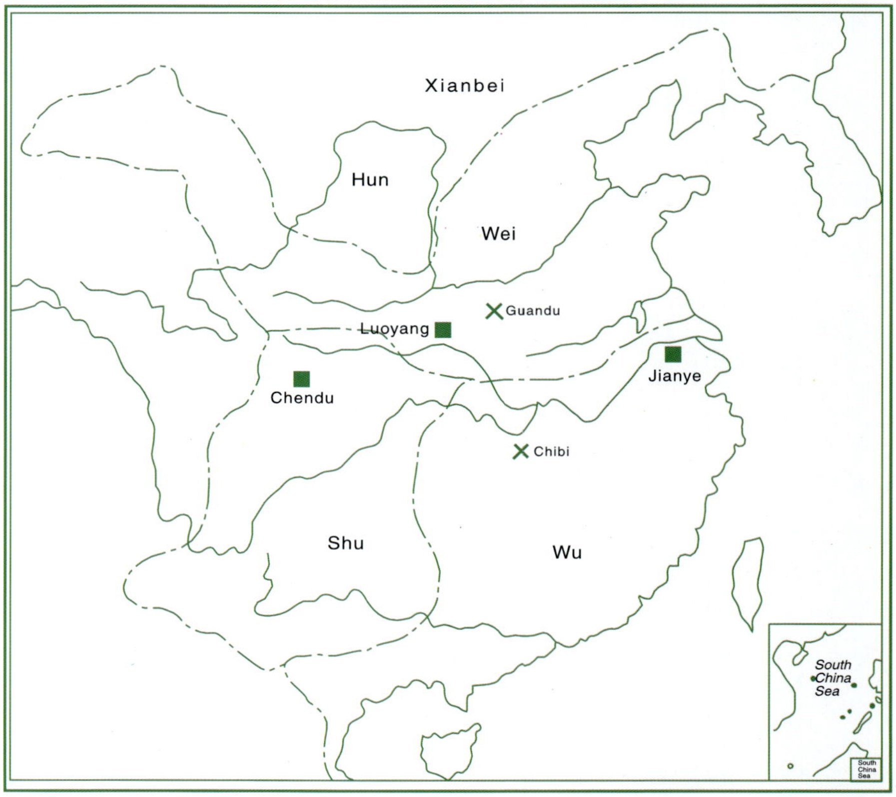

Kaiser von Wei

- Cao Cao
  - 3. Kaiser Chenliuwang, Huan (260-266)
- 1. Kaiser Wendi, Cao Pi (220-226)
  - 4. Kaiser Gaoguixianggong, Mao (254-260)
- 2. Kaiser Mingdi, Rui (226-239)

Kaiser von Shu

- 1. Kaiser Zhaoliedi, Liu Bei (221-223)
- 2. Houzhu, Chan (223-263)

Kaiser von Wu

- 1. Kaiser Dadi, Sun Quan (229-252)
  - 4. Wuchenghou, Hao (264-280)
  - 2. Kaiser Feidi, Liang (252-258)
  - 3. Kaiser Jingdi, Lin (258-264)

Zhuge Liang, um bei ihm um Strategien zu bitten. Danach wurde Zhuge Liang Hauptstratege für Liu Bei. Berühmte Generäle wie Guang Yu, Zhang Fei und Zhao Sun dienten auch Liu Bei.

208 brachte Cao Cao seine Truppen nach Süden, um Jingzhou (heute Xiangyang, Provinz Hubei) zu erstürmen und weiter das Gebiet östlich des Yangtses zu besetzen, so dass das ganze Land vereinigt werden konnte. Bedroht von Caos Truppen floh Liu Bei nach Jingzhou und wurde in Xiangyang von Caos Truppen besiegt. Zhuge Liang überredete Sun Quan, der über den Osten des Yangtses herrschte, die Truppen zu vereinigen und gegen Cao Cao zu kämpfen. Die Allianz von Liu und Sun begegnete den Truppen von Cao Cao in Chibi (Süden des Yangtses oder heute Nordwesten vom Kreis Puqi in der Provinz Hubei), wo sie sich mit dem Yangtse als Grenze feindlich gegenüberstanden. Zwar hatte Cao Cao 200000 Soldaten und gab sogar an, dass er über 800000 Soldaten verfüge, aber Sun und Liu vereinigten ihre Armeen und besiegten mit nur 500000 Soldaten Cao durch Feuer. Daher wurde Cao gezwungen, seine Hauptstadt zurück nach Norden zu verlegen. Der Kampf in Chibi half Sun Quan bei der Konsolidierung seiner Besetzung im Osten des Yangtse und ermöglichte Liu Bei, Teile von Jingzhou und überdies Yizhou zu gewinnen. Auf diese Weise entstand die Situation der Aufteilung und Beherrschung des Landes durch die drei Feudalherren Cao, Sun und Liu.

Ruine der Kampffelder in Guandu nahe dem Dorf Guandu, Kreis Zhongou, Provinz Henan

Cao Cao wurde 216 zum König von Wei ernannt und starb 220. Sein Sohn Cao Pi erklärte sich zum Kaiser von Wei und Luoyang blieb weiter die Hauptstadt. Der Titel seiner Dynastie war „Wei“ und sein Regime hieß „Huangchu“. Damit fand die Östliche Han-Dynastie ihr Ende. Im darauffolgenden Jahr erklärte sich Liu Bei in Chengdu zum Kaiser von Han. Der Titel seines Regimes war Zhangwu. Sun Quan nahm den Titel König Wu, der von Cao Pi verliehen wurde, an und nannte sich selbst 229 in Jianye (heute Nanjing) Kaiser von Wu. Der Titel seines Regimes war Huang Long. 263 beseitigte Wei Shu. Zwei Jahre später setzte Sima Yan - der Sohn von Sima Zhao - den Kaiser von Wei ab und nannte sich selbst Kaiser Wu Di und gründete die Jin-Dynastie (in der Geschichte als Westliche Jin bezeichnet). Die Hauptstadt blieb Luoyang. 280 besiegte die Westliche Jin-Dynastie Wu und beendete damit die Unruhe und die Teilung durch separate Regimes mit eigenen Militärkräften, die von den über 90 jährigen Kriegen zwischen den drei Königreichen ausgelöst wurde.

Zhuge Liang (181-223 n. Chr.)

Bronzeschildkröter, Wei Jin (220-420 n. Chr.)

Ruine der Kampffelder in Chibi am südlichen Ufer des Yangtse, Nordwesten der Stadt Puqi, Provinz Hubei

II. Fünf ethnische Minoritäten und die Westliche Jin-Dynastie

Sima Yi (179-251 n. Chr.)

Kaiser Wu Di von Jin, Sima Yan (236-290 n. Chr.)

Zu Beginn der Westlichen Jin-Dynastie verlieh Kaiser Wu Di Titel an über 20 Verwandte der Sima-Familie und hoffte dadurch, den Einfluss der kaiserlichen Familie aufzubauen. Aber es kam nach dem Tod von Kaiser Wu Di zu 16 Jahre währenden Unruhen, die von den acht Prinzen verursacht wurden. Die Kriege zwischen den acht Prinzen zerstörten die Wirtschaft und erschütterten die Herrschaft der westlichen Jin-Dynastie.

Im Jahr 308 (das 2. Jahr zur Regierungszeit Yongjia) erklärte sich Liu Yuan, ein Adliger der Xiongnu (Hunnen), in Pingyang (heute Stadt Linfen, Provinz Shanxi) zum Kaiser von Han, in der Geschichte wird er „Chenghan" genannt. 311 (das 5. Jahr zur Regierungszeit Yongjia) erstürmten die Hunnen unter der Führung von Liu Cong Luoyang und nahmen den Jin-Kaiser Huai Di gefangen.

Die Staaten der acht Könige in der Westlichen Jin-Dynastie

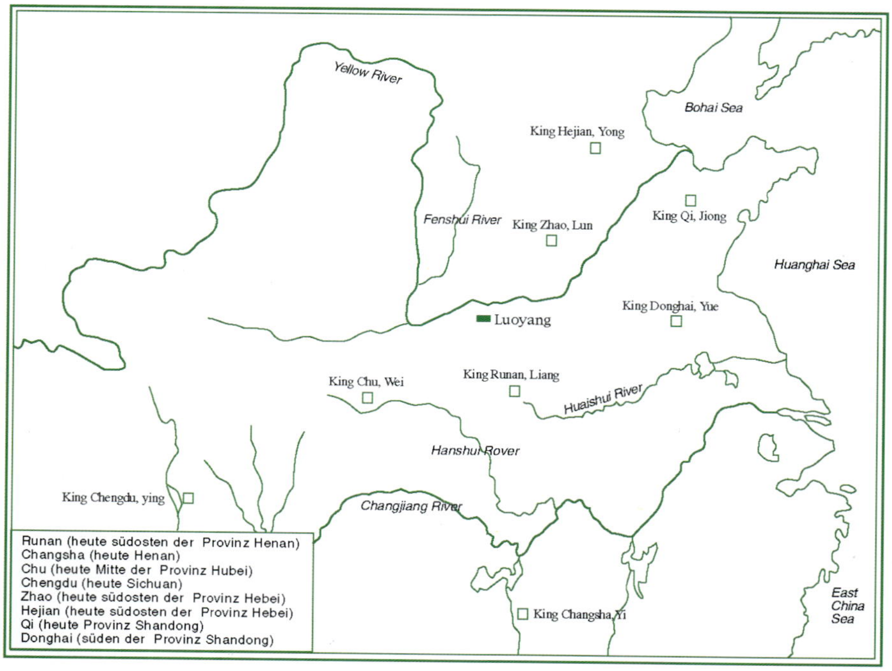

Terrakotta-Soldat mit einem Messer in der Hand aus der Jin-Dynastie, ausgegraben in Changsha, Provinz Hunan

Kaiser der Westlichen Jin-Dynastie

1. Kaiser Wudi, Sima Yan (266-290) — 2. Kaiser Huidi, Zhong (290-306) — 3. Kaiser Huaidi, Chi (306-313) — □ — 4. Kaiser Mindi, Ye (313-316)

Baumförmiger Schmuck, Nördliche und Südliche Dynastien, 28 cm hoch, ausgegraben im Sanyan-Mausoleum

Die Truppen von Jin machten in der von Disteln und Dornen erfüllten Stadt Chang'an Min Di zum Kaiser. Dieses Ereignis wird in der Geschichte als „Tumult von Yongjia“ bezeichnet. 316 (das 4. Jahr von Jianxing) erstürmte der Hunne Liu Yan Chang'an nochmals und brachte damit die Westliche Jin zu Fall.

In dieser Zeit wurden auf den Zentralebenen über 20 Regimes von sieben Minoritäten gegründet, was später in der Geschichte als „Periode von fünf ethnischen Minoritäten und sechzehn Staaten“ bezeichnet wird. Zu den fünf ethnischen Minoritäten gehörten die Völker der Hunnen, Xianbei, Jie, Di und Qiang. Die sechzehn Staaten umfassten Xia, Chenghan, Zwei Zhaos (Frühere Zhao und Spätere Zhao), Drei Qins (Frühere, Spätere und Westliche Qin), vier Yans (Frühere, Spätere, Südliche und Nördliche Yan), fünf Liangs (Frühere, Spätere, Südliche, Nördliche und Westliche Liang).

Da alle Leute auf den Zentralebenen miteinander kämpften, wird diese Periode auch als die Periode „Fünf ethnische Minoritäten rebellierten gegen die Westliche Jin“ bezeichnet. Nach jahrzehntelanger Unruhe vollzog sich im Kampf die Verschmelzung von Han und anderen Völkern, was eine wichtige Phase für die Einigung der chinesischen Nation darstellt.

Tonstall, Yongjian-Periode von Jin (307-312 n. Chr.)

Bewässertes Feld aus Ton, Yongjia-Periode (307-312 n. Chr.)

Die Situation der 16 Staaten und 5 Staaten in den Westlichen Regionen

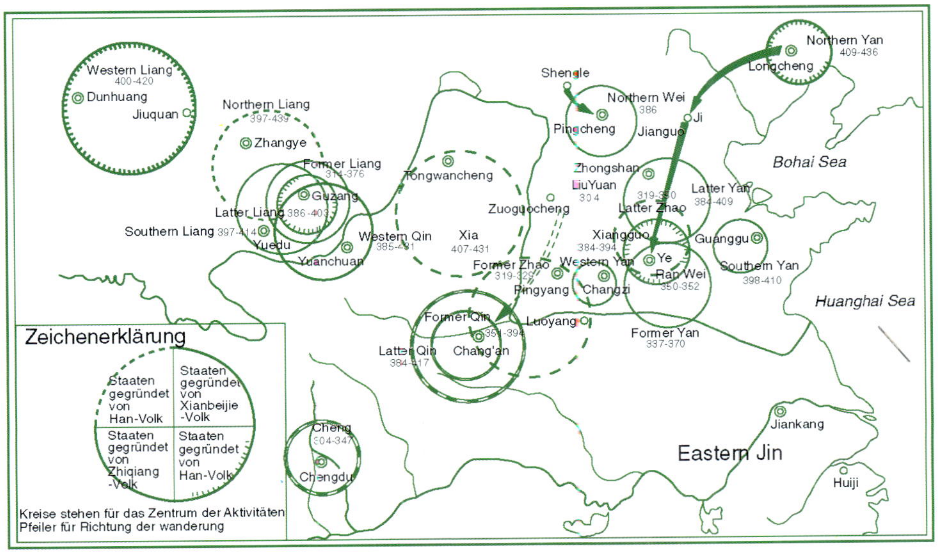

Blaugrün getöntes Zun mit Mustern von mythologischen Tieren, Westliche Jin-Dynastie (216-336 n. Chr.), 27,9 cm hoch, ausgegraben in Zhouchus Familiengrab in Yixing, Provinz Jiangsu

III. Beibehaltung der Souveränität über einen Teil des Landes durch die Östliche Jin

Sima Rui, Kaiser Yuan von Jin (276-322 n. Chr.)

Kaiser der Östlichen Jin-Dynastie

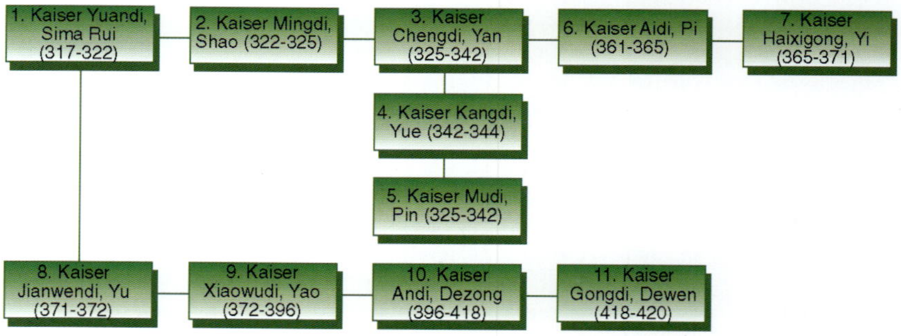

Im 2. Jahr nach dem Ende der Westlichen Jin-Dynastie erklärte sich Sima Rui, Angehöriger der Familie der Jins, in Jiankang (heute Nanjing) zum Kaiser der Östlichen Jin (in der Geschichte als Kaiser Yuan Di bezeichnet). Unterstützt von den Landherren konnte er das Östliche Regime im Süden Chinas beibehalten. Unter den Landherren leisteten die Wangs von Langya, die von den Brüdern Wang Dao und Wang Dun geführt wurden, den größten Beitrag zum Regime der Östlichen Jin-Dynastie. Die Zeitgenossen nannten dies daher „Wangs und Simas teilen die Welt."

In der Östlichen Jin-Dynastie gab es viele innere Konflikte. Die immigrierten nördlichen Landherren und südlichen Landherren verdrängten sich einander. Die nördlichen

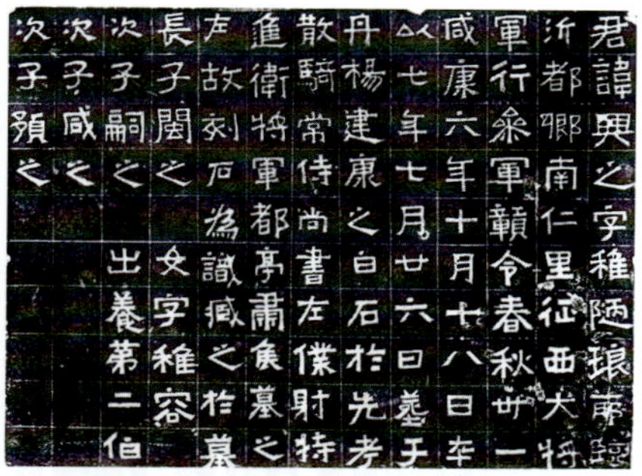

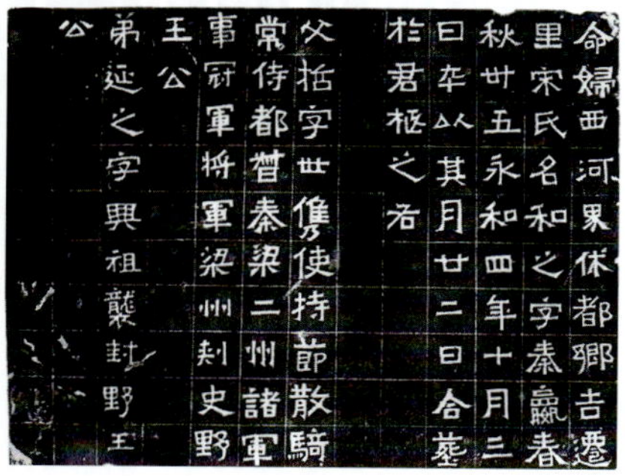

Inschrift auf dem Gedenktisch im Grab Wang Xianzis, Abtreibung, Östliche Jin-Dynastie (317-420 n. Chr.), 37,3 cm breit, ausgegraben in Nanjing, Provinz Jiangsu

Konfrontation zwischen der Früheren Qin und der Östlichen Jin

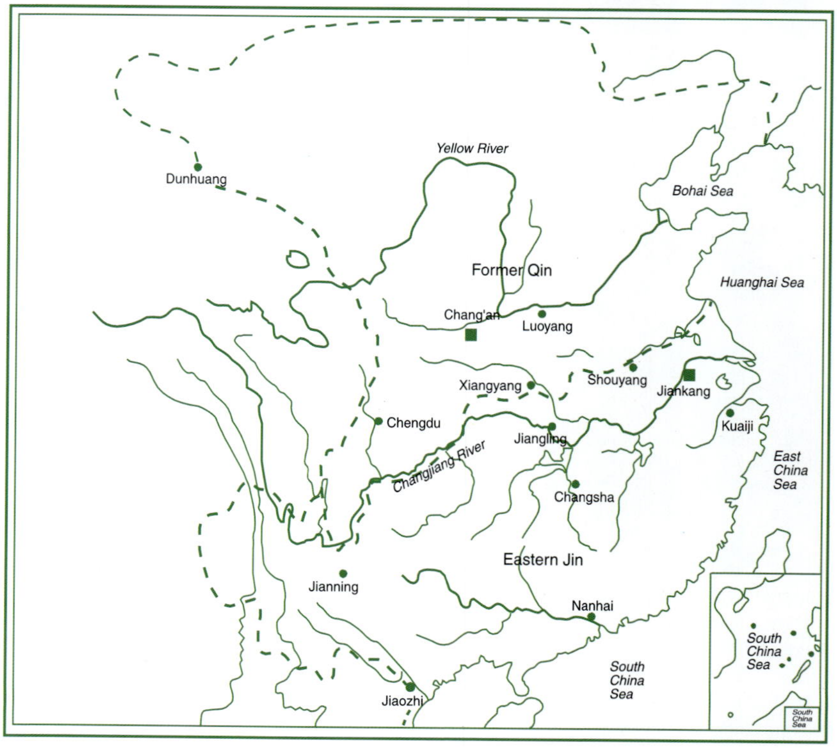

Bogen, Pfeiler, Pfeilerbeutel, Bogensack und Messerscheide, Han und Jin (206 v. Chr.- 420 n. Chr.)

Landherren Wang, Yu, Huan und Xue hatten Konflikte mit der kaiserlichen Macht. Doch da die Herrscher der Östlichen Jin-Dynastie im Süden blieben, waren sie nicht so begeistert, die Zentralebenen wiederzugewinnen. 313 unternahm Zu Ti einen nördlichen Feldzug, wobei er einen Teil des verlorenen Landes zurück gewann. Doch er fand im Hof keine Unterstützung. Nach dem Tod von Zu Di endete auch der nördliche Feldzug. Obwohl Huan Wen 354, 356 und 369 drei weitere nördliche Feldzüge unternahm, erlitt er jedes Mal eine Niederlage. Deshalb ging das zurückgewonnene Gebiet wieder verloren. Als Huan Wen starb, war Xie An Kanzler, der die Östliche Jin-Dynastie in gewissen Frieden brachte. Er stellte zur Anwerbung von Talenten Regeln auf und rekrutierte eine mächtige Armee, die so genannten „Soldaten des nördlichen Campus". Auf diese Weise häufte er bestimmte Militärkräfte an.

Inzwischen wurde die Frühere Qin, deren Hauptstadt Chang'an war, immer mächtiger. Sie vernichtete die Frühere Yan, die Frühere Liang und Dai nacheinander. Der Norden wurde da vereinigt. 383 führte der König Fu Jian der Früheren Qin eine 800000 Mann starke Armee auf einen Marsch in die Östliche Jin und suchte sie zu vernichten. Die Truppen unter der Führung von Xie An der Östlichen Jin schlugen zurück.

Qin und Jin trafen in Feishui (heute Feihe, Provinz Anhui), wo sie von einem Fluss getrennt wurden. Xie Xuan forderte den teilweisen Rückzug der Qin-Truppen, so dass die Jin-Armee den Fluss für einen entscheidenden Kampf überqueren konnte. Fu Jian war damit einverstanden und hoffte, die Jin-Truppen mitten auf dem Fluss niederzuschlagen. Doch die Truppen der Östlichen Jin nützten die günstige Chance zu einem großen Angriff, so dass die Qin-Truppen in Verwirrung gerieten und schnell weg rannten. Ihr General Fu Rong wurde getötet. So nützte Xie Xuan die Chance und verfolgte den Feind weiter, so dass die Qin-Truppen besiegt wurden. Nach dem Kampf fanden sich überall die Leichen der Qin-Soldaten, von denen viele niedergetrampelt worden waren. Jene, die noch hatten flüchten können, glaubten, die Jin-Truppen gleich hinter sich zu haben und gerieten darüber in Panik. Fu Jian wurde von einem Pfeil schwer verwundet, konnte aber noch nach Norden fliehen. Der Sieg in der Schlacht von Feishui konsolidierte das Östliche Jin-Regime. Die Jin-Truppen gewannen Shouyang zurück. Die Wirtschaft im Süden wurde stabilisiert und die Zerstörung der Kultur wurde vermieden, so dass sich die Gesellschaft weiter entwickeln konnte.

Nach dem Kampf in Feishui erlahmte die frühere Qin-Dynastie sehr bald. 385 wurde Fu Jian kurz nach seiner Rückkehr nach Chang'an getötet. Die Frühere Qin ging allmählich unter. Die Landherren rissen sich nacheinander von der Kontrolle des Qin-Regimes los. Die Unruhen dauerten im Norden über 40 Jahre.

Wang Mao (276-339 n. Chr.)

Bemalte Steinfigur von einem stehenden Buddha, Nördliche Qi-Dynastie, 97 cm hoch

Xie An (320-385 n. Chr.)

Gewobene Schuhe aus Seiden und Leinen mit chinesischen Schriftzeichen, Östliche Jin-Dynastie (317-420 n. Chr.)

IV. Aufstieg und Untergang der südlichen Dynastien

Nach dem Feishui-Kampf nützte die Östliche Jin nicht den Vorteil, einen nördlichen Feldzug zu unternehmen, so dass sich die inneren Konflikte verschärften und die Macht der Östlichen Jin sich abschwächte. Zwischen 399 und 411 brach eine gewaltige Bauernrebellion, die von Sun En und Lu Xun geführt wurden, aus. Liu Yu, Untergeordneter von Liu Lao, - General der „Soldaten des nördlichen Campus'"- unterdrückte Sun En und Lu Xun und eroberte separate Regimes. Danach beseitigte er die Frühere Yan und die Späte Qin. Mit seiner stetig steigenden Macht setzte er 420 den Kaiser Gong Di ab und erklärte sich zum Kaiser mit dem Dynastietitel Song. Der Titel seines Regimes war Yongshu. Deshalb wird er später als Kaiser Wu Di von Song bezeichnet. Dies markierte den Beginn der Südlichen Dynastien sowie den Anfang der Konfrontation zwischen den Südlichen und den Nördlichen Dynastien.

Als Maßnahme gegen die brutalen Landherren führte Liu Yu einige Reformen durch und erarbeitete Gesetze. Außerdem richtete er die Verwaltung der Beamten neu aus, so dass eine blühende Situation zur Zeit des Regimes von seinem Sohn Liu Yilong entstand, die so genannte Zeit von „Frieden und Prosperität von Yuanjia". Als Liu sein Regime etablierte, kam der Clan Tuoba des Xianbei-Stamms im Norden auf und marschierte nach Süden. Sie gründeten die Nördliche Wei-Dynastie und vereinigte 439 den Norden. 450 entfesselte Tuoba Shou mit 100000 Soldaten, bestehend aus Infanteristen und einer Kavallerieeinheit, einen Angriff auf Song.

Der Krieg zwischen Song und der Nördlichen Wei zerstörte zum großen Teil die Macht der Song. Bald danach wurde der Song-Kaiser Wen Di (Liu Yilong) ermordet. Und in den nächsten Jahren kam es unter seinen Nachfahren zu Schlachten um die Königschaft. Sie töteten häufig eigene Leute, um an die Macht zu kommen. 479 ergriff Xiao Daocheng, Kommandeur der kaiserlichen Garde, die Macht von Song und nannte sein Regime Qi oder, wie Historiker sie nennen, Südliche Qi. Ende der Südlichen Qi-Dynastie metzelten sich die Kaiserclans einander nieder, was viele innere Unruhen verursachte. 502 marschierte Xiao Yan, Gouverneur der Präfektur Yongzhou, nach Jiankang und setzte den Kaiser ab. Er gab dem neuen Staat den Namen „Liang".

Der Kaiser Wu Di von der Liang-Dynastie führte ein einfaches Leben und strebte mit allen Kräften danach, verschiedene Konflikte zu schlichten. In seiner Regierungszeit von 48 Jahren versuchte er, Kriege zu vermeiden. Außerdem förderte er den Buddhismus und baute viele Tempel auf, was den Buddhismus im Süden zur Blüte brachte. Allerdings war er sehr grausam zu den Massen und löste viele Revolten gegen sich aus. In seinen späten Regierungsjahren brach der Tumult von Hou Jing aus. 557 löste Chen Baxian, der in der Niederwerfung des Tumults von Hou Jing sein Talent gezeigt hatte, den Kaiser ab und gründete das Chen-Haus. Während der gesamten südlichen Dynastien hatte die Chen-Dynastie die kleinste Fläche und auch weniger Erfolge in der Wirtschaft. Der letzte Kaiser Chen Shubao war ein berüchtigter Kaiser, der sich niemals um die staatlichen Angelegenheiten kümmerte. 589 wurde sein Regime von der Sui-Dynastie vernichtet. Damit fanden die Südlichen Dynastien ihr Ende.

Die Situation in den Nördlichen und Südlichen Dynastien

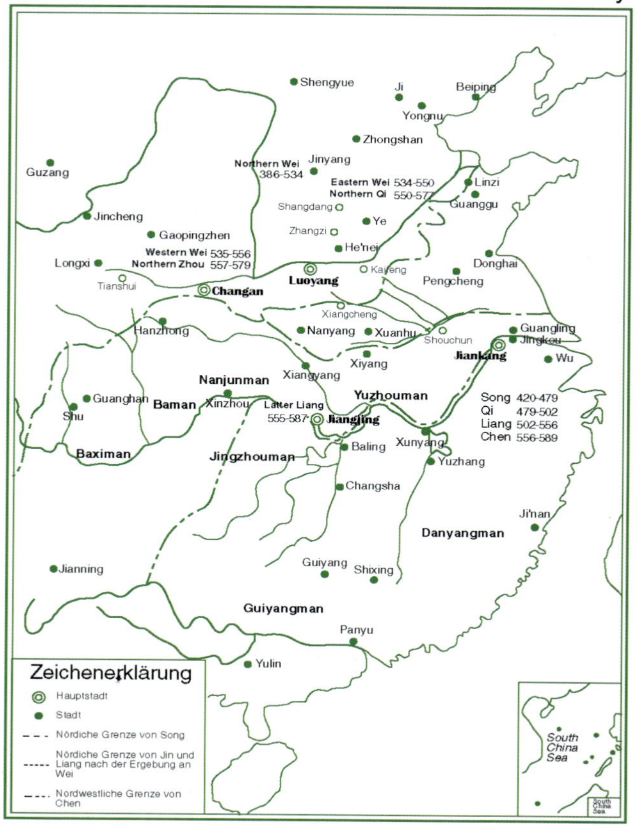

Steinskulptur aus den Südlichen Dynastien nahe der Stadt Nanjing

Kaiser Wu Di von Song, Liu Yu (363-422)

Kaiser Gao Zu von Qi, Xiao Daocheng (427-482)

Kaiser Wu Di von Liang, Xiao Yan (464-549)

Kaiser Wu Di von Chen, Chen, Baxian (503-559)

Kaiser der Song-Dynastie

- 1. kaiser Wudi, Liu Yu (420-422)
- 2. kaiser Shaodi, Yifu (422-424)
- 3. kaiser Wendi, Yilong (424-453)
- 4. kaiser Xiaowudi, Jun (453-464)
- 5. kaiser Qianfeidi, Ziye (464-465)
- 6. kaiser Mingdi, Huo (465-472)
- 7. kaiser Houfeidi, Yu (472-477)
- 8. kaiser Shundi, Zhun (477-479)

Kaiser der Qi-Dynastie

- 1. Kaiser Gaodi, Xiao Daocheng (479-482)
- 2. Kaiser Wudi, Ze (482-494)
- 3. Kaiser Yulinwang, Zhaoye (494)
- 4. Kaiser Hailinwang, Zhaowen (494)
- 5. Kaiser Mingdi, Luan (494-498)
- 6. Kaiser Donghunhou, Baojuan (498-501)
- 7. Kaiser Hedi, Baorong (501-502)

Kaiser der Liang-Dynastie

- 1. Kaiser Wudi, Xiao Yan (502-548)
- 2. Kaiser Jianwendi, Gang (549-551)
- 3. Kaiser Yuandi, Yi (552-554)
- 4. Kaiser Jingdi, Fangzhi (555-557)

Kaiser der Chen-Dynastie

- 1. Kaiser Wudi, Chen Baxian (557-559)
- 2. Kaiser Wendi, Xi (559-566A)
- 3. Kaiser Feidi, Bozong (566-568)
- 4. Kaiser Xuandi, Xiang (568-582)
- 5. Kaiser Houzhu, Shubao (582-589)

Lackwandschirm mit dem Bild der Geschichte von tugendhaften Frauen und weisen Leuten, Nördliche Wei (386-543 n. Chr.), ausgegraben aus dem Grab Sima Jinlongs in Datong, Provinz Shanxi

Wudang-Gebirge, Danjiangkou, Provinz Hubei

V. Aufstieg und Untergang der Nördlichen Dynastien

Vergoldeter Silberkrug, Nördliche Zhou (557-581), 37,5 cm hoch, ausgegraben in Guyuan, Ningxia, mit dem Relief von Männern und Frauen der nördlichen Stämme

Kaiser der Nördlichen Wei-Dynastie

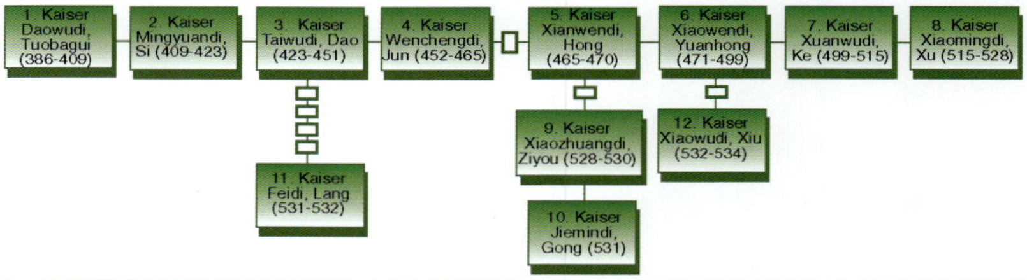

Die Gründung der Nördlichen Wei-Dynastie und die Vereinigung des Nordens förderten die Verschmelzung verschiedener Minoritäten. Reformen, die auf die Assimilation der Minoritäten abzielten und von der Kaiserin Feng der Nördlichen Wei und dem Kaiser Xiaowen Di (Tuoba Hong) gefördert wurden, folgten dem Trend der Geschichte. Sie richteten die Beamtenverwaltung aus und stärkten damit die lokale Herrschaft. Dadurch stabilisierte sich die Lage des Landes schnell. 494 verlegte die Nördliche Wei ihre Hauptstadt nach Luoyang. Damals befahl der Kaiser Xiaowen Di der Bevölkerung, die gleichen Kleider wie das Han-Volk zu tragen und im Kaiserhof Chinesisch zu verwenden. Er förderte die Mischehe zwischen dem Han-Volk und dem Xianbei-Volk und überredete das Xianbei-Volk dazu, den Familiennamen des Han-Volkes anzunehmen. Außerdem legte er auch die unterschiedlichen Status der Xianbei-Adligen fest. Die Verlegung der Hauptstadt und die Reform des Verwaltungssystems förderten die wirtschaftliche Entwicklung der Nördlichen Wei-Dynastie und verstärkten damit ihre Herrschaft. Zugleich wurde auch die Verschmelzung zwischen dem Xianbei-Volk und dem Han-Volk gefördert, was der Nördlichen Wei zu großer Prosperität verhalf.

Die Situation zu Ende Nördlichen und Südlichen Dynastien

Wachtier, Nördliche Qi (570), 50,2 cm hoch, ausgegraben in Taiyuan, Provinz Shanxi

Ruine von Niya, Han und Jin (206 v. Chr.- 420 n. Chr.), Norden vom Kreis Mingfeng, Hetian, Xinjiang

Brokatarmschutz mit chinesischen Schriftenzeichen, Han und Jin (206 v. Chr.- 420 n. Chr.), ausgegraben in Niya, Xinjiang

Freiblick der Yungang - Grotten und großer Freiluftbuddha, Nördliche Wei

Da die Herrscher der Nördlichen Wei ein viel luxuriöseres Leben als alle ihre Vorfahren führten, beuteten sie Bauern und Soldaten sehr grausam aus. Sie gaben viel Geld aus und taten viel für die Verbreitung des Buddhismus, was eine Revolte bei einfachen Leuten und Soldaten in sechs Städten im Nordwesten und Norden auslöste. 528 entfesselte Er Zhurong, Prinz von Taiyuan, eine Revolte in He'nei (heute Qinyang in der Provinz Henan), so dass das Regime der Nördlichen Wei verfiel. 534 machte Gao Huan, Untergeordneter von General Erzhu Rong, Yuan Shanjian zum Kaiser und verlegte die Hauptstadt nach Ye. Diese Dynastie wird in der Geschichte als Östliche Wei bezeichnet. 550 beseitigte Gao Yang, Sohn von Gao Huan, die Östliche Wei und gründete die Nördliche Qi-Dynastie. 535 ermordete Yuwen Tai, ein Clan des Xianbei-Volkes, den Kaiser Xiao Wu Di und setzte den Kaiser Wen Di ein. In der Geschichte wird die neue Dynastie die Westliche Wei-Dynastie genannt. Yuwen Tai renovierte die Beamtenverwaltung, reformierte das Beamtensystem und führte die Politik der Assimilation der Nördlichen Wei-Dynastie ein, was dazu führte, dass ihre Kräfte die der Östlichen Wei übertrafen. 557 löste Yuwen Yue, Sohn von Yuwen Tai, die Wei-Dynastie ab und gründete die Nördliche Zhou-Dynastie. Der Kaiser Wu Di von Zhou (Yuwen Yi) setzte die Reformen fort. Er förderte den Konfuzianismus, beseitigte den Buddhismus und Taoismus und befreite Sklaven, was ihm eine noch mächtigere Dynastie als jene der Nördlichen Qi ermöglichte. 577 zerstörte Kaiser Wu Di die Nördliche Qi-Dynastie und vereinigte den Norden Chinas.

Reise, Nördliche Qi (479-502 n. Chr.), die Wandmalerei im Grab von General Lou Rui, Taiyuan, Provinz Shanxi

VI. Glanz in unruhiger Zeit—Kultur und Wissenschaft

Tao Yuanming (376-427)

Die Unruhen im Zeitraum von Wei, Jin, über die Südlichen bis zu den Nördlichen Dynastien boten gute soziale Bedingungen für die Verbreitung des Buddhismus an. Der Buddhismus tröstete vor allem die Not leidenden Menschen und verbreitete sich dadurch sehr weit. Er verbot das Töten, sprach vom Karma und bot die Möglichkeit, durch harte Arbeit im Diesseitsleben sich ein glückliches Leben im Jenseits zu verdienen. Zu dieser Zeit durchdrangen sich Buddhismus und Metaphysik (Xuanxue). Unter dem Einfluss von Xuanxue lasen viele Mönche große Mengen an klassischen Büchern und Reden der hundert Schulen. Sie studierten außerdem die Lehre von Lao Zhuang und nahmen auch an der metaphysischen Diskussion teil.

Zu dieser Zeit kamen viele Mönche zur Missionierung von den Westlichen Regionen ins chinesische Inland und viele Chinesen reisten nach Westen, um den Buddhismus zu lernen. Während der Späteren Zhao-Dynastie wurde Futuchen, ein Mönch aus der Westlichen Region, von Shi Le und Shi Hu hoch geehrt. Er nahm knapp 10000 Anhänger auf. In der Späteren Qin-Dynastie wurde Jiumoluoshi, ein Mönch aus der Westlichen Region, zur Übersetzung von Sutren nach Chang'an eingeladen. Er übersetzte 74 Sutren und 380 Bände nacheinander. 399 (das 3. Jahr von Longan) kam Fa Xian aus der Östlichen Jin in die Heimat des Buddhismus, um nach Sutren zu suchen. Auf seiner 14-jährigen Reise ging er entlang seiner Reiseroute durch 30 Länder, einschließlich Mojietuo (heute Osten von Indien) und dem Löwenland (heute Sri Lanka). Nach langjähriger Verwandlung erhielt der Buddhismus schließlich eine chinesische Prägung. In den Südlichen Wei-Dynastien reiste ein intelligenter chinesischer Mönch zur Missionierung ins Ausland. Das Land Fusang, das er erreichte, dürfte im heutigen Mexiko sein. Da Kaiser Taiwu Di der Nördlichen Wei an den Taoismus glaubte und Kaiser Wu Di der Nördlichen Zhou den Konfuzianismus verehrte, ließen sie während ihrer Regimes alle buddhistischen Tempel zerstören. Der Buddhismus gelangte aber doch nach vielen Hoch- und Tiefpunkten zur Blütezeit. In der Späteren Nördlichen Wei betrug die Zahl der Tempel 40000 und die Zahl der Mönche und Nonnen 3000000. Dies bestätigt die große Bedeutung des Buddhismus zu dieser Zeit.

Während der Buddhismus und der Taoismus in Mode kamen, tauchten auch berühmte Atheisten auf, beispielsweise Fan Ye zur Zeit von Song der Südlichen Wei-Dynastien. Er meinte, dass die Seele einer Person auch zusammen mit seinem Leib sterbe. Fan Zhen schrieb die *Destrukturierbarkeit der Seele*. Der Buddhismus übte damals großen Einfluss auf die chinesische Ideologie, Kultur und Kunst aus.

Als hervorragender Maler speziell von großen Bildern sowie von buddhistischen Porträts, galt Cao Buxing in der Periode der drei Reiche als der Vater der Buddhabilder.

Wulingyuan, in Zhangjiajie, Provinz Hunan

Wang Xizhi (321-379)

Gu Kaizi von der Östlichen Jin, Lu Tanwei von Qiliang und Zhang Sengyou wurden zusammen als die drei hervorragenden Personen der sechs Dynastien gerühmt, unter den Bildern waren Gu Kaizis *Eminente Frau* und *Göttin Luo* die berühmtesten. In der Späteren Östlichen Han wurde Kalligraphie eine Kunstart. Du Du, Zhang Zhi und Zhong You waren alle Kalligraphen. Da Zhang Zhi sich im sogenannten Grasstil auszeichnete, wurde er als „Sage des Grasstils" bezeichnet. Wang Xizhi von der Östlichen Jin und sein Sohn Wang Xianzhi waren ebenfalls wichtige Vertreter der Kalligraphiekunst. Wang Xianzhi schuf einen neuen Stil der Kalligraphie und galt mit seinem Meisterstück *Vorwort* für *Lanting* als „Sage der Kalligraphie".

Während dieser Zeit spielten buddhistische Grotten eine wichtige Rolle in der alten chinesischen Zivilisation. Da Xinjiang viel früher mit den Buddhismus in Kontakt kam, gab es entlang der Seidenstraße viele Grotten, wie zum Beispiel die Kuchemutula-Grotte, die Shenmusaimu-Grotte und Baisikelike-Grotte, sowie die

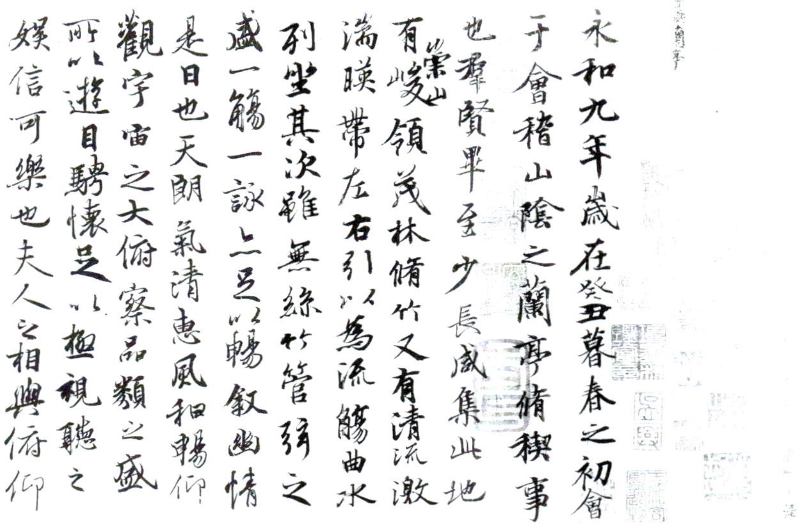

Vorwort für Lanting, von Wang Xizhi, Teil der Nachahmung aus der Tang-Dynastie

Wang Xizhi und die Gänse, Qing-Dynastie, von Ren Yi (1840-1896), Papierrollen, Tuschmalerei, Farbe eingefüllt, 65,9 cm breit, 133,4 cm hoch

Die Göttin und der Luo-Fluss, Teil, Jin-Dynastie, Gu Kaizhi (c.345-406 n. Chr.), Seidenrollen, Farbe eingefüllt, 27 cm hoch, 572 cm weit

Tuyugou-Grotte entlang Tulufan.

Die Mogao-Grotte, die am Fuß des Bergs Mingsha gebaut wurde, befindet sich 40 km südöstlich des Kreises Dunhuang in der Provinz Gansu. Es ist eine der drei größten Grotten in China und wurde zuerst 366 (das 1. Jahr von Taihe, Östliche Jin) gebaut. In der Zeit zwischen der Frühen Qin und der Nördlichen Wei wurden über 30 Grotten gemeißelt. Außerdem waren die Yulin-Grotte in Anxi, der Maiji-Berg in Tianshui, der Bingling-Tempel in Yongjing, der Tianti-Berg in Wuwei und der Mati-Tempel in Zhangye alle berühmte Grotten und Tempel.

Die Yungang-Grotte westlich des Wuzhou-Berges nahe der Stadt Datong in der Provinz Shanxi wurde erstmals zwischen 460 und 465 in der Nördlichen Wei-Dynastie in den Fels getrieben. Sie ist der älteste Grottentempel auf den Zentralebenen. Mit mehr als 100 kleinen Grotten war sie von großem Ausmaß. Davon waren fünf zur Zeit des Regimes von Kaiser Wucheng Di der Nördlichen Wei gemeißelt. Die Statuen in den Yungang-Grotten sind riesig groß, manche Buddhabilder sind sogar über zehn Meter hoch.

Die Longmen-Grotte liegt an den Felsen westlich des Gelben Flusses in der Stadt Luoyang in der Provinz Henan. Sie wurde in der Zeit gemeißelt, da Kaiser Xiaowen Di der Nördlichen Wei die Hauptstadt nach Luoyang verlegte. Die repräsentativen Grotten, die in der Nördlichen Wei-Dynastie gemeißelt wurden, umfassten die Guyang-Grotte, die Bingyang-Grotte und die Lotus-Grotte. Außerdem gibt es auf den Zentralebenen noch andere Grotten, wie z. B. jene im Kreis Gong in der Provinz Henan und die Xiangtangshan-Grotte in der Stadt Handan der Provinz Hebei. Die Kunst der Grottentempel ist ein einzigartiges Zeugnis des kulturellen Austauschs zwischen Osten und Westen.

Dank der großen Verschmelzung tauchten verschiedene Musikinstrumente auf, wie z.B. die Quxiang-Pipa (gekrümmtes Hals-Pipa), die fünfsaitige Pipa, Bo, Jiegu (eine alte Trommel) usw. Musik aus dem Westen und Osten war im Inland sehr populär, darunter Musik von Qiuci, Xiliang, Gaochang, Kuangguo, Shule, Tianzhu, Anguo, Gaoli usw. Der berühmte Musiker Ji Kang spielte „Guanglingsan" - ein berühmtes Musikstück - besonders gut und schrieb theoretische Werke wie z.B. *Über die Abwesenheit von Trauer in der Musik* und *Über musikalische Instrumente*.

Die Jian'an-Literatur belegt wiederum die Errungenschaften in der Literatur in der Periode der drei Königreiche. Jian'an war der Titel des Kaisers Xian Di des Han-Regimes (196-219). Zu den berühmten Schriftstellern gehörten Cao Cao, sein Sohn Cao Pi und die sogenannten Sieben-Talente von Jian'an - Kongrong, Chen Lin, Wang Can, Liu Zhen, Ying Chang und Xu Gan. Da ihre Werke für ihre Trübseligkeit und zugleich Kraft berühmt waren, wurden sie als „Jian'an-Stil" bezeichnet. Cai Yan schrieb Wuyan-Gedichte (Gedichte mit fünf Schriftenzeichen in einer Zeile) wie *Gedicht von Schmerz und Entrüstung* und *Achtzehn Schläge von Hujia* (Hujia bezieht sich auf ein Rohrblattinstrument), die voller Kraft und von ununterdrückten Gefühlen waren. Die damals berühmten „Sieben-Talente vom Bambusholz" - Ji Kang, Ruan Ji, Shan Tao, Xiang Xiu, Ruan Xian, Liu Ling und Wang Rong - waren alle Vertreter der „Literatur von Zhengshi (240-249)". Sie verehrten den Gelben Kaiser und Lao Zi, diskutierten über Metaphysik und verhielten sich rücksichtslos. Ihre Gedichte und Essays waren von Gedanken Lao Zhuangs durchdrungen und waren voller Zynismus.

Zhaoming-Prinz, Xiao Tong (501-531 n. Chr.)

In der Östlichen Jin waren Tao Yuanmings Gedichte und Essays die hervorragendsten. Er lobte das idyllische Leben und zeigte seine hohe Verachtung gegenüber der Korruption am Kaiserhof. Im Gedicht *Pfirsich-Garten* und dessen Vorwort *Etwas über Pfirsich-Garten* brachte er seine politischen Gedanken zum Ausdruck und stellte eine Welt frei von Tyrannei und Unterdrückung dar, in der jeder ein frohes Leben führt. Der literarische Stil der Nördlichen Dynastien ist für ihre Einfachheit, Frische und Kräftigkeit bekannt, wie z. B. die Volkslieder „Lied von Chile" und „Lied von Mulan", die mit ihrer Helligkeit und ihrem Optimismus von hohem Wert waren. Lu Jis *Freude des Essays*, Liu Xies *Wen Xin Diao Long* und Zhang Rongs *Kritik der Poesie* sind große literarische Kritiken. *Ausgewählte Werke von Essays*, das von Liangs Kronprinz Xiao Tong zusammengestellt wurde, ist die älteste Sammlung von Essays.

Zu jener Zeit war private Geschichtsschreibung sehr populär. Die berühmtesten Werke umfassten *Geschichte der späteren Han-Dynastie* von Fan Ye aus der Liu-Song-Periode und *Geschichte der drei Königreiche* von Chen Shou, die zusammen mit *Geschichtlichen Aufzeichnungen* und *Geschichte der Han-Dynastie* „Vier Geschichtswerke der Frühzeit" genannt werden. Li Daoyuans *Kommentar über die Wasserstraße* (klassisches Werk) und Yang Xuanzhis *Tempel und Monastrien* in Luoyang waren von großem literarischem Wert und zugleich wichtige Dokumente der Geographie und des Buddhismus. Die 18 Landkarten von *Territoriumplan von Gongyu*, die von Pei Xiu der Westlichen Jin gezeichnet wurden, haben in der Kartographie- und Geographiegeschichte eine wichtige Bedeutung.

In Wei, Jin, den Südlichen und den Nördlichen Dynastien wurde der Taoismus durch

Die sieben Weisen des Bambuswaldes, Wanli-Regime, Bingchen-Jahr der Ming-Dynastie (1616), Li Shida, 25,4 cm breit, 157,2 cm lang

die Aufnahme von Gedanken des Buddhismus und Konfuzianismus noch bunter. Während der beiden Jin-Dynastien schrieb Ge Gong *Bao Pu Zi*, in dem er die Integration der Prinzipien des Konfuzianismus mit der Theorie des Taoismus vorschlug. Die berühmten Taoisten Lu Xiujing und Tao Hongjing aus den Südlichen Dynastien nahmen die Ideologie des Konfuzianismus und Buddhismus auf, so dass der Taoismus erheblich verstärkt wurde. Tao Hongjing schrieb Kommentare zu „Kaiser Shennongs Materie Medica", in das er 356 Arten von Medizin, die er gesammelt hatte, aufnahm. Außerdem schrieb er Ergänzungen zu „Präskriptionen für den Notstand" und andere pharmakologische Werke.

Der Hofarzt Wang Shuhe aus der Westlichen Jin schrieb zehn Bände von Abhandlungen über Pulsuntersuchung, welche Erfahrungen der Pulsuntersuchungen zusammenfassten und die älteste Erfahrung über Pulsuntersuchung ihrer Art in China waren. Darüber hinaus bearbeitete er Zhang Zhongjings *Abhandlung über Fieber* ausführlich in seinen zwei Büchern *Über Typhusfieber* und *Gold-Brust-Abhandlung*.

Vergoldete Bronzefiguren von Buddha, Ende der Nördlichen Wei-Dynastie bis Östliche Wei (386-550 n. Chr.), 35 cm hoch, ausgegraben in Xi'an, Provinz Shaanxi

Zu Chongzhi (429-500)

Während der Perioden der Wei und der Jin hieß es in Liu Heis *Erläuterungen zu Mathematik in neun Teilen*, dass der Betrag des Umkreises zum Halbmesser 3,1416 sei. Zu Chongzi aus den Südlichen Dynastien rechnete diese Zahl bis zur siebten Stelle hinter dem Komma, welche in etwa zwischen 3,1415926 und 3,1415927 liege. Dies geschah 1000 Jahre früher als die europäische Entdeckung. Zu Chongzis Sohn, Zuzhen, erfand als erster die Methode zur Rechnung der Volumen der Sphären, was gleichfalls 1000 Jahre vor der europäischen ist. In Hinsicht auf Astronomie und Kalendererarbeitung entdeckte Yuxi aus der Östlichen Jin „Präzision des Frühlingspunktes" und wendete es auf den Darming-Kalender an. Damit präzisierte er die Länge des Jahres auf 365,24281481 Tage, was von dem Ergebnis, das durch moderne Wissenschaft ermittelt wurde, lediglich eine Differenz von 50 Sekunden aufweist. In Bezug auf Maschinenbau verbesserte Ma Jun Webschiffchen und machte es fünfmal effizienter als das Original aus der Periode der drei Königreiche. Das Kielwasserrad für Bewässerung wurde ums Einhundertfache effizienter. Ma Jun erfand auch den Kompasswagen, an dem das Gesetz der differenzialen Zahnradmechanik angewendet wurde. Im Bereich der Landwirtschaft schrieb Jia Sixie zehn Bände seines *Handbuchs der wichtigen Techniken für die Menschen*, das Erfahrungen der Menschen über Ackerbau und Viehzucht am Mittellauf und Unterlauf des Gelben Flusses zusammenfasste. Es ist das erste vollständig erhaltene Buch über Landwirtschaft.

Ochse, Nördliche Qi (570 n. Chr.), 35 cm hoch, ausgegraben in Taiyuan, Provinz Shanxi

Hockender Löwe, Nördliche Zhou (557-581 n. Chr.), 25,3 hoch, Xi'an, Provinz Shaanxi

Tonfigur, Nördliche Qi, 19 cm hoch, ausgegraben in Taiyuan, Provinz Shanxi

Tao Qian kehrt ins Dorf zurück, Yuan-Dynastie, von He Cheng

第六篇 雍容盛世——隋、唐、五代

Kapitel 6

Die Blütezeit

-- Die Sui-Dynastie, die Tang-Dynastie und die Fünf-Dynastien

Das Besondere an der chinesischen Nation ist, dass sie in der Lage ist, verschiedene Kulturgüter mit offenem Geist aufzunehmen. Die Verschmelzung der ethnischen Minoritäten strahlt das Licht der Zivilisation, Großartigkeit und Herrlichkeit. Der Glanz der Tang-Dynastie ist hierbei gewiss ein Abschnitt der Geschichte, auf den die chinesische Nation stolz sein kann.

Mogao-Höhle in Dunhuang, Provinz Gansu

I. Die große Blüte von Kaihuang in der Sui-Dynastie

Kaiser Wen Di der Sui-Dynastie, Yang Jian (541-604)

Kaiser der Sui-Dynastie

1. Kaiser Wendi, Yang Jian (581-604) — 2. Kaiser Yangdi, Guang (604-618) — 3. Kaiser Gongdi, You (618)

Kaiser Xuan Di der nördlichen Zhou starb 580 an einer Krankheit. Der erst 8-jährige Kaiser Jing Di bestieg daraufhin den Thron. Yang Jian dominierte als Linkspremierminister im Kaiserhof und nannte sich selbst König von Sui. 581 zwang Yang Jian Kaiser Jing Di, ihm den Königtitel zu übergeben und erklärte sich zum Kaiser. Später wird er als Kaiser Wei Di der Sui-Dynastie bezeichnet werden, dessen Titel Kaihuang war. Chang'an blieb weiter die Hauptstadt. 587 (das 7. Jahr der Kaihuang-Zeit) beseitigte Sui die spätere Liang und eroberte zwei Jahre darauf Chen, was die Konfrontation zwischen Norden und Süden beendete und wodurch das ganze Land vereinigt wurde.

In den ersten Jahren der Kaihuang-Zeit nahm der Sui-Kaiser Wen Di alle Kräfte zusammen, um das Land zur Blüte zu bringen. Er stellte das System der Han-Wei-Dynastien wieder her und richtete ein Verwaltungssystem mit drei Ministerien und sechs Abteilungen als Kern ein. Unter den drei Ministerien war das Sekretariat für grundsätzliche Entscheidungen zuständig, der große Staatsrat prüfte und genehmigte die Edikte, während die Kanzlei für die Verwaltung der alltäglichen Angelegenheiten verantwortlich war. Unterhalb der Kanzlei wurden sechs Abteilungen eingerichtet, einschließlich des Ministeriums für Personal, des Ministeriums für Protokolle, der Kriegsabteilung, der Abteilung für Haushalt und Bevölkerung, des Ministeriums für Strafen und des Ministeriums für Ingenieurwesen. Das System war die Basis für den grundsätzlichen Rahmen der Zentralinstitutionen der Dynastien in den folgenden über 1000 Jahren. Auf lokaler Ebene wurde ein Dualsystem eingerichtet - Kreise und Präfekturen. Lokale Beamten von dem neunten Grad an wurden vom Kaiserhof ernannt oder entlassen, andere lokale Beamten wurden alle drei Jahre ausgetauscht, ohne dass sie wichtige Aufgaben erteilt bekamen. Auf diese Weise wurde die Kontrolle über die Kreise und Präfekturen verstärkt. Im System der Militärkräfte wurde der Wohnsitz der Soldaten zusammen mit dem der Zivilen in die Präfekturen und Kreise eingegliedert, so dass die Ressource der Soldaten erweitert und die Kosten für die Unterhaltung der Armee eingespart wurden. Bezüglich der Gesetze und Strafen befahl Sui-Kaiser Wen Di, ein neues Strafrecht von Kaihuang zu erarbeiten, das frühere strenge Strafen abschaffte und fünf Arten von Strafen vorschrieb - Tod, Exil, Freiheitsstrafe, schwere und leichte Peitschenhiebe sowie 500 Artikel wie z. B. die „Zehn Bösen“ und „Acht Vorschläge“. Dieses Strafgesetz wurde in der Tang, der Song und in anderen Dynastien weiter befolgt. Kaiser Wen Di beseitigte auch das System von neun Rängen, in dem reiche Familien die Macht in die Hand genommen hatten und richtete Bildungsinstitutionen auf der Kreis-und Präfekturebene ein. Daraufhin wählte er Beamte durch Prüfungen aus. Während der Regierungszeit von Yang Di wurden zehn Fächer zur Anwerbung von Gelehrten eingerichtet, was die kaiserliche Prüfung ins Leben rief und große Reformen hinsichtlich des Auswahlsystems durchführte. Dies übte großen Einfluss auf die späteren Generationen aus. Im Bereich der Wirtschaft führte Sui-Kaiser Wen Di das Gesetz der gleichen Teilung der Felder aus und vermietete das Land an die Bauern. Außerdem wurden Steuern gesenkt und Wohnsitzeintragungen geklärt. Das Währungssystem und das System der Gewichte und Maße wurden reformiert, so dass sich die nationale Wirtschaft erheblich verstärkte.

Territorium der Sui-Dynastie

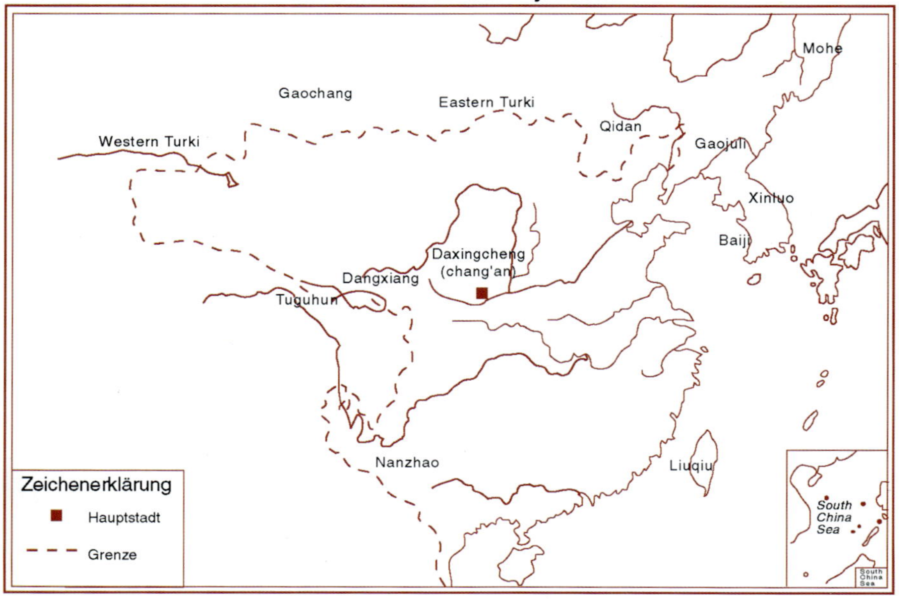

Zhaozhou-Brücke aus der Sui-Dynastie, in der heutigen Provinz Hebei

Darüber hinaus führte er ein einfaches Leben. Auf diese Weise reichten die Stoffe und Lebensmittel, die der Kaiserhof speicherte, für den Verbrauch des Hofs für fünf Jahre aus. Zugleich erreichte die Bevölkerung damals eine Zahl von 5 bis 7 Mio. Handwerksindustrie und Handel entwickelten sich schnell, so dass die Zeit „Frieden und Blüte von Kaihuang" genannt wurde.

Die Regierung von Yang Di war jedoch auch für ihr ausschweifendes Leben und ihre Grausamkeit bekannt. Während er auf dem Thron war, begann er mit dem Aufbau der Hauptstadt Luoyang und der Ausgrabung des großen Kanals von Zhuojun (heute Beijing) nach Yuhang (heute Hangzhou). Luoyang wurde das Zentrum der Politik, des Militärs und des Verkehrs. Der Bau des großen Kanals förderte die wirtschaftlichen Verbindungen zwischen Norden und Süden. Aber diese zwei Projekte führten auch dazu, dass mehr Steuern erhoben wurden und viele Arbeitskräfte dafür eingesetzt werden mussten. Noch schlimmer war, dass Kaiser Yang Di drei nacheinander folgende Kriege gegen Korea unternahm, für die Millionen von Soldaten bereitgestellt werden mussten. Während seines zweiten Feldzuges nach Korea nützte der Adlige Yang Xuangan die günstige Gelegenheit, gegen die Sui eine Rebellion zu starten. Die Menschen auf den Zentralebenen suchten vor dem Sui-Kaiser Schutz bei Yang Xuangan. Schlagartig verbreitete sich der Bauernaufstand im ganzen Land. An den berühmten Aufständen nahm auch die Wagang-Armee aus der Provinz Henan teil, die von Zhai Rang und Li Mi geführt wurde. Die Aufständischen in Hebei wurden von Dou Jiande geführt. Und jene entlang dem Yangtse und dem Huaihe-Fluss wurden von Du Fuwei und Fu Gongyou geführt. Mittlerweile führten viele Aristokraten auch bewaffnete Revolten gegen die Sui. Im Frühling 618 ließ Yu Wenhua, Ji-General der Regierungstruppen, durch seine Soldaten Kaiser Yang Di erhängen, wodurch die Sui-Dynastie zu Ende gebracht wurde. Im selben Jahr erklärte sich Li Yuan in Chang'an zum Kaiser und es begann eine neue Dynastie der beispiellosen Blüte - Die Tang-Dynastie.

Tonkamel, Sui-Dynastie (581-618), ausgegraben im Grab Hucheng in Taiyuan, Provinz Shanxi

Kaiser Yang Di der Sui-Dynastie, Yang Guang (569-618)

Landschaft entlang dem großen Kanal, Yangzhou, Provinz Jiangsu

Die Verteilung der in der Sui-Dynastie gebauten Kanäle

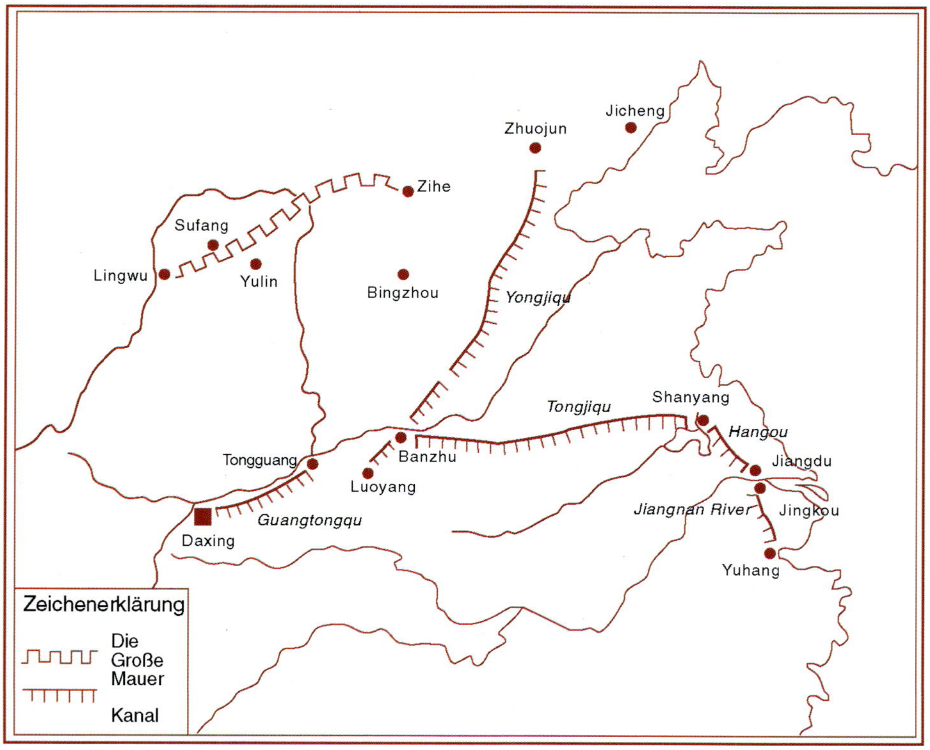

Tonfigur von einer Frau mit einer Wurfschaufel, Sui-Dynastie (581-618), 15 cm hoch

Büste von einem Buddhisatwa, Sui-Dynastie (581-618), 12 cm hoch, ausgegraben in Xi'an Provinz Shaanxi

Glasierter Tonwagen und -ochse, Sui-Dynastie (581-618), 41,5 cm hoch

Patronen und Wagen, Sui-Dynastie (581-618), Wandmalerei in Mogao-Grotten in Dunhuang

II. Kaiser Taizong der Tang-Dynastie

Kaiser Gao Zu der Tang-Dynastie, Li Yuan (566-635)

Nach der Gründung der Tang-Dynastie wurde der zweite Sohn von Liyuan zum Prinz Qin bestimmt. 626 besiegte er im „Tumult von Xuanwumen" am Kaiserhof in Chang'an Prinz Li Jiancheng und andere Prinzen und errang dadurch den Kaisertitel. Hierauf änderte er den Titel seines Regimes in „Zhenguan", in der Geschichte wird er als Kaiser Taizong der Tang-Dynastie bezeichnet.

Nach seiner Thronbesteigung nahm Kaiser Taozong manche Talente trotz Mangel an Erfahrung in den Kaiserhof auf, damit sie sich an den staatlichen Angelegenheiten beteiligen konnten. Zu Beginn der Tang-Dynastie wurden die Chefs des Sekretariats, des großen Staatrats und der Kanzlei allesamt Premierministerien genannt. Daher gab es in der Zhenguan-Periode viele Premierminister. Fang Xuanling und Du Ruhui wurden gleichzeitig zum Links-Pushe (Beamtenrang) des Sekretariats ernannt. Fang Xuanling zeichnete sich in taktischen Fragen aus, während Du Ruhui sich in der praktischen Umsetzung hervortat. Beide waren Hauptassistenten des Tang-Kaisers Taizong. Deshalb sprach man damals von „Fangs Gehirn und Dus Entscheidung".

Kaiser Taizong war bereit, andere Stimme der Beamten zu hören. In der Zhenguan-Periode tauchten viele aufrichtige Beamten auf, darunter war Wei Zhen der berühmteste. Er offerierte Kaiser Taizong viele Vorschläge, damit Taizong seine Herrschaft konsolidieren konnte. Er war fest entschlossen, seine Meinungen offen zu sagen, obwohl freilich die Gefahr bestand, dass Kaiser Taizong dadurch verstimmt werden könnte. So sagte er zu Kaiser Taizong: „Die Massen sind wie Wasser, das das Schiff zugleich tragen und stürzen kann". Auf diese Weise versuchte er Kaiser Taizong daran zu erinnern, im Frieden für die Gefahr Vorbereitungen zu treffen und immer sorgfältig zu sein. Zu dieser Zeit war Kaiser Taizong noch einsichtig und die Beamten aufrichtig. Sie ergänzten sich einander. Dies wurde damals eine immer wieder erzählte Geschichte unter den Massen.

Kaiser Taizong verstand es, talentierte Leute ihrem Talent entsprechend einzusetzen. Dabei nahm er keine Rücksicht darauf, ob sie von der Kaiserfamilie oder von einfachen Verhältnissen oder von niedriger Herkunft waren, oder ob sie zuvor politische Gegner gewesen waren. Um Beamten auszubilden, rief Kaiser Taizong berühmte Gelehrte zu Hilfe und errichtete viele

Kaiser Taizong der Tang-Dynastie, Li Shiming (599-649)

Territorium der Blütezeit der Tang-Dynastie

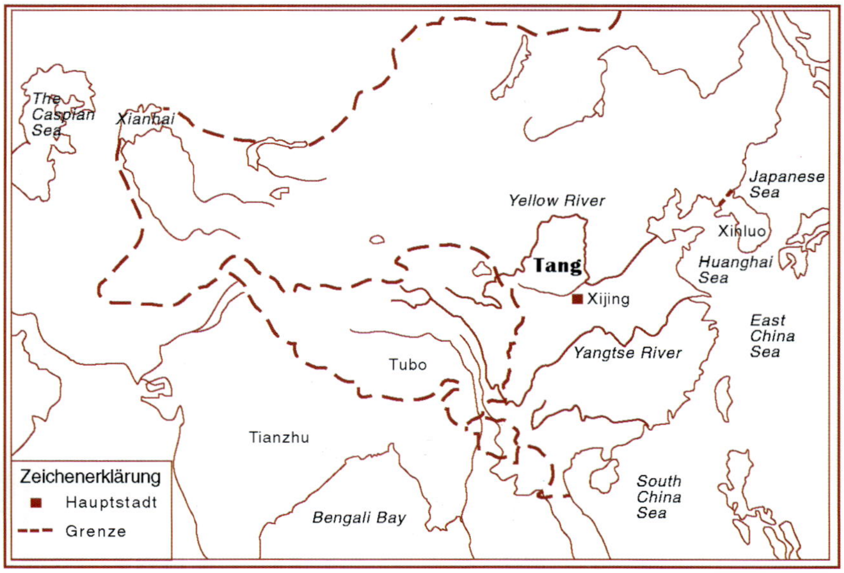

Kaiser der Tang-Dynastie

- 1. Kaiser Gaozu, Li Yuan (618-626)
- 2. Kaiser Taizong, Shimin (626-649)
- 3. Kaiser Gaozong, Zhi (649-683)
- 4. Kaiser Zhongzong, Xian (684)
- 5. Kaiser Ruizong, Dan (684-690)
- 6. Kaiser Wu Zetian (690-705)
- Kaiser Zhongzong (resume power) (705-710)
- Kaiser Ruizong (resume power) (710-712)
- 7. Kaiser Xuanzong, Longji (712-756)
- 8. Kaiser Suzong, Heng (756-762)
- 9. Kaiser Daizong, Yu (762-779)
- 10. Kaiser Dezong, Shi (779-805)
- 11. Kaiser Shunzong, Zhe (805)
- 12. Kaiser Xianzong, Chun (805-820)
- 13. Kaiser Muzong, Heng (820-824)
- 14. Kaiser Jingzong, Zhan (824-826)
- 15. Kaiser Wenzong, Ang (826-840)
- 16. Kaiser Wuzong, Yan (840-846)
- 17. Kaiser Xuanzong, Chen (846-859)
- 18. Kaiser Yizong, Que (859-873)
- 19. Kaiser Xizong, Yan (873-888)
- 20. Kaiser Zhaozong, Ye (888-904)
- 21. Kaiser Aizong, Chu (904-907)

Die sechs Pferde von dem Mausoleum Zhaoling, das 10. Jahr von Zhenguan in der Tang-Dynastie(636), 171-177 cm hoch

TEQINBIAO

SALUZI

QINGZHUI

QUANMAOGUA

SHIFACHI

BAITIWU

Wei Zheng (580-643)

Vergoldeter Achatbäcker mit einem Rindkopf, Tang-Dynastie(618-907)

Schulen in der Hauptstadt und in den Provinzen. Die kaiserliche Prüfung, die in der Sui-Dynastie ins Leben gerufen wurde, wurde ebenfalls mit besonderer Rücksicht bis zur Jingshi (höhere Schulen) erweitert. Nach der Zhenguan-Periode wurden die meisten Premierminister aus der Jingshi ausgewählt.

Kaiser Taizong trat für kürzere und leichtere Strafen ein und erarbeitete in der Zhenguan-Periode ein neues Strafgesetz. Während seines Regimes wurden Erläuterungen zum Strafgesetz der Tang ausgearbeitet, die das erste vorhandene schriftlich festgelegte Gesetzbuch in der chinesischen Geschichte war und leichtere Strafen und Schuld als in der Sui-Dynastie festlegte. Kaiser Taizong betonte auch, dass Gesetze von allen Leuten befolgt werden sollten und nie nach der persönlichen Zuneigung oder Abneigung geändert werden konnte.

Kaiser Taizong hat viele Kreise und Präfekturen zusammengeschlossen und die Zahl der Beamten verschiedener Ebenen von 2000 auf 600 reduziert. Er vermied auch, große Bauprojekte zur Erntezeit anzusetzen, um die landwirtschaftliche Produktion nicht zu beeinträchtigen. Während Guangdong und Guanzhong in der Zhenguan-Periode unter Überschwemmung, Dürre, Frostschäden und Heuschreckeplage litten, befahl Kaiser Taizong, die Kornkammer zu öffnen, um ihnen das Leben zu erleichtern. Außerdem erlaubte er den Betroffenen ein Leben in anderen Präfekturen oder Kreisen. Darüber hinaus zahlte er Lösegeld, damit Leute, die sich verkauft hatten, ihr Familienleben wieder genießen konnten.

Während der Zhenguan-Periode setzte sich Kaiser Taizong mit festem Willen den Überfällen von den Türken aus dem Norden zur Wehr, so dass er schließlich das Östliche Türkenreich unschädlich machen konnte. Dann warf er Yiwu (heute Hami in Xinjiang) und Tuguhun nieder, besiegte Gaochang und errichtete das Protektorat Anxi und die Städte Qiuci, Cuiye, Yutian und Sule. 641 nahm Kaiser Taizong die Bitte von Songzangganbu an, der Führer von Tubo war, und verheiratete Prinzessin Wencheng an ihn, was die engen Beziehungen unter unterschiedlichen Minoritäten intensivierte.

Zu dieser Zeit war die Gesellschaft stabil und die Wirtschaft entwickelte sich schnell, was in der Geschichte als Periode „des Frieden und der Blüte von Zhenguan" bezeichnet wird. Doch zu Ende seines Regimes war Kaiser Taizong nicht mehr in der Lage, Kritiken und Vorhaltungen anderer anzunehmen. Wegen des langjährigen Krieges gegen Korea und des Baus von den Palästen Cuiwei und Yuhua erhoben sie hohe Steuern, so dass Beschwerde überall gehört werden konnte. 649 starb Kaiser Taizong nach der Einnahme einer Pille fürs vermeintlich ewige Leben aus Steinen und Metallen. Er wurde in Zhaoling-Mausoleum begraben.

Der Südliche Gott, Dunhuang Yuli-Grotten

Lotusblätter-Deckel, Tang-Dynastie (619-907), 4 cm hoch, 25,6 cm lang, ausgegraben in Dangfu, Provinz Jiangsu

Stickarbeit, Tang-Dynastie (618-907 n. Chr.)

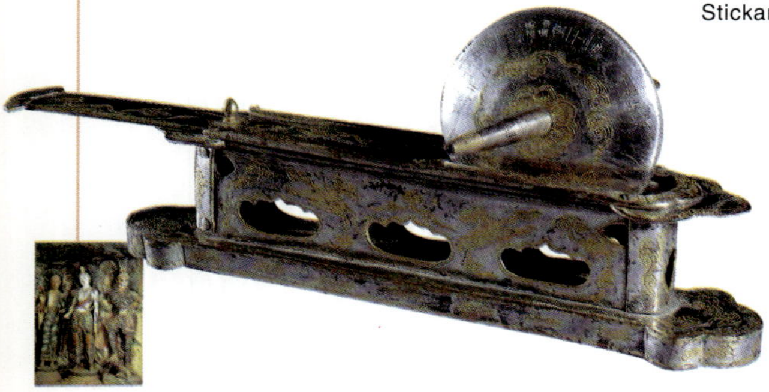
Vergoldete Rolle mit Mustern von Schwanen und Wolken, Tang-Dynastie (618-907), ausgegraben im Tempel Famen, Fufeng, Provinz Shaanxi

Seidenschuhe, Tang-Dynastie (618-907), 29,7 cm lang, ausgegraben im Mausoleum Asitana, Tulufan, Xinjiang

Patronen, Yuli-Grotten in Dunhuang

Goldschüssel mit Muster von Mandarinenten und Lotus, Tang-Dynastie (618-907), Randdurchmesser 13,7 cm, ausgegraben in Hejiang-Dorf, Xi'an, Provinz Shaanxi

Blauglasierter Teller mit Blumen- und Blättermuster, Tang-Dynastie (618-907), ausgegraben von dem Untergrundpalast des Famen-Tempels, Fufeng, Provinz Shaanxi

Goldtasse mit Musikanten in oktagonaler Form, Tang-Dynastie (618-907), ausgegraben in Hejiang-Dorf, Xi'an, Provinz Shaanxi

Krug mit Muster von laufendem Pferd, Tang-Dynastie (618-907), 18,5 cm hoch, ausgegraben in Hejiang-Dorf, Xi'an, Provinz Shaanxi

Silberkäfig mit Muster von fliegenden Gänsen, Tang-Dynastie(618-907), 17,8 cm hoch

Silberlotus, Tang-Dynastie (618-907), 39 cm hoch, ausgegraben im Tempel Famen, Fufeng, Provinz Shaanxi

Glasiertes Wachtier, Tang-Dynastie (618-907), 44,3 cm hoch

III. Kaiserin Wu Zetian

Wu Zetian (624-705)

Wu Zetian, die aus Wenshui in Bingzhou (heute Wenshui in der Provinz Shanxi) stammte, wurde von Kaiser Taizong in den Palast gewählt. Nach dem Tod Kaiser Taizongs kam sie ins Kloster und wurde eine Nonne. Während des Regimes von Kaiser Gaozong wurde sie wieder als Konkubine in den Palast gewählt. Sie tötete später ihr weibliches Baby und schob der Kaiserin die Schuld zu, um selbst Kaiserin zu werden und ihre eigenen Leute aufzuhetzen. 655 setzte Kaiser Gaozong die Kaiserin mit der Ausrede zu einem einfachen Menschen herab, dass sie keinen Sohn geboren habe. Dann erklärte er Wu Zetian zur Kaiserin.

Wu Zetian war eine talentierte Frau, die in Kunst und Geschichte reiches Wissen hatte. So schrieb sie das Buch *Zwölf Ratschläge* an Kaiser Gaozong, in dem sie vorschlug, die Landwirtschaft zu fördern, Steuern zu senken, Kriege zu stoppen und begabte Leute anzuwerben. Das Buch brachte ihr großen Ruhm. Nach und nach nahm Wu Zetian alle Macht in ihre Hände, zusammen mit Kaiser Gaozong bekamen sie den Titel der „zwei Weisen". Später vergiftete sie ihren ältesten Sohn Li Hong und enthob den zweiten Sohn des Amtes und machten den dritten Sohn zum Prinzen. 683 starb Kaiser Gaozong und Kaiser Zhongzong folgte auf den Thron, Wu Zetian hatte zu dieser Zeit bereits großen Einfluss am Kaiserhof. Nach einem Jahr entthronte Wu Zetian Kaiser Zhongzong und setzte den vierten Sohn Li Dan als Kaiser Rui Zong ein. 690 bestieg Wu Zetian selbst den Thron und nannte sich Sheng Shen (Weise). Sie benannte sich selbst in Zhou um. Zugleich änderte Wu Zetian die Tang-Dynastie in die Zhou-Dynastie, die in der Geschichte als „Wuzhou" genannt wird. Sie wurde die einzige Kaiserin in der chinesischen Geschichte und sollte 50 Jahre regieren.

684 führten Xu Jingye und Luo Bingwang einen Aufstand gegen Wu Zetian in Yangzhou, der in dem Namen gestartet wurde, Li Xian zu unterstützen. 688 entfesselten Prinzen der Tang-Familie eine Revolte, die aber bald scheiterte. Um ihre Macht zu sichern, versetzte Wu Zetian den politischen Feinden harte Schläge und gab hohe Prämien an jene, die andere verrieten. Sie verließ sich sehr auf strenge Strafen und ermordete einige Hunderte von Tangs Verwandten, Premierminister, zahlreiche Gouverneure und Beamten der Präfekturen.

Um die Unterstützung der Menschen zu erkaufen und ihre Herrschaft zu konsolidieren, versuchte Wu Zetian ihr Bestes, Talente zu gewinnen. Sie forderte oft die Beamten dazu auf, Talente zu empfehlen und stellte einen Bronzekasten im Hof auf, um Beamten zu ermutigen, Vorschläge zu machen. Außerdem erlaubte sie einfachen Leuten, sich selbst zu empfehlen. Kaiserliche Prüfungen wurden stetig abgehalten, um einfachen Leuten einen Weg an den Kaiserhof zu ermöglichen.

Wu Zetian förderte die Landwirtschaft, so dass die Wirtschaft sich ständig entwickelte und die Einwohnerzahl stieg. Sie stellte die vier wichtigen Städte in Anxi wieder her und etablierte erneuert das Protektorat Anxi in

Longmen-Grotten, Luoyang, Provinz Henan

Gott, die Blütezeit der Tang-Dynastie, Norden von dem westlichen Nische in der Höhle 46 der Mogao-Grotten Dunhuang

Hofmädchen, Tang-Dynastie (618-907), Wandmalerei im Grab von Prinzessin Yong Tai in Xi'an, Provinz Shaanxi

Tingzhou (heute Jimusa'er in Xinjiang). Aber sie berief grausame Beamte und tötete viele unschuldige Menschen. Sie glaubte an den Buddhismus und begann mit großen Bauprojekten. Dabei begünstigte sie ihre Verwandten, was ungesunden Einfluss auf die Politik ausübte und der Bevölkerung große Lasten zufügte.

Wu Zetian hoffte, ihre Macht an ihren Neffen Wu Chengsi zu übergeben, aber dies stieß bei vielen Beamten auf Widerstand. 698 überließ sie Li Xian den Thron und machte ihn erneut zum Prinzen. 705, als Wu Zetian schwer krank war, forderten alle Beamten und Offiziere unter der Führung von Premierminister Zhang Xianzi, Kaiser Zhongzong wieder zu inthronisieren. Im selben Jahr starb Wu Zetian im Alter von 83 Jahren und wurde zusammen mit Kaiser Gaozong im Qianling-Mausoleum begraben.

Silberräucherofen mit fünf Beinen, Tang-Dynastie(618-907)

Qian-Mausoleum, das gemeinsame Grab von Li Zhi (628-682), Kaiser Gaozong der Tang-Dynastie und seiner Kaiserin Wu Zetian (624-705)

Buddha, Ende der Tang-Dynastie. Nördlich des zentralen Buddhaaltars in der Höhle 196 der Mogao-Grotten Dunhuang

Geschichtsmuseum Shaanxi

Bemalte Tonfigur von einer Frau mit ihrem Haar in zwei Ringe

Dreifarbige Tonfigur von einer Frau mit ihren Händen gefaltet, Tang-Dynastie (618-907)

Dreifarbige Tonfigur von einer Frau in ihrer Toilette, Tang-Dynastie (618-907)

Wachtier, Tang-Dynastie(618-907), 102,5 cm hoch, ausgegraben in Luoyang, Provinz Henan

Stehender Buddhafragment, Tang-Dynastie (618-907), 112 cm hoch, ausgegraben in Taigu, Provinz Shanxi

Bundbemalte Tonfigur von einem Jäger auf dem Pferdrücken, Tang-Dynastie (618-907), ausgegraben in Xi'an, Provinz Shaanxi

Tonfigur von einer tanzenden Frau, Tang-Dynastie(618-907), 46 cm hoch

Tonfigur von einem tanzenden Mann, Tang-Dynastie(618-907), 46 cm hoch

Tonfigur von einer Frau, Tang-Dynastie(618-907), 50,5 cm hoch

Tonfigur von einem alten Mann, Tang-Dynastie(618-907), 47,4 cm hoch

IV. Kaiser Xuanzong der Tang-Dynastie -- Zügelloser Sohn des Himmels

Kaiser Xuanzong der Tang-Dynastie, Li Longji (685-762)

Kaiser Zhongzong war nach der Wiederergreifung der Macht immer noch so schwach und verwirrt, so dass Kaiserin Wei und ihre Tochter Prinzessin Anle - auf gleiche Weise wie Wu Zetian - ihn zu vergiften suchten. Später entfesselte Li Longji, der dritte Sohn von Li Dan einen höfischen Angriff gegen Kaiserin Wei und Prinzessin Anle sowie ihre Anhänger und tötete sie alle, was Li Dan, Kaiser Rui Zong ermöglichte, den Thron zu besteigen. 712 überließ Kaiser Rui Zong Li Longji den Thron. 713 änderte Kaiser Xuanzong den Titel seines Regimes in Kaiyuan.

Ganz zu Beginn war Kaiser Xuanzong dazu entschlossen, das Land zur neuen Entfaltung zu bringen und zeigte in seinen Unternehmungen große Begabung. Er ernannte Yao Chong und Song Jing zu Premierministern und akzeptierte noch Kritik an sich. Außerdem senkte er Steuern und lockerte die Strafen. Hierdurch erlangte das Land Wohlstand und die Bevölkerung wuchs Jahr für Jahr. Wie Du Fu in seinem Gedicht schrieb, „Ich kann mich noch ganz gut an die Zeit von Kaiyuan erinnern“. Als die Tang-Dynastie in hoher Blüte war, hatte jeder kleine Kreis über zehntausende Familien, Getreide und Reis gab es mehr als genug. Die privaten sowie die öffentlichen Kornkammer waren voll. Dies zeigt die besondere Blüte der Kaiyuan-Zeit.

Und dennoch: seit der Kaiyuan-Periode wuchs die soziale Krise langsam an. Neue Landherren annektierten viel Ackerland, so dass viele Bauern ihres Landes beraubt wurden und ihr Zuhause verlassen und überallhin fliehen mussten. Die eingetragene sesshafte Bevölkerung sank Jahr für Jahr. Um die Minoritäten in den Grenzgebieten zu kontrollieren

Singen und Tanzen, Mitte der Tang-Dynastie, an der nördlichen Wand der Höhle 112 der Mogao-Grotten Dunhuang

und das Land zu schützen, errichtete Kaiser Xuanzong zur Verwaltung der Präfekturen militärische Städte und machten Provinzgouverneure zu Chefoffizieren. Außer der Verwaltung von militärischen Angelegenheiten trugen diese Gouverneure auch Verantwortung für die zivile Verwaltung und Finanzen, was sie sehr mächtig machte.

723 änderte Kaiser Xuanzong das System der stehenden Hofmilitärkräfte ins System der Einberufung und beseitigte das System der Grenzgarnisonen. Diese rekrutierten Soldaten erhöhten die Finanzausgaben erheblich und wurden allmählich mächtige private Kräfte der Provinzgouverneure, die schwer zu kontrollieren waren und von denen man sich schwer losreißen konnte. Kaiser Xuanzong unternahm viele Militärangriffe. Er entfesselte viele Grenzangriffe, doch es sollte ihm nicht gelingen, Qidan, Nanzhao und Dashi in Mittelasien zu besiegen. Seit der Tianbao-Periode (742) wurde Kaiser Xuanzong langsam arrogant und führte ein luxuriöses Leben. Deshalb kümmerte er sich nicht so sehr um staatliche Angelegenheiten. Noch schlimmer war, dass er an den wortbrüchigen Minister Li Linfu glaubte und es ablehnte, Meinungen anderer zu hören. Außerdem liebte er Yang Yuhuan (eine hochrangige Konkubine) abgöttisch und begünstigte deshalb deren Bruder Yang Guozhong, was schließlich zur Katastrophe führte. An Lushan, ein Provinzgouverneur, nützte die Schwäche des Kaiserhofes und führte seine Armee in eine Revolte gegen die Tang-Dynastie.

An Lushan, der aus Yingcheng nahe Liuzhou (heute Jiangzhou, Provinz Liaoning) stammte, war Mongole. Er war Provinzgouverneur der drei Städte Pinglu (heute Chaoyang in der Provinz Liaoning), Danyang (heute Beijing), Hedong (heute Taiyuan) und verfügte über eine 150000 Mann starke Armee. Nach langer Vorbereitung startete sie 755 in Fanyang mit der Absicht, Yang Guozhong zu töten, eine Revolte. Die Präfekturen und Kreise ergaben sich, als sie seine Truppen sahen, so dass An Lushan den Gelben Fluss überquerte und Luoyang sowie Tongguan besetzte. Im nächsten Jahr erklärte sich An Lushan in Luoyang zum Kaiser. Der Titel seines Regimes war „Yan".

Unter der Begleitung von vielen Beamten und der höfischen Garde floh Kaiser Xuanzong in Panik nach Westen. Als die kaiserliche Partei Maweipo westlich des heutigen Kreises Xingping in der Provinz Shaanxi erreichte, meuterten die Soldaten in seiner Begleitung und töteten den Premierminister. Sie zwangen den Kaiser, Yang Yuhuan zu erhängen und seine Macht aufzugeben. Dann marschierte Prinz Li Xiang nördlich nach Lingwu und bestieg dort den Thron und wurde Kaiser Suzong. Nach seiner Thronbesteigung berief er Li Guanbi und Guo Zi als Generäle, um die Rebellion von An Lushan niederzuschlagen. Bald besetzten die Tang-Truppen Chang'an . 762 kam es zu einem Staatsstreich am Kaiserhof. Kaiser Suzong erlag den Folgen eines Schocks und Kaiser Daizong übernahm die Macht. Um diese Zeit entstanden in der Rebellionsarmee innere Reibungen. An Lushan wurde von seinem Sohn An Qingxu getötet, der wiederum von Shi Siming getötet wurde. Später dann wurde auch Shi Siming von seinem eigenen Sohn Shi Chaoyi ermordet. Nach der Thronbesteigung machte Kaiser Daizong seinen Sohn Li Shi zum Marschall und gewann Luoyang zurück. 763 beging Shi Chaoyi Selbstmord, als er von den Tang-Truppen gejagt wurde. Die achtjährige Rebellion von An Lushan und Shi Siming brachte der Wirtschaft große Verluste. Die Tang-Dynastie ging danach schnell bergab. Somit ging die Blütezeit der großen Tang zu Ende.

Bemalte Holzfigur von Gott, Tang-Dynastie (618-907) ausgegraben im Asitana-Mausoleum in Tulufan, Xinjiang

Zhang Guo besucht Ming Huang, Yuan-Dynastie, von Ren Renfa

Skulptur von Buddha, Tang-Dynastie (618-907), 57 cm hoch ausgegraben in Taiyuan, Provinz Shanxi

V. Chang'an -- Welthauptstadt

Dreifarbige Tonfigur von Musikanten auf dem Rücken eines Kamels, 58,4 cm hoch, Tang-Dynastie (618-907)

Die nationale Stärke der Tang-Dynastie und die Blüte der Wirtschaft waren beispiellos in der chinesischen Geschichte. Die Hauptstadt Chang'an mit großartigen Palästen wurde dementsprechend gestaltet. Die ganze Stadt deckte eine Fläche von 84 Quadratkilometer ab und bestand aus Palaststadt, Kaiserstadt und Vorstadt. Die Palaststadt war voller Paläste, während die Kaiserstadt eine Regierungszone war, die den Kern der Stadt Chang'an bildete. In der Vorstadt gab es 108 Wohnviertel, die aus insgesamt 11 Straßen von Norden nach Süden und 14 Straßen von Osten nach Westen bestanden. Die Kaiserfamilien und die Wohnungen der Beamten befanden sich in diesen Vierteln. In der Stadt gab es überdies mehr als 100 Tempel. Die Weststadt und die Oststadt befanden sich symmetrisch südöstlich und südwestlich der Kaiserstadt, die erstere handelte hauptsächlich mit Kuriositäten aller Orte, die letztere war Handelsplatz für Minoritäten und ausländische Geschäftsleute.

Chang'an war damals die größte Metropole auf der Welt und der Treffpunkt zwischen westlicher und östlicher Wirtschaft und Kultur. Chang'an lag am östlichen Ende der Seidenstraße, durch die chinesische Seiden und chinesischer Tee ständig in die Gebiete in Westasien, Mittelasien und Südasien transportiert wurden. Auch Waren vom Westen flossen nach China. Mit Chang'an oder Luoyang als

Roter Brokat mit persischen Schriften, Tang-Dynastie (618-907)

Dreifarbige Tonfigur von einem Mann bei dem Steuern eines Pferdes, Tang-Dynastie (618-907), 71 cm hoch

Bemalte Tonfigur von einer stehenden Frau in Kleidung nördlicher Stämme, Tang-Dynastie (618-907)

Anfangspunkt war es möglich, über Guangzhou Länder in Südosten einschließlich Indien zu erreichen. Fuhr man östlich, konnte man Xinluo (Südosten von der heutigen Koreahalbinsel) und Japan erreichen. Fuhr man hingegen über den Yumen-Pass hinaus, konnte man Länder in Mittelasien wie z. B. das Persien, Nordindien und die Ausläufer des Oströmischen Reiches erreichen. Hier lebten viele ausländische Geschäftsleute, Gesandte, Mönche, Gelehrte, Studenten und Musikanten, deren Zahl sogar eine Zeit lang 10 000 überschritt.

Im Bereich der Kultur war der religiöse Austausch am aktivsten. Xuan Zang, ein Tang-Mönch (602-664), reiste über den Yumen-Pass nach Indien und brachte zwischen 627-645 über 650 buddhistische Kanons zurück. Gleichzeitig kamen zahlreiche japanische Mönche nach China, um Buddhismus zu lernen. 754 ging Jian Zhen, ein berühmter Mönch der Tang-Dynastie, trotz aller Schwierigkeiten nach Japan und verbreitete dort den Buddhismus. Dadurch wurde er Begründer des japanischen Buddhismus. Außerdem wurden chinesische Architektur, Skulptur und Medizin ebenfalls nach Japan gebracht. Zoroastrismus, Nestorianismus, Manismus aus dem Westen kam auch nacheinander nach Chang'an und in andere Orte.

Da sowohl Korea als auch Japan Gesandte und Studenten nach China schickten, übte die chinesische Kultur großen Einfluss auf die zwei Staaten aus. Pyongyong, Hauptstadt Koreas, Kyoto und Nara Japans wurden alle nach dem Baustil Chang'ans entworfen und gebaut. Als diese Gesandten, Studenten und gelehrten Mönche in ihre Heimatländer zurückkehrten, brachten sie Musikinstrumente, Bücher, buddhistische Kanons, buddhistische Schriften usw. mit. Chinesische Literatur, insbesondere chinesische Gedichte wurden auch in Übersee verbreitet. Gedichte von Bai Juyi, Yuan Zhen, Du Fu waren damals sehr verbreitet. Politik, Gesetze, Kultur und Kunst dieser Länder wurden auch von der Tang-Dynastie beeinflusst. Ein Beispiel dafür war, dass chinesische Schriftzeichen und Kalligraphie sich in diesen Ländern etablierten.

Von den blühenden Musik- und Tanzaktivitäten waren viele aus verschiedenen Ländern in Westen und Osten. Huxuan, Huteng, Tuozhi-Tanz waren alle aus den Westlichen Regionen. In Wissenschaft und Technik lernten China und Indien hinsichtlich der Kalender und Mathematik voneinander. Der Dayan-Kalender, der von Yi Hang, ein chinesischer Mönch, erfunden wurde, wurde von Japanern übernommen. Der Linde-Kalender, der während des Regimes von Kaiser Gaozong verwendet wurde, wurde in Korea benutzt. Außerdem übten chinesische Mathematik und Medizin grundlegenden Einfluss auf Japan und Korea aus.

Ruine der alten Stadt von Jiaohe auf der Seidenstraße, Uigurisches Autonomgebiet Xinjiang

Verkehrslinien zwischen China und anderen Staaten in der Tang-Zeit

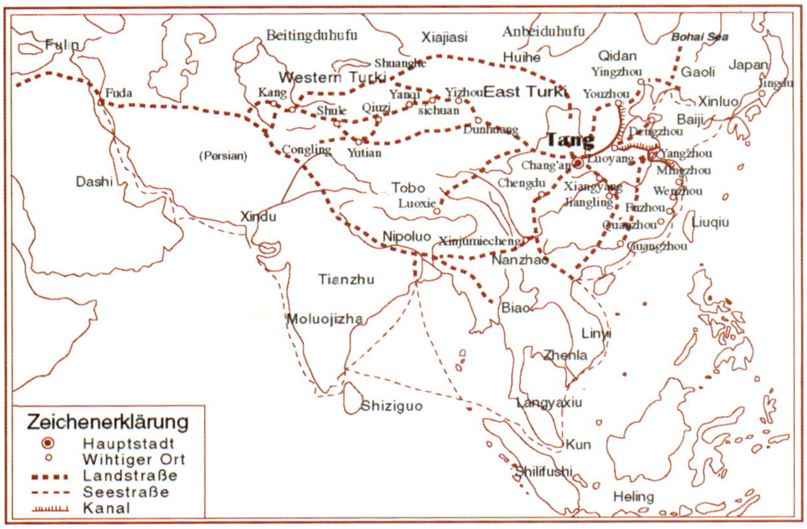

Gratziegel mit Muster von einem Mann mit Flügeln, Tang-Dynastie(618-907)

Silberkrug mit Muster von Papagei, Tang-Dynastie (618-907)

Vergoldeter Silberbuddha, Tang-Dynastie (618-907), 38,5 cm hoch, ausgegraben in Tempel Famen in Fufeng, Provinz Shaanxi

Vergoldeter Silberteller mit Muster von zwei Füchsen, Tang-Dynastie (618-907), Längsdurchmesser 22,5 cm , ausgegraben in Xi'an, Provinz Shaanxi

VI. Kultur, Wissenschaft und Technologie

Vom Ende der Südlichen und Nördlichen Dynastien bis zu Sui-Tang-Dynastien tauchten verschiedene Sekten im chinesischen Buddhismus auf. Jede Sekt hatte nicht nur ihre Doktrin, sondern auch ihre eigenen Tempel. Die Hauptsekten in den Sui-Tang-Dynastien umfassten die Tiantai-Sekte, Huanyan-Sekte, Chan-Sekte und die Jingtu-Sekte. Der Taoismus war in der Tang-Dynastie auch verbreitet. Viele berühmte Taoisten wurden von den Kaisern begünstigt. Und viele Literaten, einschließlich Li Bai und He Zhizhang, glaubten an den Taoismus. Zugleich griffen manche anderen Literaten wie Han Yu, Liu Yuxi u.a. von ihren eigenen Blickpunkten aus Buddhismus und Taoismus an.

Die Tang-Gedichte waren Wunder in der chinesischen Literaturgeschichte, was China in der Tang-Dynastie zum Land der Gedichte machte. Am Anfang der Tang-Dynastie hat sich der Gedichtkreis zwar noch nicht von dem deprimierten und prächtigen Stil der Südlichen und Nördlichen Dynastien losgerissen, aber Wang Ji und die so genannten Vier Talente zu Beginn der Tang-Dynastie - Wang Bo, Yang Jong, Lu Zhaoling und Luo Binwang - arbeiteten intensiv an ihrer Poesie. Chen Zi'ang forderte insbesondere, dass Gedichte sinnvoll und in einfachen und kraftvollen Sprachen geschrieben werden sollten. Im goldenen Zeitalter der Tang-Dynastie traten zahlreiche prominente Dichter hervor, unter denen Meng Haoran und Wangwei Experten in Schreiben von exquisiten und frischen Gedichten mit harmonischen Rhythmen waren. Cen Shens, Wang Changlings, Gao Shis Grenzgedichte enthielten zugleich aktive Aufforderungen und romantische Ideale. Li Bai und Du Fu, die jeweils als „Dichter-Gott" und „Heiliger Dichter" bezeichnet werden, brachten die poetische Kunst zu ihrem Gipfel und waren Repräsentanten der klassischen chinesischen Gedichte. Li Bais Gedichte verkörperten mit ihren reichhaltigen Vorstellungen und bewegender Lebenskraft die Blüte der goldenen Zeit der Tang-Dynastie, während Du Fus Gedichte mit ihrer religiösen Erzählung und exakten Sprache und wahren Empfindung die Tang-Gesellschaft in realistischer Weise widerspiegelten.

Seit der Mitte der Tang-

Der betrunkene Taibai (Li Bai), Rollbild, Qing-Dynastie, von Su Liupeng (19. Jh), Tinte und Farbe auf dem Papier, 204,8 cm 93,9 cm breit

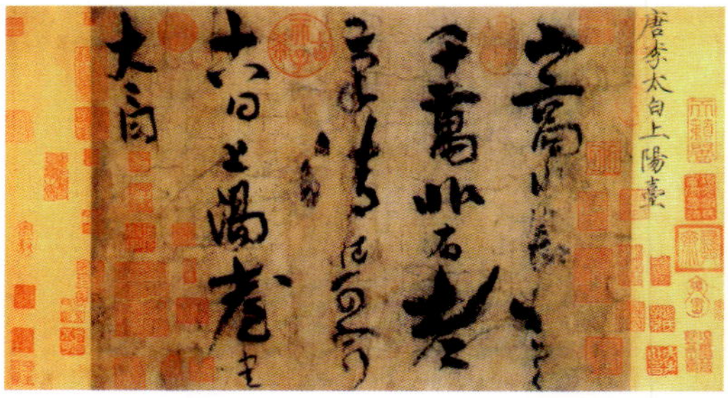

Shang Yang Tai Tie, Tang-Dynastie, Li Bai (701-762) Konzeptschriften auf dem Papier, 28,5 hoch, 38,1 cm breit

Dayan-Pagode, Xi'an, Provinz Shaanxi

Sedanstuhl (Teil), Tang-Dynastie, von Yan Liben (?-673), Seidenrolle, 38,5 cm hoch, 129, 5 cm lang

Dynastie kam eine neue Art von Volksgedichten hervor. Zhang Ji und Wang Jian waren der Initiatoren, während Yuan Zhen und Bai Juyi den Kern bildeten, sie waren als „Yuan und Bai“ bekannt. Bai Juyis narrative Gedichte waren elegant und harmonisch, unter denen *Der Ewige Kummer* und *Ein Mädchen singt ein Lied* ihm den Weltruhm brachten. Seine Gedichte waren leicht verständlich, so dass sie weite Verbreitung fanden. Es gab auch andere Dichter wie z. B. Liu Yuxi, Meng Jiao, Li He, Li Shangying, Wen Tingjun, Du Mu usw. Zu den berühmten Dichtern zu Ende der Tang-Dynastie gehörten Pi Rixiu, Wei Zhuang u.a. Ihre poetischen Stile jedoch verfielen.

In der Tang-Dynastie wurde die Prosabewegung von Chen Zi'ang initiiert und von Han Yu und Liu Zong Yuan weiter geführt. Sie schafften neue Schreibstile, die mit den Gedichten um Schönheit rivalisierten, da alte Prosa eine Art von Schreiben war, die sich durch Substantialität und Originalität im Inhalt kennzeichnete. Die Bewegung der alten Prosa forderte die Wiederherstellung dieser feinen Traditionen und bekämpfte den rhythmischen Prosastil, der sich durch Parallelismus und Ornamentierung auszeichnete. Sie bestanden darauf, dass Prosa substanziell sein sollte. Hanyus Prosa war kraftvoll, zügellos und fließend, während Liu Zongyuans Werke prächtig und mannigfaltig waren, dessen Reiseberichte und Essays hervorragend waren.

In der Tang-Literatur entstanden auch zahlreiche Legenden. *Geschichte der Kissen*, *Geschichte von Liu Yi*, *Geschichte von Li Wa* und *Geschichte von Huo Xiaoyu* gehörten zu den reifsten und vollkommensten und übten großen Einfluss auf die spätere Literatur aus.

In der Tang-Dynastie nahm mündliche Volksliteratur unter dem Einfluss des herrschenden Buddhismus die Form der Predigt an, so dass die Vorlesungen auftraten, die jeweils die einfachen Leute und die Mönche als Zuhörer hatten. Die originalen Fassungen der drei Vorlesungen wurden „Veränderte Fassungen“ genannt, die großen Einfluss auf die Legenden der Tang-Dynastie und die späteren erzählenden, singenden und kolloquialen Novellen nahmen.

Seit Kaiser Taizong wurde es Gepflogenheit, Geschichte offiziell unter der Überwachung der Premierminister zu schreiben. Zu amtlichen Geschichtswerken zählten *Geschichte der Jin*, *Geschichte der Liang*, *Geschichte der Chen*, *Geschichte der Nördlichen Qi*, *Geschichte der Zhou*, *Geschichte der Sui*, *Geschichte der Südlichen Dynastien*, *Geschichte der Nördlichen Dynastien*. Die Kritik der Geschichtswerke, die von Liu Zhiji geschrieben wurde, war das erste systematische und theoretische Geschichtswerk in China. In diesem Buch wies Liu Zhiji darauf hin, dass ein Historiker mit historischem Talent, Wissen und Lernen ausgestattet sein sollte, was großen Einfluss auf die späten Generationen nahm. Der Premierminister Li Jipu schrieb *Bildliche Aufzeichnungen der Präfekturen und Kreise in der Yuanhe-Periode*, das mit großem historischem Wert die älteste vollständige territoriale Landkarte in China war.

Die Blüte der Wirtschaft und der kultureller Austausch zwischen verschiedenen Minoritäten und Ländern machten die Kunst der Tang-Dynastie bunt und großartig. Während der Sui-Tang-Zeit war Tartarmusik sehr populär. Unter den zehn Arten von Musik, die von Kaiser Taizong angenommen wurden, nämlich Yan-Musik, Qingshang-Musik, Musik der Westlichen Liang, Indische Musik, Koreanische Musik, Qiuci-Musik, Sule-Musik, Musik des Staates Kang und Gaochang-Musik, gehören außer der Yan-Musik und der Qingshang-Musik, die zu der Han-Musik gehörten, alle anderen zur Tartarmusik. Die berühmte Tanzmusik Nishang Yuji-Musik war von Kaiser Xuanzong auf der Basis der Musik von Brahman geschaffen, die ein Beitrag der Westlichen Liang war. Die Tänze der Sui und Tang bestanden aus weichen und kräftigen Tänzen. Die ersteren kennzeichneten sich durch ihre weichen und eleganten Bewegungen und Haltungen der Tänzer, während die letzteren die Schönheit der Kraft repräsentierten. Zur Musik der Sui- und der Tang-Dynastie gehörten „Daqu“ (die lange Musik) und „Zaqu“ (die kurze Musik). Puppenschau war damals auch sehr verbreitet und wurde „Kuleizi“ genannt. Außerdem entwickelte sich die Akrobatik ebenfalls schnell und wurde im Kaiserhof, in Städten und Dörfern aufgeführt.

Zu Anfang der Tang-Dynastie verehrten viele berühmte Kalligraphen wie z. B. Yu Shinan, Ouyang, Chu Suiliang, Xue Ji die zwei Wangs (Xizhi und Xianzhi) aus den Südlichen Dynastien sehr, so dass sie von ihren Handschriften lernten und jeweils große Erfolge erzielten. In der Blütezeit der Tang waren Yan Zhenqing, Zhang Xu und Huai Su Vertreter des neuen Stils der Handschriften. Zhang Xu und Huai Su waren jeweils für die Grasschrift und die hoch kursive Schriften bekannt, während Yan Zhenqing und andere für ihre regulären Schriften gerühmt wurden, die die Besonderheiten der Großen Tang von zwei Aspekten demonstrierten. Man schenkte in der Tang-Dynastie der Kalligraphie große Bedeutung, Kalligraphie war z. B. eines der sechs Fächer in den Bildungsanstalten, die von dem Kaiserhof gegründet wurden. In den kaiserlichen Prüfungen wurde auch die Kalligraphie getestet. Bei der Wahl von Jinshi (ein erfolgreicher Kandidat in den höchsten kaiserlichen Prüfungen) bildete Kalligraphie einen wichtigen Bestandteil der Prüfung.

Die Malerei der Tang-Dynastie verfügte über einen einzigen Stil. Zu Anfang der Tang

Buddhistische Schriften in Sanskrit in Holzblockdruck, Tang-Dynastie (618-907), Tinte auf dem Papier, 30 cm lang, 31 cm breit, ausgegraben in Xi'an Provinz Shaanxi

Wandmalerei, Tang-Dynastie (618-907), ausgegraben vom Grab der Prinzessin Yongtai in Xi'an, Provinz Shaanxi

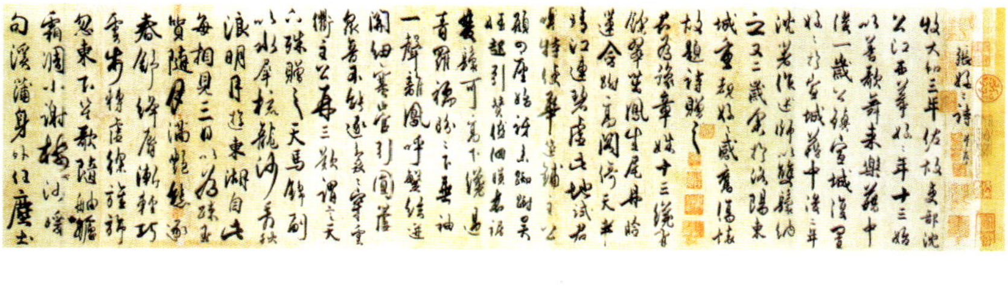

Das Gedicht von Zhang Haohao, Teil, Tang-Dynastie, Du Mu (803-852), Tinte auf dem Papier, 28,1 cm breit, 161 cm lang

Fünfrinder, Tang-Dynastie, Han Huang (723-787), Papier, 20,8 cm weit, 139 cm lang

waren die Bildnisse von Yan Lide und Yan Liben am berühmtesten. Die Malerei *Marschierender Wagen von Kaiser Taizong* und andere waren z. B. lebendig und kraftvoll im Malstil und stellten die Leute in anschaulicher Weise dar. Während der Blütezeit der Tang war Wu Daozi ein hervorragender Maler von buddhistischen und taoistischen Bildern. Seine Porträts übertrafen die von den beiden Yan zu Beginn der Tang-Dynastie. Daher wird Wu Daozi ehrenvoll „Porträt-Heiliger" genannt. Zhang Xuan und Zhou Fang waren Experten im Portraitieren von Frauen. Sie gaben das alltägliche Leben der Tang-Frauen wieder, wie z. B. einen Frühlingsausflug, Schneespiele, Teekochen usw. Landschaftsmalereien erfuhren auch neue Entwicklungen in der Sui-Tang-Zeit. Die Malerei *Besichtigung im Frühling* von Zhan Zhiqian aus der Sui-Dynastie stellte einen warmen Frühling voller Sonnenschein, grünen Bäume und kräuselndem Wasser dar. Später folgte ihm Li Sixun aus der Tang-Dynastie und machte Landschaft zu seinem Malmotiv. Li Sixuns Malerei war fein gezeichnet, blumig und naturtreu, was eine Empfindung des „Reichen" schaffte und eine Art von Landschaftsmalerei voller goldenen und grünen Farben war.

Grottenkunst verkörperte die Tang-Gesellschaft am besten. Die Statuen kennzeichneten sich durch ihre Eigentümlichkeit, die Statuen menschenähnlicher machte als sie es während der Nördlichen Wei-Dynastie gewesen waren. Die größte Statue in der Tang-Dynastie war der Steinbuddha im Fengtian-Tempel, der während des Regimes von Wu Zetian gemeißelt wurde und mit dem eine neue Kunstkonzeption in der buddhistischen Kunst der Tang-Dynastie begann. In den Maogo-Grotten machten Werke aus der Sui-Tang-Zeit zwei Drittel der gesamten Werke aus. Die Tang-Grotten waren in ihrem Ausmaß sehr groß. Die vier Wände der Östlichen Grotte waren voller brillanter Bilder von buddhistischen und weltlichen Geschichten. In diesen Bildern wurden verschiedene soziale Situationen dargestellt, einschließlich Jagd, Wettkampf in Kampfkunst, Spiele, Tänze und Musik, Abendessen, Ackerbau, Ernte, Tierfütterung, Schlachtung, Medizinpraxis, Handel und Kriege. Die Patronen in der Wandmalerei zeigten die Tang-Gesellschaft noch direkter.

Es gab unter der Sui-Tang-Architektur viele Meisterstücke, wie z. B. die große Stadt Chang'an, die Hanyuan-Halle des Daming-Palastes, der Nanchan-Tempel und Foguan-Tempel (beide sind vorhandene Holzbauten im Wutai-Gebirge). Die alte Steinbrücke südlich des Kreises Zhao in der Provinz Hebei, die über den Fluss Xiaohe gebaut wurde, wurde vor mehr als 1300 Jahren von Li Chun, einem Handwerker, zur Regierungszeit des Sui-Kaisers Yang Di gebaut. Sie zeigte bedeutungsreiche Konzeption und Eleganz in der Gestaltung. Beide Geländer waren mit Bildern von atmenden Drachen und Wolken bemalt. Diese Brücke ist in der Tat ein Meisterwerk, dem schwer gefolgt werden kann.

Drucke aus geschnitzten Holzblöcken tauchten zum ersten Mal zu Beginn der Tang-Dynastie auf. Zwar wurde diese Methode mal von Xuan Zang zu Beginn der Tang-Dynastie gebraucht, um buddhistische Bilder zu drucken, aber sie war nicht sehr verbreitet. Zu Ende der Tang-Dynastie war sie indes in Osten und Westen von Sichuan, Gebieten südlich des Huaihe-Flusses und des Yangtse, in Osten von Zhejiang, in Jiangxi, Luoyang und anderen Orten sehr verbreitet. Chengdu war damals das Druckzentrum. Das älteste vorhandene gedruckte Buch ist das Diamandsutra von Wang Jie aus 868.

Neue Fortschritte wurden in der Astronomie und Kalenderschreibung gemacht. Anfang der Tang-Dynastie schrieb Wang Xiaotong *Sammlung der mathematischen Kanons*, in dem er die Methode zur Ausarbeitung von Kubikgleichungen zum ersten Mal angeboten hat. Der Shuyan-Kalender und Linde-Kalender wurden in der Tang-Dynastie hintereinander verwendet und später befahl Kaiser Xuanzong dem Mönch Yi Xing, für die Verbesserung der Kalender verantwortlich zu sein. Yi Xing stellte den Dayan-Kalender zusammen und etablierte damit ein Muster für die späteren Kalender. Yi Xing und Liang Lingzan erfanden zusammen ein Instrument für Cliptische Bewegung und entdeckten zum ersten Mal auf der Welt die Bewegung der Sterne, was 1000 Jahre früher als die Entdeckung von Halley war. Yi Xing organisierte auch die Vermessung der Länge des Meridians. Es ist die erste Aufzeichnung über die Vermessung der Länge des Meridians auf der Welt. Yi Xing baute auch eine Wasserarmillarsphäre, die Wasser als Antriebskraft verwendete. Sie konnte astronomische Phänomene wie z. B. Bewegung der Sonne, des Mondes und der Sterne usw. zeigen und Zeit angeben, so dass sie in der Tat die erste astronomische Uhr auf der Welt war.

Medizinische Erfolge der Tang-Dynastie manifestierten die Entwicklung der pharmakologischen Disziplinen wie im Bereich der Innere und Äußere Medizin, Pädiatrie, der fünf Sinnesorgane (Nase, Ohr, Auge, Mund, und Zunge), Diagnose und Massage. Zu den berühmten medizinischen Werken damaliger Zeit zählten *Abhandlung über die Ursachen und Symptome der Krankheiten* von Cao Yuanfang aus der Sui-Dynastie,

Autobiographie in Konzeptschriften, Teil, Tang-Dynastie (618-907), Huai Su (737-799)

Liu Zongyuan (773-819)

Wertvolle Präskriptionen und Ergänzung zu Wertvollen Präskriptionen von Sun Simiao - „Meister der Pharmakologie“ - *Waitai-Geheimnisse* von Wang Tao aus der Zeit von Kaiser Xuanzong und *Ein neuer Abriss der Arzneimittelkunde* von Su Jing das auf Befehl von Kaiser Gaozong geschaffen wurde. Davon bleiben viele bis heute Standardwerke für das Studium der traditionellen chinesischen Medizin.

Man sieht Vögel Cicada fangen.

Du Fu (712-770)

Strohbude von Dufu in Chengdu, Provinz Sichuan

Holzochsenwagen, Tang-Dynastie (618-907)

VII. Fünf Dynastien und Zehn Staaten

Ein Schützer und ein Pferd, Fünf-Dynastien, Ende der Tang-Dynastie, Li Zanhua, Seidenrolle, 27,1 cm breit

907 setzte Zhu Wen, Seniorgeneral der Tang-Dynastie Kaiser Ai Di ab und bestieg selbst den Thron und änderte den Titel seines Regimes in „Liang", die in der Geschichte als die Spätere Liang-Dynastie benannt wird. Von da bis 979, wo Kaiser Taizong der Song-Dynastie die Nördliche Han-Dynastie aufhob und das ganze Land vereinigte, entstanden in den 70 Jahren nacheinander fünfzehn Regimes. Davon bestanden fünf auf den Zentralebenen, einschließlich der Späteren Liang gegründet von Zhu Wen, der Späteren Tang von Li Cunxu, der Späteren Jin von Shi Jingtang, der Späteren Han von Liu Zhiyuan und der Späteren Zhou von Guo Wei. Von den Fünf Dynastien bestand die längste kaum 20 Jahre und die kürzeste hatte eine Geschichte von nur 3 oder 4 Jahren. Zur Zeit der Fünf Dynastien gab es noch zehn Staaten im Süden und Norden Chinas, einschließlich dem Staat Wu gegründet von Yang Xingmi, dem Staat der Südlichen Tang von Li Sheng, dem Staat Wuyue von Qianliu, dem Staat Chu von Ma Yin, dem Staat Min von Wang Shenzhi, dem Staat der südlichen Han von Liu Yin, dem Staat der früheren Chu von Meng Zhixiang, dem Staat Nanping von Gao Jixing und schließlich dem Staat der Nördlichen Han von Liu Min. Diese Regimes herrschten vor allem im Gebiet südlich des Yangtse wie Jiangsu, Zhejiang, Fujian, Jiangxi, Hunan, Hubei, Guangdong, Guangxi und Sichuan, die einzige Ausnahme bildete die Nördliche Han, die ihr Regime im Norden mit Taiyuan als Hauptstadt gegründet hatte. Unter diesen Staaten bestand Wuyue mit einer Geschichte von über 70 Jahren am längsten. Diese Periode wird deshalb in der Geschichte als Periode der Fünf Dynastien und Zehn Staaten bezeichnet.

In der Zeit der Fünf Dynastien und Zehn Staaten gab es verschiedene Katastrophen. Es gab verschiedene Systeme, zahlreiche Zölle, unzählige Verbote und hohe Steuererhebungen, ganz zu schweigen von der Unfruchtbarkeit der Politik, der Wirtschaft und der Kultur, da eine Dynastie der anderen in dichter Reihe folgte und Kriege ständig ausbrachen. Allerdings gedieh Ci, eine poetische Form, die in der Tang-Dynastie begonnen wurde. Auch Kalligraphie und Malerei hatten eine bestimmte Position in der Geschichte. Der eine Dichter, der erwähnt werden muss, war Li Yu, der letzte Kaiser der südlichen Tang, der zwar sein Reich verlor und verhaftet wurde, aber doch ein großes Talent im Dichten, in der Musik, Malerei und insbesondere in der Ci-Kalligraphie besaß. Seine Kalligraphie war so lebendig und kraftvoll wie Winterzypresse und gefrorener Bambus, der als „Goldenes Messer" bekannt war. Sein Ci, das eine schlichte und bewegende Beschreibung

Das Territorium der Fünf-Dynastien und Zehn Staaten

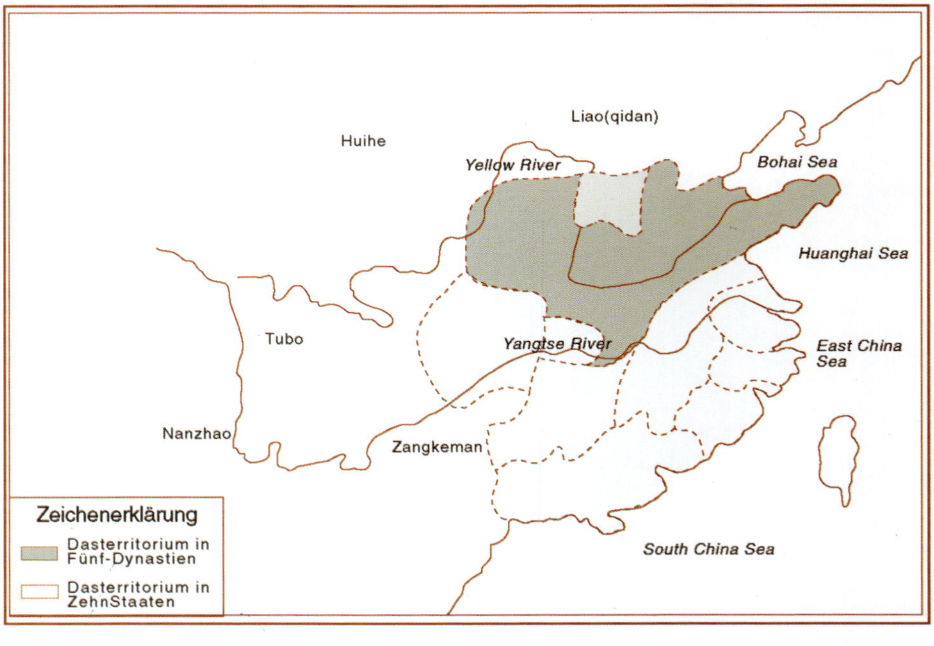

Entspannung, Fünf-Dynastien, von Hu Gui, Seidenrolle, 33 cm breit, 256 cm lang

Goldenes Tier, Fünf-Dynastien (907-960), 8 cm lang

der tiefen Liebe und Trauer für den Verlust seiner Heimat in der Weise der Linienzeichnung offerierte, genoss einen hohen Stellenwert in der Geschichte der Ci-Entwicklung.

Ein anderes einflussreiches Ereignis geschah in dieser Periode unter Kaiser Shi Jingtang der Späteren Jin. Um im Thronkampf die Hilfe des Stammes Qidan zu bekommen, zögerte Shi Jintang, damals amtierender Gouverneur von Hedong der Späteren Tang, keine Sekunde, Kaiser von Qidan als Vaterkaiser zu rühmen und sich selbst als „Nachfahr des Kaisers" zu bezeichnen. Und er versprach, sechzehn Gebiete wie You, Yun und andere Gebiete an Qidan abzutreten. Außerdem bot er Qidan jährlich 300000 Pi (eine chinesische Messeinheit für Länge) Seiden als Tribut an. Doch sein Landesverrat konnte den großen Appetit des Qidan-Herrschers nicht befriedigen. Die Spätere Jin, die auf Kosten des Verlusts von Ehre gegründet wurde, wurde zehn Jahre später von dem Qidan-Stamm ausgerottet. Die Folge war, dass die Zentralebenen ihre nördlichen Barrieren verloren, und Qidans Kavalleristen waren nun frei, nach Süden zu marschieren und Menschen zu töten und zu berauben, was den einfachen Leuten auf den Zentralebenen schlimme Katastrophen brachte. Danach sollte es der Song-Dynastie nie mehr gelingen, die sechzehn Gebiete von Yan, Yue und anderen zurück zu gewinnen, so dass der Norden ständig gestört wurde.

Buhhda, Fünf-Dynastien (907-960), Seidenmalerei, Dunhuang

Mädchen im Kaiserpalast, Bemaltes Relief, das 3. Jahr zu Ende der Liang-Dynastie (923), 136 cm lang

Schachspiel, Fünf-Dynastien, von Zhouwenju, Seidenrolle, 403 cm breit, 70,5 cm lang

Mädchen schwingen Fächer, Tang-Dynastie, von Zhou Fang, Seidenrolle, 33,7 cm breit, 204, 8 cm lang

Han Xizi gibt ein Abendbankett, Fünf-Dynastien, von Gu Hongzhong, Seidenrolle, 28,7 cm breit, 335,5 cm lang

VIII. Aufnahme anderer Kulturen -- eine offene Gesellschaft

Dank der Einigung in der Zeit von Sui und Tang und der langfristigen Verschmelzung der Nationalitäten ergab sich in der Gesellschaft eine beispiellose Offenheit. Viele Gewohnheiten von den Nachbarnationalitäten wurden in die sozialen Gepflogenheiten aufgenommen und zeigen eine "Hu"-Eigenschaft, deshalb waren sie sehr anziehend und prächtig.

In der Sui-Dynastie und Anfang der Tang-Dynastie wurden Frauenkleider von den Kleidern der Nationalitäten in Nachbargebieten tief beeinflusst, insbesondere von den Kleidern aus den Westlichen Regionen. Frauen trugen gern Männerkleidung. Die Kleidung, die seit der Nördlichen Qi oft von Männern getragen wurde, wurde unter Frauen sehr verbreitet. Diese Mode begann im kaiserlichen Palast. Frauen pflegten, hohe Haarlocken, kegelförmige Hüte und lange Roben mit umfallendem Kragen und engen Ärmeln zu tragen. Während des Reitens oder Ausflugs trugen sie Hut mit Schal und hefteten einen mondkugelförmigen schönen Punkt in der Mitte der Stirn. Seit Mitte der Tang-Dynastie wurden Kleider größer und länger. Unter dem Einfluss von Tufan änderte sich sowohl die Frisur als auch die Gesichtsdekoration. Frauen trugen Manhuanji-Locken, deren Spitze wie ein Holzstab aussah. Die Locken neigten zu einer Seite und wurden mit einer Haarklammer dekoriert. Manche Frauen verwendeten sogar ein paar kleine Holzkämme als Schmuck. Sie schmückten sich auch mit rotem Lippenstift und Gesichtspulver. In der Blütezeit der Tang-Dynastie waren Schuhe, die die Hofmädchen trugen, eine Art von ausgehöhlten Stiefeln mit weichen Absätzen. Diese Schuhart war wahrscheinlich von den Westlichen Regionen und Persien beeinflusst worden. Nach der Revolte von An und Shi kam ein neuer Hu-Anzug „Huihezhang“ in Mode. An der Wandmalerei aus Dunhuang können wir sehen, dass adlige Frauen der Huihe-Nationalität hornförmige goldene Hüte mit Juwelen als Schmuck trugen. Diese Kleidung blieb bis zu den Fünf Dynastien in Mode, wo Hofmädchen beim Reiten mit dem Kaiser immer noch diese Kleidung trugen. Auf der Suche nach unkonventionellen und andersartigen Kleidern traten bizarre Kleider zu Ende der Tang-Dynastie häufig auf. Die so genannten Tizhuang-Kleider und Liezhuang-Kleider waren zur damaligen Zeit en vogue.

In Chang'an und der östlichen Hauptstadt Luoyang erhielt die Kultur einen fremden Geschmack. Gesandte und Kaufleute sowie Pilgerreisende aus Mittelasien, Japan, Korea und Tufan erweiterten den Horizont der Leute. Gegenstände aus der Ferne wie z. B. wertvolle Pferde, Juwelen, Instrumente und Seidenprodukte erweckten bei den Adligen großes Interesse. Fremde Vergnügungen wie z. B. Polo wurden eine beliebte Freizeitbeschäftigung der Wohlhabenden. Die Handelskarawanen aus Mittelasien waren sehr beliebt. Silberwaren gelangten allmählich zur Perfektion. Silbertassen, -teller, -krüge und andere Waren zeigten den persischen Stil. Die neuen Instrumente und Melodien aus Indien, Iran und Mittelasien brachten große Änderungen in die chinesische Musik. Zwar waren die Gewohnheiten in der Sui- und der Tang-Dynastie, auf dem Boden oder den Betten zu sitzen, weiter erhalten geblieben, aber die Leute haben sich schon daran gewöhnt, auf Stühlen oder Bänken zu sitzen.

Die Nahrungsmittel und Getränke der Sui- und der Tang-Dynastie und der Fünf Dynastien wurden erheblich von den Hu-Nationalitäten beeinflusst. Zu jener Zeit gab es drei Hu-Nahrungsmittel, nämlich Hu-Kuchen, Biluo und Sesamkuchen. Aus einer Art des Hu-Kuchens wurde der heutige Sesamkuchen. Er war aus Weizenmehl und bestand aus zwei mit Sesam bestrichenen Schichten. Aus dem anderen wurde das heutige gedämpfte Brötchen. Es wurde in der Han-Dynastie aus den Westlichen Regionen in die Zentralebenen gebracht und in der Tang-Dynastie wurde es ein Massennahrungsmittel. Damals gab es viele Läden in Chang'an, die Hu-Kuchen anboten. Biluo, die wörtliche Übersetzung für das persische Wort „Piluo“, war eine Art von Reisgericht, das mit Fleisch und Trockenobst gekocht wurde und heute in Mittelasien und Xinjiang mit Händen gegessen wird. In Chang'an wurde Biluo mit Knoblauch in Jin (500 g) in manchen Läden verkauft. Die Leute der Tang-Dynastie tranken gern Wein. Es gab viele berühmte Weinarten, wie Wein aus Gaochang, Sanqin-Wein aus Persien und Longgao-Wein. Nach der Mitte der Tang-Dynastie wurde Wein aus den Westlichen Regionen in der Oberschicht der Gesellschaft verbreitet. In Chang'an öffneten Leute aus den Westlichen Regionen Weinlokale unter der Bezeichnung „Hu Jia Jiu“.

In der Sui- und der Tang-Dynastie wurde der Buddhismus mit der Öffnung zur Außenwelt ein innerlicher Bestandteil im Leben von Chinesen. Buddhistische Geschichten wurden sehr weit verbreitet. Um Missionierungen zu machen, präsentierten Mönche Bilder und erzählten Geschichten für die Analphabeten. Eines der wichtigsten Feste in China, das Totenfest am 15. des 7. Monats nach dem chinesischen Mondkalender, ist von der Geschichte, die um die Rettung seiner Mutter durch Mu Lian geht, abgeleitet. Der Geschichte zufolge erlitt Mu Lians Mutter in der Unterwelt schreckliche Plagen. Deshalb boten alle Leute, egal Buddhisten oder Heiden, gelehrte Mönche oder Analphabeten, auf dem Fest den hungrigen Gespenstern in der Unterwelt etwas zum Essen an.

Steinstatue von Lao Jun, Kaiyuan und Tianbao-Periode der Tang-Dynastie (713-756), 190 cm hoch, in Chaoyang-Pavillon, Huaqing-Palast der Tang-Dynastie

Großer Steinbuddha in Leshan, Emei-Gebirge

Gott und Buddha, die Gipfel-Periode der Tang-Dynastie, Südlich der Westnische von Höhle 194 in Dunhuang, Mogao-Grotte

Buhhda, Blütezeit der Tang-Dynastie, Norden von der Westnische der Höhle 45 in Dunhuang, Mogao-Grotten

Avalokitesvara und Budhisatwa, Tang-Dynastie (618-907), Dunhuang, Mogao-Grotten

Prinzen in Nirvana, Mitte der Tang-Dynastie, Norden in der Höhle 158 in Dunhuang, Mogao-Grotten Ein tanzendes Mädchen

Musikanten, Mitte der Tang-Dynastie, an der Südwand der Höhle 159 in Dunhuang, Mogao-Grotten

Musikanten, Mitte der Tang-Dynastie, an der Südwand der Höhle 112 in Dunhuang, Mogao-Grotten

Tanzen und Musikinstrumentspielen, Tang-Dynastie (618-907), Wandmalerei im Grab der Prinzessin Yongtai

Ein tanzendes Mädchen

第七篇 竞争与统一——宋、辽、夏、金、元

Kapitel 7

Konkurrenz und Einigung

-- Die Song-, die Liao-, die Xia-, die Jin- und die Yuan-Dynastie

Auf den Zentralebenen begegneten die alteingesessenen Mächte erneut der Herausforderung aus dem Norden.

China war zu dieser Zeit nichts anders als eine Kampfarena. Jeder Rivale des Song-Regimes war wilder und mächtiger als der letzte. Wer nicht gegen sie bestehen konnte, musste von der Bühne der Geschichte abtreten. Unter dem Yuan-Regime erreichte die chinesische Kraft ihren Gipfelpunkt. Ein großes Reich wurde gegründet, in dem der Osten und der Westen mit einander verbunden wurden. Die Chinesen und die Barbaren verschmolzen zu einer organischen Einheit. Die Mächtigkeit und Blüte des Landes am Anfang des Yuan-Reiches war nicht allein der Militärkraft zu verdanken, was es lohnt, darüber nachzudenken.

Huang-Berg, Provinz Anhui

I. Gründung der Nördlichen Song-Dynastie

Kaiser Tai Zu der Song-Dynastie, Zhao Kuangyin (927-976 n. Chr.)

Wandmalerei, das 2. Jahr von Yuanfu-Periode der Song-Dynastie (1099), gefunden im Städtchen Baisha, Kreis Yu, Provinz Henan

Wandmalerei, das 2. Jahr von Yuanfu-Periode der Song-Dynastie (1099), gefunden im Städtchen Baisha, Kreis Yu, Provinz Henan

Kaiser der Nördlichen Song-Dynastie

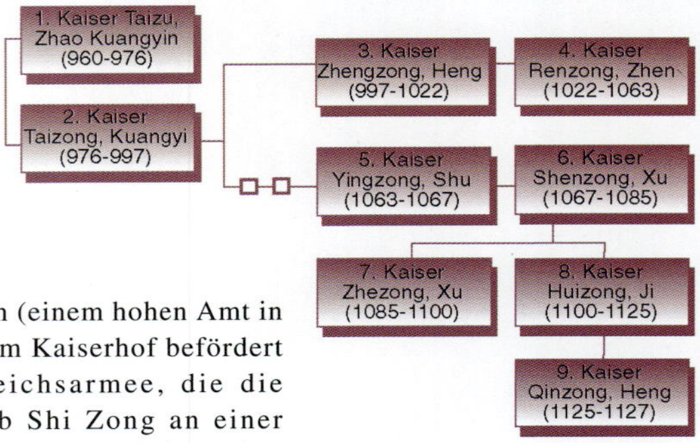

Zhao Kuangyin, der aus Zhuojun (heute Zhuozhou in der Provinz Hebei) stammte, hatte für Chai Rong, Zhi Zong der Zhou-Dynastie viele Kriegserfolge erzielt und zeichnete sich wiederholt auf dem Kampffeld aus. Er wurde deshalb zur Position Du Dian Jian (einem hohen Amt in der Nördlichen Song-Dynastie) im Kaiserhof befördert und kommandierte Zhous Reichsarmee, die die Hauptstadt schützte. 959 starb Shi Zong an einer Krankheit. Auf ihn folgte Gong Ji, der erst sieben Jahre alt und deshalb nicht im Stande war, die staatlichen Angelegenheiten zu regeln. 960 führte Zhao Kuangyin seine Armee im Namen des Widerstands gegen die eingedrungenen Truppen des Qidan-Stammes und der Nördlichen Han gen Norden. Nachdem sie zur Chenqiao-Poststation marschiert waren, die etwas 40 Li nordöstlich der Stadt Kaifeng lag, starteten seine Truppen einen Militärputsch, der in der Geschichte als Chenjiao-Putsch bekannt ist. Die Unterstützer von Zhao Kuangyin wickelten ihn in eine kaiserliche Gelbrobe, die vorher schon besorgt worden war, und begleiteten ihn auf dem Rückweg nach Kaifeng. Sie zwangen Gong Di abzudanken. Danach bestieg Zhao Kuangyin den Thron, der später Kaiser Tai Zu der Song-Dynastie genannt wird. Er betitelte sein Regime mit dem Namen Song, das als Nördliche Song-Dynastie bezeichnet wird. Kaifeng blieb die Hauptstadt.

Ein Jahr nach der Gründung der Nördlichen Song-Dynastie entschloss sich Zhao Kuangyin, die Generäle, einschließlich Shi Shouxin, zu entmachten. Eines Nachts rief er Shi Shouxin, einen Veteran-General in der kaiserlichen Armee und andere zum Trinken und Essen zusammen. Als sie mit Wein gewärmt wurden, beschwerte er sich über sein Leid, Kaiser zu sein und höflich bat er sie, ihm ihre Militärmacht zu übergeben. Außerdem überredete er sie dazu, mehr Reichtum zu sammeln und mehr Immobilien und Singmädchen

Wandmalerei, das 2. Jahr von Yuanfu-Periode der Song-Dynastie (1099), gefunden im Städtchen Baisha, Kreis Yu, Provinz Henan

Die Statue von Bao Zhen in der Sitzhaltung, Gedenkhalle für Bao Zhen in Henan,
Bao Zhen (999-1062 n. Chr.), die Nördliche Song-Dynastie, der Vize-Kanzler des höchsten Militärrates, lokale Regierung Kaifeng, führte das Gesetz sehr strikt durch, verachtete die einflussreichen Beamten, auch „Bao Qingtian“ genannt

und Tanzmädchen zu erkaufen, um den Lebensabend in Frieden zu verbringen. An den folgenden Tagen baten alle Generäle darum, von ihrem Amt entfernt zu werden. Dies war Zhao Kuangyins Vorgehensweise: während eines ruhigen Glases Wein bat er die Militärmachthaber, sich von ihrem Amt zurückzuziehen. Kurz danach entließ er auf gleiche Weise lokale Beamten, die für militärische und administrative Angelegenheiten zuständig waren. Nun fielen lokale und nationale Militärkräfte in seine Hände.

Shendao-Steinstatue im Mausoleum der Song-Dynastie nahe Xicun, Zhitian, Xiaoyi, Städtchen Huiguo, Kreis Gong, Provinz Henan

Armour der Song-Dynastie

Kaiserliche Prüfung der Song-Dynastie, Denjenigen, die die Prüfung bestanden, wurde der Titel „Jinshi" verliehen und offizielle Position zugewiesen. Die Song-Dynastie schätzte Gelehrte sehr, die Meisten der Feudalherren waren Jinshi

Das zivile Beamtensystem der Nördlichen Song folgte dem der Tang und der Fünf-Dynastien. Die politischen Zweige bestanden aus drei Schlüsselabteilungen - dem Sekretariat, dem Staatsrat und der Kanzlei mit dem Premierminister, der für nationale administrative Angelegenheiten verantwortlich war. Der höchste Militärrat mit seinem Kanzler war für militärische Angelegenheiten verantwortlich. Der Schatzkanzler regelte die öffentlichen Finanzen. Es gab auch ein Überprüfungsamt, das die Verantwortung der Überwachung aller Regierungsbeamten übernahm. Präfekturen und Kreise bildeten eine lokale administrative Einheit. In der Nördlichen Song-Dynastie verstärkten die Herrscher ihre Kontrolle über die Präfekturen (einschließlich Regierung, Militärkräfte und Überprüfungsämter). Zivilbeamte wurden dazu bemächtigt, lokale Angelegenheiten zu regeln, so dass die Macht der Militärbeamten erschwächt wurde. In jeder Präfektur wurde ein Ton Pan eingerichtet, so dass militärische Angelegenheiten und Zivilverwaltung unverzüglich der kaiserlichen Regierung berichtet werden konnten. Außerdem wurden in allen Präfekturen spezielle Institutionen eingerichtet, so dass

Vergoldete Silber-Mojie, Song-Dynastie (960-1279 n. Chr.)

Hölzerne Statue von Avalokitesvara, Song-Dynastie(960-1279 n. Chr.), 127 cm hoch

Räucherofen mit blauer Glasur, das 1. Jahr von Xianping, Nördliche Song-Dynastie (998)

Blauglasierter Longquan-Krug mit Deckel in der Form von Lotusblumen, Song-Dynastie (960-1279 n. Chr.)

lokale Finanzen und Steuern von der kaiserlichen Regierung geprüft werden konnte. Steuereinnahmen, außer der, die für die vorgezahlten Kosten bestimmt waren, sollten der Zentralregierung übergeben werden. Die besten der lokalen Truppen wurden in die kaiserliche Garde eingegliedert. Von dem Reichsedikt wurde das Garnison-Rotationsgesetz beschlossen, nach dem Garnisonen in Truppen geteilt wurden und sie die Grenzstädte in Abwechslung schützten. Außerdem wurden Kommandeure wiederholt versetzt, so dass sie ihre Militärkräfte nicht konzentrieren konnten. Die Todesstrafe musste der Zentralregierung vorbehalten bleiben und von dem Ausschuss für Justiz geprüft werden. Alle Macht, einschließlich Militär, Exekutive, Finanzen und Justiz, wurde auf das Kaiserhaus konzentriert und fiel in die Hände des Kaisers allein. Die Feudalautokratie der Nördlichen Song-Dynastie wurde daher erheblich gestärkt.

Perlenstatue des Ruiguang-Tempels, Nördliche Song (960-1279 n. Chr.), 122,6 cm hoch, in Südwesten von Suzhou

Krug mit eingeschnitztem Muster, Song-Dynastie (960-1279 n. Chr.), 16,8 cm hoch, Randdurchmesser 4,2 cm, Bodendurchmesser 8,3 cm

Longquan-Vase, Song-Dynastie(960-1279 n. Chr.), 15 cm hoch, Randdurchmesser 5,8 cm, Bodendurchmesser 5 cm

Rechteckige Ge-Schüssel, Song-Dynastie (960-1279 n. Chr.), 4,4 cm hoch, Randdurchmesser 8,7 cm, Bodendurchmesser 3,2 cm

Jizhou-Prozellanvase mit aufwirbelnden Mustern, Song-Dynastie (960-1279 n. Chr.), 37,5 cm hoch, Randdurchmesser 8,3 cm

II. Von den Qindans zur Liao-Dynastie

Silbernes Kopfnetz und Goldmaske, Liao (916-1125 n. Chr.), 21,7 cm hoch, ausgegraben aus dem Grab von Prinzessin des Staats Chen, in Zhelimumeng-Naimanqi, Innere Mongolei

Kaiser der Liao-Dynastie

Die Qidans, eigentlich ein nomadischer Stamm, bewohnten generationenlang das Becken des Gelben Flusses (heute Xar Moron-Fluss, Innere Mongolei) im Oberlauf des Liaohe-Flusses. Das Qidan-Volk lebte von Fischerei und Jagd und führte ein nomadisches Leben. Die Tang-Regierung etablierte einmal die Präfektur Songmao und bestellte Gouverneure zur Verwaltung dieses Gebiets. Am Ende der Tang-Dynastie wurden die Qidans ein mächtiger Stamm und ihr Militärkommandeur Yelu Abaoji wurde später zum Khan, also zum Führer des Stamms, gewählt. 916 erklärte sich Yelu Abaoji zum Kaiser, der später als Kaiser Tai Zu der Liao-Dynastie bezeichnet wird und seiner Dynastie den Titel Liao gab. Am Ufer des Gelben Flusses machten die Qidans eine westliche Turmstadt zu ihrer Hauptstadt, die von den späten Generationen als offizielle Residenz der Präfektur des Ober-Jing Linhuang (heute Nordosten von Bahrain Linksbanner, Innere Mongolei) bezeichnet wird. Die Qidans schufen auch ihre eigene Schriftsprache und Legislative. An seinem Lebensabend setzte Yelu Abaoji dem Bohai-Staat ein Ende, der von dem Mohe-Volk im Nordosten Chinas gegründet wurde. Während des Regimes des Kaisers Taizong-Yelu Deguang (927-947) bekamen die Qidans 16 Präfekturen im nördlichen Teil der heutigen Provinzen Hebei und Shanxi von der Späteren Jin-Dynastie. Die Qidans eroberten ein großes Gebiet, so dass es im Osten bis zum Meer reichte und im Westen bis zum Jin-Gebirge (heute das Altai-Gebirge), im Norden bis zum Luju-Fluss (heute Kerulen-Fluss, Innere Mongolei) und im Süden bis zum Baigou-Fluss (nördlich des heutigen Kreises Xiongxian in der Provinz Hebei). Sie hatten sogar Kaifeng, die Hauptstadt der Späteren Jin-Dynastie, eingenommen. 947 änderte Yelu Deguang den Titel seines Reichs in Groß-Liao. Die Liao-Regierung richtete in seinem Verwaltungsgebiet fünf Jings (fünf Administrationseinheiten) ein, namentlich Präfektur des Ober-Jings Linhuang, Präfektur des Südjings Xijin (Südwesten der heutigen Stadt Beijing), Präfektur des Mitteljings Dading (Südwesten des Kreises Lingcheng, Innere Mongolei), Präfektur des Westjings Datong (in der heutigen Provinz Shanxi) und Präfektur des Ostjings Liaoyang (heute die Provinz Liaoning).

Im großen Liao-Reich lebten Völker verschiedener ethnischer Herkunft. Das Han-Volk und das Volk aus dem früheren Bohai-Staat lebten vom Ackerbau, während das Qidan-Volk ein nomadisches Leben führte und sich mit Fischerei und Jagd beschäftigte. Deshalb führte das Liao-Reich ein duales System ein: Das südliche System war für die Chinesen und das Volk des früheren Bohai-Staates, das ihre Regierungsstelle südlich des kaiserlichen Zeltes hatte. Das nördliche System war für die Qidans und andere ethnische Gruppen

Goldmaske, Liao (916-1125 n. Chr.) 20, 5 cm hoch, ausgegraben aus dem Grab von Prinzessin des Staats Chen, in Zhelimumeng-Naimanqi, Innere Mongolei

Silberstiefeln mit geschnitzten Mustern, Liao (916-1125 n. Chr.), 20,5 cm hoch, ausgegraben aus dem Grab von Prinzessin des Staats Chen, in Zhelimumeng-Naimanqi, Innere Mongolei

Silberhut mit geschnitzten Mustern, Liao (916-1125 n. Chr.), 31,5 cm hoch ,ausgegraben aus dem Grab von Prinzessin des Staats Chen, in Zhelimumeng-Naimanqi, Innere Mongolei

Teeaufbrühen, Wandmalerei, Liao (916-1125 n. Chr.), ausgegraben in Xuanhua, Provinz Hebei

Dreifarbiger Krug, Liao (916-1125 n. Chr.)

Skizzierter Plan der Liao-Dynastie

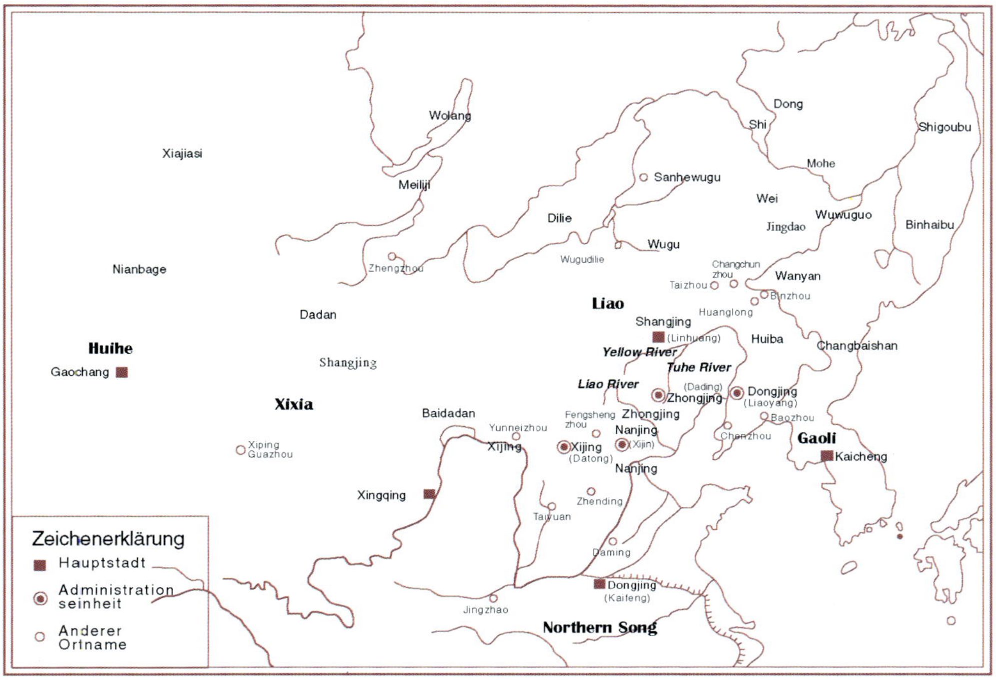

außer den Chinesen. Das erstere betrieb ein System der Chinesen und das letztere ein ‚nationales' System. Außer den oben erwähnten Präfekturen und Kreisen wurden lokale Verwaltungseinheiten namens Präfektur von Touxiajun eingerichtet, um deren Bewohner zu beherrschen, die gefangen genommen und den Abkömmlingen der kaiserlichen Familie und Häuptlingen der Stämme zugewiesen wurden, die Militärbeiträge geleistet hatten. Beamte in diesen Administrationseinheiten wurden von den Lehnsherren bestellt. Agrarische und kommerzielle Steuern

Wandmalerei, Musikinstrumentspielen, Liao (916-1125 n. Chr.), ausgegraben in Xuanhua, Provinz Hebei

Wandmalerei, Sutralesen, Liao (916-1125 n. Chr.), ausgegraben in Chifeng, Innere Mongolei

wurden an die Feudalherren abgeführt und die Alkoholsteuer an den Kaiser. Später gerieten diese Einheiten allmählich unter die Kontrolle der kaiserlichen Regierung.

Als die Liao aufstieg und nach Süden expandierte, fügten sie der Wirtschaft und der Kultur der Zentralebenen großen Schaden bei und stellte eine große Gefahr für die Nördliche Song-Dynastie dar. Am Anfang der Nördlichen Song-Dynastie, als Zhao Kuangyin sich der Unterschlagung der separatistischen Regimes in seinem Land widmete, nahm die Nördliche Song in der Beziehung zu Liao eine defensive Stellung ein. Später suchte Zhao Kuangyin, Kaiser Tai Zong der Song-Dynastie, die Chance zu nützen, die 16 Präfekturen in den nördlichen Teilen der heutigen Provinzen Shanxi und Hebei zurück zu gewinnen, nachdem er die Nördliche Han erobert hatte. Sein Versuch scheiterte, da seine Armee in ihren zwei nördlichen Feldzügen fatale Niederlagen erlitten. Von da an war die Song-Dynastie nicht mehr in der Lage, Feldzüge nach Norden zu unternehmen. Im Herbst 1014 führten Kaiser Shen Zong der Liao-Dynastie und die Kaiserinmutter Chengtian mit einer 200000 Mann starken Truppe persönlich einen Kampf gegen Song. Gelegentlich wurde die Situation in den nördlichen Präfekturen und Kreisen der Nördlichen Song-Dynastie kritisch. Schrecken darüber herrschte nicht nur am Kaiserhof, sondern auch im gemeinen Volk. Premierminister Kou Zhun und andere bestanden auf

Goldkanne mit Affenmuster, Liao (916-1125 n. Chr.)

Miao Fa Lian Hua-Sutra, Anfang des 4. Kapitels, Liao, 25 cm hoch

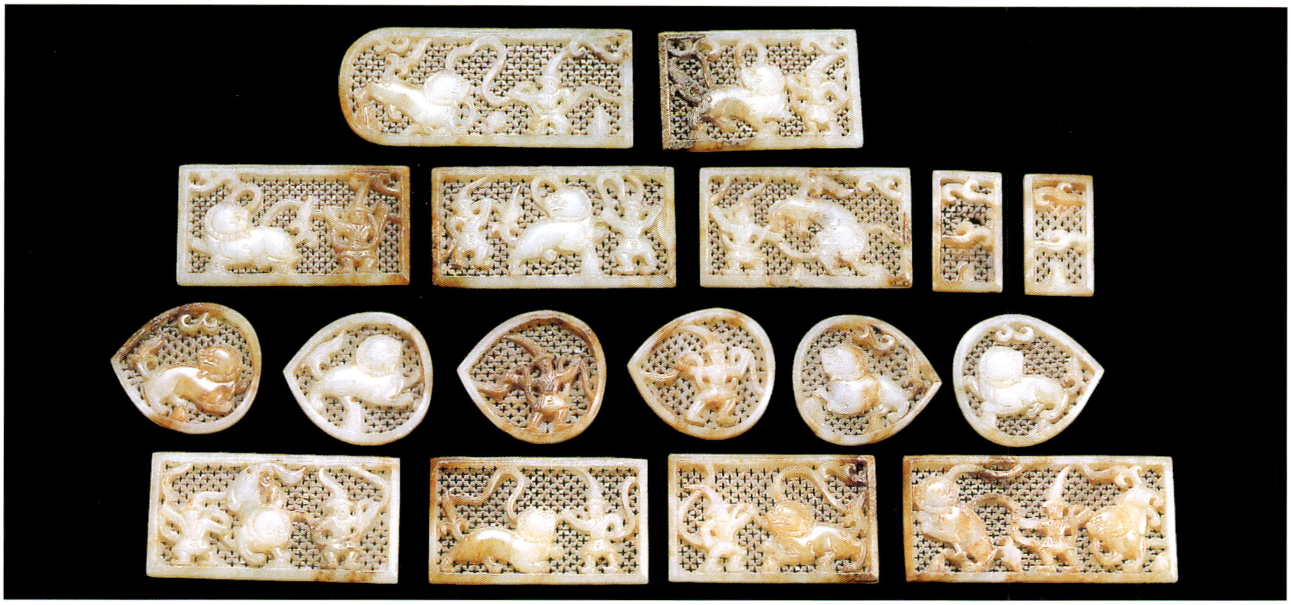

Eine Gruppe von weißen Jadebretten, Liao (916-1125 n. Chr.)

ihrem Anti-Liao-Standpunkt. Deshalb führte der Kaiser Zhen Zong, Zhao Heng, im November unter dem Druck von Kou Zhun persönlich einen Kampf. Sie überquerten den Gelben Fluss und erreichten Tanzhou (südlich des heutigen Kreises Puyang, Provinz Henan), was die Song-Armee sehr ermutigte. Die Liao-Truppen erlitten eine Demütigung, da ihr Chefkommandeur am Stadttor von Chanzhou erschossen wurde. Deswegen hatten die Liao keine andere Wahl, als mit Song ein Friedensabkommen abzuschließen. Damit beendeten beide Seiten ihre Feindschaft. Nach dem Abkommen, das später in der Geschichte als Abkommen von Chan Yuan bezeichnet wird, musste die Nördliche Song-Dynastie jährlich der Liao-Dynastie 100000 Silbertaler und 200000 Seidenballen liefern. Beide Seiten behielten ihre eigenen Staatsgrenzen und sollten jeweils die Grenzen der anderen nicht überschreiten. Die beiden Staaten vereinbarten, brüderliche Nachbarländer zu sein. 1042 wurde Kaiser Ren Zong der Song-Dynastie gezwungen, jährlich zusätzlich 100000 Silbertaler und ebenso viel Seidenballen hinzu zu fügen sowie ein Gebiet von 700 Quadrat Li abzutreten. In den folgenden hundert Jahren kontrollierten die Song und die Liao jeweils den Süden und den Norden. Von da an kam es auf ihrem Boden nie zum Krieg.

Wandmalerei, Musikinstrumentspielen, Liao (916-1125 n. Chr.), ausgegraben in Xuanhua, Provinz Hebei

III. Dangxiang Qiang und die Westliche Xia

Kaiser der Westlichen Xia-Dynastie

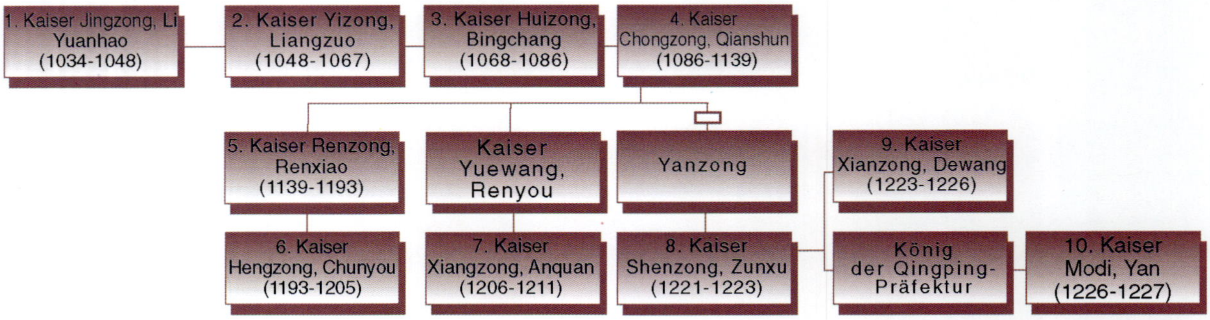

Bronzener Amtsstempel in Schriften der Westlichen Xia

Gerade als die Liao und die Nördliche Song sich in einer Pattsituation befanden, stieg ein anderes Regime unter der Vorherrschaft einer ethnischen Minorität im Nordwesten auf: Die Xi-Xia (auch Westliche Xia genannt), die von einem tibetischen Stamm namens Dangxiang abstammten, der früher ein Zweig von Qiang war und deshalb in der *Alten Geschichte der Tang-Dynastie* Dangxiang Qiang genannt wird. In der Nördlichen Zhou-Dynastie und in der Sui-Dynastie lebten die Dangxiangs im Nordwesten nomadisch. In der Regierungszeit von Kaiser Zhen Guan der Tang-Dynastie wurden einem Dangxiang-Führer namens Touba Chici der Titel Militärgouverneur der Xirong-Präfektur und der Familienname Li des chinesischen Kaiserhauses verliehen. Am Ende der Tang-Dynastie wurde der Stammesführer Touba Sigong Gouverneur von Xiazhou (Norden der heutigen Provinz Shanxi und Südwesten der Inneren Mongolei). Nach der Gründung der Nördlichen Song-Dynastie schickte Dangxiang Gesandte in das Song-Reich und brachte der Song Tributgeschenke. 979 unterstützte Dangxiang die Song-Dynastie bei der Eroberung der Nördlichen Han. 982 zeigte ein Führer von Dangxiang dem Song-Kaiser seinen Respekt und übergab ihm Land. Darüber hinaus brachte er sein Königtum unter die Verwaltung der Song, während sein jüngerer Bruder Li Jiqian die Abhängigkeit zur Song-Dynastie nicht anerkennen wollte und eine Rebellion startete. Als Anhängsel Qidans wurde Li Jiqian der Titel „König von Xia" verliehen. Er unternahm wiederholt Überfälle auf die Song-Dynastie. 1003 wurde Li Jiqian allerdings durch einen Pfeilangriff getötet, als er

Bemalte Statue von Arhat, Westliche Xia (1038-1227 n. Chr.), 50 cm hoch, ausgegraben in Ningxia

Skizzierter Plan der Westlichen Xia-Dynastie

Überblick über das kaiserliche Mausoleum der Westlichen Xia, Westlich von Yinchuan, Ningxia

Farbigglasierter Eulenschwanz, Westliche Xia (1038-1227 n. Chr.), 152 cm hoch, ausgegraben im kaiserlichen Mausoleum von Westlicher Xia, Yinchuan, Ningxia

zum Angriff von Tufan nach Westen marschierte. Drei Jahre später ergab sich Li Deming, der Sohn von Li Jiqian, der Song-Dynastie, dem der Titel König von Xi Ping verliehen wurde. Dafür erhielt Dangxiang von der Song-Dynastie jährlich ein Geschenk von ein paar Zehntausenden von Silbertalern und eine gleiche Menge an Seidenballen, über einige Zehntausende von Bargeldsträngen und 20000 Jin Tee. Außerdem öffnete Song zum Handel die Märkte an ihren Grenzen. Danach herrschte für knapp 30 Jahre Frieden zwischen der Song-Dynastie und Dandxiang.

Im Winter 1031 starb Li Deming und sein Sohn Yuanhao wurde Führer. Er war sehr geschickt in der Kampfkunst und beherrschte Chinesisch sehr gut. Außerdem hatte er als ehrgeiziger Mensch ein breites Wissen über Buddhismus, Malen, Dichten und Militärwerke. Sobald er Herrscher wurde, erließ er Gesetze und Edikte und führte in der Armee strikte Disziplinen ein und widmete sich den staatlichen Angelegenheiten. Er baute seine Adminstrationssysteme nach dem Modell der Song-Dynastie und richtete vier zentrale Abteilungen ein: Sekretariat, Militärrat, Finanzamt und Rechnungshof. Präfekturen und Kreise bildeten lokale Administrationseinheit. Daneben befahl er seinem Volk, eine eigene Schriftsprache nach dem Muster des Chinesischen zu schaffen und viele alte Bücher und Aufzeichnungen in chinesischer Schrift zu übersetzen. 1038 nahm Li Yuanhao den kaiserlichen Titel an und nannte sein neues Regime Da Xia oder Große Xia-Dynastie, die von den Historikern Xi Xia oder Westliche Xia-Dynastie genannt wird. Die Hauptstadt war Xingqing (Yinchuan, Hauptstadt des heutigen Autonomiegebiets Ningxia). Sein Königtum mit einer Fläche von über zehntausend Quadrat Li erreichte im Osten den Gelben Fluss, im Westen Yumen (heute in Gansu), im Süden Xiaoguan (Südosten von dem heutigen Kreis Guyuan, Provinz Gansu) und im Norden die Wüste Gobi.

Die Wüstenlandschaft in Ningxia

Nachdem die Xi-Xia gegründet worden war, attackierte es die Song wiederholt und besiegte die Song-Armee mehrmals. 1041 wurde eine Song-Truppe von über zehntausend Mann im Kampf am Berg Liupan in Haoshuichuan (heute Tianshui-Fluss, entspringt aus Ningxia) nahezu vollständig vernichtet, wobei über die Hälfte der Generäle auf dem Feld gefallen war. Der Kaiserhof und das gemeine Volk waren darüber schockiert. Daher nahm die Nördliche Song-Dynastie Fan Zhongyans Vorschlag an, der damals Magistrat des Kreises Yanzhou (989-1052) war, neben dem Training von Kommandeuren und Soldaten die Grenze standhaft zu verteidigen und die Produktion an der Grenze zu entwickeln. Trotz der militärischen Siege an der Grenze hatte die Xia eine schwere Wirtschaftslast, die aus den ständigen Kämpfen resultierte. Der jährliche Tribut von der Song-Dynastie und der bilaterale Handel kamen zum Stillstand. Der Mangel an Getreide und Dingen des täglichen Bedarfs wurde eklatant. Beschwerden kamen überall ins Ohr. So hatte Xi-Xia den Wunsch, den Frieden zu verhandeln. 1044 schlossen die Song-Dynastie und Xi-Xia ein Friedensabkommen ab, in dem stand, dass Yuanhao seinen Kaisertitel verlieren sollte. Dafür wurde ihm der Titel „König der Xia“ verliehen. Als Entgeltung bekam die Xia von der Song-Dynastie jährlich 70000 Silbertaler, 150000 Seidenballen und 30000 Jin Tee als Tribut. Die Märkte für den Handel wurden wieder geöffnet. Hierdurch erlangte die Nördliche Song-Dynastie auf Kosten ihres Reichtums vorläufig Ruhe an ihrer Grenze. 1066 griff Xi-Xia erneut Qinfeng (heute Tianshui in der Provinz Gansu) und Jingyuan (heute Pingliang in der Provinz Gansu) an, was ihre versöhnte Beziehung zu der Song-Dynastie sehr beeinträchtigte. Seitdem standen die Song-Dynastie und die Xia mal im Frieden, mal im Krieg. Die nordwestlichen Grenzen der Nördlichen Song-Dynastie waren nie frei von Störungen.

Buddhakopf aus Ton (1038-1227 n. Chr.), ausgegraben in Ningxia

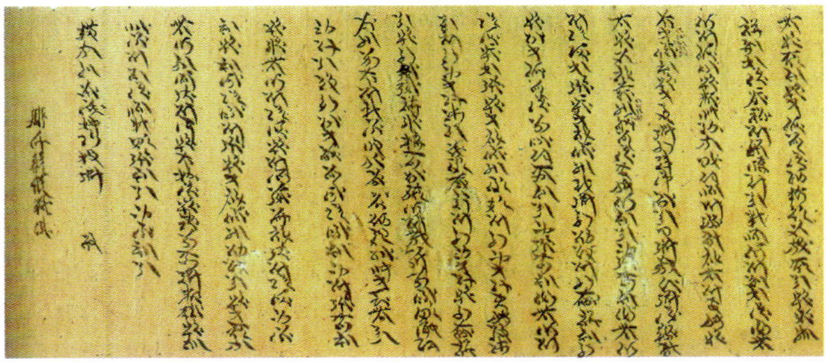

Langrollband der Schriften der Westlichen Xia, Westliche Xia (1038-1227 n. Chr.)

Steinstatue, Westliche Xia-Dynastie (1038-1227 n. Chr.), 64 cm hoch, ausgegraben im kaiserlichen Mausoleum der Westlichen Xia, Yinchuan, Ningxia

IV. Reformen von Wang Anshi der Song-Dynastie

Kaiser Ren Zong der Song-Dynastie, Zhao Zhen (1010-1063 n. Chr.)

Die Akkumulation der Macht zu Anfang der Song-Dynastie hatte auf Zeit das Song-Regime stabilisiert und brachte jedoch unzählige versteckte Gefahren mit sich. Solche Probleme wie überflüssiges Personal und hohe Ausgaben verhinderten die ordentliche Verwaltung der Staatsmacht. Durch Anwerbung einer großen Anzahl von Soldaten erhöhte die Regierung ihre Militärkräfte erheblich. 967 gab es 370000 Soldaten in der Armee. 1048 erreichte diese Zahl über 1 250000. Die Militärausgaben machten allein fünf Sechstel des gesamten Staatshaushalts aus. Um die Macht der Beamten auf verschiedenen Ebenen zu begrenzen, trennte die Nördliche Song Beamte von ihren Posten und Anstellungen. Nur jener mit einer offiziellen Anstellung hatte einen realen Auftrag. Deswegen nahm die Bürokratie ständig zu und die Nationalausgaben erhöhten sich. Außerdem wurde die Staatskasse größtenteils wegen des jährlichen Tributs an die Liao und die Xia und der steigenden Ausgaben am Kaiserhof immer leerer. Die große Annektierung von Land seit Anfang der Nördlichen Song-Dynastie und die schwere Steuerlast ließen viele Bauern verarmen. Manche waren gezwungen, ihre Heimat zu verlassen. Andere nahmen aus Verzweiflung große Gefahr auf sich. Im Frühling 993 starteten Wang Xiaobo und Li Shun einen Aufstand in Qingchen (Süden der heutigen Stadt Dujiangyan, Sichuan), dessen Schlagzeile lautete: „Wir verabscheuen die ungleiche Verteilung von Wohlstand zwischen den Reichen und Armen. Nun wollen wir es gleichmäßig verteilen." Nach der Eroberung von Chengdu und der Kontrolle über große Teile von Sichuan gründeten sie ein Regime namens „Große Shu". Von 1042 bis 1048 entstanden hintereinander viele Bauernaufstände.

Von der Mitte der Nördlichen Song-Dynastie an, da der Verfall und die Erschwächung schon jahrelang bestanden, hörte man von den Literaten oft den Ruf nach Reformen. Im 3. Jahr des Regimes von Qingli, Kaiser Ren Zong der Song-Dynastie, stellte ein Magistrat namens Fan Zhongyan, der das Schicksal des Landes als sein eigenes Schicksal betrachtete, zehn Ratschläge zur Reform auf, die von Kaiser Ren Zong angenommen wurden. Deshalb wurden sie als die so genannten „Zehn-Gesetze unter dem Regime von Qingli" bezeichnet. Jedoch wurde Fan Zhongyan nach kurzer Zeit böswillig verleumdet und in ein abgelegenes Gebiet verbannt. Nach der Niederlage der "Neu-Gesetze" verschärfte sich die soziale Krise. Als Zhao Xu, Kaiser Shenzong den Thron bestieg (1067), war Reform für die Song-Dynastie der einzige Ausweg, die soziale Krise abzuwenden. So entschloss sich Shen Zong, eine Reform durchzuführen. Dafür ernannte er Wang Anshi zum Initiator der politischen Reform.

Wang Anshi (1021-1086 n. Chr.)

Wang Anshi (1021-1086), der aus Linchuan (heute Fuzhou in der Provinz Jiangxi) stammte, war für die späteren Generationen als Herr Linchuan oder Meister Wangjing bekannt. Er zog die Lehre aus der Niederlage der „Neu-Gesetze" und begann 1069 die Reform mit der Unterstützung des Kaisers Shen Zong. Seine Reformen zielten darauf ab, „Geldsachen zu verwalten, die Armee zu trainieren und zu konsolidieren, damit das Land zum Wohlstand gebracht und dessen Armee gestärkt werden konnte." Nacheinander wurden viele Gesetze

Kaiser Shen Zong der Song-Dynastie, Zhao Xu (1048-1085 n. Chr.)

Ziegel mit Dienstmädchenmuster, Nördliche Song-Dynastie(960-1127 n. Chr.), Seitenlänge 31,5 cm

Vergoldeter Fliegender Drachen aus Bronze, Nördliche Song-Dynastie(960-1127 n. Chr.), 11,5 cm hoch

erlassen, einschließlich dem Gesetz der Grünen Sprosse (die Regierung lieh den Bauern im Frühling Geld oder Sämlinge), dem Gesetz von Baojia (ein chinesisches Dorfmilitärsystem), dem Gesetz von Mianyi (Wehrdienstbefreiung für Bauern und Beamte, solange sie eine bestimmte Menge Geld zahlten), dem Gesetz von Shiyi (die Regierung kaufte Waren ohne Marktbedarf an und verkaufte sie zum geeigneten Preis, wenn das Volk sie brauchte), dem Gesetz von Fangtian Junshui (die Regierung erhob stufenweise Steuern auf der Basis der Landmessung), dem Gesetz von Jiangbing (über 100 Generäle zum Training der Armee in alle Landesteile geschickt.), dem Gesetz von Baoma (dem Volk war es erlaubt, amtliche Pferde zu züchten, damit es seine Steuern reduzieren konnte). Überdies wurde ein Waffenamt eingerichtet. Reformen des kaiserlichen Zivilprüfungssystem sowie des Schulsystems wurden auch durchgeführt.

Die „Neu-Gesetze'', die reichhaltig waren und manche tief greifende Probleme betrafen, wurden von allen Seiten abgelehnt. Nicht nur die Konservativen, einschließlich Sima Guang (1019-1086), sondern auch andere vormalige Verfechter der Reform wie Ouyang Xiu (1007-1072) und andere Personen waren gegen die „Neu-Gesetze''. 1074 und 1076 wurde Wang Anshi zweimal vom Posten des Premierministers entfernt und von der Zentralregierung isoliert. 1085 starb Shen Zong an einer Krankheit und der zehnjährige Zhe Zong mit dem Namen Zhao Xu folgte ihm. Da Sima Guang die staatlichen Angelegenheiten dominierte, wurden die „Neu-Gesetze", die schon über zehn Jahre lang durchgeführt wurden und sich als sehr effektiv erwiesen hatten, nacheinander abgeschafft. Nach der Machtergreifung von Zhe Zong gewannen die Reformer eine Zeit lang die Oberhand. Doch sie widmeten sich vor allem der Vergeltung. Deshalb war die Durchführung der Neu-Gesetze nicht ihr Arbeitsschwerpunkt. Dadurch arteten sich viele von den Neu-Gesetzen aus, was Ausreden für die noch brutalere Plünderung wurde. Nach dem Tod von Zhe Zong bestieg Hui Zong (1082-1135) namens Zhao Ji den Thron (1100). Er bemühte sich mit allen Kräften darum, das Volk zu berauben und zu plündern. 1120 startete Fang La einen Aufstand in Muxi (heute Kreis Chun`an in der Provinz Zhejiang). Er und seine Leute verbündeten sich, um eine Lösung zu finden und gegen die Regierung eine Revolte zu unternehmen. Ein anderer Bauernaufstand, der von Song Jiang im Norden geführt wurde, fegte durch die Provinzen Shandong und Hebei, was die Nördliche Song-Dynastie in seinen Grundfesten erschütterte.

You Guo Si-Tempel, Nördliche Song-Dynastie (1049 n. Chr.) achteckig, 13 Stockwerke, 54,6 cm hoch, Nordosten von Kaifeng, Provinz Henan

V. Aufstieg der Jin-Dynastie

Kaiser der Jin-Dynastie

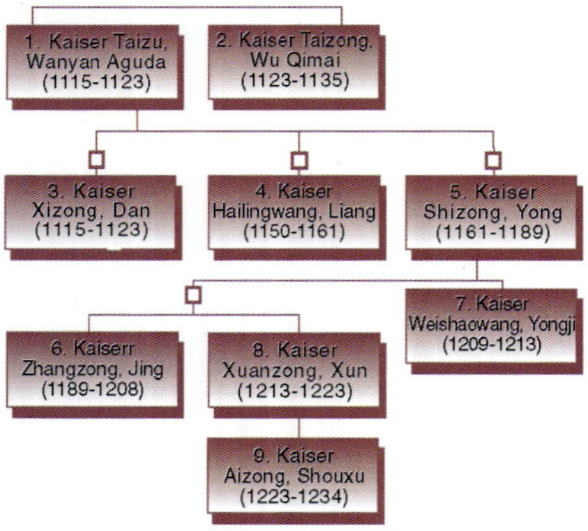

Die Situation der Mongolei, Xia, Jin and Siidlichen Song

Kissen in Form des Lotusblätters gehalten von einem Kind, Dingwaren, Jin-Dynastie (1115-1234 n. Chr.)

Sitzender Bronzedrachen, Jin-Dynastie (1115-1234 n. Chr.)

Gerade als die Nördliche Song-Dynastie mit ihrer Bauernarmee verhandelte, stieg der Staat Jin, der von den Nüzhens (Mandschu) gegründet wurde, schnell auf. Die ethnische Gruppe Nüzhen war eine alte Gruppe. Ihre Aktivität konzentrierte sich im Norden Chinas. In alten Kanons und Aufzeichnungen aus der ehemaligen Qin-Periode wurden die Beziehungen zwischen ihren Vorfahren und der Westlichen Zhou-Dynastie niedergeschrieben. Damals wurde Nüzhen „Sushen" genannt und in der Tang-Dynastie „Mohe". Während der Zeit der Fünf-Dynastien änderten die Mohe, ein Stamm, der im Becken des Flusses Heilongjiang lebte, ihren Namen in Nüzhen und ergaben sich der Herrschaft der Liao. Deshalb wurden sie der Kern aller Stämme der Nüzhen-Union. 1113 wurde Aguda aus dem Wanyan-Stamm Führer der Nüzhen-Union. 1114 brachte er seine Soldaten zum Kampf gegen die Liao. Die Nüzhen-Kräfte wuchsen nun schnell an. Im Januar 1115 nahm Aguda den kaiserlichen Titel an, der bei den späteren Historikern Tai Zu der Jin genannt wird. Er betitelte seine Dynastie mit dem Namen Jin. Die Hauptstadt war in Huilingfu (heute Süden des Kreises Acheng in der Provinz Heilongjiang).

Aguda führte das Meng'an-Mouke-System in den Jin-Staat ein, das ein auf der Basis des Haushalts gebautes Administrationssystem war, in dem jede Mouke aus 300 Haushalten bestand und jede Meng'an wieder aus zehn Moukes bestand. Alle Meng'ans und Moukes beschäftigten sich in der Friedenszeit mit der Jagd, während sie in der Kriegszeit Wehrdienst leisteten. In Jin wurde die Administration, das Militärtraining und die Produktion zu einer Einheit, was das einzigartige politische System der Nüzhens bildete. Im selben Jahr nahm Jin rasch Huanglongfu (heute Kreis Nong'an in Jilin) ein, einen Ort von strategischer Bedeutung für die Liao. Der anschließende Verlust der fünf Jings der Liao-Dynastie verdeutlichte, dass die Niederlage der Liao so gut wie besiegelt war. 1125 fing der Staat Jin den Liao-Kaiser Tian Zuo, als er westlich in Xi-Xia Zuflucht suchte. Mit dem Fang des Kaisers fand das Liao-Regime sein Ende, während Yelu Dashi, ein kaiserlicher Nachfahr der Liao, seine Leute auf den westlichen Marsch führte. 1131 erklärte er sich zum Kaiser und restaurierte die Liao-Dynastie wieder (auch Hala-Qidan

Eine Bäuerin, Steinschnitz, Dazu, Provinz Sichuan

genannt), die in der Geschichte als Westliche Liao bezeichnet wird.

Während des südlichen Marschs des Staates Jin, der den Angriff von Liao zum Ziel hatte, entsandte die Song-Regierung einen Spion auf eine nördliche Seereise, um mit Jin eine Allianz zu bilden und gemeinsam gegen die Liao zu kämpfen. Nach ihrem Abkommen sollten die Jin-Kräfte Zhongjing (Mittel-Jing) erstürmen und die Song-Truppen sollten versuchen, Yanjing zu erobern. Dem Abkommen zufolge sollte die Song-Dynastie die Präfekturen im nördlichen Gebiet des heutigen Hebei und Shanxi bekommen und die Jin sollte von der Song-Dynastie einen jährlichen Tribut von einer großen Menge an Silber und Geld, die eigentlich für Liao bestimmt war, erhalten. Das Abkommen zwischen Jin und Song wurde „Vertrag auf der See" genannt. Allerdings erwiesen sich die Song-Truppen als kriegsunfähig. 1125 attackierte Jin nach dem kaiserlichen Edikt Tai Zongs von Jin die Song-Dynastie auf zwei südlichen Fronten. Die Kräfte auf der östlichen Route marschierten direkt nach Kaifeng. Anfang 1126 dankte Hui Zong von Song alias Zhao Ji zugunsten von Zhao Heng, der Kronprinz war, ab, der fortan als Kaiser Qin Zong bezeichnet wird.

1126 überquerten die Jin-Kräfte den Gelben Fluss und stürmten auf Kaifeng, die Hauptstadt der Song, zu. Während Hui Zong in Panik floh, bestellte Qin Zong Li Gang (1083-1140) zum rechten Premierminister der Kanzlei, der damals in Dongjing (Ost-Jing) im Hintergrund blieb und für Staatssachen zuständig war. Unter seiner Leitung verteidigten die Song-Truppen Kaifeng standhaft. Schließlich eilten Truppen von allen Landesteilen zur Rettung des Throns zur Hauptstadt. Qin Zong war jedoch damit beschäftigt, mit Jin Frieden abzuschließen. Er trat Gebiete ab, zahlte hohe Reparationen und gab Geiseln, um Jin zum Rückzug zu bewegen. Außerdem entfernte er Li Gang von seinem Amt, um die Gunst der zu gewinnen. Deshalb protestierten Soldaten und Zivile, die sich in Tausenden und Abertausenden versammelt hatten und von einem Studenten an der kaiserlichen Akademie namens Chen Dong geführt wurden, gegen die Kapitulation von Kaiser Qin Zong, der sich nun dem Druck der Massen ergab und Li Gang wieder auf seinen Posten bestellte. Nachdem Jin die intensive Vorbereitung der Song-Kräfte auf den Krieg beobachtet hatte, zogen die Jin-Truppen nach Norden zurück.

Im September 1126 brach Jin das Friedensabkommen und marschierte auf zwei Fronten nach Süden. Im Dezember erstürmte Jin Kaifeng. Kaiser Qin Zong ging zum zweiten Male zum Jin-Lager, um sich dem Feind zu ergeben. Sobald die Jin-Kräfte Kaifeng betraten, erlitt die belebte Hauptstadt eine unvorstellbare Katastrophe. Im Mai 1127 wurden über 2000 Leute, einschließlich Kaiser Hui Zong und Qin Zong, ihre Frauen und Konkubinen und andere Mitglieder der kaiserlichen Familie und Hofminister gefangen genommen und auf zwei Wegen nördlich nach Jin verschleppt.

Zahlreiche Wertsachen wie Hofkleider, Wagen, Musikinstrumente, Opfergegenstände und Bücher wurden geplündert, Handwerker und Prostituierte wurden entführt. Kurz danach verschwand die Nördliche Song-Dynastie, da Qin Zong, dessen Titel Jian Kang war, knapp zwei Jahre nach seiner Thronbesteigung von Jin abgesetzt wurde. Dieses Ereignis wird von Historikern als „Katastrophe von Jiankang" bezeichnet.

Kaiser Hui Zong der Song-Dynastie , Zhao Ji (1082-1135 n. Chr.)

Ziegeln mit Musikantenmustern, Jin-Dynastie (1115-1234 n. Chr.), Quadratförmige: 25,2-27,3 cm lang, 25,5 cm breit, längsförmige 37, 5-38,5 cm lang, 20 cm breit

VI. Vorbehaltung der Herrschaft über einen Teil des Landes durch die Südliche Song

Kaiser Gao Zong der Song-Dynastie , Zhao Gou (1107-1187 n. Chr.)

Kaiser in der Südlichen Song-Dynastie

1. Kaiser Gaozong, Zhao Gou (1127-1162) — 2. Kaiser Xiaozong, Shen (1162-1189) — 3. Kaiser Guangzong, Dun (1189-1194) — 4. Kaiserr Ningzong, Kuo (1194-1224) — 5. Kaiser Lizong, Yun (1124-1264) — 6. Kaiser Duzong, Qi (1264-1274) — 7. Kaiser Gongdi, Xian (1274-1276)

Im Juni 1127, einen Monat nach der Verfall der Nördlichen Song-Dynastie unterstützten ehemalige Minister der Nördlichen Song Prinz von Kang namens Zhao Gou, den neunten Sohn des Kaisers Hui Zong und machten ihn in Nanjing (heute Kreis Shangqiu in der Provinz Henan) zum Kaiser. Zhao Gou, der Kaiser Gao Zong der Song-Dynastie wurde, gründete die Song-Dynastie wieder, die von den Historikern als Südliche Song bezeichnet wird. Er änderte den Titel seines Regimes in Jianyan.

Zu Beginn seines Regimes hatte Kaiser Gao Zong keine andere Wahl, als Li Gang, Zong Ze (1059-1128) und andere Generäle wieder zu berufen. Doch die Kräfte der Friedensfraktion verstärkten sich Tag für Tag. Die Vertreter der Friedensfraktion waren dagegen, nach Kaifeng zurückzukehren und nahmen eine feindliche Stellung zu den Kräften gegen Jin. Gao Zong entschied dabei, das Flussgebiet des Gelben Flusses aufzugeben und floh unter dem Druck der Jin-Kräfte zunächst nach Yangzhou (in der heutigen Provinz Jiangsu), und dann nach Hangzhou (in der heutigen Provinz Zhejiang) und schließlich nach Wenzhou (in der heutigen Provinz Zhejiang). Erst als die Jin-Kräfte genug geplündert und sich nach Norden zurückgezogen hatten, kam Gao Zong nach Hangzhou zurück, das er zur Hauptstadt erklärte. Anschließend wurde Hangzhou in Lin'an umbenannt.

Die Jin-Kräfte griffen die Zentralebenen an. Sie feuerten, töteten und plünderten, weshalb sie von ehrlichen Armeen aus allen Landesteilen und Generälen der Kriegsfraktion wie z. B. Li Gang, Han Shizhong u.a. bekämpft wurden. Diese Generäle organisierten Soldaten und Zivile, um gegen Jin zu kämpfen. Davon war General Yue Fei besonders hervorragend.

Yue Fei (1103-1142), der aus Tangyin (in der heutigen Provinz Henan) des Kreises Xiangzhou stammte, trat mit 30 der Armee bei. Die Armee von General Yue Fei war strikt in der Disziplin, tapfer und geschickt im Kampf. Die Armee wurde so furchterregend, dass sich ein Spruch unter den Jin-Kräften verbreitete, der lautete: einen Berg zu bewegen ist leichter als Yues Armee zu besiegen. 1134 führte Yue Fei seine Armee nach Norden und gewann Xiangyang und fünf andere Präfekturen zurück. Dann marschierten er und seine Leute in Xiangyang ein und näherten sich dem Gelben Fluss. 1140 gewann Yue Fei Caizhou, Zhengzhou und Luoyang zurück und siegte in einem entscheidenden Kampf in Yancheng. Während Yue Fei und andere Anti-Jin-Offiziere und Leute in einem blutigen Krieg kämpften, befahl der Song-Kaiser Gao Zong und Qin Hui, dass Yue Fei und seine Armee den Rückzug antreten sollten. Im April 1141 entmachteten sie Yue Fei und Han Shi. Silvester 1141 wurde Yue Fei aufgrund erfundener Beschuldigungen zum Tode verurteilt.

Ende 1141 schloss die Südliche Song ein erniedrigendes Friedensabkommen mit Jin ab, in dem stand: Die Song ergab sich dem Jin und erklärte sich zu einem Vasallen, Prinz Kang der Song-Dynastie wurde von Jin der Kaisertitel verliehen. Außerdem trat Song ein großes Gebiet an Jin ab und zog sich im Westen bis zum Dasanguan (heute Dasanling im Südwesten der heutigen Stadt Baoji in der Provinz Shaanxi), im Osten bis zum nördlichen Gebiet des Mittellaufs des Flusses Huaishui. Weiter zahlte Song einen jährlichen Tribut von 250000 Silbertalern und 250000 Seidenballen an Jin. Da

Das Territorium der Südlichen Song-Dynastie

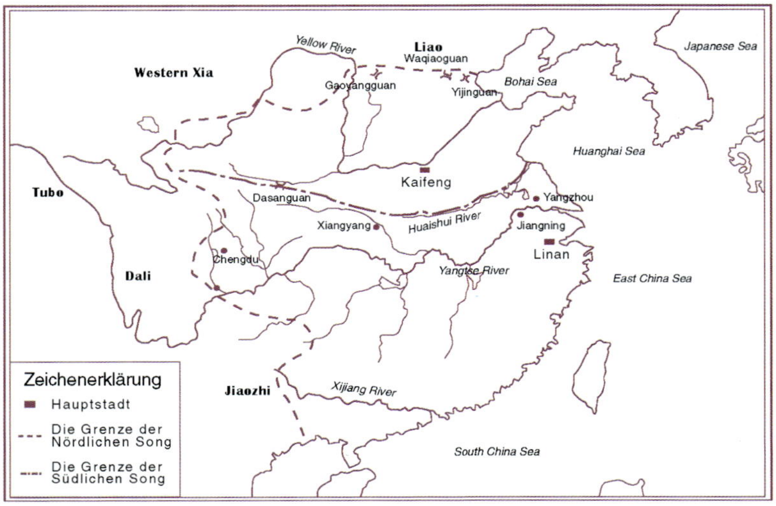

dieses Abkommen während des Regimes shaoxing von Kaiser Gao Zong abgeschlossen wurde, nannten Historiker das Abkommen „Shaoxing-Friedensvertag". Seitdem begann in China die langfristige Konfrontation zwischen Norden und Süden. Deshalb führte der Kaiserhof bei der Vorbehaltung der Herrschaft über den südlichen Teil des Landes ein dekadentes und verschwenderisches Leben am West-See.

Gedenkhalle im Yue Wang-Tempel in Hangzhou, Provinz Zhejiang

1162 bestieg Xian Zong den Thron. Er stellte alle Titel Yue Feis wieder her und berief Zhang Jun, einen General der Kriegsfraktion zum Kommandeur, um Vorbereitungen auf einen Nördlichen Feldzug zu treffen. Von nun an sahen die Regierung und das Volk vollkommen neu aus. Doch stellten sich der Superkaiser Gao Zong und die Friedensfraktion dem Feldzug in den Weg, was zur Niederlage des nördlichen Feldzuges führte. Im zweiten Jahr des Regimes von Longxing (1164) ergab sich der Friedensfraktion und schloss den Longxing-Friedensvertrag mit Jin ab, in dem stand, dass der Kaiser der Song den Kaiser von Jin generationenlang Onkel nennen und der Kaiser der Song ein jährliches Bargeld statt eines jährlichen Tributs an Jin zahlen musste. Außerdem versprach der Song-Kaiser der Jin-Dynastie, jährlich 200000 Silbertalern und 200000 Seidenballen zu zahlen und Shang (heute Kreis Shangxian in der Provinz Shaanxi), Qin (heute Tianshui, Provinz Gansu) und vier andere Präfekturen an Jin abzutreten. Danach herrschten in der Südlichen Song-Dynastie nacheinander vier Kaiser, nämlich Guang Zong, Ning Zong, Li Zong und Du Zong. Sie alle waren jedoch töricht und unfähig. Außerdem hielten einflussreiche Hofbeamten wie Han Tuozhou, Shi Muyuan und Jia Sidao die Fäden in der Hand. Daher hörten die inneren Kämpfe niemals auf.

Altstadt von Lijiang, Provinz Yunnan

Nach der Unterzeichnung des Shaoxing-Friedensvertrages reduzierte Jin seine Angriffe nach Außen erheblich. Als Xi Zong (1119-1149) auf dem Thron war, führte er eine Reihe von Reformen durch, wie z. B. die Einrichtung einer administrativen Struktur nach dem Modell der Song- und Liao-Dynastie und eine Auswahl der Beamten durch kaiserliche Prüfungen. 1153 verlegte Jin seine Hauptstadt nach Yanjing (heute Beijing), das in Zhongdu umbenannt wurde. Außerdem wurden alle Regeln und Verordnungen verbessert. Während des Regimes von Shi Zong erlebte Jin seine Blütezeit. Nach dem Regime Zhang Zongs ging es für die Jin jedoch allmählich bergab. Zugleich stieg Yuan, ein Regime, das von den Mongolischen Adligen gegründete wurde, im Norden auf. Mit dem südlichen Marsch der mongolischen Truppen musste Jin seine Hauptstadt zum zweiten Mal nach Bianjing verlegen. Jin-Kaiser Ai Di floh zuerst nach Guide (heute Shangqiu in der Provinz Henan) und dann nach Caizhou (heute Ru'nan in der Provinz Henan). 1234 dankte Kaiser Ai Di zugunsten von Wanyan Chengling ab. Zur gleichen Zeit nahmen alliierte Kräfte von Song und den Mongolen Caizhou ein. Derart unter Druck geraten, erhängte sich Ai Di. Wanyan Chengling, der auf dem Thron nicht einmal einen Tag lang war, starb in den Wirren des Krieges. Damit war das Jin-Regime zu Ende.

Nach der Eroberung von Jin griffen die Mongolen die Song-Dynastie in großem Umfang an. 1274 bestieg Kaiser Gong Di der Song-Dynastie den Thron. Im selben Jahr marschierten die mongolischen Kräfte über Land und Fluss in das Gebiet der Song ein und schlugen die Song-Armee mehrmals nieder. 1276 nahmen die Mongolen Lin'an und fingen Gong Di, Kaiserinmutter Xie und Kaiserinmutter Jin. Hierauf unterstützten Premierminister Chen Yizhong, Zhang Shijie (?-1279), Lu Xiufu (1238-1279) und andere Generäle den Prinz von Yi, dessen Name Zhao Shi war. In Fuzhou machten sie ihn zum Kaiser, der später auch als Kaiser Duan Zong bezeichnet wird. Gejagt von den mongolischen Kräften starb Duan Zong in Gangzhou (an der See südlich des Kreises Wuchuan in Guangdong). Später machten Wen Tianxiang und Lu Xiufu Prinz von Wei, Zhao Bing, zum Kaiser. 1278 wurde Wen Tianxiang in Chaoyang besiegt und gefangen genommen. Zhang Shijie und andere wurden von den mongolischen Truppen auf dem Meer besiegt. 1279 erkannte Lu Xiufu, dass das Spiel zu Ende war. Er warf sich mit dem neunjährigen Kaiser Zhao Bing auf dem Rücken vom Berg Ya ins Meer und setzte damit der Südlichen Song-Dynastie ein dramatisches Ende.

Eine grünglasierte Schüssel vom Jun-Ofen, Südliche Song-Dynastie (1127-1279 n. Chr.), Rand 20,5 cm

Blauweiße pflaumfarbige Vase aus Jingdezhen (1127-1279 n. Chr.)

Schattige blaue Porzellanstatue, Südliche Song-Dynastie (1127-1279 n. Chr.)

VII. Wirtschaft der Song-Dynastie

Die Einigung in der Nördlichen Song-Dynastie setzte dem durch die Kriege verursachten langfristigen Chaos, das mit den Fünf-Dynastien begonnen hatte, ein Ende. Die Wirtschaft erfuhr einen deutlichen Aufschwung. Wasserstauanlagen wurden im Süden wie im Norden repariert bzw. wieder aufgebaut. In Südchina wurden verschiedene Felder wie Weitian, Yutian, Jiatian und Hutian in großem Maßstab erschlossen. Die Ackerbaufläche nahm ständig zu. Produktionswerkzeuge wurden auch verbessert. Tali, ein arbeitssparender Pflug, der den Feldrind ersetzen konnte, tauchte auf. Außerdem fanden andere Ackerbaugeräte Anwendung wie z. B. Yangma, mit dem man täglich tausend Beete von Reissämling säen konnte. Sogenannte Drachenknochenwasserholer, von Wasserkraft oder von Rindern angetriebene Wasserräder fanden immer weitere Verwendung. Verbesserter Reis, der auch Zhangcheng-Reis genannt wurde, verbreitete sich und sein Ertrag erhöhte sich erheblich.

Silberner Krug mit Handgriff mit elefantenförmigem Deckel, Song-Dynastie (960-1279 n. Chr.)

In der Nördlichen Song gab es ungefähr zwei- oder dreihundert Bergwerke. Mit der Teilung der Arbeit in Ausschöpfen, Fördern, Dämpfen und Verfeinern hatte jedes Werk seine eigene Verantwortung. Das führte dazu, dass die Eisenproduktion stieg. Und Bailianggang, ein fein erzeugter Stahl, wurde produziert. Außerdem war das Gießen von Kupfer, Eisen, Blei und Zinn in den Gebieten Min, Shu, Hu, Guang, Jiang, Huai und Zhe sehr verbreitet. Darüber hinaus stieg die Kohlenproduktion beachtlich und die Förderungstechniken wurden enorm verbessert. Weiter wurden technologische Fortschritte in der Förderung von Brunnensalz in Sichuan erzielt, was zur Erhöhung der Salzproduktion führte.

Die Seidenweberindustrie erfuhr in der Nördlichen Song-Dynastie schnelle Entwicklung. Zu den Seiden, die den hohen Entwicklungsstand zeigten, gehörten die weltberühmten Sichuan-Brokate. Dingzhou Kesi webte mit einem eleganten Muster. Die Shanzhou Weifu- Feinseide war sprichwörtlich so leicht wie Nebel und ein Ballen der Fangshenghua-Seide aus Jingzhou wog nur vierzehn Liang (eine chinesische Gewichteinheit).

Das Porzellan aus der Song-Produktion war überall auf der Welt berühmt und wurde weltweit verkauft. Zu den berühmten Brennöfen gehörten Guanyao in Kaifeng, Ruyao in Ruzhao (heute Kreis Linru in Henan), Dingyao in Dingzhou (heute in Hebei) und Yueyao in Yuzhou (heute Kreis Shaoxing in Zhejiang), die zusammen als „Fünf Berühmte Brennöfen" bezeichnet wurden. Porzellan, das in Channanzhen erzeugt wurde, war von gutem Ruf während der Regierungszeit des Kaisers Zhen Zong, des Regimes Jingde (1004-1007) und deshalb wurde das Städtchen in Jingdezhen umbenannt. Weiter machte man im Schiffbau, in der Papierherstellung, Zuckerraffinierung und Teeverarbeitung erkennbare Fortschritte im Vergleich zur Zeit der Fünf-Dynastie und Zehn-Staaten.

Blühende Geschäftszentren wurden überall im Norden und Süden gegründet. Geschäfte und Märkte standen in Bianliang, der Hauptstadt der Nördlichen Song-Dynastie, Reihe an Reihe. Ein Rollbild mit dem Titel *Das Fest "Helles Licht" auf dem Fluss* zeigte die blühende Stadt Bianliang. Mit dem Aufblühen der Kommerz begann man, die älteste Papierwährung namens Jiaozi in Sichuan auszugeben. Quechang, das an der nordwestlichen Grenze der Song geöffnet wurde, war eine Stelle, wo der Handel zwischen der Song, der Liao und der Xia stattfand. Außerdem unterhielt die Nördliche Song-Dynastie viele Geschäftskontakte mit den Staaten in den Westlichen Regionen, mit den Tufans auf der Qinghai-Tibet-Hochebene und anderen ethnischen Gruppen im Südwesten. Überseehandel war in der Nördlichen Song-Dynastie besonders blühend. Eine Hafenadministration, deren

Das Fest „Helles Licht" auf dem Fluss, Teil, Song-Dynastie, Zhang Zeduan, Seidenrollen, 527 cm lang, 24,8 cm breit

Agentur Shiboli hieß, wurde für den Außenhandel in solchen Küstengebieten wie Guangzhou, Hangzhou, Mingzhou (heute Ningbo, Zhejiang) usw. eingerichtet. Deshalb nahm die Zahl der Koreaner, Japaner, Araber und Perser, die Geschäftsreisen nach China machten, Tag für Tag zu.

Aufgrund der Tatsache, dass die Song-Regierung und zahlreiche Leute sich nach Süden bewegten, erfuhr Südchina eine weitere Entwicklung. Damals wurde der Zwei-Ernten-Reis in Südchina angebaut und deshalb gab es einen Spruch „Wenn die Ernte in Hunan und Hubei gut war, wird es dem ganzen Land nicht an Getreide mangeln", was das Reichtum und den Wohlstand in der südöstlichen Region in der Südlichen Song-Dynastie zeigte. Die Technologie und Produktion der Handwerkindustrie, einschließlich Bergbau und Hüttenindustrie, Schiffbau, Porzellanproduktion und Spinnen und Weben hatten die der Nördlichen Song-Dynastie überschritten. Rasche Verbesserung wurde damals in der Technik der Feuerwaffenherstellung zum Zweck des Krieges erzielt.

Ein hoch entwickeltes Wassertransportsystem in Süden galt als günstiger Faktor für das Wachstum der Wirtschaft. In der Hauptstadt Lin'an, die durch Kanäle verbunden wurde, gab es Straßen, die zum Meer führten. Reiche Geschäftsleute kamen und gingen, Geschäfte und Läden standen in großer Zahl entlang den Straßen und Gassen. In der Südlichen Song-Dynastie kam es auch im Außenhandel zur raschen Entwicklung. Chinesische Handelsschiffe segelten bis nach Dashi (heute Arabische Halbinsel), um Geschäfte zu machen. Zugleich kamen Kaufleute aus Dashi, Shepo (heute Indonesien) und Sanfuqi (heute Sumatra) auch häufig nach China. Die Südliche Song-Dynastie richtete deshalb Tiju Shibosi ein, was eine Hafenadministration für Außenhandel und Geschäftssteuer war. Wegen der häufigen Geschäftsaktivitäten errichtete die Südliche Song-Regierung eine Institution namens Hanzaihuzi Wu, die sich auf die Ausgabe und Verwaltung der Papierwährung spezialisierte. Außerdem existierten auch viele lokalverbreitete Papierwährungen in allen Landesteilen.

Wuyi-Gebirge, Provinz Fujian

Während der Song-Dynastie findet sich auch im Norden, wo Liao, Xi-Xia und Jin ihre Regimes gründeten, eine vergleichsweise schnelle Entwicklung. Zwar dominierten Viehzucht und Jagd in der Wirtschaft Liaos, doch stieg der Anteil der Landwirtschaft unter dem Einfluss der fortschrittlichen Form der Produktion und Kultur der Han-Chinesen ständig an. Überdies ließen sich deutliche Fortschritte in der Handwerkindustrie, auch im Bergbau und der Metallverhüttung feststellen. Mit dem Pferdantrieb und der Wagenherstellung fand eine fortschrittliche Technik Verwendung. Porzellan und Seiden waren sehr elegant. „Quechang" verband den Handel zwischen Liao und den Zentralebenen. In den fünf Jings waren überall reiche Geschäftsleute zu sehen. In Xi-Xia im Nordwesten, das lange Zeit als „Königreich der weltbesten Viehzucht" galt, entwickelte sich die Handwerkindustrie, wie z. B. Wollenspinnen, Waffenherstellung, Salzindustrie, Porzellanproduktion und Eisenwarenverarbeitung einigermaßen. Xi-Xia handelte vor allem mit Song, Liao und Jin. Währungen des Jins und der Song konnten auch in Liao verwendet werden. Jins Landwirtschaft machte großen Fortschritt, deshalb stieg die Produktion des Getreides stetig an. Die Produktion der Handwerkindustrie zeigte große Mengen von Gold, Silber, Kupfer, Eisen und Kohlen auf. Darüberhinaus übertraf die Porzellantechnologie von manchem berühmten Brennofen im Norden allmählich die der Nördlichen Song-Dynastie. Die technische Fertigkeit im Seidenspinnen und -weben, in der Papierherstellung, in Druck und der Waffenherstellung war ebenso gut wie in der Südlichen Song. Quechangs wurden für Handel an den Grenzen zwischen der Song und dem Jin, dem Jin und der Xia, dem Jin und allen nördlichen ethnischen Gruppen gebaut. Handel in Kaifeng, Nanjing, in Xiangzhou von Hebei und anderen Orten gedieh sehr. Nach jahrelanger Kriegszerstörung begann die Wirtschaft im Norden dank der relativen Stabilität wieder aufzuleben.

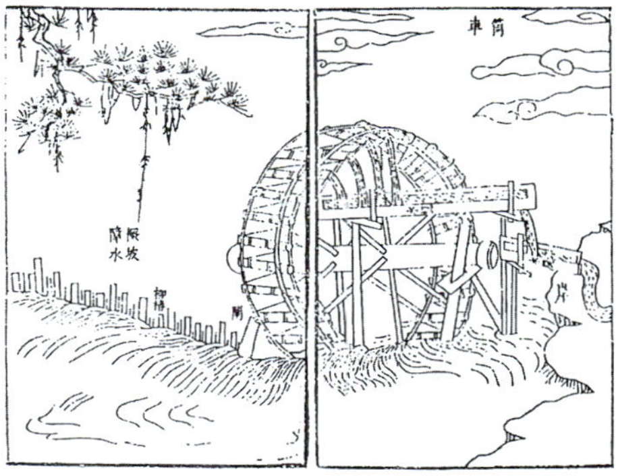

Vergleich des alten Wasserrades mit dem modernen

Yi Ze Bo-Glocke, das 4. Jahr der Chongning-Periode der Nördlichen Song-Dynastie (1105), 28,2 cm hoch, Handgriff 6,1 cm hoch

VIII. Blüte der Kultur

Zhou Dunyi (1011-1073 n. Chr.)

Shao Yong (1011-1077)

Lixue, die auch Daoxue genannt wurde, war eine konfuzianische Schule, die aus Buddhismus und Taoismus gebildet wurde. Im Vergleich mit dem traditionellen Konfuzianismus durchlief es große Verwandlungen. Zhou Dunyi (1017-1073), der zu Beginn der Nördlichen Song-Dynastie lebte, war Begründer dieser Schule. Im Prozess der Verurteilung des Buddhismus und Taoismus und der Förderung des Konfuzianismus gründete Zhou Dunyi sein eigenes ideologisches System von Lixue, das auch Neo-Konfuzianismus genannt wurde. In einer Erläuterung des Diagramms von dem Absoluten (Taiji Tu Shuo) und Almanach (Tong Shu) brachte er die Idee hervor, dass alle wahrnehmbare Materie von der absoluten Substanz abstamme, während das Absolute nur das ungreifbare Endliche sei. Neben Zhou Dunyi war Zhang Zai, ein Zeitgenosse von Zhou Dunyi, für diese Schule auch von wichtiger Bedeutung. Seine Hauptwerke umfassten *Zheng Meng*, *Dong Ming*, *Xi Ming* usw.

In der Nördlichen Song-Dynastie trugen Cheng Hao und Cheng Yi, die von späteren Generationen Brüder Cheng genannt werden, zur Entwicklung des Neo-Konfuzianismus sehr viel bei. Sie lernten bei Zhou Dunyi den Neo-Konfuzianismus und entwickelten die Idee des „Grundes" oder der „Vernunft" als den Ursprung von allen materiellen Sachen und der Essenz des Alls weiter, der bzw. die vor allen anderen Dingen existierte und immer bestand. Nach ihrer Ansicht mussten sich die breiten Massen mit der Realität abfinden und sich an die Ordnungen der Autokratie halten. Ihre Meinungen über öffentliche Angelegenheiten wurden in „Sämtliche Werke von Brüdern Cheng" zusammengefasst.

In Zhu Xi (1130-1200) aus der Südlichen Song-Dynastie verkörperte sich das Gedankengut des Neo-Konfuzianismus. Er glaubte, dass es im Universum Grund/Vernunft und Geist gab, die erstere sei die Essenz und der letztere der Gegenstand. Die Dinge auf der Welt kamen aus den Gründen und Gründe aus den Himmelsprinzipien, und die Himmelsprinzipien spiegelten sich exakt in der öffentlichen Ordnung wider, dessen Zentrum der Monarch bilde. Nach Zhu Xi sollten die Menschen ihre „menschlichen Bedürfnisse unterdrücken und an die Himmelsprinzipien festhalten". In seinem ganzen Leben hielt er Vorträge. Er war auch ein großer Pädagoge. Er schrieb viele Bücher. Davon war das wichtigste „Sämtliche Kommentare der Vier Bücher" (nämlich die vier Hauptwerke des Konfuzianismus, Großes Lernen, Die Doktrin des Mittels, Abhandlungen von Konfuzius und Menzius). Außerdem wurden viele Bücher wie z. B. Sortierte Gespräche von Meister Zhu, Ausgewählte Schriften von Meister Zhu Xi und Hinterlassene Schriften von Meister Zhu von späteren Generationen zusammengestellt. Zhu Xi und die Brüder Cheng haben als Pioniere großen Einfluss auf spätere Generationen ausgeübt, deshalb bezeichnete man den Neo-Konfuzianismus auch als Cheng-Zhu-Konfuzianismus. Lu Jiuyuan, ein anderer Konfuzianer, forderte, dass „die Seele der Grund ist" und dass „das Universum in meiner Seele liegt", was als „Theorie der Seele" bekannt wurde.

Xiao Yi Zhuan Lan Ting, Song-Dynastie (960-1279 n. Chr.), Künstler unbekannt, Seidenrollen, 26,6 cm breit, 44,3 cm lang

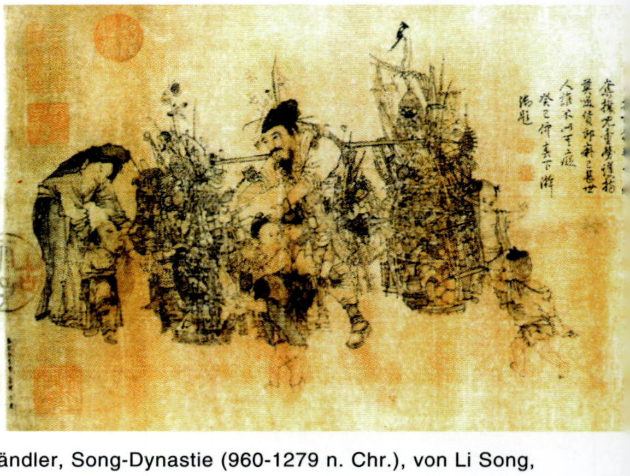

Straßenhändler, Song-Dynastie (960-1279 n. Chr.), von Li Song, 25,5 cm breit, 70,4 cm lang

Der Neo-Konfuzianismus, insbesondere die Theorie von

Zhu Xi, genoss hohes Prestige nach dem Regime von Kaiser Li Zong der Song-Dynastie. Abbilder der Brüder Cheng, von Zhu Xi und anderen Konfuzianern fanden sogar Plätze im konfuzianischen Tempel und ihnen wurden Opfer dargebracht, wenn eine Gedenkzeremonie für Konfuzius abgehalten wurde. In den folgenden hundert Jahren galten Zhu Xis Erläuterungen und Analyse über den Konfuzianischen Kanon als offizieller Standard und wurden ein orthodoxer Lehrgang.

In der Song-Dynastie tauchten zahlreiche Historiker auf und viele Geschichtsbücher erschienen. Das einflussreichste Buch war *Geschichte als Spiegel* von Sima Guang, das sich aus 294 Kapiteln zusammensetzte. In analistischem Stil geschrieben, zeichnete das Buch den Aufstieg und Zerfall der Reiche und politische Gewinne und Verluste im Zeitraum von 1362 Jahren auf, nämlich vom Anfang der drei Mächte in der Periode der Streitenden Reiche bis zum Ende der Fünf-Dynastien und die Spätere Zhou auf. In der Südlichen Song-Dynastie erstellte Yuan Shu nach dem Muster *Geschichte als Spiegel Ereignisse in Geschichte als ein Spiegel*. Er begann einen neuen Weg der Geschichtsschreibung, also mit dem Fokus auf historische Ereignisse. Es war anders als jene Historiographie, die in einer Serie von Biographien und Annalen dargestellt wurde. Hier wurde Geschichte durch wichtige Ereignisse aufgezeichnet. Mit einem Kompendium von historischen Ereignissen schlug Zhu Xi einen Weg für das Kompendiumschreiben.

Unter den Geschichtsbüchern über Institutionen sind *Historische Sammlungen,* das von Zheng Qiao der Südlichen Song-Dynastie erstellt wurde, und *Kritische Geschichte von Institutionen*, das von Ma Duanlin, der am Ende der Song-Dynastie und Anfang der Yuan-Dynastie lebte, geschrieben wurde, erwähnenswert. In der von Ouyang Xiu geschriebenen *Aufzeichnung der alten Schriften* und der von Zhao Mingcheng geschriebenen *Aufzeichnung der Inschriften an alten Bronzewaren* (Jinshi Lu) wurden Inschriften auf Stelen und alten Bronzegegenständen gesammelt, ungewöhnliche Wörter und einzelne Schriften wurden festgestellt und untersucht. Damit entstand ein neuer Zweig der Wissenschaft namens Epigraphie. Anders als die oben beschriebenen historischen Werke gehören historische Werke wie *Geschichte der Tang* von Ouyang Xie, Song Qi u. a., *Alte Geschichte der Fünf-Dynastien* von Xue Juzheng, *Neue Geschichte der Fünf-Dynastien* von Ouyang Xie, die Fortsetzung der *Geschichte als Spiegel* von Li Tao, *Chronik der wichtigsten Ereignisse seit dem Jianyan-Regime* von Li Xinchuan und *Chronik der drei Song-Kaiser im Umgang mit den nördlichen Nachbarn* von Xu Menghua zu bekannten historischen Werken.

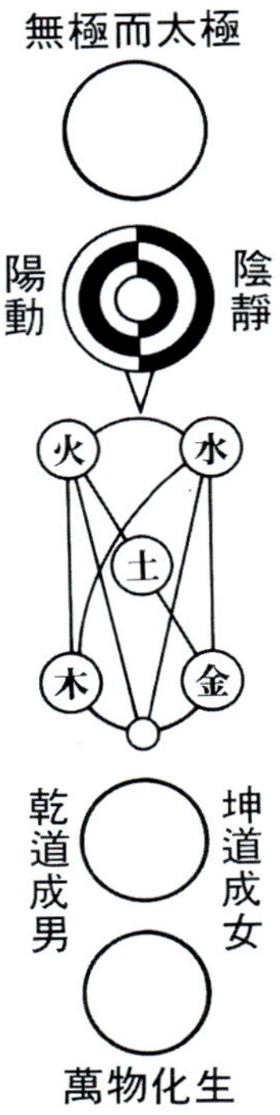

Diagramm des kosmologischen Schemas

Cheng Yi (1032-1085 n. Chr.)

Cheng Hao (1033-1107 n. Chr.)

Zhu Xi (1130-1200 n. Chr.)

Die Song-Dynastie sah Fortschritte auch in der Erstellung und Schreibung von lokalen Chroniken, namentlich die *Chronik des Taiping-Regimes*, die von Yue Shi geschrieben wurde, *Aufzeichnung der Ereignisse im Yuanfeng-Regime* von Wang Cun, *Chronik der Ereignisse auf der Welt* von Ouyang Ming, *Chronik der Ereignisse in Lin'an während des Qiandao-Regimes* von Zhou Cong, *Chronik der Ereignisse in Lin'an während des Xianchun-Regimes* von Qian Shuoyou, *Geschichte Wujuns* von Fan Chengda, *Aufzeichnung der Ereignisse in Jiankang während des Jingding-Regimes* von Zhou Yinhe und *Aufzeichnung der Ereignisse in der Präfektur Huigui während des Jiatai-Regimes* von Shi Su waren alles berühmte Annalen der lokalen Geschichte. In *Aufzeichnung der blühenden Stadt Dongjing* von Meng Yuanhao, *Aufzeichnung der blühenden Stadt Lin'an* von Wu Zimu und *Alte Ereignisse in dem Kampfkunstkreis* von Zhou Mi wurden Szenen der Blüte in der Hauptstadt lebendig beschrieben.

Etliche Leishus in voller Länge, nämlich Nachschlagwerke mit Materialien, die aus verschiedenen Quellen ausgewählt und nach Themen geordnet waren, wurden von vielen Leuten in der Nördlichen Song-Dynastie erstellt. Während des Regimes von Tai Zong erstellten Li Fang und andere nach dem kaiserlichen Edikt *Kaiserliche Werke in der Taiping-Epoche,* das aus 1000 Kapiteln bestand, *Auswahl aus Aufzeichnungen der Taiping-Epoche aus 500 Kapiteln* und *Ausgewählte Blüten aus dem Garten der Literatur* aus 1000 Kapiteln. Während des Regimes von Zhen Zong erstellten Wang Qinruo, Yang Yi und andere Leute auch nach dem kaiserlichen Edikt *ein Werk* aus 1000 Kapiteln, *Führer zum Buch.* All diese vier oben erwähnten Werke, die von späteren Generationen zusammen als vier große Nachschlagwerke in der Tang-Dynastie genannt wurden, waren tatsächlich eine vollständige Sammlung der historischen Aufzeichnungen der vergangenen Ereignisse, die die damalige Zeit überlebt hatten. Dadurch blieben viele Dokumente erhalten. Außerdem schufen diese Bücher einen Präzedenzfall für die Erstellung von Leishu, das von späteren Generationen nachgeahmt wurde.

Ci-Gedichte genossen während der Song-Dynastie ein hohes Prestige in der chinesischen Literatur. Diese Gattung entstand in der Tang-Dynastie und reifte in den Fünf-Dynastien. Die Werke von Li Yu, auch bekannt als „Li, der letzte Monarch der Tang-Dynastie", stellten einen großen Fortschritt in der Darstellung des Lebens und dem Ausdruck des Gefühls dar. Zu Beginn der Song-Dynastie erreichte die Gattung der Ci-Gedichte ihren Gipfelpunkt. Su Shi, Lu You und Xin Qiji waren damals berühmte Ci-Dichter. Sushis Ci-Gedichte behandeln einen weiten Rahmen von Themen und drücken Gefühle zügellos und ungebändigt

Landschaftsmalerei, Song-Dynastie, von Liu Songnian, Seidenrollen, jeder Teil 41cm breit, 69 cm lang

Sima Guang (1019-1086 n. Chr.)

Su Shi (1037-1101 n. Chr.)

Li Qingzhao (1084-1151 n. Chr.)

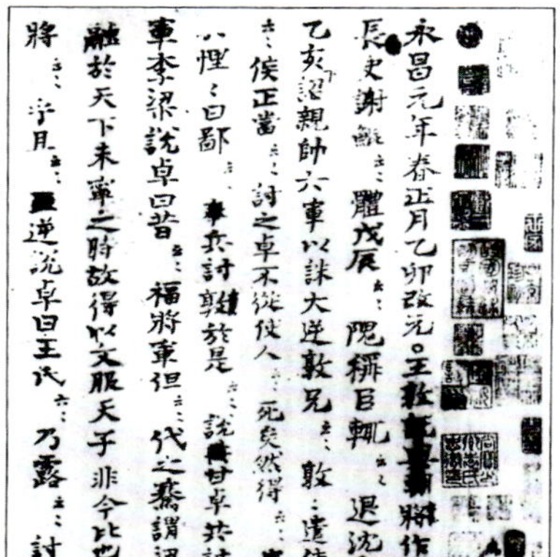

Zi Zhi Tong Jian, Manuskript

aus. Daher galt Su Shi als Begründer des kräftigen und freien Stils. Seine Werke wie *Zauber einer Sängerin im Gedenken der Vergangenheit am Roten Felsen* und *Vorwort zur Melodie vom Wasser, Wie lang wird der Mond hell bleiben?*, waren voller heroischem Geist und deshalb schuf eine eindrucksvolle künstlerische Stimmung. Werke von Lu You – es waren ungefähr 10000 - waren zumeist voller patriotischem Enthusiasmus. Werke von Xin Qiji beseitigten den angeberischen und subtilen Schreibstil, der im Kreis der Ci-Dichter sehr verbreitet war. Sie waren auch von zügellosen und ungebändigten Leidenschaften gefüllt. Deswegen wurden Xin Qiji und Su Shi im Kreis der Ci-Dichter zusammen als „Su-Xin " bezeichnet. Außerdem war Li Qingzhao, eine Dichterin der Südlichen Song-Dynastie, deren

Cai Wei, Song-Dynastie, von Li Tang, Seidenrollen, 27 cm breit, 90 cm lang

Lushan-Gebirge, Norden der Provinz Jiangxi

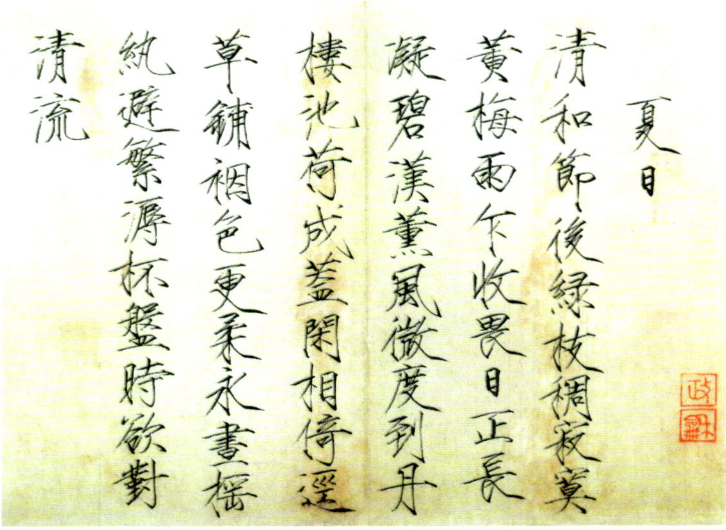

Das Sommergedicht, Song-Dynastie, von Zhao Ji, Tinte auf dem Papier, Stil dünn und kräftig, 33,7 cm breit, 44,2 cm lang

Stelenwald, gegründet 1090 nach Christus in Xi'an, Provinz Shaanxi, darin gibt es mehr als 1000 wertvolle Stelen aller Arten

Werke eine frische künstlerische Vorstellung hatten, eine Repräsentantin des subtilen und gebändigten Schreibstils.

Einheimische Geschichten der Song-Dynastie, die auch Huaben genannt wurden, entsprangen aus den Meisterkopien von jenen, die sich mit Geschichtserzählung und Balladensingen beschäftigten. Sie handelte von Themen wie klassische Kanons, Geschichte und Stadtleben. Deswegen übten sie großen Einfluss auf die Novellen der Ming- und Qing-Dynastie aus. Dramen aus der Song-Dynastie bestanden aus Erzählungen und Balladen, Puppenschau, Schattenschau und Zaju. Zu erwähnenswerten Literaturwerken der Liao- und Jin-Dynastie gehörten Yuan Haowens Gedichte und Dong Xieyuans *Die Westkammer*-Zhugongdiao (eine Balladenform der Song).

Meng Chang aus der Späteren Wu der Fünf-Dynastien gründete zuerst die kaiserliche Kunstakademie, die den Ursprung der Kunstakademie in China bildete. Die berühmtesten Landschaftsmaler waren Jin Hao, Guan Tong der Späteren Liang, Dong Yuan, Ju Ran der Späteren Tang, Li Cheng, Fan Kuan, Guo Xi, Mi Fu und dessen Sohn.

IX. Die vier weltbewegenden Erfindungen

Shen Kuo (1031-1095 n. Chr.)

Die vier großen Erfindungen aus alten Zeiten Chinas, nämlich Kompass, Schießpulver, Papierherstellung und Drucken, sind wichtige chinesische Beiträge zur Weltzivilisation. In der Song-Dynastie wurden weitere Fortschritte in Schießpulver, Drucken und Kompass erzielt.

Das Schießpulver, das auch als Schwarzpulver bezeichnet wird, bestand aus Natriumnitrat, Schwefel und Holzkohle. Ein taoistischer Alchemist der Tang-Dynastie namens Sun Simiao war der erste, der die Explosivität des Schießpulvers entdeckte. Gegen Ende der Tang-Dynastie fand Schießpulver in der Jagd, beim Steinbruch und der Tunnelsprengung sowie als Feuerwaffe weitere Verwendung. Während des Regimes von Ren Zong der Nördlichen Song-Dynastie erstellte Zeng Gongliang nach kaiserlichem Edikt ein Buch mit dem Titel *Grundriss der Militärwissenschaft*, in dem er detailliert die Namen, Verwendungen und Chargen von vielen Feuerwaffen beschrieb. Damalige Feuerwaffen, einschließlich Kanonen, erste Formen von Raketen und Feuerkugeln, wurden zum Angriff auf eine Stadt, zur Abwehrung der Feinde, zum Starten eines Angriffs und zur Durchbrechung der Einkesslung verwendet. Sie zeigten eine große Zerstörungskraft. Schießpulver wurde über die Song-Dynastie, Jin und die Mongolei in Arabien eingeführt, danach kam es über einige Umwege nach Europa, was die Entwicklung westlicher Zivilisation beförderte.

Druck mit beweglichen Lettern, der auf der Grundlage des Blockdrucks der Tang-Dynastie basierte, wurde von Bi Sheng zur Zeit des Regimes von Qing Li (1004-1048) der Nördlichen Song-Dynastie erfunden. Er verwendete Tonerde als Material zur Aushöhlung der beweglichen Typen und entwarf eine Reihe von Einrichtungen für die Arrangierung der Schriften. Deshalb wurde er der erste, der mit beweglichen Lettern Bücher druckte. Druck mit beweglichen Lettern wurde östlich über Korea nach Japan und westlich über die arabische Halbinsel nach Europa gebracht, wodurch die Entwicklung der Weltkultur sich beschleunigte. Allerdings entstand der Druck mit beweglichen Typen erst Mitte des 15. Jh. zum ersten Mal in Europa.

Nach der Überlieferung wurde der Kompass von Huang Di erfunden, der auch Boxenkompass genannt wird. In der Periode der Streitenden Reiche zeichnete Han Fei ein nach Süden gerichtetes Gerät namens „Si Nan". In den Nördlichen und den Südlichen Dynastien schufen Zu Chongzi und andere einen Kompasswagen, einen Kompassfisch usw. In der Nördlichen Song-Dynastie wurde Kompass in der Navigation eingesetzt. Schiffskapitäne verwendeten „Sterne in der Nacht und die Sonne am Tag" und beim Regen verwendeten sie den Kompass für die Anzeige der Richtungen. Im 13. Jh. wurde der Kompass nach Westeuropa gebracht, was zur Entdeckung der neuen Seelinien erheblichen Beitrag geleistet hatte.

Shen Kuo war ein gelehrter und kentnisreicher Wissenschaftler der Nördlichen Song-Dynastie. Seine großartige Arbeit, *Skizzen und Notizen des Traumbachs*, zeichnete Erfindungen der werktätigen Leute und seine eigenen Forschungsergebnisse auf. Es gab über 200 naturwissenschaftliche Einträge in seinem Buch, die sich auf verschiedene Gegenstände bezogen, wie z. B. Kalenderverbesserung, Mathematik, Meteorologie, Geologie, Geographie, Physik, Chemie, Biologie, Landwirtschaft, Staudämme, Architektur, Medizin und Pharmakologie, was die moderne Wissenschaft und Technologie der damaligen Welt repräsentierte. Außerdem begründete er die Theorie der elliptischen Laufbahn der Sonne, was 550 Jahre früher als im Westen ist. Der britische Gelehrte, Jose Li, nannte ihn die „Koordinate der Wissenschaft" des 11. Jahrhunderts.

Kompasswagen (Modell), Periode der Streitenden Reiche, Wei-Reich

Kompass aus der Han-Dynastie, der älteste Kompass auf der Welt, verwendet seit der Periode der Streitenden Reiche, die Page der Platte 17,8 cm lang, die Löffel 11,5 cm lang

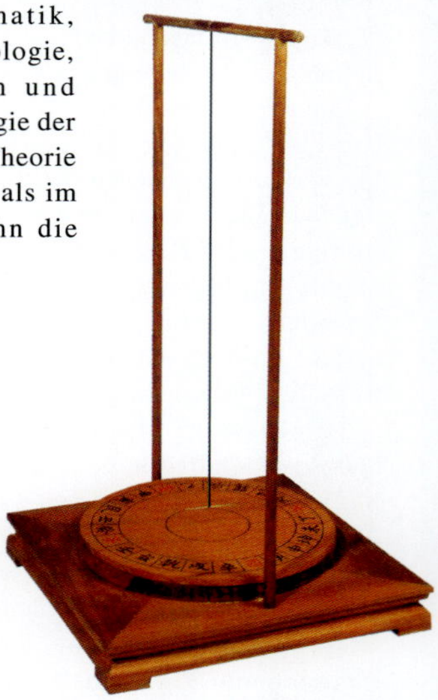

Der hängende Kompass (Modell), Song-Dynastie

Die Schritte der Papierherstellung in der Song-Dynastie

s Grab von Cai Lun in dtchen Longting, Kreis ang, Provinz Shanxi

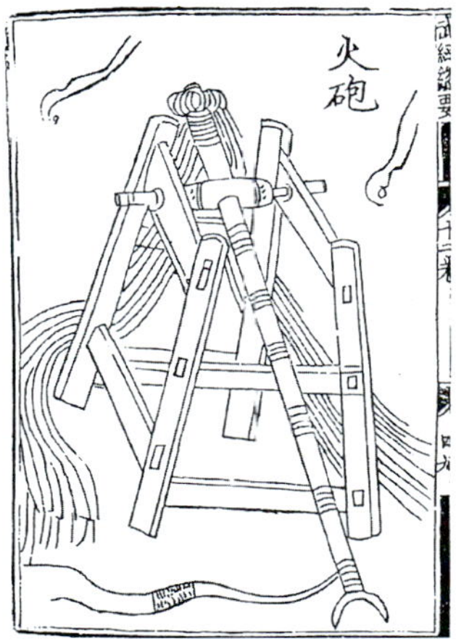

Kanone (in Wu Jin Zong Yao)

Buchdrucken, Ming-Dynastie

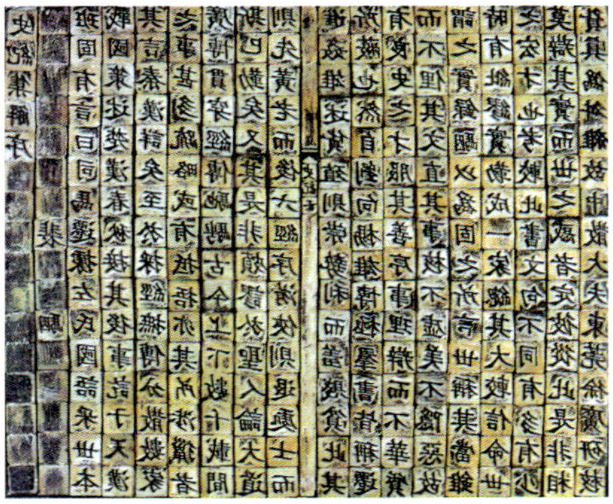

Bewegliche Typen in der Nördlichen Song-Dynastie, 43 cm lang, 37 cm breit

Tongrab mit Stachelpedigrohren, Tonschale mit Schießpulver darin, die älteste explosive Feuerwaffe.

Bronzegewehr mit Inschriften, Yuan-Dynastie

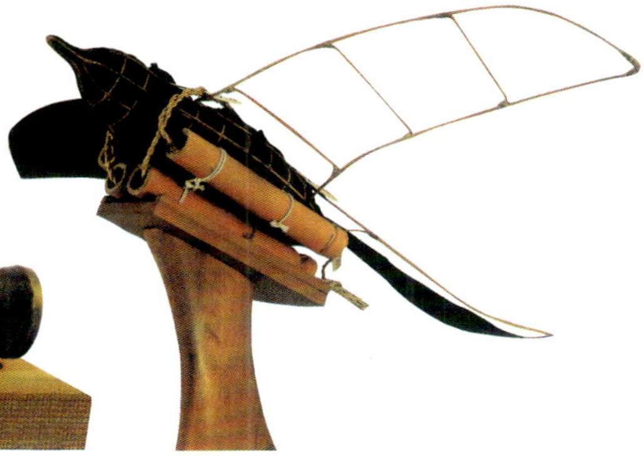

Shen Huo Fei Ya, die Feuerbombe gebaut nach dem Prinzip des Raketenabschießens(Nachbau), Ming-Dynastie, der Flügel 64 cm lang, der Körper 56 cm lang

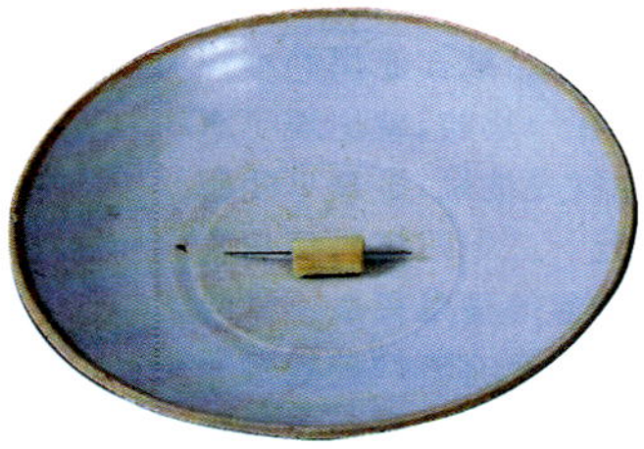

Schwebender Kompass, Nachgebaut nach dem Skizzen und Notizen des Traumbachs und Ben Cao Yan Yi

Kompass in Form von Schildkröte (Modell), Yuan-Dynastie (1260-1368 n. Chr.)

Kompass, Qing (1644-1919 n. Chr.)

X. Dschingis Khan und das große Reich in der Yuan-Dynastie

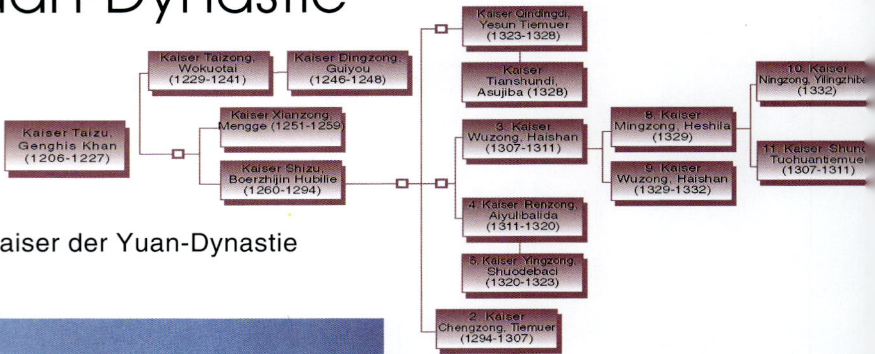

Kaiser der Yuan-Dynastie

Das Mausoleum von Dschingis Khan (1162-1227 n. Chr.), 15 km Südlich des Städtchens Atangxilianzhen, Yijinholoqi, Innere Mongolei

Wegbereiter zu einer Verbindung zwischen Westen und Osten, zwei Regionen, die sich mehr oder weniger von einander trennten, gab es nicht selten. Doch erst im 13. Jh. kam es zu einer echten Verbindung zwischen ihnen. Die hervorragenden Erfolge von Dschingis Khan (alias Timujin, 1162-1227) und seinen Nachfahren waren und sind bis heute ein bewundernswertes Ereignis für spätere Generationen.

Die Vorfahren von Dschingis Khan stammten aus Monwushiwei, einem Stamm, der während der Tang-Dynastie in der Nördlichen Region des großen Xin'an-Gebirges lebte und in der Song-, der Jin- und der Liao-Dynastie auch Mongolse, Mongoli oder Mongol hieß. Zusammen mit anderen Stämmen wurde sie manchmal als Tartar bezeichnet. Während des Liao-Regimes erreichte der mongolische Stamm einen neuen Entwicklungsstand. Timujin zeigte als Führer eines kleinen Stammes in den Kriegen zwischen den Stämmen sein außerordentliches Talent. Nach über zehnjährigem Kampf und Marsch vereinigte er zu Beginn des 13. Jh. alle mongolischen Stämme. 1206 hielt er eine Klankonferenz am Ufer des Onon-Flusses (heute Enen-Fluss, Mongolei) ab, auf der er als großer Khan, mit dem honorigen Titel von Dschingis Khan, verehrt wurde. Nun wurde ein vereinigtes mongolisches Khanat (auch Große Mongolei genannt) gegründet. Später wurde er als Kaiser Tai Zu der Yuan-Dynastie bezeichnet.

Nach der Gründung des mongolischen Khanats erarbeitete Dschingis Khan einen vollständigen Satz von militärischen und administrativen Regeln und Ordnungen. Danach ließ er

Die Situation der Yuan-Dynastie

Silbernes Toilettenfach mit Straußmuster, Yuan-Dynastie (1271-1368 n. Chr.)

Longquan-Porzellanteller mit Drachenmuster, Yuan (1271-1368 n. Chr.)

einen uigurischen Gelehrten namens Tatatonha, der von den Mongolen gefangen wurde, die alte mongolische Sprache schaffen, in der er die gesetzlichen Dokumente Da Zha Sa erstellte.

Zu der Zeit der Gründung der Mongolei begann Dschingis Khan seine Expansion und Plünderung in den Nachbarregionen. 1219 führte er persönlich eine 200000 Mann starke Truppe zu einem westlichen Feldzug nach Hualazimo (heute Osten des kaspischen Meeres, Westen des Aral-Meeres und Süden des Irtysh-Flusses), und Mongolische Kräfte stürmten bis den Nordwesten von Indien. Truppen auf einer anderen Front marschierten in Richtung Kaukasien, ihr Einflussgebiet erstreckte sich bis zur nördlichen Küste des Schwarzen Meeres und weiter bis zur Krim-Halbinsel. Dschingis Khan teilte das neu eroberte Gebiet in viele Lehen. Das Lehen von Juji, dem ältesten Sohn von Dschingis Khan, wurde Kippchak-Khanat genannt, das Lehen von Jagatai, dem zweiten Sohn von Dschingis Khan, wurde Jagatai-Khanat genannt und das Ogdai-Khanat war das Lehen von Ogdai, seinem dritten Sohn. Nach dem Tod Dschingis Khans im Jahr 1226 unternahmen seine Nachfolger von 1235 bis 1244 zwei westliche Feldzüge. Die mongolischen Kräfte nahmen Russland ein und marschierten nach Persien, Ungarn und Österreich. Während ihres dritten Feldzuges von 1253 bis 1259 eroberten die Mongolen Muciyi, einen Teil von dem heutigen Iran und Schwarzen Dashi. Dann marschierten sie in Damaskus und andere Orte von Syrien ein. Weiter stürmten sie nach Ägypten. Dank des dritten westlichen Feldzuges wurde das Il-Khanat gegründet. Außer dem metropolischen Gebiet des mongolischen Khanats gliederten sich die oben erwähnten Khanate in vier große Khanate. Nachdem sie den Westen und den Osten unter zentralisierte Herrschaft gebracht hatten, schuf das mongolische Khanat, das eine Zeit lang mächtig und blühend war, ein Wunder in der Weltgeschichte und förderte den weltweiten Austausch von Wirtschaft und Kultur.

1234 zerstörten mongolische Kräfte Jin. 1260 folgte Kublai als großer Khan und 1271 nannte er sein Regime die große Yuan-Dynastie. Im nächsten Jahr machte er Dadu (Beijing) zur Hauptstadt. Die Yuan-Regierung gründete das Sekretariat, eine Einrichtung, welche die Kontrolle über sechs Abteilungen ausübte und für alle nationalen administrativen Angelegenheiten zuständig war. Außerdem wurde das Militäramt gegründet, das mit der Verwaltung der militärischen Tätigkeiten beauftragt wurde. Es gab auch einen Staatsanwalt und das Amt für Buddhistische Angelegenheiten, der erstere überwachte alle Regierungsbeamten und das letztere beschäftigte sich mit

Tonfigur von einem Mann mit Gegenstand in seinen Händen, Yuan-Dynastie (1260-1368) 26, 8 cm hoch, ausgegraben in Xi,an in der Provinz Shaanxi

Tie Guai, Yuan (1260-1368 n. Chr.), von Yan Jun, Seidenrollen, Tinte und Wasch, 14,6 cm breit, 72,5 cm lang

Silberner Spiegelstand, Yuan-Dynastie (1271-1368 n. Chr.)

Tonfigur von einer Frau, Yuan-Dynastie (1260-1368 n. Chr.), 29 cm hoch, ausgegraben in Xi'an, Provinz Shaanxi

Kaiser Shi Zu der Yuan-Dynastie, Hubi Lie (1215-1294 n. Chr.)

Die Kaiserin von Kaiser Shi Zu der Yuan-Dynastie

Kaiser Shi Zu der Yuan bei der Jagd, Teil, Yuan, von Liu Guandao, 182,9 cm hoch, 104,1 cm breit

Ausgehöhlter Jadeschmuck, Yuan-Dynastie (1260-1368 n. Chr.), 6,6 cm lang, 5,3 cm breit, 1,3 cm dick

Porzellantopf für Go-Spiel Drachenmuster, Yuan-Dyna (1260-1368 n. Chr.), 11,2 hoch

Longquan-Porzellantopf mit Lotusblätterdeckel, Yuan-Dynastie (1260-1368 n. Chr.)

Ein Porzellankrug mit phönixkopf, Yuan-Dynastie (1260-1368 n. Chr.), 6,6 cm lang, 5,3 cm breit, 1,3 cm dick

Chizhou-Topf mit Babymuster, Yuan-Dynastie (1260-1368 n. Chr.)

Prozession, Yuan (Teil)

buddhistischen Angelegenheiten und der administrativen Arbeit von Tufan. Unter dem Yuan-Regime wurde das Volk des Landes in vier Kategorien eingeteilt: Mongolen, das Semu-Volk, Chinesen und die „Südländer". In zentralen sowie in vielen lokalen Regierungsorganisationen wurden Mongolen und die Semu-Leute zu Garnisonsbeamten bestellt, deren Pflicht darin bestand, die Herrschaft der mongolischen Adligen zu festigen.

1279 vernichtete Yuan die Südliche Song-Dynastie. Hierdurch vollzog sich die Einigung des Landes, welche die Basis für das riesige Territorium Chinas legte. Dann wurden große Armeen nacheinander zu weiteren Feldzügen nach Japan, Annan, Zhan Cheng, Myanmar und Java entsendet, aber alle Versuche scheiterten schlussendlich. Von 1294 an, da Kublai in Dadu starb, bis zur Zeit des Regimes von Kaiser Shun Di war es eine Periode der heftigen internen Kämpfe um den Thron, die 40 Jahre dauerte. Diese 40 Jahre sahen insgesamt neun Kaiser.

Mit einem weiten Maßstab und einer kompletten Planung war Dadu eine internationale Metropole und ein Meisterstück des Städtebaus im alten China. In Dadu gab es gut entworfene Gebäude und breite Straßen mit einer ausgeklügelten und die Stadt umfassenden Kanalisation. Außerdem gab es in der Stadt zahlreiche, freilich ordnungslose bürokratische Einrichtungen, sowie viele Einwohner. Die Yuan-Regierung errichtete ein Zhanchi-System, in dem Dadu den Kern bildete. Landesweit wurden insgesamt über 1500 Zhanchi eingerichtet. Darüber hinaus wurde eine Art von Eilposthaus namens Ji Di Pu gegründet, die sich auf die Übermittlung amtlicher Nachrichten spezialisierte. Dadurch wurde eine enge Verbindung zwischen der Zentralregierung und den lokalen Behörden gesichert.

In Dadu lebten Menschen verschiedener ethnischer Gruppen, einschließlich Chinesen, Mongolen, der Hui, Uiguren, der Hani, der Yudian und des Tibetvolk, unter denen es viele Bürokraten, Wehrleute mit ihren Familienangehörigen, Handwerker und Kaufleute gab. Die Handwerkindustrie damals umfasste die Herstellung von Filzteppichen, Verarbeitung von Gold, Silber und Agat, Seidenweberein, Waffenschmieden und Bergbau. Ein großer Anteil davon gehörte der Regierung. Und es gab zahlreiche Handwerkerfamilien. Märkte für Reis, Eisen, Fell, Pferde und Rinder, Kamele, Perlen und Shalas (Korallen) waren überall. Verschiedene Waren wurden in Dadu, dem nördlichen Handelszentrum verkauft. Der Außenhandel war damals sehr rege. Chinesische Kaufleute sah man in Ostasien, Südasien, Westasien, Ostafrika und dem europäischen Kontinent, das durch Landstraßen mit Asien verbunden wurde. Zugleich kamen ausländische Kaufleute auch nacheinander nach Dadu. Als Bildungszentrum des Landes war Dadu eine Stadt, wo sich die Institution der höheren Bildung, die Kaiserliches Institut genannt wurden, befanden und ab der Mitte der Yuan-Dynastie die Prüfungen für die Kandidaten der kaiserlichen Zivilexamen stattfanden. Das Yuan-Regime betrieb eine Politik der Toleranz gegenüber allen Religionen. Buddhismus, Taoismus, Islam und Christentum verbreiteten sich in Dadu. Viele ausländische Gesandte, Kaufleute, Wissenschaftler und Missionare kamen nacheinander nach Dadu und förderten dadurch den wirtschaftlichen und kulturellen Austausch zwischen China und anderen Staaten in Asien, Afrika und Europa. Zu den Besuchern gehörte Marco Polo (1254-1324), ein Italiener, der in China große Reisen machte und lange Zeit in Dadu lebte. Er schrieb ein beachtliches Buch mit dem Titel *Reisen nach Osten und Aufzeichnungen der Kenntnisse über den Osten*. Andere Touristen wie der italienische Reisende Odorico, der marokkanische Reisende Ibn Batuta, der Gesandte namens Marignolli, der vom Papst geschickt worden war, und einige koreanische Kaiser waren alle in Dadu gewesen. Mit einem Wort: Dadu zur Zeit der Yuan-Dynastie verdient den Titel „Welthauptstadt".

Prunkvoller blauer Prozellan-Adalokiteavara, Yuan (1260-1368 n. Chr.), 67 cm hoch

Potalapalast - Jokhang-Monasterium in Lhasa, Tibet

XI. Kunst und Literatur, Wissenschaft und Technologie

Die Yuan-Oper war eine der hervorragendsten Errungenschaften der alten chinesischen Kunst und Literatur. Sie umfasste San Qu und Za Ju. San Qu war eine neue poetische Form, die ihren Ursprung in Shi oder der Ci-Gedicht fand. Dagegen stammte Za Ju, eine umfassende dramatische Kunst, aus der Song und dem Tanzdrama in der Tang-Song-Periode, den Dramen im Staat Jin und der Balladeform der Song- und Jin-Dynastie namens Zhongdiao. Zu Za Ju gehörte Singen, das Erzählen und Darstellen von Geschichten. Es konzentrierte sich vor allem auf den Gesang, deshalb wurde es auch als Yuan-Oper bezeichnet. Za Ju aus der Yuan-Dynastie war so blühend, dass viele Werke geschaffen wurden. Es gab über 500 Stücke dieser Gattung, die aufgezeichnet wurden. 162 davon sind bis heute noch erhalten geblieben. Allein die Dramatiker erreichten eine Zahl von über 200 Personen, einschließlich Guan Hanqing, Ma Zhiyuan, Bai Pu und Zheng Guangzu, die zusammen als „Vier große Dramatiker“ bezeichnet werden. Unter den Dramatikern der Yuan-Dynastie übten zwei Leute, Guan Hanqing und Wang Shifu, einen vergleichsweise großen Einfluss auf spätere Generationen aus. Ihre Werke waren von recht hoher künstlerischer Qualität.

Leben in verborgener Welt (Teil), Yuan-Dynastie, von Qianxuan

Vereinfachte Armillarsphäre (Modell), das 2. Jahr bis das 7. Jahr von der Zhengtong-Periode der Ming-Dynastie (1437-1442), nachgebaut nach der vereinfachten Armillarsphäre entworfen von Guo Shoujing der Yuan-Dynastie, heute im Observatorium auf dem Zijinshan-Berg nahe Nanjing in der Provinz Jiangsu

Guan Hanqing (ca.1220-ca.1300) schrieb in seinem Leben über 60 Dramen, unter denen über 10 bis heute erhalten sind. Die Themen deckten ein großes Feld ab, einschließlich der Legenden von Helden, talentierten Gelehrten und schönen Damen und komplizierten Rechtsverfahren. Insbesondere widmeten sich seine meisten Werke dem Leben der unterdrückten Frauen. In seinem Drama waren Melodie und Worte schlicht und schön und jede Figur hat ihre eigene Persönlichkeit. Die repräsentativen Werke von Guan Hanqing waren *Rettung einer Prostituierten*, *Wangjiang-Pavillon*, *Baijue-Pavillon* und *Dandao Hui*, aber das hervorragendste war *Schnee im Hochsommer*. Bis heute werden viele von seinen Werken in verschiedenen Formen auf der Bühne gespielt. Wang Shifu schrieb vierzehn Dramen, aber nur zwei davon nämlich: *Cui Yingying erwartet den Mond in der Westkammer* und *Lichun Tang* haben überlebt. Seine Werke waren bekannt für ihre literarische Brillanz und sie galten bei den Chinesen der alten Zeiten als „Schönheit in den Blumen“.

In der Yuan-Dynastie stieg die Malerei von Gelehrten und Beamten auf. Neben ihrem Streben nach prächtiger und ausgefeilter Kunstfertigkeit und lebensnahem Portrait betonten sie im Schreiben den Ausdruck der persönlichen Gefühle und der emotionalen Empfindung. Ferner kombinierten sie Kalligraphie mit Malerei. Solche Gemälde in der Yuan-Dynastie verlangten von den Malern, die Literatur gut zu beherrschen. Gerade die Kombination von Shi-Poesie, Elligraphie und Zeichnung verband die chinesische Malerei mit literarischem Geschmack. „Die Malereien der Yuan-Dynastie förderten das künstlerische Gemüt“, wie man sagte. Gerade in dieser Zeit entwickelte sich die chinesische Malerei

Pferdwaschen, Yuan-Dynastie, von Zhao Mengfu

besonders schnell.

Landschaftsmalerei war in der Yuan-Dynastie am weitesten verbreitet. Maler wie Zhao Mengfu, Qian Xuan, Gao Kegong und die so genannten „vier Meister der Yuan-Dynastie", nämlich Huang Gongwang, Wang Meng, Ni Zan und Wu Zheng, erzielten alle relativ große Erfolge. Unter ihnen brachte Zhao Mengfu, der die Schule der Gedanken, die ihre ursprüngliche Färbung in der kaiserlichen Kunstakademie der Südlichen Song-Dynastie verlor, verachtete und vermied, unter dem Vorwand der Belebung der Tradition neue Ideen zur Kombinierung von Kalligraphie, Malen und Schreiben in einer effektiver Weise hervor. Alle Gebirge und Gewässer, Blumen und Vögel, Figuren, Sattel und Pferde, Bäume und Gräser, Bambus und Steine, die von ihm gemalt wurden, waren besonders exquisit. Die vier Meister der Yuan-Dynastie betrachteten Dong Yuan aus den Fünf-Dynastien und Ju Ran aus der Nördlichen Song-Dynastie als ihre Vorbilder und wurden von Zhao Mengfu beeinflusst. Unter ihnen erzielte Huang Gongwang den größten Erfolg. Er galt als *der beste von den vier Meistern der Yuan-Dynastie*. Andere Leute wie Ni Zan, der für die Friedlichkeit und Einsamkeit in seinen Werken bekannt war, und Wang Meng, dessen Werke tiefen und eleganten Charme hatten, und Wu Zheng, dessen Werke trübsinnig, vornehm und herrlich waren, zeigten alle erhabenen und edlen Malstil. Im Bereich der Naturmalerei wurden Blumen und Vögel in chinesischer Tinte verbreitete Themen. Außer Qian Xuan und Zhao Mengfu gehörten Wang Yuan, Ke Jiusi, Wang Mian usw. auch zu den wichtigen Blumen- und Vögelmalern.

In der Yuan-Dynastie gab es viele religiöse Wandmalereien. Im Palast Yongle im Kreis Ruicheng der Provinz Shanxi konnte eine taoistische Wandmalerei als Meisterstück der Wandmalerei eingestuft werden. Diese war imposant und großartig und hatte etwa 286 Figuren darauf, welche in geraden und kräftigen Linien und reichen Farben gemalt wurden.

Darüber hinaus erzielte man in der Yuan-Dynastie in der Astronomie auch hervorragende Erfolge. Guo Shoujing war ein wohlbekannter Wissenschaftler, der in Astronomie, Kalenderrechnen und Wasserstauen zu Hause war. Er schuf über zehn Arten von astronomischen Geräten, einschließlich Jianyi, Gaobao, Yangyi und Zhengfangyi. Anfang der Yuan-Dynastie baute er astronomische Beobachtungsstellen in 27 Regionen im ganzen Land. Das Gebiet erstreckte sich im Süden bis zur südchinesischen See, die sich im 15.Grad der Nördlichen Breite befand, im Norden bis zur chinesischen Nordsee im 65.Grad der Nördlichen Breite, ein Ort nah dem nördlichen Polarkreis. Im Kreis Dengfeng in der Provinz Henan sind Observatorien und Heliometer, die in jenen Jahren gebaut wurden, bis jetzt erhalten geblieben. Er baute ein Observatorium in Dadu, um Himmelkörper zu beobachten und zu messen. Basierend auf einer großen Menge von beobachteten Daten erstellte und erarbeitete er ein neues Kalendersystem, den Zeitangabekalender, im dem er vorschrieb, dass ein Jahr 365, 2425 Tage habe, eine Zeit, die nur 26 Sekunden geringer ist als die wirkliche Periode, die die Erde für den Rundgang um die Sonne braucht. Seine Zahl war ebenso genau wie die des heute gültigen Gregorianischen Kalenders. Doch die erstere war 300 älter als die letztere. In einem Wort, er war ein Wissenschaftler, der in der vordersten Front der zeitgenössischen wissenschaftlichen und technologischen Welt stand. 1970 benannte der Internationale Astronomenverband einen Mondkrater auf der Rückseite des Monds nach Guo Shoujing.

Dank dem großen Territorium der Yuan-Dynastie wurde die Notwendigkeit für die Entwicklung der Geographie geschaffen. Wichtige Errungschaften in der Geographie umfassten die *Untersuchung der Konstellationsseen*, die den Ursprung des Gelben Flusses bildete, den *Territoriumplan*, der von Zhu Siben gezeichnet wurde und *Vereinigte Domäne unter dem Yuan-Regime*, die von Bo Lanxi und Yue Xuan erstellt wurde. Dank intensiven Kontakten mit fremden Ländern entstanden in der Yuan-Dynastie weitere große Werke wie *Lokale Bedingungen und Gebräuche von Kampuchea* von Zhou Daguan und *Aufzeichnungen von Inseln* von Wang Dayuan.

Da Baumwollen verbreitet angebaut wurden, machte man in der Textilindustrie große Fortschritte. In der Yuan-Dynastie wurden wasserangetriebene Spinnräder verwendet, die etwa 400 oder 500 Jahre früher als die in Europa waren. Eine Weberin namens Huang Daopo, die von Wunjing des Kreises Songjiang (in Shanghai) stammte, lernte die Technik des Spinnens und des Webens bei den Lis, als sie obdachlos nach Yazhou (heute Hainan) wanderte, das die Heimat eines Minderheitenvolkes mit dem Namen Li war. Nach ihrer Rückkehr in die Heimat verbesserte sie die rückständige Textiltechnik und schuf einen Satz von Werkzeugen für Auswalken, Wegschnippen, Spinnen und Weben. Sie verknüpfte das Garn, um Farben in geeignetem Verhältnis zu mischen. Sie brachte Oberseiten der Steppdecken mit verschiedenen Mustern und Gestalten hervor, deren Farben sehr hell und freundlich und so schön wie Gemälde waren. Eine Zeit lang waren „Oberseiten der Steppdecke aus Wujing" überall auf der Welt berühmt. Der Kreis Songjiang entwickelte sich zum Zentrum der Baumwolltextilindustrie Chinas.

Im Bereich der Agrarwissenschaft erstellte die Abteilung für Landwirtschaft der Yuan-Dynastie *Abriss des Ackerbaus und der Seidenraupenzucht*, der überall im Land verkündet wurde. 1313 erschien ein anderes Buch mit dem Titel *Über Landwirtschaft*, das von Wang Zhen erstellt worden war und aus drei Teilen bestand, nämlich *Allgemeiner Grundriss des Ackerbaus und der Seidenraupenzucht*, *100-Schriftzeichen-Führer* und *Illustration landwirtschaftlicher Werkzeuge*. Das Buch war eine landwirtschaftliche Enzyklopädie der Yuan-Dynastie.

Guan Hanqing (ca. 1220-1300 n. Chr.)

Ziegelstatue, Yuan-Dynastie (1206-1368 n.Chr.), 34 cm hoch

Die Illustration von *Schnee im Hochsommer*

XII. Das Leben in der Song- und der Yuan-Dynastie

Die Entwicklung in der Song-Dynastie beschleunigte den Aufstieg der Städte. Die Einwohnerzahl in vielen Städten wuchs schnell an. Dongjing (Kaifeng), die Hauptstadt der Nördlichen Song-Dynastie hatte mehr als eine Million Einwohner. Die meisten der mehrstöckigen Häuser an den Straßen wurden vermietet. Läden, Weinstuben und Restaurants aller Größe verteilten sich im Nachbargebiet. Imbiss-Stände waren überall zu sehen. Es gab viele „Wazi" in Dongjing, die als öffentliche Unterhaltungsstellen dienten. „Goulan" und „Peng" waren Stellen für Aufführungen. Es gab Nachtmärkte und Bordelle in der Nähe der 24-Stunden-Wazimärkte. Die Nachtmärkte begannen ihr Geschäft bei der Abenddämmerung und schlossen erst um drei oder vier Uhr. Am Tag des Mondfestes hatten sie die ganze Nacht geöffnet.

Als die Song-Hauptstadt nach Süden verlegte wurde, hielt die Entwicklung der Bevölkerungszahl und der Wirtschaft in der neuen Hauptstadt Lin'an (Hangzhou, Provinz Zhejiang) rasch Schritt mit der von Kaifeng und übertraf diese bald. Es gab auf dem Markt verschiedene Arten von Juwelen, Jadewaren und andere Wertsachen. Die Gastronomie schenkte Delikatessen und Nahrungsmitteln der Saison besondere Aufmerksamkeit. Die Nachtmärkte in Hangzhou waren blühend, und sie konzentrierten sich auf beide Seiten der kaiserlichen Straße. Speis und Trank dominierte das Geschäft in den Nachtmärkten. Spielzeuge und alltägliche Gegenstände änderten sich mit der Saison. Die Zunahme der Städte im Land war beispiellos in der Geschichte. Mehr als 10 Städte hatten gut 50000 Einwohner. Die Städte blühten überall.

Da die kaiserliche Zivilprüfung in der Song-Dynastie ausgereift wurde, stieg der Stand der ausgebildeten Beamtenbürokraten auf. Die Zahl der erfolgreichen Kandidaten zu Beginn der Song-Dynastie war um vier- oder fünfmal höher als die der Tang-Dynastie. Die Regierung versuchte mit allen Mitteln, um das offizielle Auswahlsystem zu vervollkommnen und um Talente zu sammeln. Der Stand der herrschenden Bürokraten spielte eine wichtige Rolle in der Gesellschaft, Politik und Kultur.

Die Entwicklung der Wirtschaft ermöglichte es den Bauern, neue Methoden anzuwenden. Die Verbreitung der Gebräuche und Ideen wurde schneller. Ende der Song-Dynastie hatte jede Stadt einen Tempel für den Stadtgott und in vielen Städten gab es Wenchang-Tempel. Wenchang war ursprünglich ein furchtbarer Teufel in Sichuan. In der Song-Dynastie galt er als heiliger Patron für alle Studenten. In vielen Gebieten wurden Familien eine wichtige Macht in der Lokalpolitik.

Die Entwicklung der Drucktechnik und die Vergrößerung des Standes der ausgebildeten Bürokraten machten viele Frauen mit der Literatur vertraut. Dank

Grauer Baumwollenmantel mit vergoldeter Stickarbeit, 135,5 cm lang, ausgegraben aus dem Grab des Königs Jinqi in Acheng, Provinz Heilongjiang

Grauer Knieschützer mit vergoldeter Stickarbeit von Pflaumenblumenmuster, 86,5 cm lang, ausgegraben aus dem Grab des Königs Jinqi, Acheng, Provinz Heilongjiang

Gestrickte Gazenschuhe (1115-1234 n. Chr.)

Reiten, Yuan-Dynastie, von Wu Kuan

Drachenbootrennen, Yuan-Dynastie (1271-1368 n. Chr.)

der blühenden Wirtschaft nahm die Mitgift der Frauen zu. Die Märkte für den Handel von Frauen, die Dienstmädchen, Konkubinen und Prostituierten waren, vergrößerten sich auch. Familien, die eine hohe Mitgift anboten, erwarteten Gewinne durch die Eheschließung. In der Song-Dynastie wurde betont, dass Männer und Frauen nicht gleichberechtigt seien. Witwen wurden ermutigt, die Treue zu ihrem Mann zu erhalten und nicht noch einmal zu heiraten. Frauen müssten ihre Köpfe bedecken, wann auch immer sie das Haus verließen, sogar beim Arztbesuch.

In der Liao-, der Jin- und der Yuan-Dynastie legte die Regierung in expliziten Ordnungen den Unterschied zwischen den Nationalitäten fest, um Privilegien der Eroberer zu schützen. Manchmal kümmerten sich die Herrscher vor allem darum, zu vermeiden, dass die Nationalitäten von der Han-Nationalität assimiliert wurden. Manchmal betonten sie vor allem, die Han-Leute daran zu hindern, ihre Sprachen zu lernen und ihre Kulturen anzunehmen. Zwar entstanden zufällig auch Mischehen zwischen Nationalitäten, was aber nicht gefördert wurde. Den Chinesen gefiel es nicht, von anderen Nationalitäten beherrscht zu werden, aber alle Schichten versuchten, sich dem neuen Leben anzupassen. Die Gewohnheiten der Han und Hu vermischten sich. In der Yuan-Dynastie hatte das Land ein riesiges Gebiet. Die Kulturen und Gebräuche verschiedener Nationalitäten beeinflussten und durchdrangen sich. Die mongolischen Adligen nahmen die Herrschaftsmethoden der Han-Nationalität in jedem Aspekt des sozialen und wirtschaftlichen Lebens in unterschiedlichem Maße an. Allerdings behielten sie als nördliche nomadische Nationalitäten ihren eigenen Charakter und ihre Gebräuche bei. Die mongolische Kavallerie kämpfte allerorten. Dies verband nicht nur den Transport zwischen Osten und Westen, sondern es verstärkte auch den Austausch zwischen beiden Seiten. Der Aufstieg des Steppenvolkes galt bei Historikern als „Mongolischer Wirbelsturm".

Moschee in der Niujie-Straße, Beijing, errichtet im 4. Jahr der Tonghe-Periode der Liao-Dynastie (996 n. Chr.)

Arhatstatue, Nördliche Song-Dynastie (960-1127), 50-58 cm hoch

Sarg mit Grasmuster, Song- und Liao-Dynastie (916-1279 n. Chr.) 14,3 cm hoch, 18 cm lang, 9,8 cm breit, darin Buddhafingerknochen

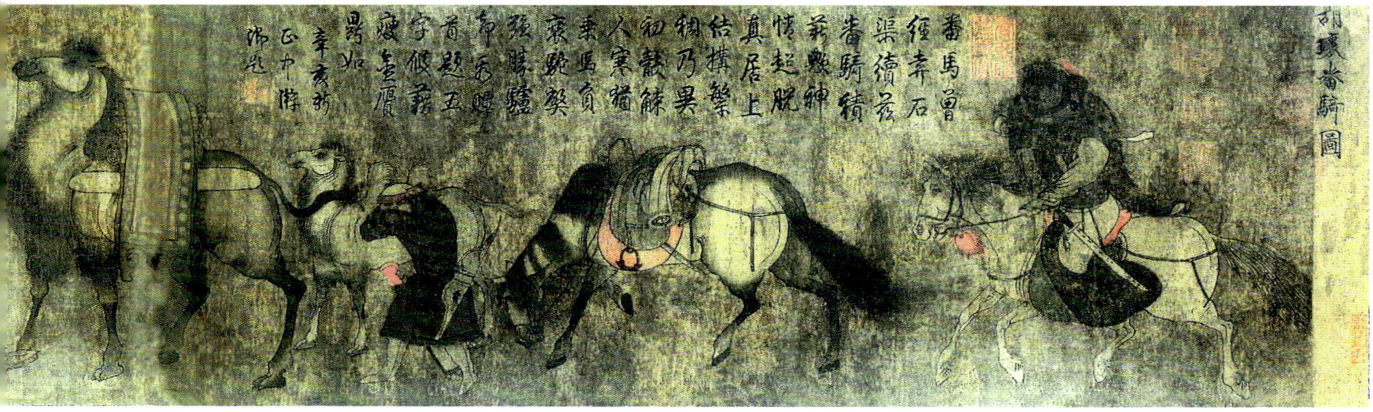

I. Zhu Yuanzhang

Zhu Yuanzhang, Kaiser Tai Zu der Ming- Dynastie (1328-1398)

Ende der Yuan- Dynastie geriet China in politisches und gesellschaftliches Chaos. Eine Reihe von bewaffneten Rebellen, zu denen auch eine Aufstandskraft namens „Roter Turban" gehörte, versuchte, die Yuan- Regierung zu stürzen. Zhu Yuanzhang (1328-1398) stammte aus einer Bauernfamilie, seine Heimat lag in Zhongli Haozhuo (dem heutigen Landkreis der Provinz Anhui). Als er Kind war, musste er aus Existenznot ins buddhistische Kloster gehen und Mönch werden. Später begab er sich zu den Rebellen „ Roter Turban", die von Guo Zixing geführt wurde. Später ist Zhu Yuanzhang Führer des „Roten Turbans" geworden. Im Jahr 1356 eroberten die Rebellen unter seiner Führung die Stadt Jiqing (heutiges Nanjing). Später wurde die alte Benennung geändert und die Stadt hieß fortan Yingtianfu, in der Zhu Yuanzhang seinen Stützpunkt errichtete.

Damals jedoch kämpften die verschiedenen Fürsten gegeneinander und die Zeiten waren relativ instabil. Zhu Yuanzhang hat den Vorschlag von einem konfuzianischen Gelehrten namens Zhu Sheng angenommen und ergriff eine Reihe von Maßnahmen zur Konsolidierung der neu gegründeten Macht, so ließ er beispielsweise Getreide sammeln, eine Stadtmauer bauen und die Zeit für die Thronbesteigung verschieben. Er benutzte die in der Song-Dynastie verwendete Jahresbezeichnung „Longfeng" für seine neue Herrschaft. Unter dieser Bezeichnung hatte die Song- Dynastie die Yuan- Dynastie gestürzt. Im Laufe der Zeit wurden seine politischen und militärischen Kräfte immer stärker. Bekannte und intelligente Gelehrte z. B. Liu Ji, Ye Chen, Zhang Yi und Song Lian wurden zur Mitwirkung beim Militär eingeladen. Im Jahr 1361 wurde Zhu Yuanzhang der Titel „Herzog Wu" vom König Xiaoming der Song- Dynastie verliehen.

Im Jahr 1364 erklärte Zhu Yuanzhang sich selbst zum König Wu. 1366 wurde der König Xiaoming nach dem Befehl von Zhu Yuanzhang in den Yangtse-Fluss geworfen, die Song- Dynastie ist damit zugrunde gegangen und die Jahresbezeichnung „Longfeng" wurde auch aufgehoben. Dann eroberte er der Reihe nach die „Han"-Regime von Chen Youliang und das „Wu"-Regime von Zhang Shicheng. Fang Gouzhen in den Küstengebieten, Zhejiang und Chen Youding in der Provinz Fujian wurden gleichfalls besiegt. In kurzer Zeit wurden die Provinzen Kantong und Guangxi von Zhu Yuanzhang besetzt. Anschließend befahl er seinem General Xu Da, in die Binnenprovinzen Chinas

The Territory of Ming Dynasty

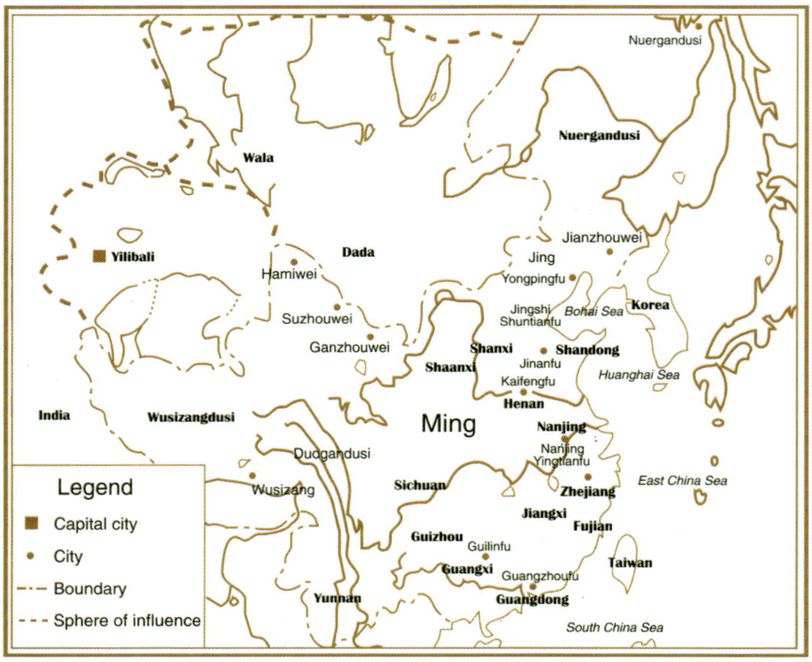

Kaiser der Ming-Dynastie

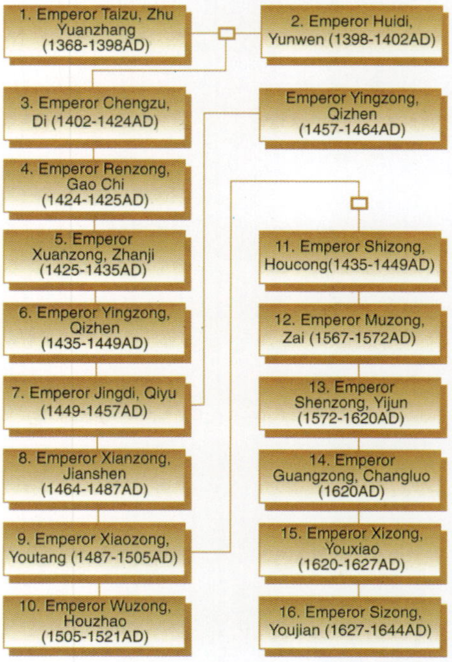

zu marschieren. Im Jahr 1368 kam Zhu Yuanzhang auf den Kaiserthron, nannte seine Regierungszeit Hongwu. So ist die Ming-Dynastie gegründet worden. Die Stadt Yingtianfu wurde in Nanjing umbenannt und die Stadt Kaifeng in Beijing.

Nachdem die Armee der Ming- Dynastie Dadu (heutiges Peking) erobert hatte, floh der Kaiser Shun Di der Yuan- Dynastie nach Shangdu (dem heutigen Ostteil des Landkreises der inneren Mongolei). 1371 wurde das Xia- Regime vernichtet und die Provinz Sichuan lag somit in den Händen der Ming- Armee. 1381 kam die Ming-Armee in Yunnan an, der König Liang der Yuan- Dynastie beging Selbstmord. 1387 eroberte die Ming-Armee das Gebiet Liaodong, der Ministerpräsident der Yuan-Dynastie Naha musste kapitulieren. Hierdurch hatte Zhu Yuanzhang China geeinigt.

Anfang der Ming- Dynastie übernahm man das Verwaltungssystem der Yuan-Dynastie. Es wurden zwei Sekretariate für die Verwaltung des Staates eingerichtet. Sie hießen Zhongshu und Xing. Später wurde das Sekretariat Xing nach dem Willen von Zhu Yuanzhang in drei beauftragte Abteilungen verwandelt, nämlich in eine administrative, eine gerichtliche und eine militärische Abteilung. In einer Provinz wurden drei Büros eingerichtet, die jeweils die Administration, das Gericht und das Militär in dieser Provinz verantworteten. Sie blieben unabhängig voneinander. In China gab es in der Ming- Dynastie insgesamt 13 Abteilungen für die administrative Verwaltung, denen Bezirke, Landkreise und einige Regierungsstädte unterstanden. Die Bezirken und Kreise verwalteten die so genannten „Li“ oder „Jia“, die mit 110 Familien gebildet worden sind. Sie bildeten die kleinste Verwaltungseinheit der Ming-Dynastie.

Der Leiter des Sekretariats Zhongshu war der Ministerpräsident, auf den alle Beamten hören sollten. Damit hatte er unbegrenzte Macht. Aufgrund dieser großen Macht versuchte der Ministerpräsident Hu Weiyong im Jahre 1380 einen Staatsstreich zu unternehmen, welcher jedoch misslang und zu seinem Tod führte. Schließlich wurde das Sekretariat Zhongshu aufgelöst. Die politische und militärische Macht konzentrierte sich beim Kaiser allein.

In der Ming- Dynastie wurden die Abteilung für Kontrolle, das Staatsgericht und das Ministerium für Justiz eingerichtet, die die „Drei juristischen Einrichtungen“ hießen. Sie waren verantwortlich für alle wichtigen Rechtsfälle. Das Buch „Gesetz der großen Ming“ wurde auf der Grundlage des Gesetzes der Tang- Dynastie verfasst. Außerdem ließ Zhu Yuanzhang manche Bücher schreiben, die alle wichtigen Rechtsfälle beinhalteten. Sie galten als Nachschlagewerke für manche komplizierte Rechtsprozesse. Darüber hinaus hatte die Wachtruppe des Kaisers sehr große Macht. Sie besaß sogar Gefängnisse, in denen die so genannten „staatlichen Gegner“ inhaftiert wurden. Auf die Wachetruppe des Kaisers übte das staatliche Gesetz keinen Einfluss aus, sie mussten nur dem Kaiser allein gehorchen.

Anfang der Ming- Dynastie lag die militärische Macht in den Händen der Militärgouverneure. Mit der Aufhebung des Sekretariats Zhongshu wurden Militärgouverneure ernannt, die die verschiedenen Streitkräfte in der Hauptstadt und in den anderen Regionen verwalteten. Aber ihre Macht beschränkte sich nur auf die logistischen Angelegenheiten, z. B. Getreidesammlung, militärische Übungen und Waffenproduktion. Bei wichtigen militärischen Aktionen mussten die Generäle und militärischen Herzöge vom Kaiser persönlich ernannt werden.

Um die Macht ganz an sich zu reißen, ließ Zhu Yuanzhang viele Beamte, unter ihnen welche mit großen Verdiensten, töten. Nachdem Hu Weiyong, der Ministerpräsident des Sekretariats Zhongshu hingerichtet worden war, wurden viele Beamte als dessen Anhänger bezeichnet und getötet. Im Jahr 1393 wurde der große General Lan Yü ebenfalls getötet. Die Getöteten „Hu und Lan“ wurden in der chinesischen Geschichte als „Hu- Lan- Gefängnis“ bezeichnet. Insgesamt waren 50 000 Menschen der Hinrichtung zum Opfer gefallen, darunter über 40 Herzöge und Fürsten. Zhu Yuanzhang legte viel Wert auf gesetzliche Regelung, führte sehr strenge Gesetze ein. Um qualifizierte Kräfte auszubilden, ließ er neben einem Empfehlungssystem auch das Prüfungssystem aufbauen, so wurde in der Hauptstadt eine Hochschule „Guozijian“, in den anderen Regionen Schulen auf verschiedenen Ebenen errichtet.

Zhu Yuanzhang ergriff viele Kontrollmaßnahmen gegenüber seinen Beamten und Eunuchen im Palast. Aber seit der Regierungszeit Hongwu spielten Eunuchen eine wichtige Rolle im politischen Leben, sie konnten kaiserliche Befehle weitergeben, beaufsichtigten Beamte, kontrollierten Funktionäre und reisten dienstlich ins Ausland, so dass eine potenzielle Gefahr für die Zukunft vorprogrammiert war.

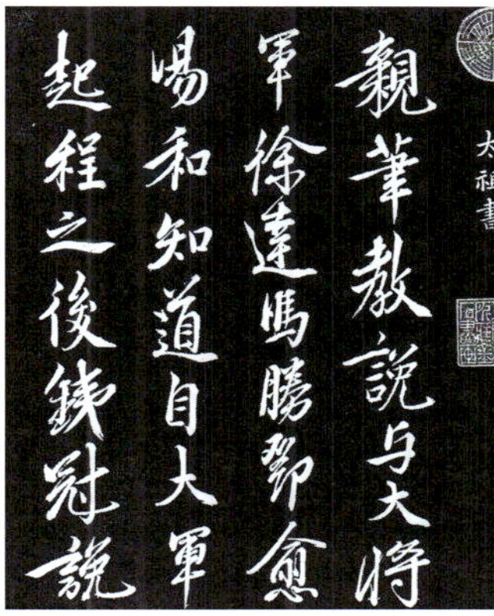

Handschriften von Zhu Yuanzhang, Kaiser Tai Zu der Ming- Dynastie

Blaue und weiße Platte der Hongwu- Periode der Ming- Dynastie, Durchmesser 58.2 cm

Zhu Yuanzhang kümmerte sich um das Leben der einfachen Menschen, beachtete die Entwicklung der Landwirtschaft, rief Bauern zur Urbarmachung des Landes auf. In vielen Gebieten wurden Bewässerungsanlagen gebaut, Baumwolle und andere landwirtschaftliche Produkte gepflanzt. Zhu Yuanzhang ließ Einwohnerlisten ausarbeiten und Steuern und Fronarbeit regeln, damit die Staatseinnahmen gewährleistet werden konnten. Allmählich erholte sich die Wirtschaft von den Kriegswirren und blühte schließlich vollends auf.

Im Jahr 1398 starb Zhu Yuanzhang im Alter von 71, er wurde im Mausoleum Xiaoling bei Nanjing begraben. Er wurde „Kaiser Gao“ genannt. Sein Tempel trägt die Bezeichnung Tai Zu.

Steinstatue eines zivilen Beamten im Mausoleum der Ming- Dynastie

II. Kaiser Yongle

Zhu Di, Kaiser Cheng Zu der Ming- Dynastie (1360-1424)

Um die Herrschaft der Familie Zhu zu erhalten, schickte Zhu Yuanzhang ab 1370 seine 24 Kinder und Enkelkinder in die verschiedenen Provinzen und Städte Chinas, damit sie ihre Einflüsse verstärken und den Kaiser damit unterstützen konnten. Weil der gekrönte Prinz Zhu Biao früh gestoben war, kam der Enkelsohn Zhu Yunwen nach dem Tod von Zhu Yuanzhang an die Kaisermacht. Der Titel seiner Regierungsperiode war Jianwen. Die explodierende Macht der Vasallen bedrohte die Herrschaft des Kaisers. Zhu Yunwen beschloss, die Macht der Vasallen zu schwächen.

Im Jahr 1399, als Zhu Yunwen versuchte, die Macht von Prinz Yan einzuschränken, machte Zhu Di, der vierte Sohn von Zhu Yuanzhang, einen Aufstand. Zhu Di sah schon früher mit gierigen Augen auf den Platz des Kaisers. Er befahl seiner Armee, die Hauptstadt anzugreifen. Er behauptete, die Situation des Staates stabilisieren und den Verdienst des Vaters verteidigen zu wollen. Der Krieg dauerte drei Jahre, 1402 hatte Zhu Di Nanjing besetzt. Der Verbleib des Kaisers Jianwen war unbekannt. Zhu Di kam an die Macht des Kaisers, im nächsten Jahr wurde der Titel der Regierung zu „Yongle“ verändert.

Nachdem Zhu Di an die Macht gekommen war, ließ er viele militärische und zivile Beamte hinrichten, die dem Kaisers Jianwen treu waren. Insgesamt waren einige zehntausende Menschen Opfer dieses Massakers, das in der chinesischen Geschichte als „Katastrophe Renwu“ bezeichnet wird. Zhu Di erklärte, dass alle vom Kaiser Jianwen veränderten Verordnungen wieder zurück genommen werden mussten. Die von Zhu Yuanzhang aufgehobenen strengen und blutigen Gesetze wurden wieder eingeführt. Mit Hilfe von Eunuchen gründete er eine geheime Polizeibehörde, die sich im Besonderen nach den privaten Angelegenheiten der anderen Beamten erkundete. Die Positionen der Eunuchen wurden enorm erhöht, sie beaufsichtigten die Armee, schützten Festungen und befehligten die Kriege. Zu Anfang seiner Herrschaft hatte Zhu Di ein paar junge aber tüchtige zivile Beamte zur Mitwirkung bei den wichtigen Staatsangelegenheiten beauftragt. Sie hießen Xie Jin, Hu Gang, Huang Huai, Yang Shiqi, Yang Rong, Jin Yiuyi und Hu Yan. Als Berater des Kaisers blieben sie Tag und Nacht im Kaiserpalast, verfassten wichtige Unterlagen und Akten. Sie bildeten das sogenannte Kabinett, das allmählich zum Zentrum der Verwaltung wurde.

Im Jahr 1403 wurde Beiping in Beijing umbenannt. Um die Stadt Beijing auszubauen, ließ Zhu Di große Kanäle ausbaggern, so dass der wichtige Verkehr zwischen Nord- und Südchina reibungslos lief. 1420 war der neue Kaiserpalast in Beijing fertig gestellt, im

Halle zum Beten für gute Ernte im Himmelspalast Beijing, gebaut im 18. Jahr der Yongle Periode(1420)

Huayanzhong, große Glocke im Juesheng Tempel in Beijing, gebaut in der Yong Le Periode (1403-1424)

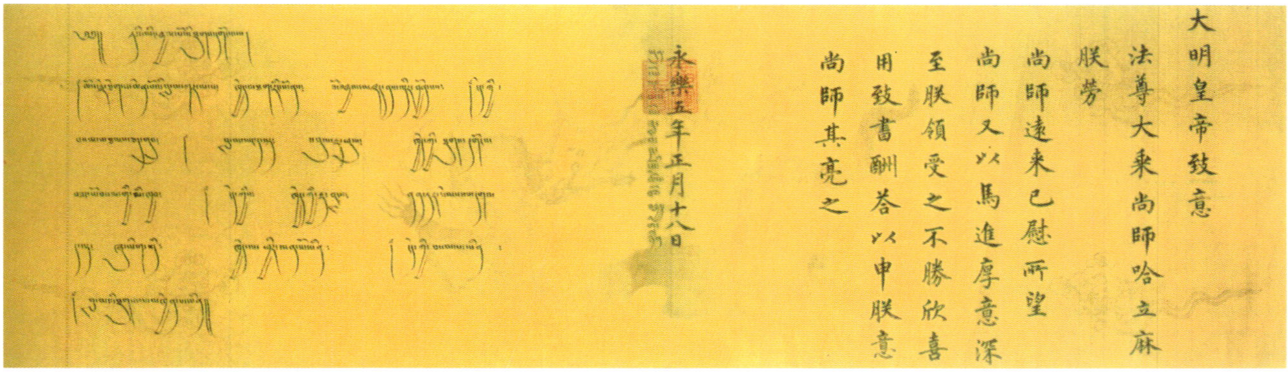
大明皇帝致意
法尊大乘尚師哈立麻
朕勞
尚師遠來已慰所望
尚師又以馬進厚意深
至朕領受之不勝欣喜
用致書酬荅以申朕意
尚師其亮之
永樂五年正月十八日

Der Brief vom Kaiser Yong Le an Shangshuhalima

Teil des Freskos „Beten zu Buddha“, Landkreis Zhada, Tibet

kommenden Jahr wurde der große Umzug vollendet. Beijing bestand damals aus der inneren Stadt, der kaiserlichen Stadt und der Verbotenen Stadt. Mit seinem großen Umfang sah es sehr prächtig aus. Verschiedene Paläste, Tempel und Klöster gehören zu den Meisterwerken, die die chinesische Baukunst in der alten Zeit präsentieren. Während der Herrschaft beauftragte Zhu Di über 300 Gelehrte, unter jahrelangen Anstrengungen das größte Nachschlagewerk „Enzyklopädie Yongle“ zu verfassen.

Zhu Di war dienstlich sehr engagiert, insgesamt machte er persönlich fünf Expedition in die Mongolei. Im Randgebiet wurden lokale Regierungen in Nuergan und Hami gegründet. Dann schickte er Chen Cheng, Li Da in die westlichen Regionen, Hou Xian nach Tibet und Zheng He in das Abendland. Um die Unruhen bei Annan zu beseitigen, wurde eine militärische Aktion durchgeführt. Dies alles sollte die Ming-Dynastie zur Blütezeit führen.

Im Jahr 1424 starb Zhu Di im Alter von 65 auf seiner fünften Inspektionsreise an einer Krankheit in Yumuchuan. Er wurde im Mausoleum Changling am Fuß der Berges Tianshou in Changping bei Beijing begraben. Er wurde „Kaiser Wen“ genannt, sein Tempelname hieß Taizu, der 1538 in Cheng Zu verändert worden war.

Die für den Kaiser Jian Wen errichtete buddhistische weiße Pagode, außerhalb dem Bucheng-Tor in Beijing, Höhe: 25m

Vordere Seite des Kaiserpalasts, gebaut im 18. Jahr der Periode Yong Le (1420), wiederaufgebaut im 4. Jahr der Periode Shun Zhi der Qing- Dynastie

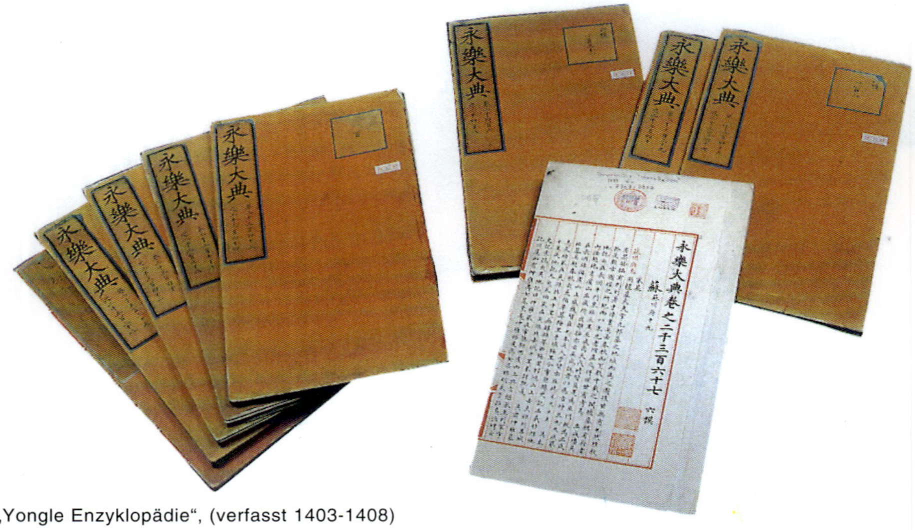

„Yongle Enzyklopädie“, (verfasst 1403-1408)

Ein Paar Mandarinenten, Ming- Dynastie (1368-1644), Durchmesser 9.5 cm, Dicke 1.5 cm

Achteckiger Kerzenhalter aus blauem, weißem Porzellan, Yongle der Ming- Dynastie (1403-1424)

Ausgehöhlte Schmucksache aus Jade, Ming-Dynastie (1368-1644), Durchmesser 4.7 cm, Höhe, 2.3cm

Pferdewagen aus Keramik der Ming-Dynastie (1368-1644), Höhe 70 cm

Ein kombinierter Gefäß aus weißem glasierten Porzellan, Yongle der Ming- Dynastie (1403-1424), Höhe 31.2 cm

Das Bild „Konfuzianische Gelehrte und zivile Würdenträger“, im Baoning Tempel des Landkreises Youyu der Provinz Shanxi, Höhe 118 cm, Breite 62 cm

Das Bild „ Gehorsame Kinder und Enkelkinder“, im Baoning Tempel des Landkreises Youyu der Provinz Shanxi, Höhe 118 cm, Breite 62 cm

Altstadt Pingyao der Provinz Shanxi

III. Zheng Hes Seereise in die Abendländer

Porträt von Zheng He (1371-1435)

Im Jahr 1405 sollte in der Geschichte des chinesischen Verkehrswesens ein ungewöhnliches Kapitel aufgeschlagen werden. Laut dem kaiserlichen Edikt verließ eine große Flotte unter der Führung von einem Eunuch namens Zheng He den Hafen Liujia in Suzhou. Es handelte sich um eine riesige Flotte mit 200 Segelschiffen. Davon waren 62 große Schiffe, deren Länge 130 m und Breite 53 m betrugen. Mit neun Masten und zwölf Segeln konnte jedes große Schiff etwa 1000 Passagiere aufnehmen. Über 27 00 Menschen beteiligten sich an der Seereise. Mit Navigationskarte, Kompass und erfahrenen Matrosen und Steuerleuten gehörte der Verband zu den modernsten Flotten der damaligen Welt. Sie ereichten Zhancheng, Java und Guli. 1407 kehrten sie nach Nanjing zurück. Die Seereise hatte zwei Jahre und drei Monate gedauert.

In den späteren Jahren, nämlich 1407, 1409, 1413, 1417, 1421, 1431 waren Zheng He und seine Flotte sechsmal in die westlichen Länder gereist. Sie hatten mehr als 30 Länder in Asien, in Afrika und sogar die östliche Küste Afrikas und Küstenländer am Roten Meer erreicht. Dadurch wurden die Kontakte zwischen den asiatischen und afrikanischen Ländern und der Ming- Dynastie verstärkt vorangetrieben und der kulturelle und wirtschaftliche Austausch wurde sehr gefördert.

Zheng He (1371-1435) hieß eigentlich mit Familiename „Ma“, sein Kindname war Sanbao und seine Heimat war in Kunyang (heutiges Jinnin) in der Provinz Yunnan. In der Regierungszeit Hongwu wurde er durch eine Wahl in den Kaiserpalast geschickt. Als Knecht blieb er beim Prinzen Yan. Weil er sich in den Kriegen hervorragend verhalten hatte, wurde er zum Eunuch befördert und ihm der Familienahme Zheng vom Kaiser geschenkt.

Auf den Schiffen von Zheng He wurden zahlreiches Porzellan, viel Seide, Eisenwaren, Silber und Bronze befördert, daher wurden sie „Schatzschiffe“ genannt. In den Gebieten, die sie erreichten, propagierten sie die Stärke der Ming-Dynastie und luden die Gesandten oder Vertreter der einzelnen Staaten zur Tributdarbringung nach China ein. In der Wirtschaft führte die Ming- Dynastie die Politik „ Mehr geben, wenig nehmen“ durch. In den Gebieten, wo Zheng He war, wurden Geschenke verteilt. Gleichzeitig wurde der faire Handel mit dortigen Beamten und der Bevölkerung betrieben.

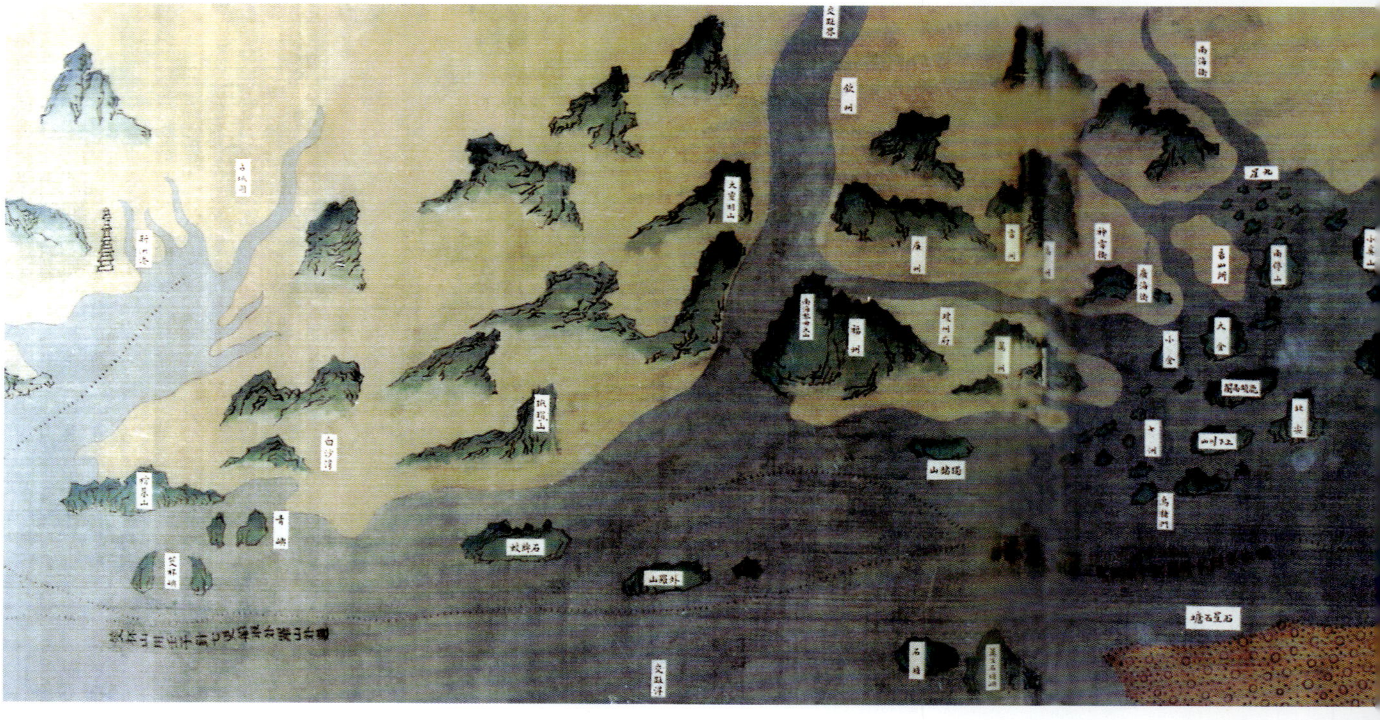

Die Seereise von Zheng He zeigte die Intelligenz und Klugheit des chinesischen Volkes in der alten Zeit, sie war auch eine ungewöhnliche Sache in der Geschichte der Seefahrt. Im Vergleich zu Kolumbus, der 1492 Amerika entdeckte, und zu Vasco da Gama, der 1497 das Kap der Guten Hoffnung umschiffte, war die erste Seereise von Zheng He nicht nur im Ausmaß größer, sondern auch zeitlich 80 bis 90 Jahre früher. Auf seiner Seereise wurde die Freundschaft gepflegt. In manchen Staaten Südostasiens gibt es jetzt noch viele Städte, Brunnen, Hafen und Sehenswürdigkeiten, die nach Zheng Hes Kindername „Sanbao" benannt wurden. Viele Gesandte, die Tribute darbrachten, Kaufleute, sogar manche Könige waren entweder mit Zheng Hes Schiffen, oder seiner Route folgend nach China gekommen.

In den Werken „Grenzenlose Seeaussicht", „Prächtige Segel unterm Sternenhimmel", „ Aufzeichnungen über westliche Länder", die die Begleiter Ma Huan, Fei Xin und Gong Zhen verfassten, wurden die Landeskunde aufgezeichnet und bereicherten das Weltwissen des chinesischen Volkes. Auf der „Navigationskarte" von Zheng He wurden Ortsnamen und Stellen, die er von Nanjing zum Südmeer, über den Indischen Ozean bis zur östlichen Küste Afrikas passierte, dargestellt. Zheng He hatte seine Erlebnisse zusammengefasst und das Werk mit „Richtungsorientierung nach dem Kompass" betitelt. Das alles gehörte zu den wertvollsten Materialien der Seefahrt. Vor seiner letzten Seereise im Jahr 1431 hatte Zheng He im Palast Tianfei in Changle bei Fujian eine Stele aufgestellt, auf der seine früheren Erlebnisse und Erfahrungen eingemeißelt wurden. Diese Stele zählte zu den wichtigsten Denkmälern in der chinesischen Geschichte.

The Routes of Zheng He's Voyages to the Western Seas

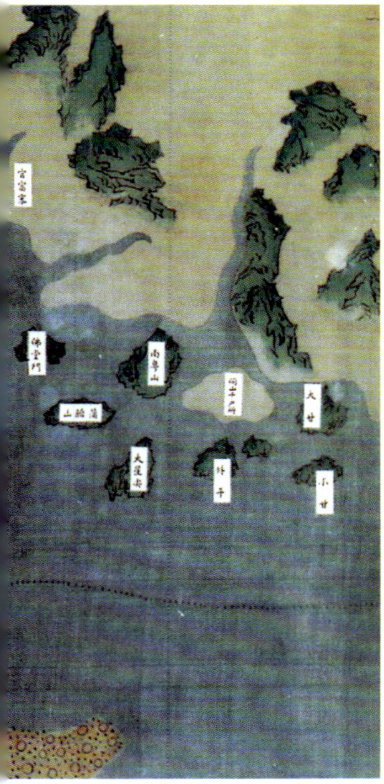

„Route der Seeschifffahrt von Zheng He", im 5. Jahr der Periode Xuand der Ming- Dynastie (1430). Diese Karte wurde von Zheng He bei seiner 7. Seeausfahrt verwendet.

Blau- und Weißporzellanplatte mit Pfingstrosemuster, Periode Mingde der Ming- Dynastie (1426-1435)

Teekanne aus glasiertem Weißporzellan, Ming-Dynastie (1368-1644), Höhe 19.7 cm.

Teekanne aus Blau- und Weißporzellan, Periode Hongwu der Ming- Dynastie (1368-1398), Höhe 38 cm

Dehua Porzellanteekanne mit drei Drachen, Ming-Dynastie (1368-1644), Durchmesser 4. 8 cm

IV. Zwischenfall Tumu und Titelverleihen für Altan Khan

Die Gro
Mauer d
Ming
Dynasti

Die Stärke der in den nördlichen Wüstegebieten Chinas beheimateten Mongolen war für die Ming- Dynastie die größte Bedrohung. In den Regierungszeiten Hongwu und Zongle schickte die Ming- Dynastie mehrmals die Armee in die mongolischen Gebiete, wo später lokale Regierungen auf verschiedenen Ebenen gegründet worden waren. Es herrschte somit eine Beziehung zwischen dem Kaiser und den dortigen Untertanen. In der Regierungszeit Renxuan wurde die Politik des Staates vom strengen Kontrollieren ins Stabilisieren verwandelt. Das betraf auch die Randgebiete Nordchinas. In der Regierungszeit Xuande (1426-1435) vereinigte die Nationalität der Oirats die größten Gebiete der Mongolei. Ihr Herrschaftsraum war so groß, dass er westlich an Mittelasien, östlich an Korea grenzte. Es gab ständig militärische Auseinadersetzungen zwischen der Ming-Dynastie und den Oirats im Randgebiet.

In der Regierungszeit Zhengtong (1436-1449) lag die politische Macht in den Händen eines Eunuchen namens Wang Zhen. Im Jahr 1449 nahmen die Oirats die Senkung des Pferdepreises, die Beleidigung der Gesandten und die Leugnung eines Eheversprechens als Ausrede, und griffen Datong, Xuanfu (heutiges Huanxua in der Provinz Hebei), Chicheng und Liaodong an. Die Stadt Ganzhou (heutiges Zhangze in der Provinz Gansu) wurde ebenfalls überfallen. Die Wachtruppen der Ming-Dynastie verloren jedesmal die Schlacht, die Situation war äußerst prekär. Daher stachelte Wang Zhen trotz der Widerstände der militärischen Beamten Kuang Ye und Yu Qian dazu an, dass der Kaiser Yingzong endlich 500000 Soldaten in den Krieg führte. Noch ehe jedoch Die Ming-Armee in Datong ankam, ließ der Kaiser Truppen abziehen. Unterwegs wurden sie von der Armee der Oirats in Tumubao (etwa 20 km vom heutigen Landkreis Huailai in der Provinz Hebei) umzingelt. Der Kaiser Yingzong wurde festgenommen, Wang Zhen wurde getötet. Die Hälfte der 500000 Soldaten verlor ihr Leben. Das war der bekannte „Zwischenfall von Tumu".

Die katastrophale Niederlage in Tumu verursachte eine Krise in Beijing. Manche Beamte schlugen vor, dass die Hauptstadt nach Nanjing versetzt werden sollte. Aber der Vorschlag stieß auf den Widerstand vom Beamten des Verteidigungsministeriums Yu Qian (1398-1457). Yu Qian wurde im Falle der Verteidigung der Hauptstadt zum General ernannt. Gleichzeitig wurde der Prinz Cheng als Zhu Qiyu zum neuen Kaiser erklärt. Die Stimmung der Bevölkerung wurde beruhigt. Durch die Zusammenarbeit des Militärs mit Zivilisten wurden die Truppen der Oirats besiegt, der Führer Esen floh.

Im August des nächsten Jahres musste Esen den gefangenen Ying Zong zurückbringen und wünschte die Wiederherstellung des Tributs und Handels. In der Regierungszeit Jiajing (1522-1566) eroberten Tartaren unter der Führung von Tayan Khan die Macht Oirats in der Mongolei. Für die Ming-Dynastie entstand nun neuerlich eine beachtliche Bedrohung. 1550 griff die Armee der Tataren unter der Führung vom Enkelsohn Tayan Khans namens Altan Khan (1506-1582) die Provinz Hebei an und näherte sich Tongzhou. In Miyun, Sanhe und Changpin nahe Beijing verbrannten und plünderten die Soldaten die Häuser. In der chinesischen Geschichte wird dieses Ereignis als „Katastrophe von Geng Xu" bezeichnet.

In den späteren Jahren sorgten die Truppen von Altan Khan oft für Unruhen in den Binnenprovinzen, so dass die Armee der Ming-Dynastie ständig in der Hauptstadt den Ausnahmezustand verhängen musste. Nach 1567 indes legte der Bildungsminister Gao Gong (1512-1578) viel Wert auf den Aufbau der Randgebiete. Die Grenzgebiete wurden dadurch konsolidiert. Außerdem wurde auch den Tataren bald bewusst, dass gute Kontakte und ein fairer Handel mit der Ming- Dynastie viele Vorteile bringen konnten. Sie verzichten daher auf die Kriege.

Im Jahr 1571 (in der 5. Regierungsperiode Longqing) bat Altan Khan die Regierung der Ming- Dynastie, ihn zum König zu erklären. Er drückte auch den Wunsch aus, Tribut darzubringen und Handel mit der Ming- Dynastie zu betreiben. Der für den Schutz der nördlichen Gebiete verantwortliche Generalgouverneur Wang Chonggu (1515-1588) und der Gouverneur der Stadt Datong, Fang Fengshi, hatten eine Bittschrift dem Kaiser eingereicht. Der weitsichtige Gedanke verdiente auch die Unterstützung der Bildungsminister Gao Gong und Zhang Juzheng. So wurden die Friedensverhandlungen zwischen Altan Khan und der Ming-Dynastie aufgenommen. Die kaiserliche Regierung erklärte Altan Khan zum „Fürsten Shunyi". Ihm wurde das Tribut gewährt. Die von Altan Khan bewohnte Stadt hieß daher „Guihua" (übers. Gehorsam). Seinen Brüdern, Kindern und Neffen wurden auch verschiedene Titeln verliehen. Beide Seiten betrieben Handel in den Gebieten Datong und Xuanfu. In der Geschichte hieß dieses Ereignis „Titelverleihung für Altan Khan". Im Jahr 1587 wurden der Führerin der Tartaren der Titel „Frau Zhongshun" (übers. Treue und Gehorsam) verliehen. In ihrer späteren Herrschaft, die mehr als 20 Jahre dauerte, setzte sie sich für Frieden, Tributzahlungen und Handel mit der Ming-Dynastie ein. Die Menschen in Tonggong, Xuanfu und Gansu lebten in Frieden.

Zhu Zhanji, Kaiser Xuanzong (1398-1435)

Zhu Houcong, Kaiser Shizong (1522-1566)

Die glasierte Schutzmauer mit neun Drachenmuster vor dem Wohnsitz des Prinzen Gui der Ming-Dynastie

V. Japanische Piraten und Kampf gegen japanische Piraten

Qi Jiguang (1528-1587)

Ende der Yuan-Dynastie und Anfang der Ming-Dynastie spaltete sich Japan in die chaotische Süd- und Nord-Dynastie. Zahlreiche an den Kriegen beteiligte Krieger, Offiziere und Palastsoldaten emigrierten nach der Niederlage auf viele Inseln. Sie steckten oft mit illegalen Händlern und Seeräubern unter einer Decke und überfielen die Küstegebiete Chinas. Außerdem schickten auch manche japanische separatistische Militärmachthaber Soldaten auf den Seeweg, um Handel zu treiben und zu räubern. Diese Kräfte bildeten die so genannten „Japanischen Piraten".

Anfang der Ming-Dynastie bestanden die Piraten hauptsächlich aus japanischen Seeräubern. Mitte der Ming-Dynastie entwickelte sich in China der private Handel mit dem Ausland. Um sich von der Einschränkung der Ming-Dynastie zu befreien und riesigen Gewinn zu erwerben, gaben sich manche reiche Leute als Piraten aus oder sie begangen gemeinsam mit japanischen Piraten in den Küstenregionen Verbrechen. In der Regierungsperiode Jiajing war die Struktur der Piraten kompliziert geworden. Die Probleme durch die Piraten wurden täglich ernster.

Im Jahr 1547 besuchte der kaiserliche Beauftragte Zhu Wan (1494-1550) die Provinz Zhejiang. Er befahl, das Militär zu konsolidieren, um gegen japanische Piraten zu kämpfen. Eine Reihe von Maßnahmen wurden getroffen, z. B. die Verstärken der Schutzkräfte in den Küstengebieten, Verbot der Seefahrt usw. Außerdem ließ er nach jenen Kaufleuten fahnden, die mit japanischen Piraten unter einer Decke steckten. Seine Tat verursachte kräftige Widerstände von Beamten und Kaufleuten in den Provinzen Zhejiang und Fujian. Die Folge war, dass Zhu Wan von seinem Posten entfernt wurde. Er beging hierauf mit Gift Selbstmord. Nach dem Tod von Zhu Wan wuchsen die Probleme mit den Piraten weiter an. 1553 griffen japanische Piraten viele chinesische Küstegebiete an, töteten die Bevölkerung und entführten Menschen auf ihre Inseln. Im nächsten Jahr überfielen japanische Piraten große Gebiete Südchinas, und zahlreiche Menschen wurden getötet. Der Gouverneur Zhejiang mit Namen Wang Yu (1507-1560) beauftragte Yu Dayou (1504-1580) und andere, gegen die Piraten zu kämpfen. Im Gebiet Putuoshan erlangten sie einen großen Sieg. Im Jahr 1555 führte Zhang Jing (?-1555), der Militärbeamte des Verteidigungsministeriums aus Nanjing, die Nationalitäten Han, Zhuang, Miao und Yao zum Kampf gegen japanische Piraten. In Wangjiangjing (dem heutigen Landkreis Jiaxing in der Provinz Zhejiang) besiegten sie die japanischen Piraten. In der Schlacht wurden 2000 Piraten getötet. Unzählige sind ertrunken. Dieser Sieg wurde in der Geschichte als Großer Sieg in Wangjiangjing bezeichnet. Nach kurzer Zeit wurde Zhang Jing von einem schlechten Beamten namens Yan Song (1480-1565) verleumdet. Er wurde ins Gefängnis geworfen und dann hingerichtet.

In der Zeit, wo in Wangjiangjing japanische Piraten besiegt wurden, wurde Qi Jiguang (1528-1587) von Shandong nach Zhejinag versetzt. Qi Jiguang alias Yuan Jing, der auch Nan Tang hieß, stammte aus einer Militär-Familie. Seine Heimat war Penglai in der Provinz Shandong. Gemäß dem

Penhlai Pavillon, in heutigem Penglai der Provinz Shandong, wo Qi Jiguang zum Schutz vor Angriffe von japanischen Piraten militärisches Training machte.

Bemalte berittener Mann der Ming- Dynastie (1368-1644), Höhe 32.5-39 cm, freigelegt aus dem Grab vom General Zhu Gongdu in Minggouthen des Landkreises Chang'an der Provinz Shaanxi

Pferdegurtzeuge aus Bronze, Ming-Dynastie

erblichen Adel war er Kommandeur in Dengzhou. Später war er als Offizier in Zhejiang tätig. Weil er sich wegen der militärischen Schwäche sehr um die Verteidigung in den Küstengebieten sorgte, hatte er 3000 Krieger ausgewählt. Nach dem kurzfristigen Training wurde eine bekannte antijapanische Truppe gegründet, die später als „Truppe der Familie Qi" bezeichnet wurde.

Im Jahr 1561 konnte die „Truppe der Familie Qi" in Taizhou große Siege feiern. Im kommenden Jahr kam sie nach Fujian. 1563 erlangte Qi Jiguang bei der Kooperation mit Yu Dayou einen großen Sieg in Pinghaiwei. Bis zum Frühling 1564 war die Gefahr der Piraten in Zhejiang und Fujian bereits beseitigt. Dann marschierte die Truppe nach Guangdong. Zeitgleich hatte die von Yu Dayou gegründete „Armee der Familie Yu" auch einen großen Beitrag zur Beseitigung der Bedrohung durch japanische Piraten geleistet. Besonders hatte die Armee der Familie Yu in Guangdong ihre Stärke gezeigt. Im Jahr 1566 wurden die japanischen Piraten in den Küstegebieten Süd-Nordchinas endgültig niedergeschlagen. Nach kurzer Zeit normalisierten sich die Seefahrt und der Seehandel wieder.

Terrakotta- Krieger der Ming-Dynastie (1368-1644), Höhe 51 cm

Streitwagen der Ming-Dynastie, Länge 350 cm, Breite 320 cm

Eisenkanone der Ming-Dynastie bei Shanhaihuan, Periode Congzhen der Ming-Dynastie (1621-1644)

VI. Gesellschaft im Wandel

Vergoldener Bronzebrenner mit zwei Griffen, Ming-Dynastie (1368-1644), Höhe 28cm, innerer Durchmesser 19 cm, unterer Durchmesser 14 cm

Laubförmiger Goldhutschmuck mit Edelsteinen, Ming-Dynastie (1368-1644), Höhe 7,9cm, Breite 6, 7cm

Anfang der Ming- Dynastie war die Gesellschaft geregelt. Sowohl die Übergeordneten als auch die Untergeordneten handelten nach festen Verhaltensnormen. Die Menschen orientierten sich an Schlichtheit und Bescheidenheit. Aber nach der Regierungszeit Zheng De änderte sich der Lebensstil der Menschen aufgrund des reichhaltigen Warenangebots und des Wohlstandes. Das rituelle Verhalten wurde allmählich vergessen, das Luxusleben kam in Mode. Diese Tendenz drückte sich vor allem durch Kleidung, Wohnung, Speise, Verkehrsmittel und Hochzeit sowie Bestattung aus. Und natürlich bildeten die Beamten und Gelehrten hier keine Ausnahme.

Die ganze Gesellschaft kämpfte miteinander nur um ihre eigenen Interessen, orientierte sich am Geld. Diese Erscheinung war nicht nur bei vielen Kaufleuten zu sehen, sie tauchte auch auf dem Land auf. Viele Bauern verzichteten auf die Landwirtschaft und betrieben Handel. Das soziale Ansehen der Kaufleute erhöhte sich schnell. Die traditionellen Tugenden und Prinzipien standen vor einer Herausforderung. Im Buch „ Schaf auf der Hügelkuppe - Geld regiert die Welt" von Zhu Zaiyu (1536-1611) stand: „ Alle Augen der Welt sehen nur Geld. Geld regiert die Welt. Wer Geld hat, der kann alles machen. Wer kein Geld hat, der hat Schwierigkeiten. Wenn ein Hinkender Geld hat, ist sein Gang beschwingt. Wenn ein Stummer Geld hat, ist seine Gestik schön. In der heutigen Zeit macht man nur vor Geld Vorbeugungen...".

Gutsbesitzer und Staatsbeamte waren ebenfalls gierig nach Geld. Sie verletzten Gesetz, um ihre eigenen Vorteile oder Interessen zu schützen. Sie schmeichelten vor Mächtigen, um höhere Positionen zu erlangen, weil die Macht ihrer Meinung nach zum Reichtum führen konnte. Die Stärkeren ärgerten die Schwächeren, die Massen beleidigten die Minderheiten. Es häuften sich gerichtliche Prozesse und Probleme. Unverbesserliche Glückspieler konnte man überall treffen. Die frühere geregelte Gesellschaft und das System der Hierarchie wurden so herausgefordert wie noch nie in der Geschichte zuvor. Dies alles führte zur Instabilität der gesellschaftlichen Entwicklung.

Beamte und Gelehrte haben sich gleichfalls sehr verändert. Mitte und Ende der Ming-Dynastie gab es bereits politische Korruption. Eunuchen mischten sich in die Politik ein,

Dehua Porzellanstatue von Guanyin-Bodhisattva der Ming-Dynastie (1368-1644)

Stehende männliche Farbfiguren aus Keramik, Ming-Dynastie (1368-1644) , Höhe 33,4 cm, 34 cm

Stehende grün bemalte männliche Figuren aus Keramik, Ming-Dynastie (1368-1644) , Höhe 38,5 cm, 38 cm

Bemalte weibliche Ehrengarde, Ming-Dynastie (1368-1644), Höhe 21-23cm,
freigelegt aus dem Grab vom General Zhu Gongdu in Minggouthen des Landkreises Chang'an der Provinz Shaanxi

verschiedene Interessengruppen und separatistische Parteien intrigierten gegeneinander. Beamte kümmerten sich nicht um ihre Angelegenheiten, sie strebten nur nach Genüssen und lebten in Saus und Braus. Unter Gelehrten dominierte die „Lüge", der „Ehrgeiz", das „Chaos", ihr an der Praxis orientierter Stil und der Fleiß waren verschwunden.

Im Lebensstil versuchte man, sich von den Fesseln der Rituale und Hierarchie zu befreien. Große Wohnungen, prächtige Ausstattungen und schöne Kleidung waren hoch im Kurs. Diese Tendenz stand sogar für normale Bürger auf der Tagesordnung. Die veränderte Wertvorstellung bedeutete, dass die traditionelle Gesellschaft durch Warenwirtschaft erschüttert wurde. Es war ein Vorzeichen, dass eine neue Zeit kommen sollte.

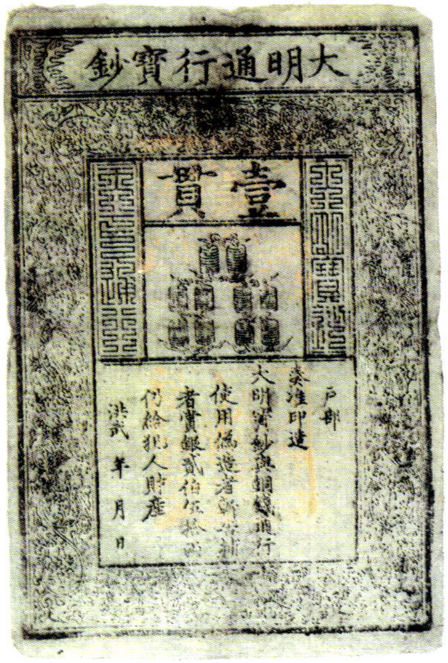

Geldschein der Ming-Dynastie, Länge 33 cm, Breite 22 cm

Fünffarbige Platte mit Drachen- und Phönixmuster, Ming-Dynastie (1368-1644), Höhe 4,3 cm, Durchmesser 25,8 cm, unterer Durchmesser 15,7 cm.

12 Stück verschachtelte Quadratbecher aus Silber der Ming-Dynastie (1368-1644), Durchmesser 4.1-8.6 cm.

Szene der Vorführung „Jinpingmei"

Pinsel mit schwarzen Wolkenmustern aus der Ming-Dynastie (1368-1644), Länge 20 cm

Reibstein im 6. Jahr der Zhengde- Periode der Ming-Dynastie (1368-1644), Länge 34 cm

Schwarzer Holztisch aus der Ming-Dynastie (1368-1644), Höhe 87 cm

Altes lackiertes Instrument aus der Ming-Dynastie (1368-1644), Länge 120 cm

Ein Tisch für Zeichnung aus Rotsandelholz aus der Ming-Dynastie (1368-1644), Höhe 85 cm

Das Bild „Vertreter der Denker aller verschiedener Strömungen" aus der Ming-Dynastie, entdeckt in Baoning- empel des Lankreises Youyu der Provinz Shanxi, Höhe 118 cm, Breite 62 cm

Wuliang-Halle im Wannian-Tempel, Wanli-Periode der Ming-Dynastie (1573-1620), Höhe 16 m, Seitenlänge 15.7 m, Emei-Berg Sichuan

Ein Rundstuhl mit acht Beinen aus der Ming-Dynastie, Höhe 49 cm

Stuhl aus der Ming-Dynastie, Sitzfläche 58.5 cm, Höhe 119.5 cm

Illustrierte im Buch „Geschichte zur Aufklärung der Welt“

Das Seidenbild „Frühlingsausflug“ von Huang Juan im Jahr 1636, Höhe 38 cm, Breite 311.2 cm

VII. Schaden des Staates durch törichte Herrscher und Diktatur der Eunuchenclique

Zhu Yijun, Kaiser Shengzong der Ming- Dynastie (1563-1620)

Während der Herrschaft von Zhengde (1506-1521) und Jiajing (1522-1566) gaben sich die Katastrophen gewissermaßen die Klinke in die Hand. Wuzong wusste nur zu spielen, Shizong war Gläubiger des Taoismus. Die Herrscherklasse war verdorben und unfähig geworden. Die japanischen Piraten im Süden, Barbaren im Norden und Aufstände des Volkes bedrohten die Herrschaft der Ming- Dynastie. Beamte und Minister kämpften gegeneinander um den ersten Platz. In dieser Situation spielte der erste Minister, dessen Position wie die eines Ministerpräsidenten war, bei der staatlichen Entscheidung eine sehr wichtige Rolle.

In der Regierungszeit von Jiajing entstand über die Nachverleihung eines Titels für den Prinz Xinxian, den verstorbenen Vater des Kaisers, eine so genannte „große Diskussion". Das Ziel der Debatte war die Betonung der Herrschaft des Kaisers und die Verstärkung der Kaisermacht. Die Folge war, dass die Beamten und Minister sich gegenseitig verleumdeten. Wer vor dem Kaiser gehorsam blieb, der hatte Chancen, ansonsten wurde er vernichtet. Yan Song (1480-1565) wurde wegen seiner Gedichte über den Taoismus von den Eunuchen und dem Kaiser geliebt und zum Ministerpräsidenten befördert. Ende der Regierungszeit Jiajing strebten weitsichtige Persönlichkeiten nach einer politischen Reform. Pan Jixun (1521-1559), Pang Shangpeng (?-1582) führten die Steuerreform in manchen Regionen durch, Qi Jiguang gewann einen großen Sieg über japanische Piraten. In der Regierungszeit Longqing (1567-1572) kümmerten sich Hai Rui (1514-1587) und Gao Gong um die Konsolidierung der inneren politischen Angelegenheiten, während Qi Jiguang und Wang Chonggu die Angelegenheiten der Verteidigung am Randgebiet erledigten.

Anfang der Regierungszeit von Wanli (1573-1620) bekleidete Zhang Juzheng die Position des Ministerpräsidenten. Er hatte die Reform weiter vorangetrieben. Um die politische Korruption zu verhindern, wurde ein Prüfungssystem eingeführt. Um die Probleme bei den Steuern zu lösen, wurde die Ackerfläche des ganzen Landes neu vermessen. Er beauftragte den Experten Pan Jixun, den Gelben Fluss und den Hai-Fluss zu regulieren. Bewässerungsanlagen wurden errichtet. Gleichzeitig wurde die Verteidigung am Randgebiet im Norden auch verstärkt. Nach dem Tod von Zhang Juzheng begann Shen Zong die Ming-Dynastie zu regieren. Aber er ergab sich der Trunksucht und dem Luxusleben, kümmerte sich gar nicht um die staatlichen Angelegenheiten. Er empfing keine Beamten und las keine Bittschriften von Ministern. Er lehnte es sogar ab, in den heiligen Tempel zu gehen und seinen Vorfahren Opfer darzubringen. Wenn ein Beamter von seinem Posten entfernt wurde, fehlte schließlich ein Verantwortlicher an der betreffenden Stelle. Das Verwaltungszentrum lag nahezu still. Aber der Kaiser Ming Zong schickte ständig Gewerbe- oder Steuerbeamte in die einzelnen Gebiete, um das Volksvermögen auszubeuten.

Die Ehefrau des Kaisers Shengzong hatte keinen Sohn geboren. Der Kaiser Sheng Zong wollte den Sohn von der Konkubine Zheng zum Kronprinz erklären. Diese Absicht verursachte einen heftigen Kampf zwischen Beamten und

Zhang Juzheng (1525-1582)

Farbstatue des Eunuchen der Ming-Dynastie

„Siegel Jin Yi Wei" der Ming-Dynastie

Gu Xiancheng (1550-1612)

Hut mit 12 Drachen- und 9 Phönixmustern für Ehefrau des Kaisers Xiao Jing , Wanli- Periode (1573-1620), Höhe 32 cm, freigelegt im Mausoleum Dingling der Ming-Dynastie in Changping bei Beijing

Hut mit Flügelmuster, Wanli-Periode (1573-1620), Höhe 24 cm, freigelegt im Mausoleum Dingling im Changping bei Beijing

Hut aus schwarzem Gewebedraht mit Flügelmuster, Wanli-Periode (1573-1620), Höhe 23.5 cm, freigelegt im Mausoleum Dingling im Changping bei Beijing

Kaiserliche Abendkleidung (Wiederherstellung nach dem Original im Mausoleum Dingling der Ming-Dynastie)

Ministern. Gu Xiancheng, der Generalsekretär der Kanzlei, befürwortete energisch, den ältesten Sohn Zhu Changlou zum Kronprinz zu erklären. Aus diesem Grund wurde er von seiner Stelle entlassen. Daraufhin ging er mit seinem Bruder namens Gu Yuncheng in die Heimat Wuxi zurück. In Wuxi restaurierte er die alte Akademie Donglin. An dieser akademischen Stelle widmete er sich gemeinsam mit Gelehrten wie Gao Pan u.a. den Vorträgen und Vorlesungen. Gemeinsam mit Schülern „diskutierten sie offen über Beamte in der Regierung und bewerteten deren Dienst". Hierdurch ist die Akademie zu einem Diskussionszentrum geworden. Manche aufrichtige Beamte in der Hauptstadt stimmten ihr Handeln trotz der weiten Entfernung mit der Akademie ab, weshalb sie bald als Partei der Akademie Donglin gezeichnet wurden. Sie forderten politische Reformen, kritisierten die Ausbeutung von Gewerbe- und Steuerbeamten, unterstützten die Entwicklung der Landwirtschaft, der Industrie und die Entwicklung des Handels. Sie befürworteten den Schutz von Liaodong vor Angriff der Mandschus. Es gab dann einige Parteien, z. B. Zhe Partei, Qi Partei, Xuan Partei, Kun Partei Chu Parei, die sich alle gegen die Donglin Partei richteten. In der Regierungszeit Tianqi vom Kaiser Xizong entstand eine Eunuchenclique unter der Führung des Eunuchen Wei Zhongxian (1568-1627) im Büro für Sterbesakramente. Die Eunuchenclique unterdrückte grausam die Partei Donglin. Zahlreiche Mitglieder der Donglin Partei wurden entweder vertrieben oder im Gefängnis hingerichtet.

Die Einrichtung der Eunuchen in der Ming- Dynastie verfügte über 24 Yamen, darunter zwölf gerichtliche Büros, vier Abteilungen und acht Behörden. Die größte Macht lag in den Händen des Büros für Sterbesakramente. Die Eunuchen übernahmen die Verantwortung für kaiserliches Befehlsschreiben. Außerdem kontrollierte das Büro für Sterbesakramente das östliche- und westliche Depot und Jin Yiwei, die so genannte Geheimpolizei. In der Ming- Dynastie gab es einige berüchtigte Eunuchen, etwa Wang Zhen, Liu Jin, Wei Zhonhxian und Wu Zong (Zhu Houzhao). In der Regierungszeit Zheng De gründete der Eunuch Liu ein inneres Depot, dessen Aufgabe auf die Kontrolle des östlichen- und westlichen Depots und der Jin Yiwei, der Geheimpolizei abzielte. Liu Jin hatte unbegrenzte Macht und übte fast eine Diktatur aus. Die eigentlich für den Kaiser geschriebenen Bittschriften oder Dokumente aus anderen Regionen nahm er mit nach Hause und las sie durch. Jeden Tag standen viele Funktionäre vor seiner Haustür und warteten auf seine Antwort. Viele nannten Liu Jin damals den stehenden Kaiser.

Wei Zhongxian (1568-1627) hieß eigentlich Jin Zhong. Er hatte sich selbst zum Eunuchen gemacht und ging in den Kaiserpalast. In der Regierungsperiode Zong Xi (1621-1627) war er zum Lieblingseunuchen des Kaisers geworden. Weil Wei Zhongxian enge Beziehungen zu der Amme des Kaisers hatte, wurde er mit deren Hilfe zum Sekretär befördert, der Befehle für den Kaiser schreiben durfte. Er bildete eine breite Anhängerschaft, verdrängte diejenigen, die nicht auf seiner Seite standen. Er wählte Eunuchen aus, damit sie „Kong Fu" trainierten. Er ließ Metalle schmelzen, um Waffen zu produzieren und für sich Truppe zu bilden. Viele Leute, darunter sogar manche Beamte, schmeichelten ihm, sie sind dessen Anhänger geworden. Sie betrachteten die Donglin Partei als ihren gefährlichsten Feind. Außerdem befahl Wei, alle Akademien im ganzen Land zu verbieten. Er tat mutwillig Böses, nannte sich in der Öffentlichkeit selbst „der zweite Kaiser", vom Kaiser Zong Xi wurde ihm schließlich der höchste Fürstentitel verliehen und viel Geld und Ackerfläche geschenkt. Der Gouverneur Zhe Jiang Pan Ruzhen ließ sogar für den lebenden Wei Zhongxian eine Denkmalhalle bauen. Damals war Wei Zhongxian ein so genanntes Vorbild, was wiederum viel Hass und Neid verursachte.

Nach dem Tod vom Kaiser Zong Xi wurde der Kaiserplatz an Si Zong (Zhu Youjian) (1628-1644) vererbt. Er hatte den Eunuch Wei Zhongxian hinrichten lassen. Aber der eigensinnige und herrische Kaiser Si Zong begann nach kurzer Zeit erneut Eunuchen mit bedeutenden Ämtern zu betrauen. Die Macht der Eunuchen dehnte sich schnell aus. Sie übernahmen die Verantwortung für Verteidigung, Einberufung, Kriegsvorbereitungen usw, bis die Ming-Dynastie gestürzt wurde.

VIII. Kulturelle Aufklärung

Song Lian (1310-1381)

Fang Xiaoru (1357-1402)

Wang Shouren (1472-1528)

Li Zhi (1527-1602)

Vor der Chenghua- und Hongzhi-Periode der Ming-Dynastie spielte die traditionelle konfuzianische Theorie von Song Lian eine dominierende Rolle unter den Gelehrten. Mit der gesellschaftlichen Veränderung seit der Mitte der Ming-Dynastie fühlten sich manche Gelehrte von der Theorie, die die Brüder Cheng und der Gelehrte Zhu begründet hatten, unterdrückt und verdrängt. Daher versuchten sie, neue Auswege zu suchen. Chen Xianzhang alias Gong Fu alias Shi Zhai, war in Baishali im Landkreis Xinhui beheimatet. Da Baishali in der Nähe von Jiangmen lag, wurde seine Lehre auch Jiangmen- Schule genannt. Cheng Xianzhang betonte die Bedeutung des Individuums. Gegenüber dem traditionellen konfuzianischen System in der Ming-Dynastie legte er viel Wert auf das selbständige Denken und das Infragestellen. Die Richtigkeit der Sache sollte objektiv aber nicht nach der Meinung eines Heiligen beurteilt werden. Dieser Gedanke bedeutete eine Sensation im damaligen akademischen Leben aller Gelehrten. So wurde auch ein Vorzeichen „einer neuen Theorie des Geistes“ in der Ming-Dynastie skizziert.

In der Hong-Zhi- und Zheng-De-Periode gab es eine Tendenz, „auf das Alte zu verzichten und nach dem Neuen zu streben.“ Wang Shouren, ein Gelehrter aus Yuyao in der Provinz Zhejiang, hatte die Yuyao- Schule gegründet. Er propagierte überall seine neue philosophische Lehre, damit die neue Theorie des Geistes verbreitet werden konnte. Wang Shouren (1472-1528) alias Bo An veranstaltete seine Seminare in seiner Heimat Yangmingdong, daher wurde er Lehrer Yangming genannt. 1499 bekam er Jinshi, den akademischen Grad und Titel der zentralen kaiserlichen Staatsprüfung. Weil er Anstoß beim Eunuch Liu Jin erregte, wurde er degradiert und nach Longchangyi in Guizhou vertrieben. Später wurde er zum Funktionär des Verteidigungsministeriums befördert, weil er beim Niederschlagen des Rebellen Ning-Prinz Verdienste gewonnen hatte. Wang Shouren war der wichtigste Denker der Ming- Dynastie. Alle seine Werke wurden von seinen Schülern zu einem „Gesamtwerk von Wang Shouren“ zusammengefasst. Die Schriften „Aufzeichnungen des Lernens“ und „Fragen beim Lernen“ gehörten zu den bekanntesten philosophischen Werken.

Wang Shouren glaubte, dass es neben Geist und Verstand keine Objekte gebe, keine Worte, keinen Grund, keine Gerechtigkeit und keine Gütigkeit. Seine philosophische Lehre wurde als „Lehre des Geistes und des Verstandes“ bezeichnet. „Natürliches Wissen“ und „Geist ist Grund“ waren seine wesentlichen Elemente. „Übereinstimmung zwischen Wissen und Handeln“ gehörte zu seiner theoretischen Grundlage. Er übernahm das Gedankensystem von Li Jiuyan und hatte es weiter entwickelt. Daher wurde das System als „Theorie des Geistes von Lu- Wang“ bezeichnet. Wang Yangmings Theorie beinhaltet einen Antikonfuzianismus, sie betonte „ Natürliches“ und respektierte die Individualität. Hierdurch begann die Suche nach der individualistischen Befreiung, und der rebellierende Trend war abzusehen. Wang Yangmings Theorie

Seiderollbild „Tao Dorf und Wohnungen mit Reetdächern“ von Chou Ying aus der Ming-Dynastie (?-1552), Höhe 150 cm, Breite 53 cm

Bronzefigur Bodhidharma aus der Ming-Dynastie (1368-1644), Höhe 16.5 cm

Runde lackierte und geschnitzte Kiste mit Pavillon und Menschenmustern aus der Ming – Dynastie (1368-1644), Höhe 4.5 cm, Durchmesser 12.9 cm

Geschnitzte Bambusfigur eines Fischers von Zhu Sansong der Ming-Dynastie, Höhe 13.5 cm

Dehua buddha, Ming (1368-1644), He Chaozong, 21.5cn high

Jadeschüssel in Lotosblattform aus der Ming-Dynastie (1368-1644), Höhe 5.3 cm, Durchmesser 9.4 cm

Rollbild „ Haubenmaina auf Kifferbaum“ von Zhu Houzhao (?-1521) der Ming-Dynastie, Höhe 187.8 cm, Breite 96.5 cm

Rollbild „ Mondgenießen im Neujahr“ von Zhou Daoxing der Ming-Dynastie (1368-1644), Höhe 184.5 cm, Breite 94.7 cm

Rollbild „Kranich auf Kifferbaum“ von Wang Weilie (1368-1644) der Ming-Dynastie, Höhe 187.8 cm, Breite 96.5 cm

wurde Anfang der Jia-Jing-Periode zu einem System entwickelt. Sehr schnell erreichte es die Blütezeit und es ist eines der wichtigsten theoretischen Gedanken geworden.

Li Zhi (1527-1602), Denker des Antikonfuzianismus Ende der Ming-Dynastie, war ein Nachkomme der Taizhou- Schule von Wang Xuezhong. Mit scharfen Worten hatte er die im Konfuzianismus aufgestellten traditionellen Verhaltensnormen für Menschen kritisiert. Seine Kritik richtete sich sogar direkt gegen den „Heiligen“ Konfuzius. Er betonte die Entfaltung der „Natur“ des Menschen, erwartete die Entwicklung der Individualität. Li Zhi hatte die Gleichberechtigung zwischen Mann und Frau gefordert, was in der Ming-Dynastie als „Extreme Heterodoxie“ bezeichnet wurde.

Wang Shouren und Li Zhi hatten die traditionellen Fesseln abgelegt, akzeptierten das Streben nach Freiheit und menschlicher Sehnsucht. Mit ihrer Theorie fanden sie viel Unterstützung im ganzen Land. Ende der Ming-Dynastie entstand eine antikonfuzianische Strömung, dessen Bedeutung einer Aufklärung im europäischen Sinne nahekommt.

IX. Auf dem Weg zur modernen Wissenschaft

Li Shizhen (1518-1593)

Xu Guangqi (1562-1633)

Xu Guangqi und der Italiener Ricci Matteo (1552-1610)

Die soziale wirtschaftliche Entwicklung in der Jia Jing- und Wan Li- Periode, die durch den Handel mit dem Ausland verursachte weite Produktion und die Verbesserung der Technologie forderten dringend die technische und wissenschaftliche Innovationen. Die von europäischen Jesuiten nach China gebrachte Wissenschaft und Technik, z. B. die Astronomie, Kalenderberechnung, Herstellung von Feuerwaffen, mechanische Prinzipien, Wasserbau, Architektur, Kartographie und deren Anwendung, waren für die an der Praxis orientierten Gelehrten ein Impuls, neues Wissen zu erlangen. So hatte eine Verwandlung zur modernen wissenschaftlichen Technik in der Ming- Dynastie begonnen.

Nach der Mitte der Ming- Dynastie hatte die Naturwissenschaft wesentliche Fortschritte gemacht. Das großartige Werk „Übersicht über die medizinischen Heilkräuter", das vom Pharmazeuten Li Shizhen verfasst wurde, war Beweis für die hervorragenden Erfolge auf dem Gebiet der Wissenschaft in der Ming- Dynastie. Li Shizhen (1518-1593), alias Dong Bi stammte aus einer Arztfamilie, seine Heimat war Qizhou Huguang (heutiger Landkreis Qichun in der Provinz Hubei). Von 1552 an begann er das Werk „Übersicht über die medizinischen Heilkräuter" zu schreiben. Er hatte dreimal seine Manuskripte verbessert und schließlich wurde das großartige, aus 52 Bänden bestehende Werk zur Welt gebracht. Es hatte 27 Jahre gedauert. Im Buch wurden insgesamt 1892 Heilkräuterarten und 11097 medizinische Rezepte zusammengefasst. Im Vergleich zum früher geschriebenen Medizinbuch „Zusammenfassung" hatte Li Shizhen mehr als 374 Kräuterarten ergänzt, die Zahl der Rezepte hatte sich vervierfacht. Darüber hinaus enthielt das Buch über 1100 Bilder und ausführliche Beschreibungen über Produktion, Formen, Geruch sowie Wirkung der medizinischen Kräuter. Im Buch „Übersicht über die medizinischen Heilkräuter" hatte der Autor das Wissen und die Erfahrungen der chinesischen Medizin der vergangenen 2000 Jahre zusammengefasst und viele neue Erkenntnisse hinzugefügt. Außerdem stellte das Buch auch Zusammenhänge zu manchen naturwissenschaftlichen Kenntnissen her, z. B. Chemie, Mineralogie, Kristallographie, Umwelt, Biologie, Genetik etc. Der britische Wissenschaftler Charles Darwin (1809-1882) hatte bei der Gründung seiner Evolutionstheorie aus dem Buch von Li Shizhen aufschlussreiche Anregung erhalten.

Zhu Zaiyu (1536-1611) war Enkelsohn des Kaisers Ren Zong in der sechsten Generation und der älteste Sohn des Prinzen Zheng. Nach dem Tod seines Vaters sollte er den Prinzentitel erben. Aber er hatte es abgelehnt und befasste sich mit dem Studium. Er besaß umfangreiche Kenntnisse über Astronomie, Kalenderherstellung, Musik, Malerei, Gedicht und Tanz. Die von ihm geschriebenen Werke „Komplette Sammlung der Temperatur", „Jialing Mathematikhandbuch", „Pythagoreische Illustration über Kreis und Quadrat", „Aphorismus zum Erwecken des Bewusstseins der Menschen" waren sehr bekannt. Sein größter Verdienst war, dass er das Zwölf-Tonsystem gemessen und Blasinstrumente für das Zwölf-Tonsystem hergestellt hatte. Damit wurden die seit 2000 Jahren in der Geschichte der Musik bestandenen theoretischen Probleme bei der Modulation gelöst. Diese zwei Erfolge wurden von Matteo Ricci, der zum Predigen und Missionieren nach China gekommen war, nach Europa gebracht. Bis heute werden sie immer noch im musikalischen Kreis aller Länder verwendet. Außerdem konzentrierte er sich noch auf Astronomie und Kalender. Er hatte präzise die Länge des tropischen Jahres gerechnet, die geographische Breite in Beijing, den indirekten Winkel des Geomagnetismus gemessen.

Xu Guangqi (1562-1633), alias Zi Xian, wurde auch Xuan Hu genannt. Er stammte aus Shanghai. In der Wan Li-Periode bekam er den Titel „Jinshi", einen akademischen Grad der kaiserlichen Prüfung. Er war lange Zeit an der zuständigen Stelle des Bildungsministeriums tätig. Das ganze Leben lang befasste er sich mit der angewandten wissenschaftlichen Forschung, studierte und vermittelte die Wissenschaft und Technik aus den westlichen Ländern. Damals kamen viele Jesuiten nach China, um den Chinesen das Christentum vorzustellen. Darunter waren der Italiener Matteo Ricci (1552-1610) und der Deutsche Adam Schall von Bell (1591-1666) die Bekanntesten. Xu Guangqi studierte von ihnen Mathematik, Methoden zur Kalender- und Feuerwaffenproduktion. Gemeinsam mit Matteo Ricci hatte er die „Geometrie des Euklids" ins Chinesische übersetzt und das geometrische System der Abendländer vermittelt. In den Werken „Ähnlichkeiten und

Unterschiede beim Messen" und „Pythagoreischer Lehrsatz" verglich er chinesische Methoden mit Methoden aus den westlichen Ländern, dadurch wurde die alte chinesische Bestätigungsmethode präzisiert. In der Astronomie legte er Wert auf konkretes Messen, verwendete moderne Instrumente und Methoden. Mit allen Mitarbeitern des astronomischen Amtes zusammen hatte er das in der damaligen Zeit sehr moderne stellare Diagramm gezeichnet. Er wurde auch beauftragt, die Herstellung des Kalenders zu überarbeiten und zu beaufsichtigen. In fünf Jahren hatte er das Werk „Congzhen Almanach" verfasst. Dabei lud er die ausländische Experten N. Longobardi und J. Zerrenz ein, bei der Forschung über Astronomie und der Kalendererstellung mitzuwirken.

Das von Xu Guangqi geschriebene Buch „Gesamtsammlung der ländwirtschaftlichen Arbeit" gehörte zu den wichtigsten Werken über die Landwirtschaft. Das ganze Werk bestand aus 60 Bänden. Sie sind in Landsystem, landwirtschaftliche Tätigkeit, Wasserwirtschaft, Baumarten, Seidenraupen, Pflanzen, Tierzucht usw. gegliedert. Sie enthielten auch Kenntnisse über die Landwirtschaft und deren Politik, Systeme, Maßnahmen und Verwendung der Werkzeuge. Er hatte nicht nur die frühere landwirtschaftliche Wissenschaft systematisch zusammengefasst, sondern auch viele neue Kenntnisse aus dem Ausland ergänzt. Xu Guanqi wollte sich über die Welt informieren, unterstützte die Handelsentwicklung zwischen verschiedenen Ländern. Er setzte sich dafür ein, mit westlichen Methoden und Prozessen Kanonen zu produzieren, um sich vor den Angriffe der Qing-Armee zu schützen. Er trat dafür ein, der landwirtschaftlichen Entwicklung größere Bedeutung beizumessen, damit der Staat verstärkt werden konnte. Er war ein hervorragender Wissenschaftler mit der neuen Wertvorstellung der damaligen Zeit und hat in der chinesischen wissenschaftlichen Geschichte eine entscheidende Rolle gespielt.

„Reisenotiz von Xu Xiake" war ein außergewöhnlich schönes wissenschaftliches Buch, das von Xu Hongzu (1586-1641) geschrieben wurde. Er stammte aus Jiangyin (dem heutigen Jiangyin in der Provinz Jiangsu) und wurde auch Xiake genannt. Von seiner Jugendzeit an begann er zu wandern und zu reisen. Überall, wo er war, hatte er ausführliche Notizen gemacht über Berge, Flüsse, geographische Lage, Klima, Tier- und Pflanzenarten sowie die ökologische Situation. „Reisenotiz von Xu Xiake" war eine systematische Zusammenfassung über seine Reise- und Forschungserlebnisse in mehr als 30 Jahren. Das ganze Buch besteht aus 20 Bänden, umfasst 400000 Wörter. Es ist eines der wichtigen Werke in der Geographiegeschichte. Seine kreative wissenschaftliche Forschungsarbeit richtete sich besonders auf die Verteilung der Lava, über deren Arten, Entstehungsursachen und Verwendungsmöglichkeiten im Südwestgebiet Chinas. Er hatte die frühesten Erfolge in der Erforschung der Lava hinterlassen.

„Darstellung der Naturarbeit" ist ein universales Werk über die Landwirtschaft und über das Handwerk. Der Autor hieß Song Yingxing (1587-1661), er stammte aus Fengxin in der Provinz Jiangxi. Das Werk bestand aus drei Bänden mit 18 Kapiteln. Der Autor hatte über den landwirtschaftlichen Anbau, Ernte, Verarbeitung, Salzbau, Zuckerproduktion, Ölpressung und Weinanbau geschrieben. Außerdem wurden verschiedene Methoden des Ziegelbrennens, der Porzellanproduktion, des Färbens, und der Gewinnung von Kalk, Schwefel und Kohle sowie Temperaturen in seinem Buch erwähnt. Darüber hinaus waren die Herstellungsprozesse im Schiffsbau und der Waffenproduktion darin zu ersehen. Besonders nennenswert waren seine wissenschaftlichen Forschungsmethoden, die schon der modernen Forschungsarbeit glichen. Song Yingxin hatte nicht nur die Produktion vieler Waren genau beschrieben, sondern er hatte auch mit 123 Bildern alle Produktionsprozesse veranschaulicht. Er nahm auch Rücksicht auf Zahlen und Fakten, mit denen er Vor- und Nachteile mancher Werkzeuge und deren Größe aufs Papier brachte.

Für die damalige Zeit sind auch drei weitere Wissenschaftler zu erwähnen. Hierbei handelt es sich um Li Zhizao (1565-1630), Wang Zhi (1571-1644) und Fang Yizhi (1611-1671). Sie haben beim Studium der abendländischen Wissenschaften, bei der Entwicklung der alten chinesischen wissenschaftlichen Forschung hervorragende Arbeit geleistet. Durch sie findet sich bereits zu dieser Zeit ein Blick auf die moderne Wissenschaft.

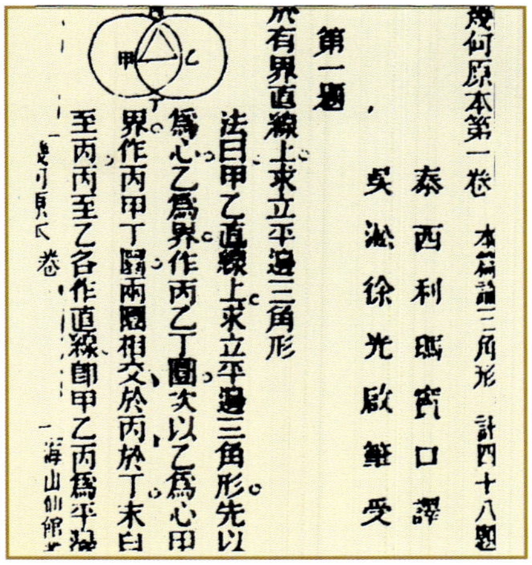
幾何原本第一卷 本篇論三角形 計四十八題
泰西利瑪竇口譯
吳淞徐光啟筆受
第一題
於有界直線上求立平邊三角形
法曰甲乙直線上求立平邊三角形。先以甲為心乙為界作丙乙丁圜。次以乙為心甲為界作丙甲丁圜。兩圜相交於丙於丁。末自丙至甲丙至乙各作直線。即甲乙丙為平邊

Photobild „Geometrie von Euclid"

Xu Xiake (1586-1644)

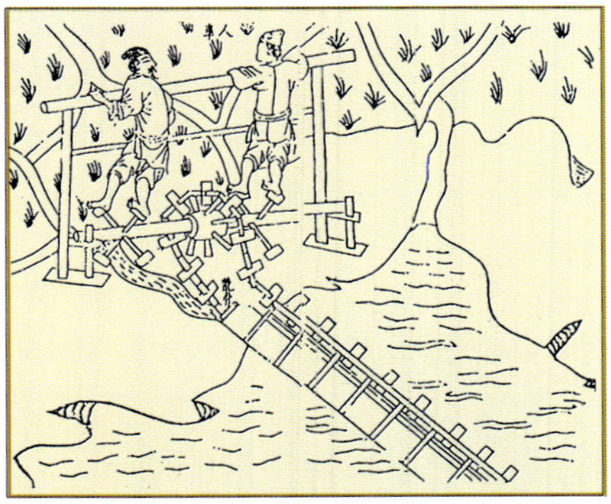

Illustrierte im Buch „Darstellung der Naturarbeit"

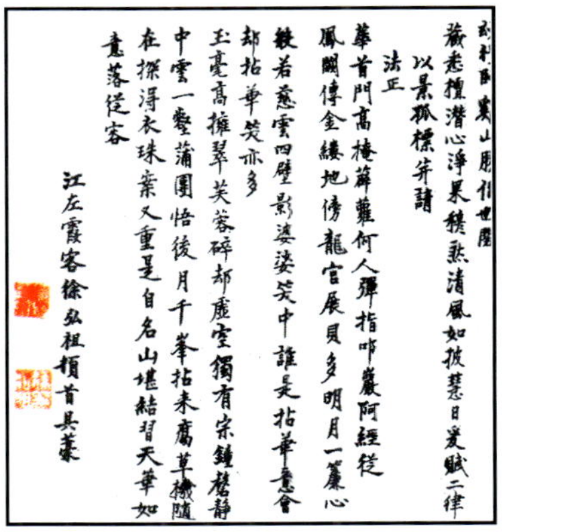

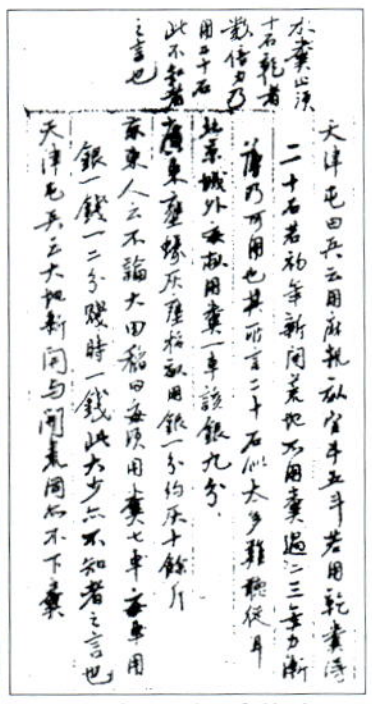

skripte des Werkes „Gesamtsammlung der ländwirtschaftlichen Arbeit"

Handschriften von Xu Xiake auf der Reise in Yunnan

第九篇 辉煌落日——清

Kapitel 9

Der brillante Sonnenuntergang

--Die Qing-Dynastie

Die Geschichte scheint sich immer zu wiederholen.
Die Mandschu überwanden die Große Mauer und betraten das chinesische Inland. Sie sollten in China in einer noch autoritäreren Weise herrschen.
Allerdings konnten Sie ihr Schicksal des Untergangs nicht aufhalten.
Es war gerade in dieser Dynastie, dass die soliden Kriegsschiffen und starken Kanonen der Abendländer das selbsternannte Himmlische Reich besiegten. Vom Schicksal vorherbestimmt befand sich die Monarchie bald auf dem Rückzug.

Sommerpalast, Kaiserlicher Garten in Beijing

I. Der Aufstieg der Mandschu und die Qing-Dynastie

Während der Ming-Dynastie unterhielten die Nüzhens, die im Nordosten beheimatet waren, lange Zeit gute Beziehungen mit den Zentralebenen. Sie hatten drei Gruppen: Jianzhou, Haixi und Yeren. Die Ming-Dynastie hatte in Telin an der Mündung des Flusses Heilongjiang eine lokale Regierung, die sich Nuergan Dusi nannte, eingerichtet. Außerdem verteilten sich über 380 Wei und Suo (Garnisonsort) in den weiten nordöstlichen Regionen. Im letzten Jahr der Ming-Dynastie verlor der Ming-Kaiserhof nach und nach die Kontrolle über den Nordosten. Nach vielen Wanderungen erreichten die Gruppen Jianzhou-Wei und Jianzhou-Linkswei des Nüzhen-Stammes die Suzi-Flüsse. Während des Regimes von Shen Zong erbte Nurhachi (1559-1626), Nachkomme von Mongtimur, der Führer der Gruppe Jianzhou-Linkswei war, die Führung des Stammes. Ihr Familienname war Aisin Gioro, was Familie des verstorbenen Nuzhen-Stammes bedeutete.

Kaiser der Yuan-Dynastie

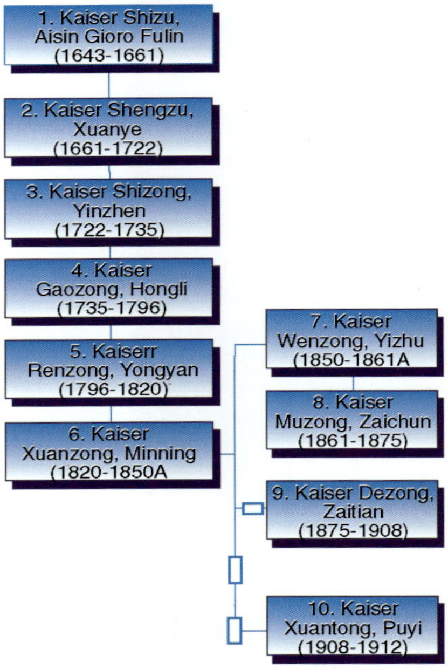

Kaiser Tai Zu der Qing-Dynastie, Aisin Gioro Nurhachi (1559-1626 n. Chr.)

Kaiser Tai Zong der Qing-Dynastie, Aisin Gioro Huangtaiji (1592-1643 n. Chr.)

1583 begann Aisin Gioro Nurhachi mit drei Sätzen von Helmen und Waffen, die die Vorfahren hinterlassen hatten, mit dem Krieg zur Vereinigung aller Nuzhen-Gruppen. 1588 unterwarf er mit Waffengewalt die Jianzhou-Gruppe. Von da an vereinte er in knapp 30 Jahren schließlich die Haixi-Gruppen und beherrschten das größte Gebiet der Yeren-Gruppe. Da seine Kraft ständig stieg, verlieh der Ming-Hof nacheinander ihm die Ränge Kommandeur, Chefkommandeur und Großkommandeur mit dem Titel General von Longhu.

1601 führte Nurhachi das Acht-Banner-System ein, in dem 300 wehrfähige Männer einen Niulu bildeten, fünf Niulu formten einen Jiala (Gruppe), und aus fünf Jiala wurde ein Gushan (Banner). Es gab insgesamt acht Banner, jedes war durch die spezifische Farbe seiner Flagge identifiziert. Anfangs gab es nur vier Banner verschiedener Farben: gelb, rot, blau und weiß. Später wurden vier andere Banner hinzugefügt: das Gelbbordierte, das Rotbordierte, das Blaubordierte und das Weißbordierte. Der Führer jedes Banners wurde Gushan Ezhen genannt. Jeder Jiala und jeder Niulu hatten auch seinen eigenen Ezhen. Die Acht Banner waren eine militärisch-administrative Organisation und Produktions- und Kriegseinheit zugleich. Deswegen war der Ezhen nicht nur der Militärbefehlsinhaber, sondern er leitete auch die Verwaltung. Nurhachi war aber sowohl der Patriarch wie auch der Höchstkommandeur der Acht Banner. Der Führer jedes Banners war einer von seinen Söhnen oder Neffen, der „Heshuo-König von Gushan“ (oder König von Gushan) genannt wurde. Hezhuo Beile war der Hauptführer jedes Banners. Alle wichtigen staatlichen Angelegenheiten wurden von diesen acht Königen gemeinsam besprochen und bestimmt. Zur gleichen Zeit baute Nurhachi die Stadt Hetuala (heute Xinbin in der Provinz Liaoning) und traf solche Maßnahmen, wie z. B. Auswahl der Tüchtigen, Erlassen von Verordnungen und Abfassung der Schriften. 1616 gründete Nurhachi in Hetuala das Regime Groß-Jin. Bei Historikern heißt es die Spätere Jin. Der Titel des Regimes lautete Tianming. Nurhachi galt als Großer Weiser Khan.

1618 verfasste Nurhachi zuerst „Sieben Gründe zum Hass“ gegen die Ming-Dynastie und startete dann mit „Sieben-Hass“ als Vorwand einen Angriff gegen die Ming-Dynastie. Die Ming-Regierung sammelte dann 100000 Soldaten und bestellte Yang Hao zum Hochkommissar von Liaodong, um Vorbereitungen für einen Angriffskampf zu treffen. Im nächsten Jahr marschierten

Yuan Chonghuan (1584-1630)

die Ming-Truppen auf vier Wegen in Richtung der Hauptstadt der Späteren Jin. Die Ming-Truppen erlitten in dem Kampf in Sarhu (Osten der Stadt Fushun in der Provinz Liaoning) jedoch eine totale Niederlage. Von da an war die Ming-Dynastie in der Defensive. Nurhachi eroberte die strategischen Städte Liaoyang und Shenyang und beherrschte das ganze Gebiet östlich des Flusses Liaohe. 1625 wurde die Hauptstadt der Späteren Jin nach dem Umzug nach Liaoyang zunächst nach Shenyang verlegt, das in Shenjing umbenannt wurde.

Die Konflikte zwischen der Ming-Dynastie und der Späteren Jin verschärften sich allmählich. Die Eunuchchlique besaß während der Regierungszeit von Xi Zong die vollständige Macht. Sie wollten alle Gebiete jenseits der Großen Mauer aufgeben und zwangen die Einwohner dort, nach Süden zu ziehen. Jedoch wollte der Militärgouverneur von Jiliao, Yuan Chonghuan (1584-1630) lieber sterben, als die Aufforderungen zu befolgen. Er und seine Leute leisteten einen heldenhaften Widerstand in der isolierten Stadt Ningyuan (heute Xincheng in der Provinz Liaoning). 1626 führte Nurhachi 130000 Mann und startete einen größeren Angriff gegen die Ming-Dynastie. Yuan Chonghuan und seine Armee kämpften mit großer Tapferkeit. Dadurch verhinderten sie die Besetzung von Ningyuan durch die Jin-Armee und diese erlitten schlimme Verluste im Kampf. Nurhachi, der durch eine Kanone verletzt wurde, war gezwungen, sich zurückzuziehen und starb kurz darauf. Dieser Kampf ist bekannt als „Sieg in Ningyuan“.

Nach dem Tod von Nurhachi folgte auf ihn Huangtaiji, sein achter Sohn. Huangtaiji sandte Spione in das Ming-Lager, um Misstrauen im Ming-Hof zu stiften. Dadurch hatte er den Ming-Kaiser Yuan Chonghuan zum Tod verurteilen lassen. Dann übernahm er allmählich die Kontrolle über den ganzen Nordosten. Außer der Acht Banner der Mandschu wurden auch die Mongolischen Acht Banner und die Chinesischen Acht Banner eingerichtet. 1636 erklärte sich Huangtaiji in Shenyang zum Kaiser und nannte sein neues Regime „Große Qing-Dynastie“. Er änderte seinen Regimetitel in Chongde und nannte die Nuzhens „Mandschu“. Huangtaiji errichtete drei innere Kanzleien (Innensekretariat, Amt für die Geschichtsschreibung und Amt für die Kommentierung der historischen Verluste und Gewinne und Erarbeitung und Ausführung bestimmter Systeme) und sechs Abteilungen. Später wurden neue Organisationen wie z. B. Aufsichtsrat und die Abteilung für Minoritätenangelegenheiten) hinzugefügt. Diese Organisationen der Regierung wurden zusammen als Drei-Kanzleien und Acht Yamen benannt. Dadurch hat Huangtaiji die Kräfte der Acht Banner zusammengebunden und die Staatsgewalt zentralisiert.

Flagge und Panzeranzug der acht Banner

Gelbes Banner | Gelbeingesetztes Banner | Weißes Banner | Weißeingesetztes Banner

Rotes Banner | Roteingesetztes Banner | Blaues Banner | Blaueingesetztes Banner

Gelbes Banner | Weißes Banner | Rotes Banner | Blaues Banner

Gelbeingesetztes Banner | Weißeingesetztes Banner | Roteingesetztes Banner | Blaueingesetztes Banner

Wertvoller Schwert von Aisin Gioro Nurhachi

Eisenerne Kanone der Qing-Dynastie

Kanone des „unbesiegbaren Generals“ der Qing-Dynastie

II. Erfolge und Fehlschläge von Li Zicheng

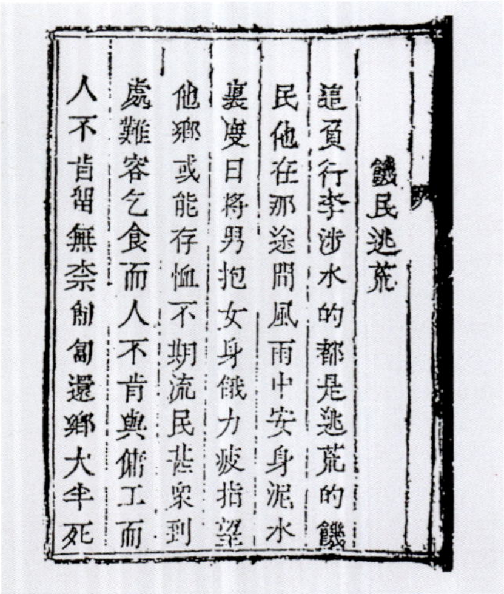

饑民逃荒

這貧行李涉水的都是逃荒的饑民他在那途間風雨中安身泥水裏度日將男抱女身餓力疲指望他鄉或能存恤不期流民甚衆到處難容乞食而人不肯與傭工而人不肯留無柰飢餓還鄉大半死

Inhalt des Lebens armer Menschen, Inschrift, Qing-Dynastie

Bronzes Siegel des Regimes Dashun von Li Zicheng

Seit der Mitte der Ming-Dynastie hörten Meutereien, Bauernaufstände und Sklavenrebellionen in allen Landesteilen niemals auf. Solche Revolten waren im Ausmaß viel größer als vorher. 1627 startete der Bauer Wang Er als der erste eine Revolte in Chengcheng im Norden der Provinz Shaanxi. Anschließend startete Wang Jiayin einen Aufstand in Fugu. Gao Yingxiang und Zhang Xianzhong unternahmen ebenfalls solche in Ansai und Yan'an. 1630 trat Li Zicheng (1606-1645), der aus Mizhi stammte, der Bauernarmee bei. 1631 schickte die Ming-Regierung Hong Chengchou (1593-1665) in die Grenzgebiete, um militärische Angelegenheiten zu kommandieren und die Bauernarmee zu unterwerfen. Da Gao Yingxiangs Militärkraft die stärkste unter den Bauernarmeen war, wurde er zum Dashing-König gewählt. Und Li Zicheng wurde Dashing-General. 1635 wechselte Hong Chengchou auf seinen neuen Posten als Militärgouverneur von fünf Provinzen. Seine Aufgabe war, die Bauernrevolte zu unterdrücken. Gao Yingxiang und andere, die zusammen 13 Armeegruppen und 72 Bataillone hatten, fanden sich in Yingyang in der Provinz Henan zusammen. Dann teilten sie die Truppen und traten den Ming-Truppen

Eintri
Beijing
Li Zich

entgegen. Die Bauernarmee, die von Gao Yingxiang und anderen geführt wurde, eroberte Fengyang, die eigentliche Heimat von Zhu Yuanzhang, wo sie die Gräber der Vorfahren des regierenden Kaisers abbrannten und zerstörten. Solche Aktivitäten erschütterten den Ming-Hof sehr. Im nächsten Jahr wurde Gao gefangen und anschließend hingerichtet. Li Zicheng nahm dann den Titel Dashi-König an. Von da an bildeten sich allmählich zwei Hauptkräfte, die jeweils von Li Zicheng und Zhang Xianzhong geführt wurden.

1637 beauftragte die Ming-Regierung den Kriegsminister Yang Sichang (1588-1641), die Bauernarmee zu unterwerfen. Zhang Xianzhong und seine Truppen signalisierten, dass sie sich der Regierungsarmee ergeben wollten, um sich auszuruhen. Li Zicheng und seine Leute erlitten große Verluste und versteckten sich in den Bergen Shangluo. 1639 erhob sich Zhang Zhizhong wieder zu einem Aufstand und konnte die Belagerung der Ming-Truppen durchbrechen. 1643 erklärte er sich zum König von Da Xi und gründete sein Regime. Im nächsten Jahr erklärte er sich in Chengdu zum Kaiser und nannte sein Regime „Da Xi“ (Großer Westen), dessen Titel Dashun war. Dann marschierte Li Zicheng 1640 ebenfalls nach Henan und erhob sich erneut. Seine Kräfte und sein Ansehen erholten sich erheblich. Die Bauernarmee vermehrte sich in kurzer Zeit zu einer hunderttausend Mann starken Truppe. Da traten Niu Jinxing und Li Yan (?-1644), die Juren der Ming-Dynastie waren, der Armee von Li Zicheng bei. Sie offerierten Li Zicheng solche Vorschläge, wie z. B. das Land gleichmäßig zu verteilen und von Steuern zu befreien. Ein Jahr später griff Li Zicheng Luoyang an, besetzte es und tötete den Prinz von Fu-Zhu Changxun. Dadurch erhöhte sich das Ansehen der Bauernarmee gewaltig. 1642 eroberte Li Zicheng Xiangyan. Im nächsten Jahr benannte er Xiangyang in Xiangjing um und erklärte sich zum König von Xinshun. Er richtete ein Amt für Zivil- und Militärbeamte ein. Kurz danach führte er seine Armee nach Norden. Sie erstürmten Tongguan und eroberten Xi'an. Am Tag des Neujahrs von 1644 nach dem chinesischen Mondkalender gründete Li Zicheng in Xi'an sein Regime und nannte es Groß-Shun. Er änderte den Namen Xi'an in Xijing. Dann vervollständigte er die Regierungsorganisationen und erarbeitete einen Kalender. Außerdem gab er Yongchang-Münzen aus und führte das Prüfungssystem für den zivilen Dienst ein, um damit Gelehrte auszuwählen. Im Februar führte Li Zicheng Millionen von Soldaten über den Gelben Fluss hindurch und marschierten in Richtung Beijing. Am 18. März ging die Armee von Li durch das Tor Zhangyi und nahm die Vorstadt von Beijing ein. Am Frühmorgen des nächsten Tages erhängte sich Kaiser Chong Zhen auf dem Kohlenhügel (heute Jing-Hügel in Beijing) nördlich des Kaiserpalastes.

Als die Bauernarmee unter Führung von Li Zicheng in Beijing eintrat, kollaborierte Wu Sangui, Garnisonkommandeur der Ming am Pass Sanhaiguan, mit den Qing-Truppen und startete einen Gegenangriff. Li Zicheng führte seine Leute bis über die Große Mauer hinweg, um den Feinden entgegen zu treten. Nach der Niederlage zog er sich zurück und kehrte nach Beijing zurück. Am 29. April erklärte sich Li Zicheng in Beijing in aller Eile zum Kaiser und verließ Beijing einen Tag später. Dann ging Li Zicheng über Shanxi nach Xi'an. Später kämpfte er von Shaanxi bis Huguang und andere Gebiete. Die Armee der Groß-Shun unter Führung von Li Zicheng und die große Westarmee unter Führung von Zhang Xianzhong schlugen eine blutige Schlacht gegen die Qing-Truppen. Allerdings wurde Zhang Xianzhong im Kampf auf den Bergen Fenghuang getötet. Xichong und Li Zicheng wurden gleichfalls in einem Überfall aus dem Hinterhalt auf den Bergen Jiugong nahe dem Kreis Tongshan getötet. Doch gibt es darüber auch andere Überlieferungen: eine hieß, nach der Niederlage trat Li Zicheng aus dem Weltleben aus und wurde Mönch im Tempel Jiashan in Shemen in der Provinz Hubei, wo er im Namen des Mönchs Fengtianyu in Allianz mit der Südlichen Ming-Dynastie die Überreste der Armee der Groß-Shun zum Kampf gegen die Qing-Dynastie kommandierte.

Shi Kefa (1601-1645 n. Chr.)

Wu Sangui (1612-1678 n. Chr.)

Der Shanhaiguan-Pass (Nordosten von Qinhuangdao in der Provinz Hebei)

III. Der Ruf Zheng Chenggongs auf dem Meer

Gedicht von Zheng Chengong

Nach der Eroberung Beijings durch Li Zicheng unterstützten die Ming-Minister in Nanjing den Prinz von Fu (Zhu Yourong), den kaiserlichen Titel anzunehmen und er änderte den Titel seines Regimes in Hongguang. Im nächsten Jahr wurde Nanjing erobert. Der ehemalige Minister Strafrat, Qian Suyue, und andere in Shaoxing unterstützten den Prinzen von Lu (Zhu Yihai)) als Nationalkontrolleur. Der Annan-Graf Zheng Zhilong (1604-1661) und Huang Daozhou (1585-1646) unterstützten in Fuzhou Prinz von Tang (Zhu Yujian) als Kaiser, dessen Regimetitel Longlu hieß. Im Sommer 1646 wurde der Prinz von Tang festgenommen und starb kurz danach. Der Gouverneur von Guangxi namens Qu Shisi (1590-1651) und der Gouverneur-General von Guangdong und Guangxi namens Ding Kuichu (?-1647) unterstützten anschließend in Zhaoqing in der Provinz Guangxi den Prinzen von Gui (Zhu Youlang) als Kaiser, dessen Regime mit Yongli betitelt wurde. Unter den Regimes der Südlichen Ming dauerte das Regime von Kaiser Yongli mit 17 Jahren am längsten. Die Militärkräfte auf dem Meer, die von Zheng Chenggong geführt wurden, standen zuerst unter dem Regime von Kaiser Longlu und dann unter dem Regime von Kaiser Yongli. Sie führten bis zum Ende Kämpfe gegen die Qing-Regierung.

Zheng Chengong (1624-1662), dessen eigentlicher Name Zheng Sen war, nannte sich selbst mit dem Beinamen Damu. Kaiser Longlu der Südlichen Ming-Dynastie gönnte ihm den Familiennamen Zhu und änderte dessen Namen in Chenggong. Er war Sohn von Zheng Zhilong. Nach dem Anschluss seines Vaters an die Qing-Dynastie warf Zheng Chenggong seine Pinsel fort und trat der Armee bei. Er schwor, gegen die Qing zu kämpfen. Deshalb verlieh Kaiser Long Wu ihm den Titel General von Zhaotao, der als Chefkommandeur diente. Von 1647 bis 1649 nahm er Nan'ao als seine Kampfbasis und führte die Seestreitkräfte an. Inzwischen eroberte Zheng Chenggong nacheinander Tong'an, Haicheng und Quanzhou. Schließlich marschierte er nach Jinmen und Xiamen. Er benannte die Linke und Rechte Xiamensuo in Simingzhou um, wo er sechs Ämter eingerichtet hatte, um verschiedene Sachen der Regierung getrennt zu erledigen. Außerdem verbesserte er die Verwaltungseinrichtungen. Daher verlieh Kaiser Yongli ihm den Titel Prinz von Yanping.

Zheng Chenggong unternahm mehrmals nördliche Feldzüge und kämpfte in Fujian und

Kapitulation der holländischen Armee

Guangdong. 1659 stürmte er zusammen mit dem Kriegsminister Zhang Huangyan (1620-1664) mit Armee von 170000 Mann sowie mit Seekräften nach Nanjing. Die Armee auf dem nördlichen Feldzug schritt zu Land und Wasser fort. Kurz danach eroberten sie Jiaoshan, Guazhou und dann den wichtigen Pass zum Yangtse, Zhengjiang sowie alle Kreise unter der Verwaltung von Zhengjiang. Nanjing fiel fast in die Hände von Zheng Chenggong. Wegen Kommandofehler von Zheng Chenggong versäumten seine Truppen die günstigste Chance zum Angriff, was zur Niederlage des Nördlichen Feldzuges führte.

Um seinen langfristigen Kampf gegen die Qing-Dynastie zu finanzieren, betrieb Zheng Xhenggong Seehandel in großem Ausmaß. Er kontrollierte alle Handelsstraßen nach China. Deshalb mussten alle eingelaufenen Handelsschiffe aus Europa, einschließlich solchen aus Holland, eine bestimmte Menge Steuer zahlen. Chinesen auf dem Meer erhielten politischen wie militärischen Schutz von Zheng, wenn sie von den gebieterischen Europäern verfolgt oder ungerecht behandelt wurden. Um die Kräfte Zheng Chenggongs zu schwächen, erließ die Qing-Regierung wiederholt Befehle, dass weder Staatsschiffe noch Zivilschiffe ohne Erlaubnis aufs Meer fahren durften. Außerdem evakuierte sie die Einwohner in den Küstengebieten einige Kilometer ins Inland, damit deren Kontakte zu Zhengs Armee eingedämmt wurden.

Um einen neuen Stützpunkt zum Kampf gegen die Qing-Dynastie zu errichten, beschloss Zheng Chengong, Taiwan zu erobern. In der Spätzeit der Ming-Dynastie kamen erste westliche Kolonialisten nach China und sie nahmen viele Orte in China sowie in Südostasien als ihre Stützpunkte, um Handelsaktivitäten zu entwickeln. 1557 besetzten Portugiesen Macao und Holländer setzten sich auf Taiwan fest.

Im Frühling 1661 marschierten Zheng Chengong und seine Leute nach Taiwan. Am 1. April nach dem chinesischen Mondkalender erreichten sie das Tor Luer und eroberten die Stadt Chikan (heute Anping-Hafen, Westen von Tainan in Taiwan). Die Menschen in Taiwan begrüßten die Ankunft der Armee von Cheng. Dank der Unterstützung des Volkes in Taiwan bekam Zheng Chenggong nach und nach ganz Taiwan unter seine Kontrolle. Am 1. Februar 1662 wurde der Generalgouverneur der holländischen Kolonialisten in Taiwan, der Coyett hieß, gezwungen, die Kapitulationsschrift zu unterzeichnen. Zheng Chengong ließ alle Kriegsgefangenen frei und erlaubten ihnen, mit dem Notwendigen, was sie auf dem Rückweg brauchten, Taiwan zu verlassen. Nach dem Rückgewinn von Taiwan behielt Zheng weiter den Regimetitel von Yongli. Dann benannte er die Stadt Taiwan in den Marktflecken Aiping um, die Stadt Chikang in Chengtianfu und gründete zwei Kreise von Tianxing (heute Jiaxingli von dem Kreis Jiayi in Taiwan) und Wannian (Xinglongli vom Kreis Gaoxiong in Taiwan). Unter seiner Führung wurden Beamten bestellt und die Produktion entwickelte sich. Er erließ Befehl, Tushe nicht anzugreifen (auch Gaoshang-Minorität genannt). Außerdem warb er von den Küstengebieten Chinas Agrarexperten an, um den Einheimischen landwirtschaftliche Produktionstechnologien zu vermitteln. Unter der Verwaltung von Zheng Chengong wurden die Erschließung und der Aufbau von Taiwan gefördert.

Im April 1662 wurde Zheng Chengong sehr unglücklich, als er in Taiwan davon erfuhr, dass Kaiser Yongli gestorben war. Zur gleichen Zeit erweiterte der Sohn von Zheng Chengong, Zheng Jing, seinen Einfluss mit Militärkräften auf dem chinesischen Festland.

Da er sowohl körperlich als auch seelisch erschöpft war und sowohl von Trauer als auch von Ärger belagert wurde, starb Zheng Chengong am 8. Mai nach dem chinesischen Mondkalender (am 23. Juni) an einer Krankheit. Nach dem Tod seines Vaters kam Zheng Jing nach Taiwan. 1683 schickte die Qing-Regierung General Jinghai mit dem Namen Shi Lang nach Taiwan, um Taiwan zu besetzen und die Einigung zu verwirklichen. Im nächsten Jahr richtete die Qing-Regierung die Verwaltungseinheit Taiwanfu ein, die zu der Provinz Fujian gehörte. Nach der Bitte der Nachkömmlinge von der Familie Zheng wurde das Grab von Zheng Chengong nach Nan'an in der Provinz Fujian verlegt. Außerdem baute die Qing-Regierung eine Gedenkhalle für Zheng Chengong und brachte ihm Opfer dar. 1784 baute die Qing-Regierung in Taiwan einen anderen Gedenktempel für Zheng Chengong, der Gedenkhalle für den Prinzen von Yanping heißt. Es gab ihm den postumen Titel „Zhengjie". Man offeriert zu jedem Frühling und Herbst Gedenkzeremonien für ihn.

Die Statue von Zheng Chengong (1624-1662 n. Chr.)

Erfolg in der Eroberung von Taiwan, das 53.-54. Jahr zur Zeit Kaiser Qinalongs (1788-1790 n. Chr.)

IV. Frieden und Blüte in der Zeit der Kaiser Kangxi und Qianlong

Kaiser Shi Zu der Qing-Dynastie, Aisin Gioro Fulin (Kaiser Shunzhi 1638-1661 n. Chr.)

Kaiser Sheng Zu der Qing-Dynastie, Aisin Gioro Xuanye (Kaiser Kang Xi 1654-1722 n. Chr.)

Als Wu Sangui 1644 die Qing-Truppen über die Große Mauer führte, verlegte Kaiser Shun Zhi seine Hauptstadt von Shenjing nach Beijing. 1661 starb Kaiser Shun Zhi an Pocken. Auf ihn folgte sein dritter Sohn Xuanye, der damals erst 8 Jahre alt war. Der Regimetitel von Xuanye hieß Kangxi. Aobai und drei andere Minister, die das Land regierten, unterstützten den neuen Kaiser. Jedoch wurde Aobai wegen seiner Erfolge arrogant. Er bildete seine eigene Clique und schob Personen mit anderer Meinung gnadenlos ab. 1667 übernahm Xuanye die Regierungsverantwortung. Zwei Jahre später beseitigte er Aobai und stärkte damit seine Herrschaft.

Kaiser Kangxi strebte nicht nach einer protzigen Herrschaft, sondern er suchte nach praktischen und effektiven Wegen zur Regierung des Staates. Er legte großen Wert auf die Anwerbung von chinesischen Gelehrten für die Verwaltungsinstitutionen auf verschiedenen Ebenen, um Widersprüche zwischen Chinesen und Mandschus zu entschärfen. Er reformierte die Innere Kanzlei und die Kaiserliche Akademie der Ming-Dynastie, die vorher von Aobai und anderen Ministern abgeschafft worden war. Er bat die Kaiserliche Akademie darum, ihn in den konfuzianischen klassischen Werken und der Geschichte zu unterrichten. 1677 befahl Kaiser Kang Xi Zhang Ying, Gao Shiqi und andere, in dem südlichen Arbeitszimmer im Palast der Himmlischen Reinheit Dienst zu tun. Kaiser Kangxi hat mit Konventionen aus der Regierungszeit Shunzhis gebrochen, die lautet, dass die meisten Gouverneure aus den Reihen der Mandschus stammen sollten. Er gab bekannt, dass tüchtige und anständige Leute entweder aus den Mandschus, den Chinesen der acht Han-Banner oder den Han-Chinesen ausgewählt werden würden. 1674 errichtete er hintereinander das Beitragssystem und das Prüfungssystem für Gelehrte und Literaten, um überall intelligente Leute anzuwerben. Darüber hinaus unternahm er drei Inspektionsreisen in den Süden Chinas, wo er das Mausoleum Xiaoling der Ming-Dynastie besuchte und dem konfuzianischen Tempel Opfer darbrachte. Während der Inspektion lernte er das Leben der Menschen und die politische Lage kennen, um die Leute in Südchina für sich zu gewinnen.

Kaiser Kangxi legte großen Wert auf landwirtschaftliche Produktion. Zwei mal erließ er extra Befehle, dass die Regierung nie das Ackerland des Volks annektieren dürfe. Außerdem gab er das Ackerland, das von den Prinzen der Ming-Dynastie annektiert worden war, an

Das Territorium der Qing-Dynastie

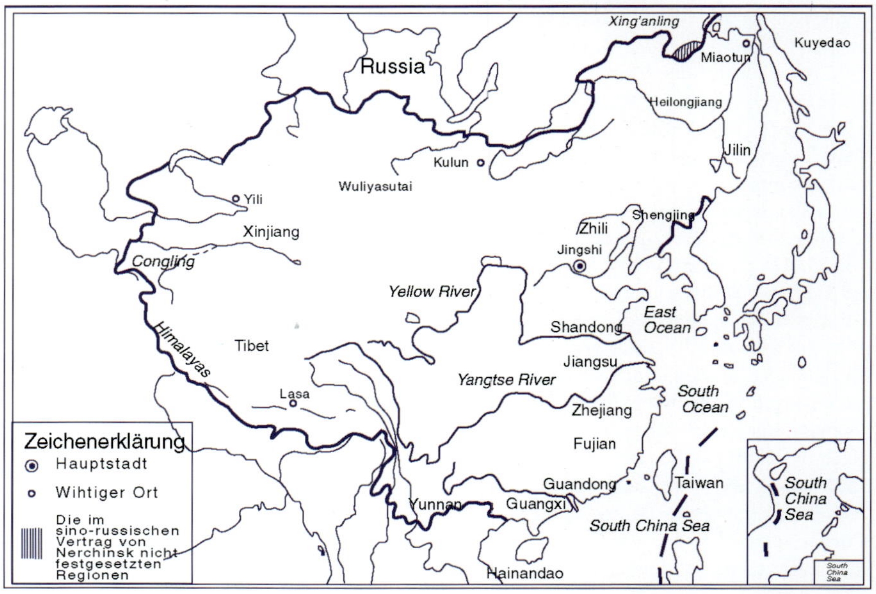

jenen zurück, die es früher das bestellt hatten. Diese Art von Land wurde auf den Namen des zivilen Haushalts eingetragen und wurde das ewige Eigentum des Volkes. Deshalb wurde dieses Land das Umbenannte Land genannt. Kaiser Kang Xi führte die Politik der Belohnung der Urbarmachung des Ödlandes weiter. Er sah die Urbarmachung des Ödlandes als ein wichtiges Kriterium zur Beurteilung der Erfolge der Beamten an. Darüber hinaus betrieb er die Politik der Steuersenkung. 1712 gab die Qing-Regierung bekannt, dass es keine Steuererhöhung in der Blütezeit geben würde, wenn die Einwohnerzahl stieg. Die Einwohnerzahl von 1711 wurde als Basis die Steuererhebung genommen. Solche Maßnahmen von der Qing-Regierung führten zur Reduzierung der Lasten der Bauern. Kaiser Kang Xi hob die Regulierung des Gelben Flusses hervor. Er bestellte für zehn Jahre Jin Fu und Cheng Huang zur Regulierung der Flüsse. Der Transport des Getreides in die Hauptstadt wurde dadurch einfacher. Aus überschwemmtem Land wurde wieder ertragreiches Ackerfeld.

Zu Beginn der Regierungszeit von Kang Xi war das Land in Tumult. Da der Prinz von Pingxi (Yunnan), Wu Sangui, der Prinz von Pingnan (Guangdong), Shang Kexi, und der Prinz von Jingnan (Fujian), Geng Zhongming, große Beiträge für den Eintritt der Qing in das chinesische Inland geleistet hatten und immer mächtiger wurden, gründeten sie nach und nach jeweils ihr separates Regime. Um die nationale Einigung zu verteidigen, kostete es Kang Xi acht lange Jahre, die Rebellion der drei Militärgouverneure zu beenden, die von 1673 bis 1681 dauerte. Zwei Jahre später beseitigte die Qing-Regierung das Regime in Taiwan von Zheng und vereinigte das ganze Land. Jedoch unterhielt Galdan, der Aristokrat des Jungar-Stammes, der im Nordwesten Chinas beheimatet waren, unziemliche Beziehungen mit dem zaristischen Russland und startete eine Rebellion. Die Armee des Jungar-Stammes annektierte alle drei Stämme der Eleut-Gruppen und attackierte den Hui-Stamm. Außerdem griff er die Khalkha-Mongolen an. Daher führte Kaiser Kang Xi drei mal selbst die Armee zur Unterwerfung der Feinde. Schließlich konnte er die Feinde schlagen und die Rebellion beenden. Im Frühjahr 1644 drang die russische Expeditionsarmee in die Gebiete in Heilongjiang ein und wurde von den dortigen Chinesen heftig zurückgeschlagen. 1682 machte Kaiser Kang Xi eine Inspektionsreise nach Shenjing (heute Shenyang) und Wula (heute die Stadt Jilin) im Osten und schickte Leute dorthin, um das Gebiet Yasca in der Provinz Heilongjiang zu untersuchen. 1685 sandte er eine Armee zur Vertreibung der Aggressionsarmee des zaristischen Russlands aus, die das Gebiet Yasca illegal besetzte. 1689 schloss der Qing-Hof einen Vertrag mit Russland ab, der der chinesisch-russische Vertrag von Nerchinsk genannt wird. Damit wurde der Ostteil der chinesisch-russischen Grenze festgelegt und die russische Aggression gegen China gehemmt.

1722 starb Kaiser Kang Xi nach einer Amtszeit von 61 Jahren. Auf ihn folgte sein vierter Sohn Yin Zhen, dessen Regimetitel Yong Zheng war. Unermüdlich in Erledigung der staatlichen Angelegenheiten, hat er den Militärrat eingerichtet. In solchen Organen arbeiteten zuverlässige und einflussreiche Minister, die vom Kaiser selbst ausgewählt wurden. Ihre Aufgaben lagen darin, dem Kaiser bei der Erledigung der militärischen Angelegenheiten zu helfen. Auf diese Weise stärkte er seine Kontrolle über lokale Gebiete.

Kaiser Yong Zheng entschloss sich dazu, die Finanz- und Steuererhebung zu sanieren. 1723 nahm er einen Vorschlag von Li Weijing an, der direkt der Zentralregierung unterstand. Er führte die Politik durch, dass die Kopfsteuer in die Landsteuer integriert wurde, was bedeutet:

Kaiser Shi Zong der Qing-Dynastie, Aisin Gioro Yin Zhen (Kaiser Yongzheng 1678-1735 n. Chr.)

Kaiser Gao Zong der Qing-Dynastie, Aisin Gioro Hong Li (Kaiser Qianlong 1711-1799 n. Chr.)

Hut, Qing-Dynastie, 20,5 cm hoch, Randdurchmesser 30 cm

Stiefel des Kaisers, Qing-Dynastie, 46,5 cm hoch

Robe des Kaisers Qing-Dynastie, 113 cm lang

Hoftracht des Kaisers, Qing-Dynastie, 138 cm lang

Umkreisen und Jagen

Räucherofen, Qing-Dynastie, 104 cm hoch

Spucknapf, Qing-Dynastie,104 cm hoch

Thron der Qing-Dynastie, 220 cm hoch

„Frontdienst und Steuer standen im Verhältnis zum Land, das eine Familie besaß" und „das Land und die Bevölkerung wurden zu einer Einheit verschmolzen". Dadurch genossen die Arbeitskräfte eine relativ große Freiheit. Um lokale Administrationen neu auszurichten und die Korruption zu beenden, führte er Maßnahmen ein, die Zusatzgebühren zu regulieren und in festgelegte Steuern umzuwandeln, damit die Lasten des Volkes gemildert wurden und eine saubere Politik betrieben wurde. Lokalen Beamten war erlaubt, von jedem silbernem oder goldenem Taler zwei oder drei Fen, die damals als Währung verwendet wurde, als zusätzliche Gebühr zum Ausgleich des Verlusts beim Bewässern einzufördern. Das auf diese Weise eingenommene Geld wurde den Beamten überlassen, um eine saubere Politik zu fördern.

Kaiser Yong Zheng befolgte die politischen Richtlinien

Geschnitzter Lachschirm mit Muster der Landschaft und Menschen, Qing-Dynastie (1643-1912 n. Chr.), 37,9 cm hoch, 22,2 cm lang, 3 cm dick

Der Sechste Panchen

der Ming-Dynastie. Er „brachte die einheimischen Stammesführer in den südwestlichen Minoritätengebieten wie z. B. Yunnan, Guizhou und Sichuan unter die Kontrolle der Zentralregierung, indem er ihnen reguläre Titel verlieh“. Er ersetzte die erblichen Führer in solchen Gebieten durch Magistrate. Die Qing-Regierung richtete das Ministeramt in Tibet ein und verstärkte dadurch die Kontrolle über Tibet. Außerdem entsandte die Regierung Truppen zur Unterwerfung der Rebellion der Aristokratie von der Eleut-Gruppe in Qinghai und die Revolte der Adligen vom dem Junggar-Stamm. Sie schloss mit dem zaristischen Russland das chinesisch-russische Blinski-Grenzabkommen und das chinesisch-russische Qiaktu-Grenzabkommen ab. Damit wurde der Mittelteil der chinesisch-russischen Grenze festgelegt. Die gespannte Lage zwischen beiden Ländern wurde dadurch entschärft. Zum Ende der Regierungszeit Kangxis bemerkte er, dass alle Prinzen in ihren Versuchen, den Thron zu übernehmen, sich gegenseitig zu vernichten drohten. Deshalb hat er das System der geheimen Festlegung des Kronprinzen etabliert, das von späteren Kaisern fortgeführt wurde.

1735 starb Kaiser Yong Zheng und ihm folgte sein vierter Sohn, der Prinz von Baoqin mit dem Namen Hongli, dessen Regimetitel Qianlong war. Der größte Erfolg Qianlongs war seine Verwaltung der Grenzgebiete im Nordwesten Chinas. 1755 und 1757 schickte er zweimal Truppen zur Unterwerfung der Rebellion von Dawach und Amrsala des Jungar-Stammes. Von 1757 bis 1759 hat er die Revolte von Da Hezhuo sowie die von Xiao Hezuo, Führer der Uiguren im Süden des Tianshan-Gebirges, niedergeschlagen. 1762 führte die Qing-Regierung den Generalposten von Yili in Xinjiang ein, um alle militärischen sowie zivilen Angelegenheiten zu verwalten. In Städten wie z. B. Ujurngin, Kashgar, Yinjishar, Yerqian, Hetian, Aksu, Wushi und Kalashar richtete die Qing-Regierung Chefkommandos, Assistenzminister und Verwaltungsminister ein, um militärische Angelegenheiten in den Gebieten unter ihrer Verwaltung zu verantworten und Grenzgebiete zu schützen.

Kaiser Qianlong stärkte auch die Verwaltung in Tibet. Er schaffte das tibetische Erbsystem ab und gründete Gaxia (lokale Regierung von Tibet). Er bestellte drei hochrangige Beamten, einen geistlichen und zwei weltliche, um politische Angelegenheiten zu regeln. Außerdem vergab er die kaiserliche tibetische Konstitution, in der die Ressorts und die Stellungen der Minister in Tibet, des Dalai Lamas und Panchan Lamas deutlich vorgeschrieben wurden. 1791 zerschmetterten die Qing-Truppen unter der Führung von General Fu Kangan die Aggression gegen Tibet von Kuorke (heute Nepal), die von Briten manipulierte wurde. Gleichzeitig betrieb die Qing-Regierung die Politik der „Ersetzung der Stammesführer durch Regierungsbeamte“ in solchen Gebieten wie z. B. Yunnan, Guizhou, Guangxi, Sichuan, Hunan und Hubei weiter, die von Stammesführern verwaltet wurden. Außerdem zerschlug die Regierung die Rebellionen, die von den Führern von Da Jinchuan und Xiao Jinchuan gestartet wurden.

Gegen Ende der Regierungszeit von Kaiser Qianlong machte die chinesische Bevölkerung etwa ein Drittel der Weltbevölkerung aus. Zugleich hatte China auch die größte wirtschaftliche Kapazität. Außerdem schrieb das Land im Außenhandelsaldo lange schwarze Zahlen. Selbst Groß-Britannien, eines der wichtigsten Handelsländer zur damaligen Zeit, war nicht im Stande, die Defizite in der Handelbilanz zu beenden. Von dem Regime von Kaiser Kang Xi bis zum Regime von Kaiser Qianlong war die Qing-Dynastie 100 Jahre lang in Blüte und erzielte viele Erfolge. Es war die Zeit des gewaltigen Wachstums und wurde als „Friede und Blüte in den Regimen von Kaiser Kang Xi und Kaiser Qianlong“ bezeichnet. Allerdings wurde die autokratische Regierung der Qing-Dynastie Tag für Tag korrupter. Gestützt auf seine militärischen Erfolge wurde Kaiser Qianlong arrogant. Ihm mangelte es an Bescheidenheit und bald an Unternehmungslust. In den späten Jahren seines Lebens verließ er sich auf einen einflussreichen Minister namens He Shen. Dieser verkaufte Beamtenposten und Titel, und Regierungsbeamte unterschlugen Geld oder wurden korrupt. Dadurch verschärfte sich die politische Krise und die Qing-Dynastie ging seitdem bergab.

Einer der acht Tempel in Chengde

Sommerresidenz, Qing-Dynastie, von Leng Mei, Seidenrolle, 391 cm hoch, 209 cm weit

V. Autokratie und Selbstisolation

Kaiser Gao Zong der Qing-Dynastie, Aisin Gioro Hong Li in seinem Waffenrock (Kaiser Qianlong 1711-1799 n. Chr.)

Zur Regierungszeit von Kang Xi, Yong Zheng und Qianlong wurden die kaiserlichen Behörden beispiellos verstärkt. Das System der Konferenz von Prinzenregenten, auf der die mandschurischen Aristokraten staatliche Angelegenheiten besprachen, wurde praktisch abgeschafft. Die Einrichtung des Militärrates hatte die Macht der inneren Kanzlei erheblich geschwächt. Deshalb wurde die absolute Alleinherrschaft des Kaisers enorm gefestigt. Nach der Gründung der Qing-Dynastie begann die Regierung den Zivilangelegenheiten Aufmerksamkeit zu schenken. 1645 führte sie das zivile Prüfungssystem ein und förderte die Verehrung von Konfuzius und das Studium klassischer Werke. Die Cheng-Zhu-Schule des Neo-Konfuzianismus wurde von der Qing-Dynastie besonders gefördert. Die achtgliedrige Schrift war immer noch die Form der kaiserlichen Zivilprüfung. Die Prüfungsaufgaben wurden aus den Vier Büchern und Fünf-Kanons abgeleitet. Für Kommentare, Gliederung und Form der Aufsätze gab es strikte Vorschriften.

Nach der Übernahme der Regierungsverantwortung durch Kaiser Kang Xi gab es neben dem zivilen kaiserlichen Prüfungssystem noch das spezifische Prüfungssystem. Im neuen System gab es drei Kategorien: „Wissenschaft und Literatur“, „Studium des konfuzianischen Kanons“ und „Tugendhafte Taten“, die vor allem zur Zeit der Regimes von Kang Xi und Qianlong bestanden. Während des Regimes von Qianlong wurden auch Prüfungen in „Wissenschaft und Literatur“ und „Verwaltung“ abgehalten, um sowohl Talente auszuwählen als auch die Gesinnung der Menschen zu festigen.

Um mit ihren Erfolgen in der Verwaltung der öffentlichen Angelegenheiten zu prahlen, ließen die Kaiser zu Anfang der Qing-Dynastie in großem Umfang altertümliche Bücher und Aufzeichnungen sammeln, erstellen und erläutern. Das größte Leishu Chinas, *Sammlung der Bücher aus alten und modernen Zeiten*, besteht aus 10000 Kapiteln. Die Zusammenstellung dieses Buches, die zur Regierungszeit Kang Xis begann und erst in der Regierungszeit Yong Zhengs endete, dauerte 24 Jahre. Die größte Sammlung der Bücher mit dem Titel *Die Vollständige Bibliothek der vier Schätze* begann in der Regierungszeit Qianlongs und endete erst 15 Jahre später. Diese Sammlung besteht aus 79 106 Bänden, die zu über 36000 Büchern gebunden wurden und insgesamt 3470 Titel umfassten. Die Erstellung der zwei oben erwähnten Bücher nützte der Bewahrung vieler Bücher und Aufzeichnungen. Entweder wurden diese Bücher bei der Sammlung und Bearbeitung von der Regierung zerstört, oder jene Inhalte wurden weggelassen, die der Regierung schädlich waren, oder man fügte viele gefälschte Werke hinzu, wodurch viele alte Werke und Aufzeichnungen in große Gefahr gerieten.

Um die kulturelle und ideologische Kontrolle zu verstärken, ergriff die Qing-Regierung verschiedene Maßnahmen. Davon war die Verfolgung von Autoren am schlimmsten. Damals schrieben einige überlebende Minister der Ming-Dynastie angesichts des neu gegründeten Regimes oft Essays, um ihre nostalgische Erinnerung an das eigene Reich auszudrücken. Die Qing-Regierung konnte das nicht dulden. Zu Beginn der Regierungszeit Kang Xi druckte Zhuang Tinglong aus Gui'an (heute im Kreis Wuxing in der Provinz Zhejiang) per Holzplatten *Die Geschichte der Ming-Dynastie,* die von Zhu Guozhen am Ende der Ming-Dynastie verfasst wurde. In einer der Palastgeschichten, die zur Regierungszeit von Kaiser Chong Zhen spielten, übte der Autor scharfe Kritik an den Mandschus. Daraufhin wurden über 70 Leute einschließlich Verkäufer und Druckarbeiter, die mit der Sache zu tun gehabt hatten, hingerichtet, während Frauen

Vollbibliothek in vier Literaturbänden

Kaiserliches Bankett im Wanshu-Garten, Teil

verbannt wurden. Obwohl Zhuang Tinglong schon gestorben war, grub die Qing-Regierung seine Leiche aus und zerstückelte sie. Zur Regierungszeit von Kaiser Yong Zheng war Zha Siting für kaiserliche Prüfungen für den zivilen Dienst in Jiangxi zuständig. Nur weil er das Thema „Wei Ming Suo Shi“ zur Prüfungsaufgabe machte, die fehlerhaft als „den Kopf von Yong Zheng zu nehmen“ interpretiert wurde, wurde er getötet. Zur Regierungszeit von Kaiser Qianlong wurde das Verbot der freien Meinungsäußerung noch strenger. Es kam häufig vor, dass ein Mensch nur wegen eines einzigen falschen Wortes getötet wurde. Hu Zhongzao wurde z. B. getötet, nur weil er in seinem Gedicht gefordert hatte, Gutes vom Bösen zu unterscheiden, was im Chinesischen gleichfalls als „Über die korrupte Qing-Dynastie“ interpretiert werden konnte. Im Falle von Xu Shukui hob man sein Grab aus und zerstörte seine Leiche, nur weil er geschrieben hatte, „ich komme dem Wind entgegen und stürme in die Hauptstadt von Qing“, das als „die Ming-Dynastie werde wieder blühen, während die Hauptstadt von Qing zerstört werde“ interpretiert werden konnte. Solche Fälle waren zu zahlreich, um sie alle aufzuzählen.

Unter solch einer terroristischen Kulturpolitik entstand in der Periode der Regimes von Qianlong und Jia Qing eine neue Form der akademischen Forschung, die sich vor allem mit der textkritischen Untersuchung beschäftigte. Im Unterschied zum Neo-Konfuzianismus in der Song- und Ming-Dynastie wurde die scholastische Forschung in chinesischer Weise betrieben. Deshalb wurde diese Forschung als Han-Lernen oder Pu-Lernen bezeichnet, im allgemein nannte man sie Schule von Qian-Jia. Sowohl die Sphäre des Lernens als auch der Stil der Forschung durchlief eine Transformation unter den Literaten.

Während die Qing-Regierung eine autokratische Kulturpolitik durchführte, schloss sie wieder die Zollhäuser und betrieb die Politik der Selbstisolation. Am Anfang des Regimes von Shun Zhi erlaubte der Qing-Hof nicht, dass ausländische Handelsschiffe zum Handel in irgendeine chinesische Stadt außer Macao kamen. Später, als die Anti-Qing-Kräfte Zheng Chengongs in den südöstlichen Küstengebieten aktiv waren, verbot die Qing-Regierung noch strikter, dass die Menschen aufs Meer fuhren. 1656 erließ die Regierung ein „Verbot des Seehandels“, in dem stand, dass Handelsschiffe ohne Erlaubnis nicht aufs Meer fahren durften. 1661 wurde eine „Verordnung über den Rückzug vom Meer“ verkündet, was dazu führte, dass Ackerland, das etwa 30 bis 50 Li von der Küste entfernt war, verödete. Um die Zeit des Regimes von Kaiser Qianlong verschärfte die Qing-Regierung wieder mal das Verbot des Außenhandels. 1757 erklärte die Qing-Regierung Guangzhou zum einzigen Handelshafen. 1759 erließ die Qing-Regierung „Normen für ausländische Geschäftsleute und Verordnungen für den Außenhandel“, die aus sechs Artikeln bestanden. 1831 wurden acht weitere Artikel hinzugefügt und 1835 kamen wieder acht neue Artikel dazu. Mit der Zeit gab es immer mehr vielfältige und komplizierte Regeln und Verordnungen sowie strikte Einschränkungen.

Glückssymbol aus Jade, Qing-Dynastie 43,5 cm lang

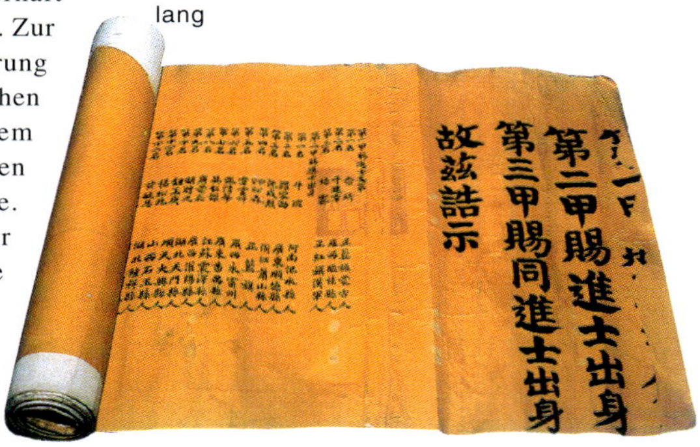

Liste der erfolgreichen Kandidaten in der Palastprüfung, Aushang draußen am Tor des Kaiserpalasts. Die Palastprüfung ist die kaiserliche Endprüfung. Die Eintragung auf der Liste ist ein glückliches Ereignis für Studenten. Um in der Prüfung der erstbeste zu werden, müssen die Studenten Tausende von Büchern lesen, aber nur wenige können auf der Liste eingetragen werden.

Wasserschüssel und Löffel, Durchmesser 9,3 cm

Tintenstein, 32x24 cm

Tintenstand aus Jade, 3,3 cm, Tintenstab 12,2 cm

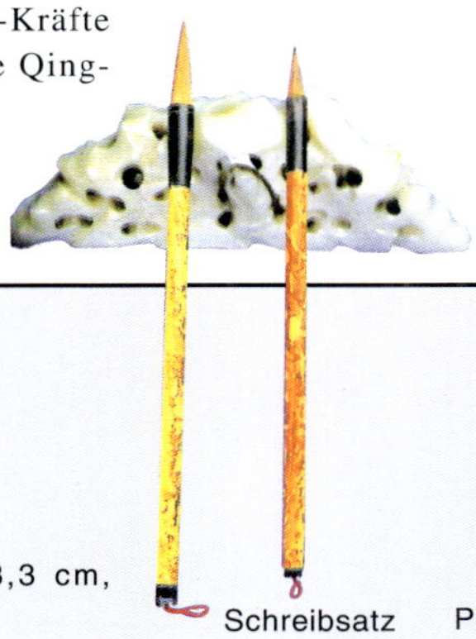

Schreibsatz

Pinselbüchse 15,2x9,3 cm

Nine rank insignia for civil officials, Qing Dynasty

Höchstrang, Kranich (Xianhe)

Zweiter Rang, Goldfasan (Jinji)

Dritter Rang, Pfau (Kongque)

Vierter Rang, Wildgans (Yunyan)

Fünfter Rang, Silberfasan (Baixian)

Sechster Rang, Seidenreiher (Lusi)

Siebter Rang, Mandarinente (Xichi)

Achter Rang, Wachtel (Anchun)

Neunter Rang, Paradiesfliegenschnäpper (Lianque)

All diese Bemühungen zielten darauf, ausländische Geschäftsleute daran zu hindern, Kontakte mit Chinesen aufzunehmen.

Die Politik der Selbstisolation hemmte die normale Entwicklung Chinas, was zu einer trüben, unaufgeklärten, stagnierenden und bald rückgängigen Situation führte, so dass China die günstigste Chance verpasste, mit der Entwicklung der Welt Schritt zu halten. Im 17. und 18. Jh. ging Europa aus dem dunklen Mittelalter heraus, so dass die Kultur und Naturwissenschaft sich dort schnell entwickelten. Wegen des Mangels an Kontakten mit der Außenwelt gab sich der intellektuelle Kreis dem Neo-Konfuzianismus, der achtgliederigen Schrift, der textkritischen Forschung und der Schreibkunst hin und erzielte im Übrigen keine Fortschritte. Zur Regierungszeit von Kaiser Kang Xi gab es in Beijing sowie in anderen Städten Jesuiten, die verschiedene westliche Wissenschaften und Technologien mitgebracht hatten. Doch diente solche Technologie nur am Kaiserhof. Wegen des Verbots der Regierung verschwand die zu Ende der Ming-Dynastie entstandene Situation, dass fortschrittliche Gelehrte fleißig arbeiteten, um vom Westen zu lernen. Gegen Ende der Regierungszeit von Kang Xi geriet der Qing-Hof in Streit

Vergoldeter Löwe aus Bronze der Qing-Dynastie

Häftlinge im Gefängnis in der Qing-Dynastie

Eight rank insignia for military officers, Qing Dynasty

Herzöge und Fürst, Schwiegersohn des Kaisers und Einhorn (Qilin)

Erster und Zweiter Rang, Löwe (Shizi)

Dritter Rang,Tiger (Hu)

Vierter Rang, Leopard (Bao)

Fünfter Rang, Bär (Xiongpi)

Sechster und Siebter Rang, Tigerkatze (Biao)

Achter Rang, Nashorn (Xiniu)

Neunter Rang Seepferdchen (Haima)

Kranichförmiger Kerzenstand der Qing-Dynastie, 133 cm hoch

Elefant der Qing-Dynastie, 40,3 cm hoch, 28,5 cm lang

Glückbringendes Tier, 43 cm hoch, 32 cm weit

mit dem Vatikan, was die Missionierung hemmte. Am Anfang des Regimes von Yong Zheng wurde der Katholizismus völlig verboten, wodurch die einzige Verbindung zwischen der chinesischen und der westlichen Kultur abgebrochen wurde. 1792 und 1816 sandte die britische Regierung nacheinander das diplomatische Korps von Magcni und von Amshed nach China. Doch wegen der Meinungsverschiedenheit über das Protokoll gerieten die Beziehungen zwischen China und England in die Sackgasse. Kaiser Qianlong lehnte in dem kaiserlichen Edikt an den britischen König alle Forderungen der diplomatischen Korps ab, was die Ignorierung der Weltsituation, Arroganz und Überheblichkeit der Qing-Regierung zeigte. Dass die Qing-Regierung sich vom Welttrend ausschloss, verursachte, dass China nunmehr dem Westen hinterherhinkte. Gegen 1840 betrug der Pro-Kopf-Getreideertrag Chinas nur etwas 200 kg, während die Zahl in Amerika rund 1000 erreichte. Die jährliche Eisenproduktion Chinas lag bei 20000 Tonnen, was nicht einmal ein Zehntel der Eisenproduktion in Frankreich und ein Vierzigstel der Eisenproduktion in England war.

VI. Der Opiumkrieg

Kaiser Xuan Zong der Qing-Dynastie, Aisin Gioro Minning (Kaiser Daoguang 1782-1850 n . Chr.)

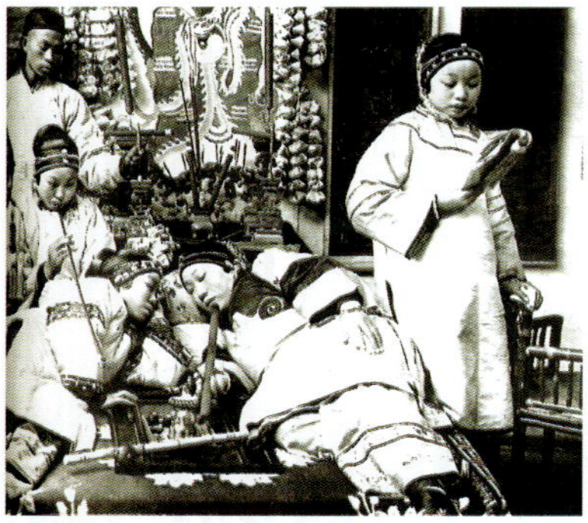

Opiumhaus in der Qing-Dynastie

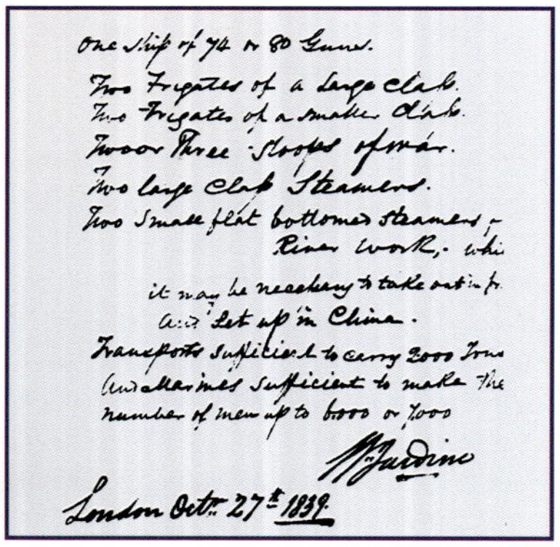

One Ship of 74 or 80 Guns.
Two Frigates of a large class.
Two Frigates of a smaller class.
Two or Three Sloops of war.
Two large class Steamers.
Two small flat bottomed steamers for River work, which it may be necessary to take out in frame and set up in China.
Transports sufficient to carry 2000 Tons and Marines sufficient to make the number of men up to 6000 or 7000
W. Jardine
London Oct. 27th 1839

Brief eines englischen Opiumhändlers an den englischen Diplomaten 1839

Opium wird im Volksmund Dayan genannt und ist eine Art von Droge. Zu Beginn der Qing-Dynastie wurden jährlich über 200 Kästen (ungefähr 120 Jin von Opium in einem Kasten) Opium als Medizin importiert. Vor dem 19. Jh. wies China einen Exportüberschuss im Außenhandel auf. Um diese Situation in der Handelsbilanz zwischen China und England zu beenden, verkaufte England seit Ende des 18. Jhs. große Menge von Opium nach China, um gewaltige Profite herauszuschlagen. Der Import von Opium brachte viele soziale Probleme, wie z. B. die weit verbreitete Opiumabhängigkeit und schlimme Korruption unter den Beamten im Opiumschmuggel, schneller Ausfluss von Silber aus China, steigende Preise und folgerichtig finanzielle Schwierigkeiten.

1838 ernannte Kaiser Dao Guang (Min Ning) Lin Zexu zum kaiserlichen Kommissar, der dazu bevollmächtigt war, mit kaiserlichem Befehl zu handeln und die Seekräfte von Guangdong zu kommandieren. Außerdem war er dafür zuständig, in Guangdong den Drogenhandel zu verbieten. Anfang 1839 kam Lin Zexu in Guangdong an. Unter seiner Leitung wurden vom 22. April bis zum 15. Mai nach dem chinesischen Mondkalender 2 376 254 Jin Opium am Strand von Humen vor der Öffentlichkeit verbrannt. Nachdem die englische Regierung davon erfahren hatte, intensivierte sie die Vorbereitung auf den Angriff gegen China. Im Februar 1840 führte der ehemalige Flottenkommandeur George Elliot, der um das Kap der Guten Hoffnung fuhr, als Oberbefehlshaber der Östlichen Feldzugsarmee und Bevollmächtigter 48 Kriegsschiffe mit 4000 Soldaten nach China. Im Juni erreichte die britische Armada die Küste von Guang Dong und blockierte die Mündung des Flusses Zhujiang. Hierdurch brach der Opiumkrieg aus.

Nach der Niederlage im Angriff auf Guangdong fuhr die britische Armee nach Norden. Sie bombardierte Xiamen und begann mit dem Angriff auf Zhejiang, wo sie die Stadt Dinghai eroberte. Später teilten sie sich und fuhren nach Norden bis Baihekou in Tianjin. Sie übte Druck auf die Qing-Regierung aus, zur Verhandlung zu kommen. Am 25. Januar 1841 besetzte die britische Armee mit Gewalt Hongkong. Kaiser Dao Guang startete einen Straffeldzug gegen die britischen Kräfte. Diese startete wiederum einen präventiven Angriff auf das Fort außerhalb Humen. Der Admiral von Guangdong namens Guan Tianpei forderte seine Leute auf, die Stellung zu halten. Während der Verteidigung verlor er sein Leben. Im Mai waren die Qing-Truppen gezwungen, am Fort außerhalb der Stadt das *Abkommen von Guangzhou* zu unterzeichnen, nachdem die Briten Guangzhou besetzt hatten. Die Qing-Truppen waren damit einverstanden, Reparationen zu bezahlen und aus der Stadt auszuziehen. Die britischen Besatzer töteten, vergewaltigten

Die Situation im Ersten Opiumkrieg

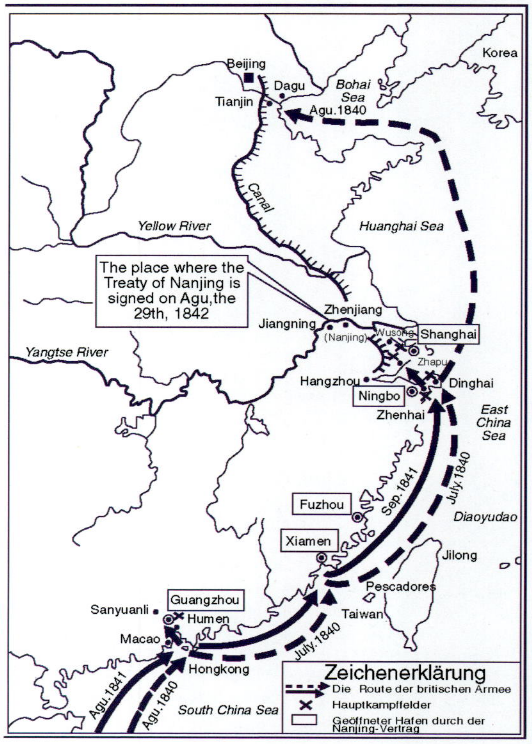

und plünderten die Stadt, was dazu führte, dass die Menschen in Sanyuanli Widerstand gegen die Feinde leisteten. Im August besetzten die britischen Kräfte Xiamen, später Dinghai und Ningbo. Inzwischen fiel der Admiral von Dinghai Ge Yunfei im Feld. Yu Qian (1793-1841), der Gouverneur-General von Jiangnan und Jiangxi und kaiserlicher Kommissar war, sprang ins Meer und ertrank. Die britischen Kräfte besetzten drei strategische Städte in Zhedong. Im Frühling 1842 griffen die britischen Truppen das Fort von Wusong an. Hier fiel der Admiral von Jiangnan Chen Huacheng(1776-1842) während der Operation. Nun besetzten die Briten Wusong, Baoshan und Shanghai. Am 29. August 1842 nahmen die kaiserlichen Gesandten Qi Ying (1790-1858) und Yilibu (1772-1843) alle Forderungen der Briten an. Sie unterzeichneten da auf dem britischen Schiff, das in Xiaguang in Nanjing geankert hatte, mit dem britischen Bevollmächtigten Henry Pottinger (1789-1856) das *Abkommen von Nanjing*. Das Abkommen schrieb vor: Der Qing-Hof bezahlte eine Reparation von 21 Mio. Silberdollar, trat Hongkong an die Briten ab und öffnete fünf Handelshäfen: Guangzhou, Xiamen Fuzhou, Ningbo und Shanghai. Weiter stand in dem Abkommen: Die Zölle auf englische Import- und Exportwaren werden durch bilaterale Vereinbarungen geregelt; die Qing-Regierung darf beim Opiumhandel nicht intervenieren. Im nächsten Jahr (1843) unterzeichneten China und England die *Allgemeinen Regeln*, in denen stand: Briten können in fünf Häfen Handel treiben, und außerdem das *Zusätzliche Abkommen von Hoomun Chai*, das Briten die folgenden Privilegien garantierte: konsultative Rechtssprechung, Meistbegünstigungsrecht in China sowie das Recht, in den fünf Häfen Land zu mieten und Häuser zu bauen. Diese ungleichen Abkommen gefährdeten in hohem Masse die Souveränität und die territoriale Integrität Chinas.

Lin Zexu (1785-1850 n. Chr.)

Kanone am Fort in Humen

Amerikaner und Franzosen folgten sofort, nachdem sie von dem Sieg der englischen Truppen etwas Wind bekommen hatten. Bedroht von ihren Kräften unterzeichnete Qi Ying das *Abkommen von Wang-Hea* mit dem amerikanischen Sondergesandten und Bevollmächtigten Caleb Cushing (1800-1879) und das *Abkommen von Whampoa* mit dem französischen Sondergesandten Marie Melchior Joseph de Lagrene. In diesen Abkommen erhielten die USA und Frankreich alle Privilegien, die die Engländer genossen. Darüber hinaus wurde ihre konsultative Rechtssprechung erweitert und ihnen war erlaubt, freie Missionierungstätigkeiten in den Häfen durchzuführen. Die Qing-Regierung war somit gezwungen, das Verbot des Katholizismus' aufzugeben, das vor mehr als 100 Jahren erlassen worden war. Das alte Reich im Osten war gezwungen, seine Tore zu öffnen. Zufrieden damit waren die westlichen Mächte bei weitem nicht. 1856 durchsuchte die chinesische Seewaffe außerhalb von Guangzhou ein chinesisches Boot namens *Der Larch-Pfeiler*, das in Hongkong eingetragen war, und nahm zwei Piraten und zehn Seeleute fest, die unter dem Verdacht von Piraterie standen. Der britische Konsul in Guangzhou ergriff die Chance, um die Sache zu verkomplizieren und die Situation damit zu verschärfen.

Guan Tianpei (1780-1841 n. Chr.)

Die Situation im Zweiten Opiumkrieg

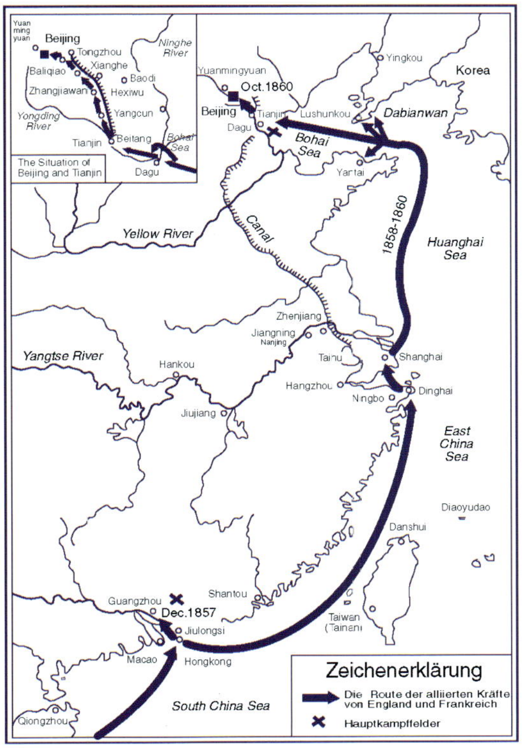

Am 23. Oktober griffen die britischen Kriegsschiffe unter Befehlen alle Festungen nahe Guangzhou an und marschierten sogar in die Innenstadt. Kurz danach zogen sie sich wegen eines Mangels an Kräften zurück. Im Frühling entsandte Groß-Britannien erneut eine Expeditionsarmee nach China; zugleich nützte Frankreich die Ausrede, dass der französische katholische Priester Manai, der illegalerweise Missionierungstätigkeiten in Guanxi durchgeführt hatte, getötet worden war, und schickte auch Truppen nach China. Sie schlossen sich den Briten an. Somit brach der zweite Opiumkrieg aus. Die alliierten Truppen aus Engländern und Franzosen besetzten Guangzhou und Tianjin und marschierten sogar nach Beijing. Unterwegs plünderten, brannten und töteten sie. Sie setzten den Sommerpalast Yuan Ming Yuan, ein herausragendes Bauwerk und zugleich eine Schatzkammer orientalischer Kunst, in Brand. Die Qing-Regierung hatte nun keine andere Wahl, als einen weiteren ungleichen Vertrag jeweils mit England, Frankreich, Amerika und Russland, das *Abkommen von Beijing,* zu unterzeichnen. Außerdem zwang Russland den chinesischen General Yishan in Heilongjiang, den *Vertrag von Aihui* zu unterzeichnen. Seitdem verbreiteten westliche Mächte ihre Invasionen in China in alle Richtungen und Bereiche, von Süden bis Norden, von den Küsten bis ins Inland, von der Wirtschaft bis zur Politik und von Gütern bis zur Kultur. China ging Schritt für Schritt dem Abgrund der Kolonisierung entgegen.

VII. Das himmlische Reich Taiping

Hong Xiuquan (1814-1864 n. Chr.)

Die Korruption in der Qing-Regierung löste innerhalb des Volkes sehr oft Aufstände im ganzen Land aus. Es gab beispielsweise geheime Gruppen gegen Qing, wie z. B. die Gesellschaft des Himmels und der Erde, Gesellschaft der Drei Punkte und Gesellschaft der Drei Verbände. In dieser Situation startete Hong Xiuquan, ein ländlicher Intellektueller, der in einer armen Bauernfamilie geboren war und die Kombination von christlichen Ideen wie Gleichheit und Brüderlichkeit mit der alten chinesischen Idee von der Großen Harmonie zu seinem Leitgedanken machte, eine Revolution - den Bauernkrieg Taiping. Die meisten Teilnehmer waren arme Bauern und die Revolution zielte darauf, ein Paradies von Gleichheit und Nächstenliebe auf der Erde zu gründen.

Hong Xiuquan (1814-1864) stammte aus dem Kreis Huaxian in der Provinz Guangdong. Er war wiederholt bei der kaiserlichen Prüfung für den zivilen Dienst durchgefallen und wurde dann Lehrer in einer Dorfschule. 1843 wurde er von einem Buch mit dem Titel „Gute Worte für eine bessere Zeit“, das das Christentum propagierte, inspiriert und gründete die Gesellschaft für Gottesdienste. In seinen Werken *Doktrinen über die Erlösung* und *Doktrinen über die Aufrüttelung der Welt* erklärte er den einen Gott für das einzig echte göttliche Prinzip und brachte die Hoffnung hervor, „die Welt zu einer Familie zu machen und gemeinsam den Frieden zu genießen.“ Um seine Vorstellung und seinen Gedanken zu verbreiten unternahmen Hong Xiuquan und sein Landsmann Feng Yunshan (1815-1852) nacheinander im Kreis Guixian und in Zijinshan im Kreis Guiping in Guanxi Missionsarbeit. Sie hatten viele arme Bauern und Kokereiarbeiter angelockt, und ihre Kräfte wuchsen schnell an. Am 11. Januar 1851 startete Hong Xiuquan im Alter von 38 Jahren eine Revolte und nannte seine Organisation das Himmelreich Taiping und sich selbst Himmelskönig. Dann verlieh Hong Titel an einige Führer: Yang Xiuqing (1823-1856) Ostprinz; Xiao Chaogui (1820-1852) Westprinz; Feng Yunshan Südprinz; Wei Changhui (1826-1856) Nordprinz; Shi Dakai (1831-1863) Prinz der Flügel. Der Ostprinz kontrollierte alle anderen Prinzen. Die Taiping-Armee fegte über einige Provinzen hinweg, wie z. B. Jiangxi und Anhui. Im März 1853 eroberte die Taiping-Armee Nanjing und machte es zur Hauptstadt des Reiches.

Das Himmelsreich Taiping verkündete das Himmlische Landsystem, das auf die Reform des Landsystems abzielte. Durch das System hoffte das Reich, eine ideale Gesellschaft zu gründen, in der „alle Land, Nahrung, Stoff und Geld gleichmäßig teilten. Alle unter dem Himmel werden mit Nahrung und Stoff gut versorgt.“ Nach diesem System wurde das Land nach der Größe der Familie gleich verteilt. Das Einkommen jeder Familie wurde dem Staat übergeben und alle Kosten wurden von der Staatskasse, oder der heiligen Schatzkammer bezahlt. Private Industrie und Geschäfte wurden abgeschafft. Der Staat organisierte die handwerkliche Produktion und verteilte Güter. Monogamie wurde eingeführt und Befehle wurden erlassen, um Prostitution zu beseitigen. Außerdem hatten Frauen das Recht, an der Verwaltung des Staates teilzunehmen. Doch blieb das Himmlische Landsystem nichts anders als ein idealer Plan, der nie verwirklicht werden konnte.

Im Mai 1853 sendete das Himmlische Reich seine Armee auf eine nördliche und westliche Kampagne, die von dem stellvertretenden Premierminister des Himmlischen Büros Lin Fengxiang (1825-1855) und dem Grafen von Dinghu Li Kaifeng (1826-1855) kommandiert wurde. Die nördliche Expeditionsarmee von über 20000 Mann marschierte direkt nach Beijing. In knapp einem halben Jahr erreichten die Vortruppen der Armee die Vorstadt von Tianjin. Allerdings mussten sie sich kurz danach zurückziehen, da sie allein auf sich gestellt vorandrangen und keine Verstärkungstruppen und Winterjacken bekamen. Am Ende wurden sie völlig vernichtet. Zugleich schritt die westliche Feldzugsarmee unter der Führung von Hu Yihuang, Lai Hanying und Zeng Tianxing entlang dem Yangtse nach Westen. Das Ziel des westlichen Feldzuges war, die Gebiete am Mittel- und Unterlauf des Yangtses zurück zu gewinnen und die Hauptstadt Nanjing zu verteidigen. Die Taiping-Armee besiegte in einem großen Kampf die Hunan-Armee unter der Führung von Zeng Guofan und eroberte Wuchang dreimal. Später nahmen sie Jiujiang und Anqing und bekamen einen großen Teil von Anhui, Jiangxi, Hubei und Jiangsu unter ihre Kontrolle. 1856 beseitigte die Taiping-Armee die Bedrohung der Hauptstadt Nanjing durch die Qing-Armee, indem sie nacheinander das nördliche und südliche Lager der Qing-Kräfte zerstörte. Die Kräfte des Himmlischen Reichs Taiping erreichten ihren Zenit.

Im September 1856 herrschte unter der Leitung des Taiping-Reiches ein Machtkampf, was zu dem „Zwischenfall von Nanjing“ führte. Da der Ostprinz Yang Xiuqing bei der Gründung des

Pistole der Taiping-Armee

Kanone der Taiping-Armee

Kupfermünze des himmlischen Reichs Taiping

Himmlischen Reiches großes Verdienst hatte, wurde er arrogant. Er forderte, dass Hong Xiuquan ihm den Titel „Wan Sui“ (Kaiser) verlieh. Als Wei Changhui, der Nordprinz, von dieser Nachricht erfuhr, kehrte er mit Truppen von Jiangxi in die Hauptstadt zurück und tötete Yang Xiuqing und seine ganze Familie sowie seine Anhänger. Insgesamt kamen über 20000 ums Leben. Dann eilte Shi Dakai, Prinz der Flügel, von der Front in Wuchang in die Hauptstadt, um Wei aufgrund der Ermordung unschuldiger Menschen zu verurteilen. Das führte neuerlich dazu, dass Wei die ganze Familie seines Anklägers tötete. Hong Xiuquan hatte dann Wei Changhui hingerichtet und setzte damit dem internen Kampf ein Ende. Im Juni des nächsten Jahres war Shi Dakai gezwungen, Nanjing zu verlassen und mit seinen Truppen allein in den Kampf zu ziehen, weil er das Gefühl hatte, dass Hong Xiuquna ihm nicht vertraute. Die Truppen kämpften in Jiangxi, Sichuan und Guizhou. Im Juni 1863 wurde er von Qing-Truppen an einer natürlichen Barrikade am Dadu-Fluss in Sichuan eingekesselt. Er und seine ganze Armee wurden zerschlagen.

Nach dem Nanjing-Zwischenfall ergriffen die Qing-Kräfte die Chance und starteten einen Gegenangriff. Tianjin wurde wieder eingeschlossen. Nun traten viele junge Kommandeure auf die Bühne. 1858 unternahmen Li Xiucheng (1823-1864), der Prinz Zhong war, Chen Yucheng (1837-1862), der Prinz Ying war, und andere einen östlichen Feldzug nach Susong und einen südlichen Feldzug nach Zhejiang. Dadurch öffneten sie die Blockade von Nanjing durch das große Nordlager der Qing-Armee. Das Himmlische Reich konnte hierdurch sein Prestige wiederherstellen. 1859 kam Hong Rengan (1822-1864), Hong Xiuquans Cousin, der sieben Jahre lang in Hongkong im Exil gewesen war, nach einer Rundreise nach Nanjing, und ihm wurde der Titel Prinz Gan verliehen. Er war für staatliche Angelegenheiten zuständig. Er schrieb das Buch *Neuer Führer für die Regierung*, das das erste programmatische Dokument in der Suche nach der Entwicklung der kapitalistischen Ökonomie Chinas war. Jedoch konnte er weder das Landproblem lösen, das für die Bauern das grundlegendste war, noch konnte er seine Ideen in die Tat umsetzen. Seine Vorschläge blieben nur beste Wünsche, die nie in Erfüllung gehen würden.

Anfang 1860 eroberte Li Xiucheng mit seinen Truppen Hangzhou. Dann kehrten seine Truppen nach Nanjing zurück und schlossen sich dem Prinz Ying Chen Yucheng an. Sie marschierten in Fronten, um das Große Südliche Lager anzugreifen. Schließlich zerstörten sie es. Kurz danach führte Li Xiucheng seine Truppen auf den Marsch nach Suzhou und Hangzhou und stürmte nach Shanghai. Inzwischen griffen englisch-französische Kräfte die Hauptstadt der Qing im Norden an. Hierauf baten die Beamten sowie die Gentry und die Kommandeure im Süden bei Engländern und Franzosen um Hilfe, um die Taipings niederzuschlagen.1860 stellte ein Kommandeur in Shanghai mit dem Namen Yang Fang einen Amerikaner, der Frederik Townsend Ward (1831-1862) hieß, an, um über 200 ausländische Seeleute, Landstreicher und Deserteure zu rekrutieren, die dann in eine ausländische Kampfgruppe organisiert wurden. Diese Gruppe versuchte, die Taipings anzugreifen, die gerade auf ihrem Östlichen Feldzug nach Jiangnan waren. Aber sie wurden von Li Xiucheng besiegt. Als Li Xiucheng Shanghai angriff, erhoben sich englisch-französische Truppen und ihre Seeleute zum Widerstand gegen die Taipings. Die Taipings erlitten im Kampf große Verluste. Da Hong Rengan und Li Xiucheng immer noch Hoffnung auf fremde Brüder mit demselben Glauben hatten, hatten sie sich nicht dazu entschlossen, gegen diese zu kämpfen. Die Taipings entschieden dann, sich zurückzuziehen. 1861 starb Kaiser Xian Feng (Yi Zhu) in der Sommerresidenz in Chengde an einer Krankheit. Auf ihn folgte sein sechsjähriger Sohn Zai Chun, dessen Regimetitel Tong Zhi war. Die leibliche Mutter von Zai Chun, Yehe Nala (Kaiserinmutter Ci Xi) (1835-1908) kollaborierte mit dem Onkel des Kaisers Prinz Gong namens Yi Xin (1833-1898) und unternahm einen Staatsstreich, der in der Geschichte als „Yinyou-Staatsstreich“ benannt wird. Dadurch bekam sie die oberste Staatsgewalt unter ihre Kontrolle. Seitdem kollaborierten ausländische Kräfte formell mit dem Qing-Hof. Sie halfen der Qing-Regierung beim Training von Soldaten und boten ihnen Waffen und Munition an. Sie gründeten eine gemischte Armee, die Chang Shen Jun oder Chang Jie Jun usw. genannt wurde, um die Taipings einzuschließen. In Verbindung mit ausländischen Besatzern starteten Zeng Guofans Abteilung der Hunan-Armee, Li Hongzhuangs Anhui-Armee und Zuo Zongtangs Abteilung der Hunan-Armee, die von Anhui, Jiangsu, Zhejiang und Shanghai hierher marschiert waren, einen großen Angriff gegen die Taiping-Armee. Die Taipings kämpften gegen die Feinde mit großem Mut. Sie töteten Ward, den Kommandeur der Chang Sheng-Armee in Cixi in der Provinz Zhejiang und nahmen deren stellvertretenden Führer Farced in Qingpu gefangen.

Doch begingen viele Wankelmütige in dem Taiping-Reich nun Verrat und liefen zur Regierungsarmee über. Der Himmlische König verlieh willkürlich Titel an Leute, anstatt konkrete Sachen zu erledigen, um damit das Herz der Menschen zu gewinnen. Daraus ergaben sich über 2700 Prinzen in dem Reich. Außerdem waren die Taipings disziplinlos und verloren allmählich die Unterstützung des Volkes. Da Li Xiuchengs Plan: „um den Süden zu retten, nach Norden zu marschieren“, sein Ziel verfehlte, geriet die Hauptstadt Nanjing in eine feste Einkesslung. Im Juni 1864 starb Hong Xiuquan an einer Krankheit und auf ihn folgte sein ältester Sohn Hong Tianguifu. Einige Monate später wurde Nanjing besetzt. Nacheinander wurden Li Xiecheng, Hong Rengan und der junge Himmlische König Hong Tianguifu getötet. Hiermit fand die Bauernrevolution, die 14 Jahre gedauert und insgesamt 18 Provinzen erfasst hatte, ihr Ende. Nach der Besetzung von Nanjing schloss sich Lai Wenguang, einer der Überlebenden der Taiping-Armee, dem Prinz Liang alias Zhang Zhongyu und dem Prinz Lu alias Ren Huanbang, die beide Führer der Nian-Armee im Norden waren, an. Sie setzten ihren Kampf gegen die Qing fort. Sie konnten sogar Sengelinqin, einen berühmten General der Qing, und seine Armee völlig zerschlagen. Erst im August 1868 hatten die Qing-Kräfte diese Bauernarmee endlich besiegt.

Zeng Guofan (1811-1872 n. Chr.)

Kaiser Wen Zong der Qing-Dynastie, Aisin Gioro Yizhu (Kaiser Xianfeng 1831-1861 n. Chr.)

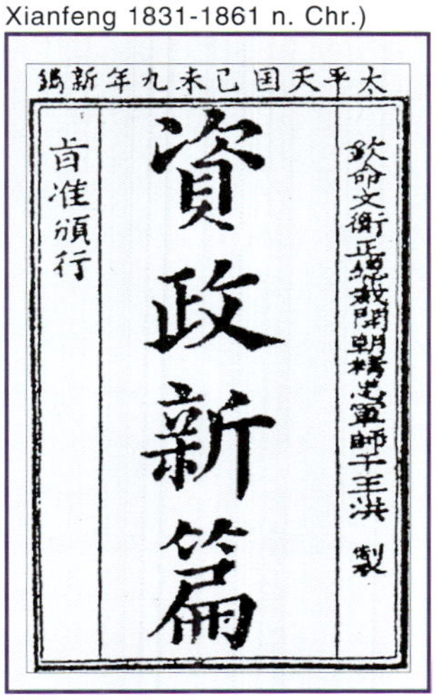

Neue Vorschläge für die Regierung, von Hong Renxuan (1822-1864 n. Chr.)

VIII. Die offizielle Verwestlichung

Li Hongzhang (1823-1901 n. Chr.)

Zhang Zhidong (1837-1909 n. Chr.)

Nach der Niederlage im zweiten Opiumkrieg glaubten manche, dass es die „festen Schiffe und scharfen Waffen" waren, die England und Frankreich so mächtig machten. Um „selbst voranzukommen und stark zu werden" und „sich der Invasion zur Wehr zu setzen" wollten sie ausländische Kriegsschiffe und Kanonen kaufen und lernen wie diese Maschinen und Waffen herzustellen waren.

Feng Guifen (1809-1874) brachte die Idee hervor, von Abendländern zu lernen und ausländische Geräte zu fabrizieren. Er plädierte dafür, auf der Basis der chinesischen feudalistischen ethnischen Codes ausländische Techniker einzuführen, um das Land reich und stark zu machen. Das wurde später von Zhang Zhidong (1837-1909) unter den Satz „Chinesisches Wissen als Basis und westliche Techniker für eigene Zwecke" zusammengefasst. Der Qing-Hof und seine Beamten engagierten sich in solchen Aktivitäten, wie z. B. ausländische Waffen zu kaufen, Maschinen zu importieren, ausländische Techniker anzuwerben, Bergwerke und Fabriken zu öffnen, ausländische Offizieren zum Training chinesischer Streitkräfte anzustellen sowie Studenten für die Renaissance Chinas zum Studium ins Ausland zu schicken. Diejenigen, die sich mit solchen auswärtigen Tätigkeiten befassten, gehörten zur Verwestlichungsgruppe, zu der Prinz Gong, Yi Xin, Minister der Abteilung für den zivilen Dienst, Wen Xiang usw. zählten. Dazu kamen noch diejenigen, die mit der Zerrschlagung des Himmlischen Reiches Taiping befasst gewesen waren, wie z. B. Zeng Guofan, Zuo Zongtan, Li Hongzhuang und der alte Zhang Zhidong.

Der Verwestlichungsgruppe zufolge „sind die Militärkräfte der wichtigste Faktor zur Verstärkung eines Landes, daneben steht im Vordergrund die Produktion fortschrittlicher Waffen zur Bewaffnung der Militärkräfte". Deshalb errichteten sie nacheinander die Anqinger Waffenfabrik, das Maschinenbauwerk Jiangnan, die Fujianer Werft, die Tianjiner Maschinenbaufabrik und andere Waffenfabriken, um neue Waffen herzustellen. Das spielte bis zu einem bestimmten Grad eine positive Rolle für die Verbesserung der Rüstungen der Qing-Steitkräfte und ihre Kriegstauglichkeit. Allerdings standen die Militärfabriken der Verwestlichungsgruppe unter der Kontrolle der Bürokratie. Sie wurden wie eine Behörde verwaltet und standen unter der Belastung durch Überpersonal. Noch schlimmer war, dass sie völlig auf Ausländer angewiesen waren, von

Zuo Zongtan (1812-1885 n. Chr.)

洋务项目	年 代	创办情况
江南创造局	1865 年	李鸿章创办于上海
金陵机器局	1865 年	李鸿章创办于南京
福州船政局	1866 年	左宗棠创办
天津机器局	1867 年	崇厚（满族）创办
湖北枪炮厂	1888 年	张之洞等办于广州 次年张之洞调任 迁汉阳
上海轮船招商局	1872 年	李鸿章创办
上海机器织布局	1876 年	李鸿章等办 1890 年投产
甘肃织呢总局	1876 年	左宗棠开办于兰州 1880 年投产
开平矿务局	1878 年	李鸿章开办 1881 年投产
天津电报总局	1880 年	李鸿章开办

Hubeier Munitionsfabrik (Wuhan der Provinz Hubei)

Jinling-Maschinenbaufabrik (Nanjing der Provinz Jiangsu)

Design und Konstruktion, Anlagen, Produktionstechnologien bis zur Beschaffung von Rohmaterialien. Daher waren die von ihnen hergestellten Waffen von niedriger Qualität. Nach kurzer Zeit entstanden mehrere Probleme, wie z. B. der Mangel an Mitteln und an Unterstützung von Basisindustrien, was sie darauf aufmerksam gemacht hatte, dass sich der Wohlstand und die Stärke des Westen nicht nur auf die fortschrittlichen Waffen und standhaften Schiffen stützten, sondern auch auf ihre wirtschaftliche Stärke. Deshalb errichtete die Verwestlichungsgruppe unter der Schlagzeile „Kampf für Wohlstand" und „Wohlstand ist der Grund der Stärke und Blüte" manche Zivilindustrien.

Am Anfang wurden die meisten Zivilindustrien von der Regierung beaufsichtigt und von Kaufleuten verwaltet. Zu diesen Industrien zählten die chinesische Kaufmann-Dampfschifffahrtsgesellschaft, das Kohlenbergwerk Kaiping, das Chinesische Telegrafieamt und die Shanghaier Textilfabrik. Später entstanden noch Unternehmen, die von der Regierung und Kaufleuten gemeinsam verwaltet wurden, und einige Privatunternehmen. All diese Industrien nützten dem Widerstand gegen ökonomische Aggressionen der Ausländer. Und die privateigenen Industrien wurden Vorkämpfer der chinesischen Nationalindustrie.

Die Verwestlichung beinhaltete neben der Errichtung der modernen Industrie noch die Gründung des Schifffahrtswesens und der Seewaffe, die Einrichtung verschiedener technischer Schulen, die Gründung des Amts für Übersetzung und Dolmetschen, Übersetzung von Büchern über westliche Wissenschaft und Technologie sowie Auswählen und Entsenden von Studenten zum Studium ins Ausland. Es ist zweifellos, dass die offizielle Verwestlichung in der Horizonterweiterung des chinesischen Volkes auf verschiedenen Ebenen sowie in der Förderung der gesellschaftlichen Entwicklung Chinas eine positive Rolle spielte.

Ehemalige Stelle von Tong Wen Guan (Beijing), die in der offiziellen Verwestlichung errichtete älteste Schule in der Qing-Dynastie

Zug von Suzhou nach Wusong, Neujahrbild der Qing-Dynastie

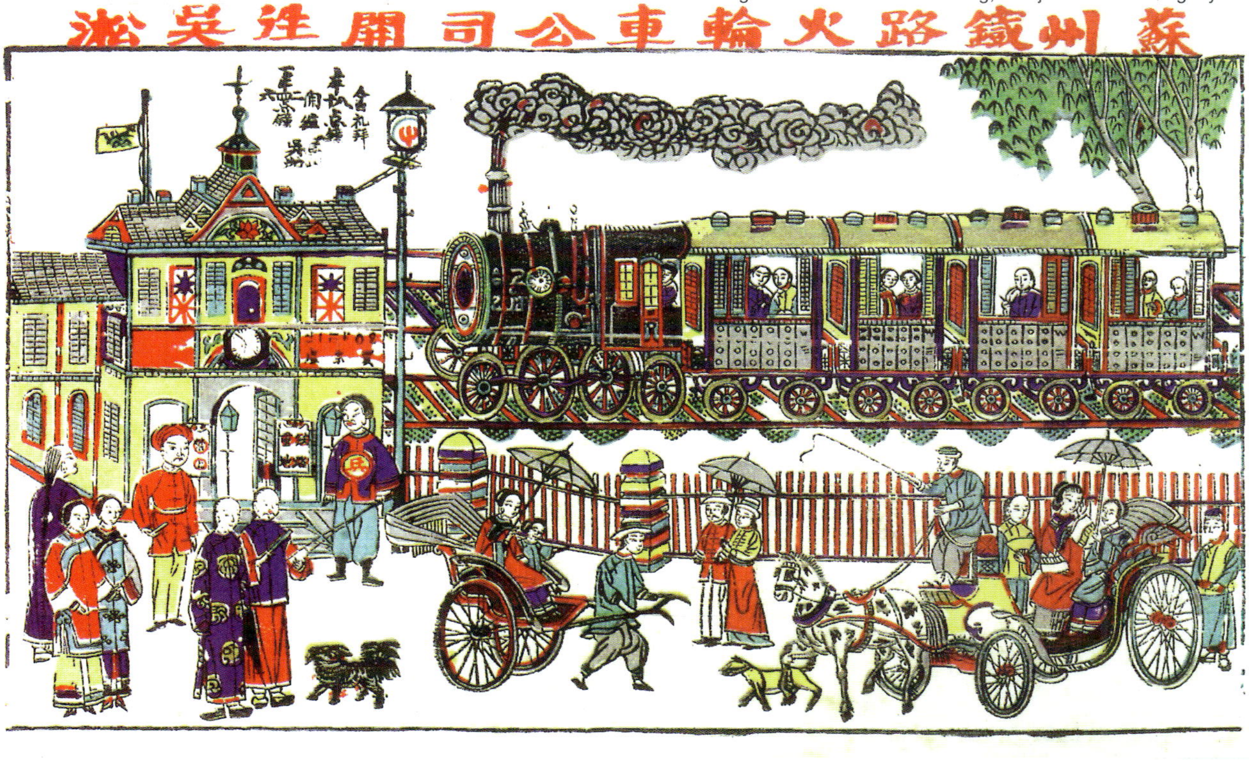

IX. Der chinesisch-französische Krieg und der chinesisch-japanische Krieg

Nach dem 2. Opiumkrieg zwangen die auf ihre Waffen gestützten westlichen Mächte die Qing-Regierung dazu, eine Reihe von ungleichen Verträgen zu unterzeichnen und verlangten von ihr verschiedene Privilegien. Der Chefsteuerinspektor, ein mächtiges Amt für die Zollverwaltung des ganzen Landes, wurde über 40 Jahre lang von Ausländern besetzt. Am Anfang wurde das Amt von dem Briten Lay Horatio Nelson (1832-1898) besetzt. Ab 1863 folgte auf ihn ein anderer Brite, Sir Robert (1835-1911). Ab den 70er Jahren des 19. Jh. beschleunigten die dominierenden Imperialisten ihre Schritte, eine Invasion gegen China vorzubereiten. Russland sendete z. B. Truppen nach China, um das Gebiet Ili zu besetzen, und erpresste die Qing-Regierung, das Gebiet von über 70000 Quadratkilometern im Nordwesten Chinas abzutreten. England drang von Norden in Tibet und von Burma in Yunnan ein, nachdem es lange Zeit auf Xinjiang gehofft hatte. Frankreich versuchte, Vietnam zu seinen Stützpunkt zu machen, um in das chinesische Hinterland einzugreifen. 1882 eroberten die Franzosen Hanoi - die Hauptstadt Vietnams - und versuchten, den Fluss Honghe zu überqueren und in Yunnan einzutreten. Doch sie stießen auf Widerstand der vietnamesischen Bürger und der von Liu Yongfu geführten Schwarzflaggen.

Liu Yongfu (1837-1917)

Feng Zicai (1818-1903)

Von 1883 bis 1885 griffen französische Truppen skrupellos die Qing-Armee und den Norden von Vietnam sowie die Werft in dem Küstengebiet in Fujian an. Dadurch provozierten sie den chinesisch-französischen Krieg. Die chinesische Armee und die Bürger, die unter dem Kommando des alten Generals Feng Zicai (1818-1903) sowie unter Liu Yongfu standen, gewannen entscheidende Siege in Zhennanguan und Lintao, die den kritischen Trend auf dem vietnamesischen Kampffeld umkehrten, was dazu führte, dass das französische Kabinett unter der Führung von Jules Ferry die Macht verlor. Doch trotz der günstigen Feldlage verhandelte der Qing-Hof mit Frankreich um Frieden und unterzeichnete einen Waffenstillstandvertrag, der festsetzte, dass die Regierung die Eroberung Vietnams durch Frankreich anerkannte. Außerdem war die Regierung damit einverstanden, dass Frankreich Handelsaktivitäten unternahm und Eisenbahnen in China baute.

Nach der Meiji-Reform 1868 stieg Japan zu einer starken Macht auf und fing an, ihre expansionistische Politik in die Tat umzusetzen. 1874 drang Japan in Taiwan Chinas ein. Später überfiel es Korea und marschierte nach Süden, um die Inseln Ryukyu (in Kreis Okinawa umbenannt) zu annektieren. 1885 sandte Japan Ito Hirabumi (1841-1909), der erste Prinzminister nach China und forderte die Qing-Regierung, Sonderklausel der Tiantisen-Konferenz zu unterzeichnen, die vorschrieb, dass beide Seiten einander informieren sollten, bevor sie Truppen nach Korea schickten.

Nach der Eroberung von Taiwan begann der Qing-Hof 1875 mit dem Aufbau der Seewaffe Beiyang. Im selben Jahr gründete er das Marineamt. 1888 gründete er die Beiyang-Flotte, die zwei riesige Kriegsschiffe, die Dingyuan und die Zhenyuan, acht Kreuzer, sechs Kanonenboote und sechs zusätzliche Boote besaß. Das Hauptquartier war auf der Insel Liugong in der Nähe von Weihai. Der Garnisonskommandeur von Tianjin namens Ding Ruchang wurde Admiral. Anfangs war die Flotte in ihrer Größe die mächtigste in Fernosten. Später bekam sie keine neuen Kriegsschiffe mehr und ab 1891 stoppte sogar der Kauf von Waffen und Munition. Noch schlimmer war, dass die Militärausgaben für die Flotte entweder von den Beamten für eigene Zwecke unterschlagen oder von der Kaiserinmutter für den Wiederaufbau und die Restaurierung des Sommerpalasts abgezweigt wurden. Im Gegensatz dazu kaufte Japan angesichts der Entwicklung der Beiyang-Flotte verschiedene Kriegsschiffe, so dass seine Seekräfte schnell die der Beiyang-Marine übertrafen.

1894 (das Jahr Jiawu nach dem chinesischen Mondkalender) kam es in

Kriegsschiff Zhenyuan der Beiyang-Seewaffe

Korea zu einer Rebellion, die von der Partei Dongxue begonnen wurde. Der koreanische Herrscher bat die Qing-Regierung, Truppen zu senden und bei der Unterdrückung der Revolte zu helfen. Japan ergriff diese günstige Chance und sendete Truppen nach Korea und eroberte Asan. Mitte Juli griff die japanische Flotte die chinesischen Kriegsschiffe in der Nähe der koreanischen Halbinsel an und versenkte das Handelsschiff Gaosheng, das die Qing-Regierung für den Transport von Soldaten von England gemietet hatte, was über 1000 chinesischen Soldaten und Beamten an Bord das Leben kostete. Am selben Tag griff die japanische Armee die Qing-Truppen an, die am Berg Yanshan südlich von Fusan stationiert waren. Am 1. August erklärte der Qing-Hof unter der Führung von Kaiser Guang Xu Japan den Krieg und Japan tat ebensolches.

Die japanischen Landkräfte marschierten in vier Routen nach Norden und belagerten Pyongyang. Der Qing-Kommandeur Zuo Baoju starb heldenhaft, während der General Yi Zhichao zuerst floh. Im Oktober überquerten die Japaner den Fluss Yalu und marschierten in Liaodong ein.

Auf der Seeroute eskortierte die Beiyang-Flotte am 17. September die Qing-Truppen von Dalian nach Dadonggou an der Mündung des Flusses Yalu. Gerade als die Flotte zu ihrem Stützpunkt zu fahren begann, starteten japanische Kriegsschiffe unter amerikanischer Flagge einen Überraschungsangriff. Damit begann die Seeschlacht. Der Kampf dauerte über fünf Stunden. Im Kampf wurde der Mast des Flaggschiffes Dingyuan der Beiyang-Flotte zerstört. Die Zhiyuan wurde von einem feindlichen Torpedo versenkt und dessen Kapitän, Ding Shichang, kam ums Leben. Auch die Schiffe Jiye, Cheicheng und Birui waren schwer beschädigt und das Flaggschiff Songdao verlor seine Seetüchtigkeit. Außerdem wurde die Xijingwan fast versenkt.

Im Oktober landeten die japanischen Truppen in Huayuankou auf der Halbinsel Liaodong und marschierten direkt nach Lushun und Dalian. Kurz danach fiel Lushun, und auch der Stützpunkt der Beiyang-Flotte fiel in die Hände der Japaner. Ende dieses Jahres besetzten die japanischen Landkräfte von rund 20000 Mann alle Häfen nördlich und südlich von Weihaiwei und die Beiyang-Flotte wurde belagert. Die japanischen Truppen verschärften ihr Bombardement auf die Beiyang-Flotte, die den Hafen verteidigte. Am Ende war die Beiyang-Flotte total zerstört und der Admiral Ding Ruchang getötet.

Während des ganzen Krieges versuchten Kaiserinmutter Ci Xi und der Beiyang-Minister Li Hongzhang mehrmals, dem Kampf zu entweichen und baten unter unwürdigen Bedingungen um Frieden.

Deng Shichang (1855-1894)

Zuo Baogui (1837-1894)

Massaker in Lushun durch die japanischen Truppen

Die Qing-Truppen waren damit zur Niederlage bestimmt. Am 17. April 1895 unterzeichnete Li Hongzhuang mit Ito Hirabumi in Shimonoseki in Japan den *Vertrag von Shimonoseki,* in dem festgelegt war, dass China die „Unabhängigkeit" von Korea anerkannte (In der Tat bedeutete es die Anerkennung der Kontrolle durch Japan); China trat die Liaodong-Halbinsel, Taiwan sowie die dazugehörenden Inseln und die Penghu-Insel an Japan ab und bezahlte eine Reparation von 200 Mio. Silbertalern; außerdem musste China Chongqing, Shashi, Suzhou und Hangzhou für den Außenhandel öffnen; und Japan bekam das Recht, Fabriken in China zu errichten. Nach dem Ende des chinesisch-japanischen Krieges geriet China in die Gefahr der Aufteilung des Landes durch die imperialistischen Kräfte.

Li Hongzhang unterzeichnete den Vertrag von Shimonoseki in Japan 1895

X. Die Reformbewegung von 1898

Kaiser De Zong der Qing-Dynastie, Aisin Gioro Zaitian (Kaiser Guang Xu 1871-1908 n. Chr.)

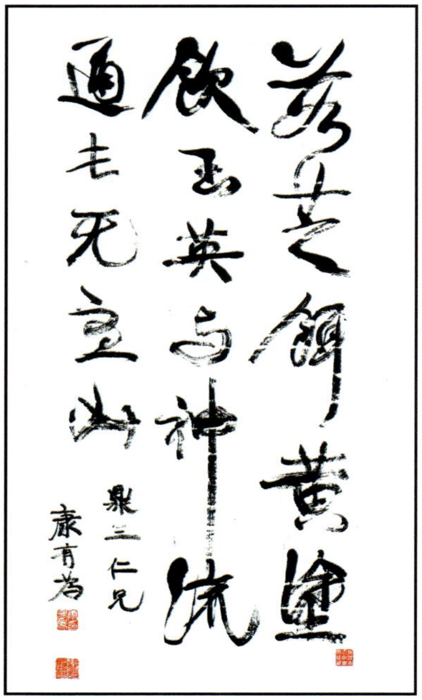

Kalligraphie in Kursivschrift, von Kang Youwei

Die Reformbewegung 1898 wurde auch als die „Modernisierungsbewegung 1898" bezeichnet. Von den 70er Jahren des 19. Jh. an wollten manche chinesischen Intellektuellen, die von den Vorstellungen der westlichen Kapitalisten und der offiziellen Verwestlichung beeinflusst und von den inländischen Problemen und fremden Aggressionen betrübt wurden, Reformen durchführen. Nach dem chinesisch-japanischen Krieg verschlimmerte sich die nationale Krise in China. Damals betrat die Modernisierungsgruppe, deren Vertreter Kang Youwei (1865-1898), Liang Qichao (1873-1929), Tan Sitong (1865-1898) und Yan Fu (1854-1921) waren, die politische Bühne. Sie haben erkannt, dass Reformen durchgeführt werden müssen, um China reich und stark zu machen. Sie forderten eine Verfassung, Zivilrechte, ein Parlament und die konstitutionelle Monarchie, damit die autokratische Monarchie abgeschafft werde.

Im Mai 1895 reichten 1300 Gelehrte, die die provinziale Prüfung bestanden hatten und in Beijing für die staatliche Prüfung Vorbereitungen machten, unter der Führung von Kang Youwei und Liang Qichao, eine Denkschrift an Kaiser Guang Xu ein, in der sie den Vertrag von Shimonoseki ablehnten. Das war die „berühmte gemeinsame Bitte der kaiserlichen Prüfungskandidaten an den Kaiser". Im August gründete die Modernisierungsgruppe unter der Initiative Kang Youweis die Qiang Xue Hui (Gesellschaft für ein starkes Chinas durch Studium), die Zhong Wai Ji Wen (Weltbrett), Qiang Xuebao und andere Zeitschriften, die für Reform und Modernisierung plädierten und für das Selbstbestimmungs- und überhaupt Existenzrecht Chinas eintraten, verlegte. Kang Youwei schrieb auch den Artikel *Untersuchung der gefälschten klassischen Werke und Überprüfung der konfuzianischen Reform*, um die Reform voranzutreiben. Liang Qichao editierte die Shi Wu Bao (Gegenwärtige Angelegenheiten) und schrieb *Exposition zur institutionalen Reform* und andere Artikel, die die Notwendigkeit der Reform zum Ausdruck brachten. Yan Fu gründete die Guo Wen Bao (Nationale Nachrichten) und übersetzte eine Menge westliche theoretische Werke, darunter war Huxley`s Evolution und Ethik das vielleicht bedeutendste. Yan Fu legte großes Gewicht auf Vorstellungen wie „Organische Evolution und Natürliche Selektion" und „Sieg der Starken über den Schwachen", die eine theoretische Grundlage für die Reform legte. Tan Sitong schrieb *Über Herzensgüte*, in dem Tan die autokratische Monarchie gewaltig angriff. Die Reformbewegung gewann von Tag zu Tag mehr Zuspruch und Einfluss.

Kang Youwei (1858-1927)

Die Meinungen der Modernisierungsgruppe fanden bei Kaiser Guang Xu, seinem Lehrer Weng Tonghe und anderen Beamten Unterstützung, sie formten eine kleine politische Gruppe, die als Kaiserpartei bezeichnet wurde, während eine andere Gruppe, die der Kaiserinmutter Ci Xi unterstand, als Partei der Kaiserinmutter Ci Xi bezeichnet wurde. Mit der Intensivierung der Konflikte zwischen der Fraktion von Kaiser Guang Xu und jener der Kaiserinmutter Ci Xi erreichte die Modernisierungsbewegung ihre Spitze. Am 11 Juni 1898 (das Jahr Wuxu) erließ Kaiser Guang Xu das kaiserliche Edikt „Reform der staatlichen Angelegenheiten" und verkündete, neue politische Richtlinien einzuführen. Mit dem Plan und der Vorbereitung von Kang Youwei und anderen gab der Qing-Hof von Juni bis September eine Reihe von neuen Erlässen und erklärte, dem Beispiel Japans zu folgen, um Reformen durchzuführen und das Land zu retten. Die Hauptinhalte der Reform waren: durch Denkschriften sollte man dem Kaiser seine Ansichten darlegen dürfen; unnötige Verwaltungsorgane sollten reduziert werden; Prinzen und Minister sollten Inspektion ins Ausland gesandt werden; eine allgemeine Abteilung für Landwirtschaft, Industrie und Handel sollte gegründet werden, um Industrie und Handel zu fördern; die Soldaten sollten in westlicher Weise trainiert und die Nationalverteidigung sollte verstärkt werden; das Prüfungssystem für den zivilen Dienst sollte reformiert und die Metropolische Hochschule gegründet werden; zudem sollte die achtgliedrige Schrift beseitigt werden; Studenten sollten zum Studium ins Ausland geschickt werden. Überdies sollten Malnahmen getroffen werden, um das Denken der Bürger zu befreien und bestimmte Konventionen abzuschaffen, wie z. B. Übertreibung im Schreiben, das Binden der Füße von Frauen (so genannte Lotusfüße); Männer sollten ihre traditionellen Zöpfe abschneiden. Nur der Gouverneur der Provinz Hunan hatte diese Edikte ernsthaft ausgeführt, andere Gouverneure ignorierten die Edikte einfach.

Mitglieder der Kaiserpartei beabsichtigten, durch die Ausführung neuer politischer Richtlinien die reale Macht von der Hand Ci Xis an sich zu reißen, was für die Leute der Partei der Kaiserinmutter unerträglich waren. Fünf Tage nach der Erlassung der Reformedikte jagte Ci Xi Wei Tonghe aus Beijing heraus und hatte dadurch das Rückgrat der Kaiserpartei beseitigt. Später ernannte sie ihren Vertrauensmann Ronglu zum Generalgouverneur von Zhili und auf diese Weise gewann sie die Kontrolle über die Hauptstadt und ihre Umgebung. Kaiser Guang Xu versuchte sich indes gegen Ci Xi zu wehren. Er beförderte Tan Sitong, Lin Xu (1875-1898), Liu Guangdi (1859-1898) und Yang Rui (1857-1898) ausnahmsweise zum Beamten vierten Ranges, damit sie in dem Militäramt bei Angelegenheiten bezüglich der institutionellen Reform helfen konnten. Außerdem traf er sich mit Yuan Shikai, da er beabsichtigte, die eigene Partei durch die moderne Armee Yuans zu stärken. Jedoch machte Yuan Shikai ein doppelzüngiges Spiel. Auf der einen Seite zeigte er dem Kaiser seine Treue und auf der anderen Seite verriet er Ronglu den Geheimplan der Reformer, sobald er nach Tianjin zurückkehrte.

Liang Qichao (1873-1929)

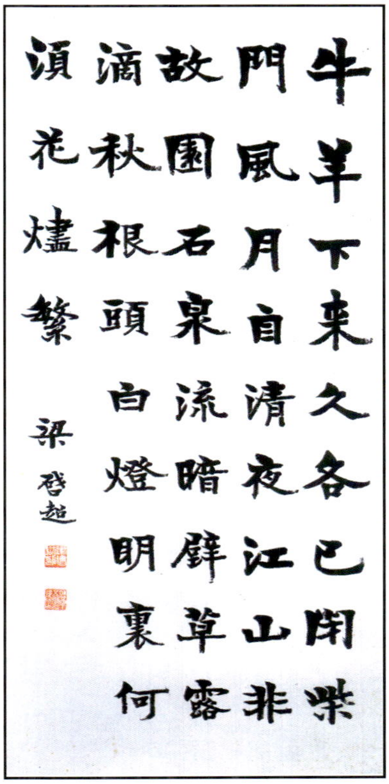

Gedicht mit fünf Schriftzeichen in einer Zeile, Regulärschrift, von Liang Qichao

Tan Sitong (1865-1898)

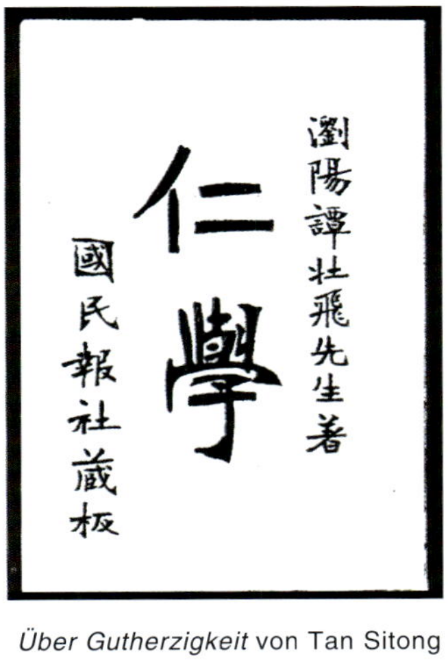

Über Gutherzigkeit von Tan Sitong

Yan Fu (1853-1921)

Rong Lu (1836-1903)

Ci Xi ergriff sofort Maßnahmen, sobald sie von dieser Nachricht erfuhr. Früh am Morgen des 19. September startete Cixi einen Überraschungsstaatsstreich und setzte Kaiser Guangxu ins Gefängnis in Yingtai in der Nähe des südlichen Mittelsees. Dann erklärte die Kaiserinmutter im Namen des Kaisers der chinesischen und internationalen Öffentlichkeit, dass der Kaiser schwer krank sei und dass er sie gebeten habe, wieder für staatliche Angelegenheiten verantwortlich zu sein. Kurz danach schickte sie Leute aus, die Führer der Reform zu verfolgen und zu verhaften. Da Kang Youwei im Voraus ein geheimes kaiserliches Edikt bekam, verließ er Beijing einen Tag vor dem Streich und fuhr nach Shanghai und floh dann mit Hilfe Englands nach Hongkong. Unter dem Schutz der Japaner verließ Liang Qichao getarnt Beijing. Später floh er von Tianjin nach Japan. Tan Sitong weigerte sich jedoch, zu fliehen. Am 28. September wurden Tan Sitong, Yang Rui, Lin Xu, Liu Guangdi, Kang Guangren (1867-1898) und Yang Shenxiu (1849-1898), die von Historikern als „Sechs Tugendhafte Männer im Jahr von Wuxu" bezeichnet werden, in Caishikou in Beijing hingerichtet. Die Beamten, die die Reform unterstützten, wurden entweder ins Gefängnis gesetzt oder verbannt. Nach dem Staatsstreich wurden die meisten neuen politischen Richtlinien außer der Gründung der staatlichen Hochschule beseitigt. Die Ausführung der Modernisierungsreform dauerte nur 103 Tage.

XI. Die Yihetuan-Bewegung und Aggressionen der acht alliierten Mächte gegen China

Ausländische Missionare in China

Männer und Frauen in Yihetuan

Befehlsbanner und Banner von Yihetuan

Nach dem chinesisch-japanischen Krieg geriet China in eine ernste Krise der Aufteilung durch die Imperialisten. Die imperialistische wirtschaftliche Aggression fügte der natürlichen Wirtschaftsentwicklung auf dem Land schwere Störungen zu. Dadurch wurde das Leben der Bauern und anderer Arbeitskräfte noch schwerer. Zugleich strömten ausländische Missionare nach China. Manche davon lösten ständige Rebellionen aus, weil sie gewaltsam das Ackerland der Bauern nahmen, die Regierung bedrohten und gesetzliche Verfahren monopolisierten. Außerdem beauftragten sie Kriminelle damit, das Volk zu schikanieren. Daher begannen Bauern mit ihren Kämpfen gegen die imperialistischen Aggressoren. Die Organisation für die Kämpfe gegen die Imperialisten hieß Yihetuan.

Yihetuan wurde zuerst Yihequan genannt und entsprang in dem Ort, wo Shandong und Zhili sich treffen. Sie gründete die Organisation Tan, wo Leuten die Kampfkunst beigebracht wurde, und lockten dadurch Leute an, ihr beizutreten. Im Herbst 1898 zerstörten die Katholiken im Dorf Liyuan im Kreis Guangxian der Provinz Shangdong den Tempel Yuquan, um dort eine katholische Kirche zu errichten. Der Dorfbewohner Yan Shuqin lud den Führer von Mei Hua Quan im Kreis Weixian (heute Hebei), Zhao San Duo, dazu ein, die Leute zum Schutz des Tempels zu führen. Die Dorfbewohner hatten dann die Kirche Hongtaoyuan in Brand gesetzt und hoben im Dorf Jiangjia im Kreis Guanxian (heute im Kreis Weixian in der Provinz Hebei) die Flagge mit dem Aufruf „die Qing-Regierung zu unterstützen und die Ausländer herauszujagen". Zhu Hongdeng (mit buddhistischem Namen Xincheng) und andere im Kreis Chiping (heute in Shandong) leisteten dem Aufruf Folge. Sie forderten dazu auf, die „Qing-Regierung bei der Beseitigung der ausländischen Aggressoren zu unterstützen" und „die Qing-Dynastie stark zu machen, um die ausländische Aggressoren zu vertreiben". Sie zerstörten Kirchen und überfielen Katholiken, um Missionare zu vertreiben. Ihre Tat fand bei den Massen der niedrigen Sozialschichten Unterstützung. In der zweiten Hälfte 1899 bezeichneten sich Yihequan und andere ähnliche Organisationen nacheinander als Yihetuan. Um 1990 verbreitete sich Yihetuan in ganz Beijing und Tianjin. Sogar im Nordosten, Nordwesten und Südwesten Chinas war sie bald anzutreffen. Die Zusammensetzung von Yihetuan wurde komplizierter und sie hatte keine einheitliche Organisation und hatte jeweils eigene Tankou, Tanchang und Quanchang und handelte häufig spontan. Sie hielten Diskussionen ab, nur wenn es notwendig war. Sie unternahmen gemeinsame Aktionen, indem sie sich durch Senden von Zetteln informierten. Posten wie z. B. Meister, alter Gefolgsmann, zweiter Gefolgsmann, die für Boxtraining und das Kommando der Aktionen zuständig waren, wurden in jedem Tan eingerichtet. Es gab ähnliche Organisationen wie z. B. Rotlaternenabteilung und Blaulaternenabteilung, die hau Ptsächlich aus Frauen bestanden. Yihetuan verdammte Korruption und Sex und wollte bestechliche Beamte sowie Ausländer töten. Die Bewegung verehrte traditionelle chinesische Götter, glaubte an magische Kraft und meinte, dass Waffen ihren Körper niemals Schaden zufügen könnten. Nicht zuletzt deshalb besaß die

Bewegung, wie sich bald schmerzhaft herausstellen sollte, deutliche Mängel.

Im Qing-Hof waren die Meinungen zu Yihetuan geteilt. Manche waren der Meinung, dass die Mitglieder von Yihetaun Rebellen seien und deshalb beseitigt werden müssten, während andere glaubten, dass sie anständige Bürger seien, die die ausländischen Aggressoren vertreiben könnten. In dieser Hinsicht war die Kaiserinmutter Ci Xi der Meinung, dass sie genutzt werden konnten, um ausländische Aggressoren zu vertreiben. Sie konnte dadurch ihren Ärger darüber auslassen, dass Japan und einige westliche Länder in der Reformbewegung die Reformer schützten und den Kaiser Guang Xu öffentlich unterstützten. Die Bewegung fand in Beijing und Tianjin immer mehr Mitglieder, die sich überall auf den Straßen und Gassen der Stadt verteilten.

Anfang April 1900 überreichten Gesandte von den USA, England, Frankreich und Deutschland zusammen eine Schrift an die Qing-Regierung und zwangen sie, innerhalb von zwei Monaten Yihetuan zu zerschlagen. Am 28. Mai hielten alle ausländischen Gesandten in Beijing eine Konferenz ab und beschlossen, eine alliierte Truppe zu senden, um Yihetuan zu zerschlagen. Sie schickten zuerst über 400 Soldaten nach Beijing und sammelten dann ihre Kriegsschiffe in Dagakou. Unter Führung von Seymour, einem britischen Vize-Admiral, fuhr eine Armee von über 2000 Mann, die von Britannien, den USA, Deutschland, Frankreich, Russland, Japan, Italien und Österreich zusammengestellt worden war, mit der Eisenbahn nach Beijing. Die alliierte Armee wurde aber von Yihetuan und der Qing-Armee besiegt und zog sich in aller Eile nach Tianjin zurück. Zur gleichen Zeit griffen ausländische Kriegsschiffe das Dagu-Fort an und besetzten es. In dieser Situation beschloss die Kaiserinmutter Ci Xi, den ausländischen Mächten den Krieg zu erklären. Sie ernannte Prinz Zhuang, Zai Xun (?-1901) und den assistierenden Minister des Großrates, Gang Yi (1837-1900), zu Kommandeuren von Yihetuan und belohnte Yihetuan mit 100000 Silbertalern und 20000 Dan Reis.

Einige Tausende Soldaten von zusätzlichen alliierten Truppen wurden gesendet, um Tianjin anzugreifen, während der Beijing-Teil von Yihetuan die Botschaften belagerte und die Kirche Xishiku angriff. Beide Seiten kämpften blutig auf den Feldern. Doch brach Ci Xi kurz nach der Kriegserklärung ihr Wort. Außerdem lehnten die Generäle der Regierungsarmee in Süden, Zhang Zhidong, Liu Kunyi (1830-1902) und andere es ab, das kaiserliche Edikt zu befolgen, als der Hof den Krieg erklärte. Andererseits schlossen sie eine Vereinbarung mit den Konsuln in Shanghai ab, den Norden und Süden gemeinsam zu verteidigten, so dass sie vermeiden konnten, dass die Yihetuan sich nach Südosten verbreitete. Anschließend attackierte und eroberte die alliierte Armee Tianjin, wo sie das Gouverneuramt einrichtete und eine Armee mit über 20000 Mann organisierte und nach Beijing fortschritten, während Kaiserinmutter Ci Xi in Eile nach Westen floh und dabei Kaiser Guang Xu mitnahm. Auf dem Weg erließ sie das Edikt, Yihetuan zu zerschmettern. Sie befahl Li Hongzhang, nach Norden zu kommen und einen Frieden zu verhandeln.

Unter der Führung des Chefkommandeurs A. von Waldersee, einem Deutschen, verbrannte, tötete, plünderte und beging die alliierte Armee der acht Mächte in Beijing und Tianjin verschiedene Übeltaten. Nachdem sie Beijing besetzt hatten, durften die Truppen drei Tage lang in der Stadt plündern. Tatsächlich dauerte es acht Tage. Sie plünderten alles auf ihrem Weg, vom Kaiserpalast bis zu den Bürgerhäusern. In den Straßen fanden sich überall Leichen. Anfang 1900 präsentierten Britannien, die USA, Deutschland, Frankreich, Japan, Italien, Russland, Österreich und diejenigen, die China den Krieg erklärt, aber keine Truppen gesandt hatten, wie z. B. Spanien, Belgien und Holland, der Qing-Regierung einen Rahmenplan für die Friedensverhandlung. Kaiserinmutter Ci Xi befahl dem Verhandlungsminister Yi Kuang sowie Li Hongzhang, die ausländischen Aggressoren zu beruhigen. 1901(das Jahr Xinchou) unterzeichnete der Qing-Hof mit den ausländischen Mächten das internationale Protokoll von 1901. Nach dem Vertrag musste der Qing-Hof eine Reparation von 450 Mio. Silbertalern (die Reparation und Zinsen betrug zusammen etwa 900 Mio. Silbertaler). Außerdem musste die Qing folgendes erlauben: in Beijing ein Botschaftsviertel einzurichten, wo ausländische Truppen zum Schutz stationiert werden und keine Chinesen wohnen dürfen; alle Festungen auf dem Weg von Dagukou bis Beijing abzureißen und in der Umgebung innerhalb von 20 km rund um Tianjin keine chinesischen Truppen zu stationieren, ausländische Truppen konnten auf dem Weg von Shanghaiguan bis Beijing stationiert werden; jene chinesischen Beamte, die sich für den Krieg gegen die Westmächte eingesetzt hatten, zu bestrafen und alle anti-imperialistische Aktionen von Chinesen zu verbieten; das Zongli-Yamen ins Auswärtige Amt umzuwandeln, das vor die sechs Abteilungen gestellt werden musste. Seitdem wurde China zu einer Halbkolonie unter der gemeinsamen Verwaltung ausländischer Mächte.

Eintritt der Alliierten Kräfte aus den acht Mächten in die Verbotene Stadt

Überreste von Xie Qi Qu' in Yuanmingyuan-Garten

Eins der Bilder von den 40 Landschaften in Yuanmingyuan, das 10. Jahr zur Zeit von Kaiser Qianlong (1745)

Yi Kuang und Li Hongzhang unterzeichneten mit Vertretern der fremden Länder den Internationalen Vertrag vom Jahr 1901

XII. Kaiserinmutter Ci Xi und die Neue Verwaltung bis zum Ende der Qing-Dynastie

Kaiserin Ci Xi, mit dem Familiennamen Yehe Nala (1825-1908), Ehefrau von Kaiser Xian Feng, realer Herrscher während der Regimes von Tongzhi und Guangxu

Prinz Gong Yi Xin (1833-1896)

Die Kaiserinmutter (1835-1908), deren Familienname Yehe Nala war, war Konkubine von Kaiser Xian Feng gewesen und bis zum Ende der Qing-Dynastie reale Herrscherin im Regime von Tong Zhi und Guang Xu. 1856 wurde sie von Kaiser Xian Feng zur Konkubine höchsten Rangs bestimmt, als sie einen Jungen geboren hatte. 1860 floh sie mit Xian Feng nach Rehe, als englisch-französische Militärkräfte in Beijing eintraten. Im nächsten Jahr starb Kaiser Xian Feng an einer Krankheit und auf ihn folgte sein sechsjähriger Sohn Zai Chun, dessen Regimetitel Qixiang war. Dadurch wurde sie mit dem glänzenden Titel Ci Xi ehrenvoll als heilige Kaiserinmutter benannt. Deshalb nannte man sie auch „Kaiserinmutter Ci Xi". Da sie im westlichen Palast wohnte, wurde sie auch „Westliche Kaiserinmutter" genannt. Weil sie eine große Gier nach Macht hatte, kollaborierte sie mit dem Prinzen Gon Yi Xin, um einen Staatsstreich im November zu starten. In der Geschichte wird dieses Ereignis als „Streich von Xinyou" bezeichnet. Danach wechselte sie den Regimetitel in Tong Zhi und begann, sich „hinter dem Schirm" mit staatlichen Angelegenheiten zu befassen. Seitdem hatte sie die kaiserliche Macht inne. Obwohl Kaiser Tong Zhi 13 Jahre lang auf dem Thron war, übernahm er die Regierungsleitung erst in den letzten zwei Jahren seines Regimes. 1874 starb Kaiser Tong Zhi an einer Krankheit. Da er keinen Sohn hatte, bestimmte Kaiserinmutter Ci Xi Zai Tian, den Sohn von Yi Yuan, Prinz Chun zum Kaiser, um ihre Kontrolle über das Land zu beschleunigen. Damals war Zai Tian nur vier Jahre alt und Kaiserinmutter Ci Xi nahm hinter den Kulissen an den staatlichen Angelegenheiten teil. 1877 übernahm Kaiser Guang Xu die Leitung der Regierung. Die reale Macht war immer noch in den Händen von Ci Xi. 1889 war Ci Xi gezwungen, die staatliche Macht an Kaiser Guang Xu zurückzugeben, als er 19 Jahre alt wurde. Sie manipulierte immer noch geheim staatliche Angelegenheiten. Sie erstickte die Reform von 1895 und verriet am Ende Yihetuan.

Als die ausländischen Mächte schon vor den Toren Beijings standen, erkannte Kaiserinmutter Ci Xi die Krise der Qing-Herrschaft deutlich. In der Zeit ihrer westlichen Flucht gab sie die zwei kaiserlichen Edikte „Selbstrechenschaft" und „Reform" bekannt. Im Januar 1901 bezeichnete sie das kaiserliche Edikt als die Reform. Im April gründete die Qing-Regierung das politische Aufsichtsbüro, um eine neue Verwaltung zu planen. Sie ernannte sechs Leute einschließlich Yi Kuang, Li Hongzhang und Ronglu zu politischen Aufsichtsministern. In der Folge wurden neue politische Richtlinien wie z. B. Reform der Verwaltungsorgane, Organisation und Training von neuer Armee und Polizei, Belohnung der Gründung der Unternehmen, Einrichtung von Schulen, Abschaffung des Systems der kaiserlichen Prüfung und Ermutigung der Studenten zum Studium im Ausland.

1905 schickte der Qing-Hof Zai Ze (1876-1928) und vier andere Minister zur Inspektion der politischen Verwaltung nach Europa und gab seine konstitutionelle Absicht bekannt, um das Volk zu beruhigen. 1906 verkündete der Qing-Hof, in Beijing einen nationalen Beratungskongress und auf lokaler Ebene Beratungsräte zu etablieren. Kang Youwei und Liang Qichao, der damals im Ausland war, verkündeten, die „Gesellschaft für den Schutz des Kaisers" durch den „Nationalen Konstitutionskongress" zu ersetzen. Außerdem

Trockener Elfenbeinschnitz aus Chinakohl, Qing-Dynastie, 14,2 cm lang, 6,5 cm weit, 2,6 cm dick

Filigran-Email-Kühlschrank (2 Stück), Qing-Dynastie, 76 cm hoch, 72,5 cm lang, 72,5 cm weit

Namentafel der Hauptstadt-Universität

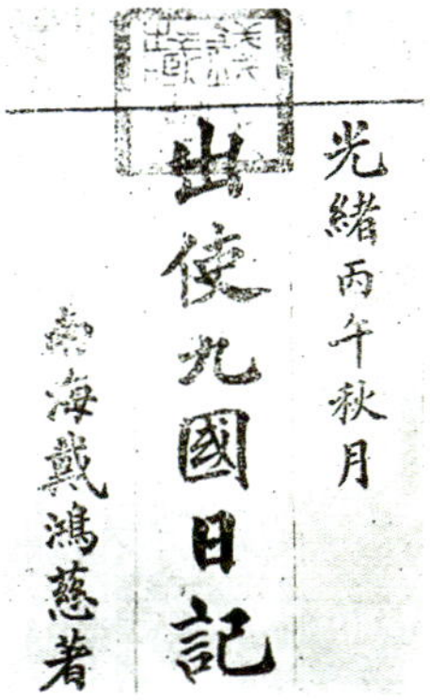

Dai Hongci und Duan Fangs Bild vor ihrer Reise in fremde Länder, Tagesbuch von Reisen durch neun Länder, das nach Dais Rückkehr veröffentlicht wurde.

gründeten sie Zheng Wenshe (Gesellschaft für politische Nachrichten) und schickten ihre Mitglieder ins Vaterland, damit die neue Verfassung durch ihre Arbeit früher bekanntgegeben werden könnte. Der inländische Unternehmer Zhang Qian (1853-1926) gründete in Shanghai die „Gesellschaft für die Vorbereitung auf eine Verfassung". Tang Hualong (1874-1918) schaffte in Hubei die „Gesellschaft für einen vorbereitenden Konstitutionalismus" und Tan Yankai (1880-1930) etablierte in Hunan die „Gesellschaft für Konstitutionalismus". Sie handelten öffentlich und forderten eine schnelle Praktizierung des Konstitutionalismus und bildeten dadurch eine "einflussreiche Gruppe" in der Gesellschaft. Deshalb wurden sie als „Konstitutionalisten" bezeichnet.

Die „konstitutionelle Vorbereitung" des Qing-Hofs war jedoch nur eine Betrügerei. Kaiserinmutter Ci Xi hoffte auf ein friedliches Leben in ihren späten Jahren, nahm eine leichtfertige Haltung ein und spielte mit der Zeit. Die mandschurischen Adligen wollten das Militär sowie die politische Macht der lokalen Regierung durch eine Reform des Beamtensystems wiederherstellen, was dazu führte, dass die Konstitutionalisten durch eine Bittschrift forderten, den Kongress zu berufen. 1908 verkündete der Qing-Hof eine „kaiserliche Verfassung" und legte damit eine neunjährige Vorbereitungszeit für die Einrichtung einer konstitutionellen Regierung fest. Im November starben Kaiserinmutter Ci Xi und Kaiser Guang Xu nacheinander. Puyi (1906-1967), der damals keine drei Jahre alt war, bestieg mit dem Regimetitel Xuan Tong den Thron und sein Vater Zai Feng (1883-1951), Prinz Chun, assistierte ihm als Regent. Jedoch verwendete er immer noch die Taktik der scheinbaren Etablierung des Konstitutionalismus und der echten Zentralisierung der Macht. 1903 schickten die Konstitutionalisten dreimal Vertreter nach Beijing, um Bittschriften einzureichen. Sie forderten, sofort ein Kabinett zu bilden, den Kongress zu berufen und die neunjährige Vorbereitungszeit auf fünf Jahre zu verkürzen. Im Mai 1911 verkündete der Kaiserhof, das erste Kabinett zu gründen und Yi Kuang Prinz Qing wurde zum Premierminister bestellt. Unter den 13 Ministern im Kabinett waren die Mandschus mit neun vertreten, davon waren sieben von dem kaiserlichen Klan, so dass die Menschen damals es als „Kaiserliches Kabinett" bezeichneten. Die Konstitutionalisten waren über die betrügerische Taktik der Qing-Regierung sehr enttäuscht und schlossen sich deshalb den Anti-Qing-Reihen an.

Nische mit Schnitz von Figuren und Blumen, Ende der Qing-Dynastie (1851-1911)

Vergoldete Bronzeglocke, Kaiser Qian Long der Qing-Dynastie (1736-1795)

Kaiserliches Mausoleum der Qing-Dynastie

XIII. Konventionen und Wandlungen - die schmelzenden Gebräuche und Sitten

Als eine einzigartige gesellschaftliche Organisationsform spielte das Bannersystem in der Etablierung der Qing-Dynastie und der Vereinigung des ganzen Landes eine wichtige Rolle. Um die Charakteristiken der mandschurischen acht Banner zu behalten, schrieb die Qing-Regierung vor, dass die Bevölkerung in den besetzten Gebieten ihre Haare nach den Gebräuchen der Mandschus zu schneiden habe, was bedeutete, die Stirn hoch zu rasieren und die übrigen Haare auf dem Hinterkopf zu einem Zopf zu flechten. Sie mussten die Kleider der Ming-Dynastie ablegen und die der Qing-Dynastie tragen. Wegen der heftigen Ablehnung des Volkes musste die Qing-Regierung ihre politische Richtlinie ändern: Männer mussten mandschurische Kleider tragen, während Frauen die alten Gebräuche behielten. Regierungsbeamte mussten mandschurische Kleider anziehen und Sklaven konnten chinesische Kleider tragen. Dies führte zu einer komischen Kombination von mandschurischen und chinesischen Kleidern.

Die Qing-Dynastie hatte eine strikte Hierarchie. Als Herrscher genossen mandschurische Adlige überall Privilegien. Zum Ende der Qing-Dynastie begannen chinesische Frauen, sich für das mandschurische Etuikleid zu interessieren und deren Haarstil anzunehmen. Die Herrscher praktizierten in vielen Bereichen, wie z. B. Essen und Kleider, Wohnen, Transport, Heirat, Begräbnis und Feier tolerante Richtlinien. Die Heiratsgebräuche in der Qing-Dynastie waren der in der Ming-Dynastie im Großen und Ganzen ähnlich. Auf der Grundlage der sechs Protokolle der Chinesen kombinierte die höfische Heiratszeremonie die Gebräuche der Chinesen und Mandschus. Solche Protokolle umfassten: Geschenke anbieten, Hochzeitsparade und Trinken von Hochzeitswein. Dabei wurden das Überreichen von Geschenken und die Hochzeitsparade besonders betont.

Kaiser Kang Xis Reise nach Südchina, 12. Kapitel, Teil

Die Leute der Qing lernten die Essenz der mandschurischen und chinesischen Kochkunst und schafften damit das bekannte mandschurisch-chinesische Bankett. Es tauchte zuerst in Jiangsu, Zhejiang und ihren Umgebungen auf, dann wurde es in den Kaiserpalast gebracht und verbreitete sich nachher über das ganze Land. Diese Küche nahm in der Regierungszeit Yongzhengs ihre Gestalt an und entwickelte sich zur Zeit des Regimes von Qianlong und Jiaqing. Es war vom höchsten Standard und hatte viele verschiedene Gerichte. Es besteht aus zwei Hauptteilen, aus dem gedämpften mandschurischen Brot

Qigiao-Fest, Teil, Qing-Dynastie, von Ding Guanpeng (1736-1795), Tinte auf Papier, 28,7 cm hoch, 384,5 cm lang

Shui Fang Yan Xiu: Am 7. Juli haben Kaiserinmutter, Kaiserin, Konkubine und Prinzessinnen ein Qiqiao-Fest, während der Kaiser in Rehe ist

Ein Paar Elfenbeinfächer, Qing-Dynastie, 36,5 cm hoch

Die ganze Nation beteiligt sich an der Feier-Yangge, ein populärer ländlicher Volkstanz

Die ganze Nation beteiligt sich an der Feier, Fünf Töne Großtrommel

und den Gerichten mit traditionell chinesischem Geschmack. Da es Hauptgerichte und Zusatzgerichte mit mandschurischen und chinesischen Eigenschaften umfasst, wird es mandschurisch-chinesisches Bankett genannt. Es hatte insgesamt 110 Gerichte, die in fünf Gänge unterteilt wurden. Die ersten drei Teile sind Delikatessen von Land und Meer, der vierte Teil besteht aus typischen mandschurischen Lebensmitteln und der fünfte aus berühmten Gerichten aus Jiangnan (Gebiete südlich des Unterlaufs vom Yangtse). Das Essen, das sich durch mandschurische Bratwaren und chinesische Suppengerichte kennzeichnet, ist eine Integration von den Gerichten des Nordens und Südens.

Die Gebrauchsgegenstände der Qing folgten zumeist den Traditionen der früheren Dynastien, insbesondere der Ming-Dynastie. Neue Sachen waren weniger, aber sie haben ihre einzigartigen Charakteristika. Vor der Zeit Kangxis blieben die Möbelstücke fast identisch mit denen der Ming-Dynastie. Erst zur Zeit Qianlongs bekamen sie eine deutliche Eigenheit - mit schweren Materialien und umständlichen Dekorationen. Die meisten Möbelstücke im Kaiserpalast hatten chinesische und westliche Eigenschaften zugleich. Die Muster im westlichen Stil wurden in Gegenstände mit chinesischen Eigenschaften geschnitzt oder eingefügt. Die Porzellanwaren aus den Zeiten Kangxis und Qianlongs waren weltberühmt. Die Technologien für rotes Porzellan und bunte Töpferwaren waren sehr fein. In der Qing-Dynastie brachten westliche Missionare Luxusgüter und technische Instrumente in den Kaiserpalast und in die Häuser der Beamten, wie z. B. Schlagglocke, Musikinstrumente, Kreuzer, Mikroskop, Schnupftabakfläschchen, Musikbox usw., davon waren die meisten aus Glas, Bronze und Porzellan mit sehr feinen Gestalten.

Bürgerhäuser in Wan Nan

Steinerner Gedenkbogen in Wan Nan

Ein altes Dorf in Wan Nan-Xidi Hongcun in der Provinz Anhui

Die Gärten in Suzhou, verschiedene Tore

Die Gärten in Suzhou, Jichang-Garten

Die Gärten in Suzhou, Löwenwald, Yanyu-Halle

In der Ming- und der Qing-Dynastie führte die Wirtschaftsblüte in Jiangnan zur schnellen Entwicklung der Gartenkunst, insbesondere in Suzhou. Das Auftauchen von hunderttausend Gartenkomplexen machte diese Gegend zum Zentrum der Gartenkunst in der Provinz Jiangsu. Sie dienten nicht nur als gute Beispiele für Gärten in anderen Orten, sondern sie beeinflussten auch die kaiserlichen Gärten. In der Qing-Dynastie gab es sehr viele kaiserliche Gärten. Die Zwei Seen nördlich der Verbotenen Stadt (im Allgemeinen Taiyechi genannt, nämlich Nordsee und Zhongnan-See) und der Berg Jingshan im Westen, waren zusätzliche Gärten des Kaiserpalasts. Die Gärten Changchuyuan, Jingmingyuan, Changchuyuan, Zizhuyuan, Diaoyutai, Wanchunyuan, Jingyiyuan, Leshanyuan, Nanhuayuan, Yuanmingyuan und Yiheyuan lagen in der westlichen Vorstadt von Beijing. Nanyuan, der in der Südlichen Vorstadt lag, war der kaiserliche Jagdgarten. Yuanmingyuan war ein Modell, das chinesische und westliche Stile in sich vereinigt. Er war in der Ming-Dynastie ein kleiner Garten der Kaiserfamilie und wurde zur Zeit Yongzhens ausgebaut. In der Zeit Qianlongs entwickelte er sich weiter. Er imitierte viele berühmte Gärten in Suzhou und Hangzhou. Westliche Handwerker wurden dabei angestellt, um Gebäude im europäischen Stil zu entwerfen und zu bauen. Er wurde während der Zeit von Jiaqin, Daoguang und Xianfeng immer wieder

Der in Xinjiang produzierte Teppich

Vögelkäfig aus Bambus, Qing-Dynastie

Seidenleinjacke mit Stickrändern

Kauf von Chrysantheme, Illustration von komischen Geschichten aus einem alleinigen Studio, Qing-Dynastie, von unbekanntem Künstler

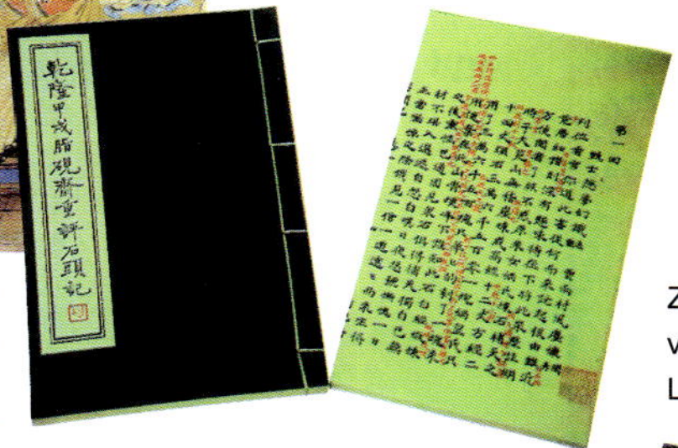

Zhi Yanzhais Kommentare über die Geschichte vom Stein im Jahr Jiawu zur Zeit Kaiser Qian Longs

Zhu Xuezhais Kopie von komischen Geschichten aus einem alleinigen Studio

Abendbankett im Yihong-Garten, die Illustration in *Traum in der roten Kammer,* Qing, vom unbekannten Künstler

Der große Kriegsgefolgmann von Buddha

Die Statue von Arhat in der Halle von Schakyamuni

XIV. Sun Yatsen und die kapitalistische Revolution

Sun Yatsen (1866-1925)

Huang Xing (1874-1916)

Sun Yatsen (1866-1925), dessen letzter Name Wen war, nannte sich mit dem Beinamen Deming. Er hatte noch einen anderen Namen, Rixin, der später in Yixian verwandelt wurde. Er verwendete einmal den falschen Namen Zhongshanqiao, als er im Exil in Japan war. Deshalb war er in seiner Zeit mit dem Namen Zhongshan sehr bekannt. Er wurde im Dorf Cuiheng in Xiangshan (heute in der Stadt Zhongshan) in der Provinz Guangdong geboren. Als Jugendlicher lernte er drei Jahre lang in einer privaten Schule. Mit 12 Jahren ging er nach Honolulu, wo er eine Sekundarschule besuchte. Nachdem er im Alter von 17 Jahren nach China zurückgekehrt war, studierte er in Guangzhou und Hongkong Medizin. Nachdem er 1892 an der Akademie für westliche Medizin in Hongkong das Studium beendet hatte, begann er in Hongkong und Macao mit der medizinischen Praxis. Zugleich beteiligte er sich aktiv an den sozialen Aktivitäten. 1894 ging er nach Honolulu und gründete dort die Xing Zhong Hui (Gesellschaft für die Wiedererstehung Chinas). Er forderte dazu auf, „die Mandschu zu vertreiben und China wieder zu beleben und eine vereinigte Regierung zu gründen." Anfang des nächsten Jahres errichtete er in Hongkong das Hauptquartier der Xing Zhong Hui. Kurz danach bereitete er sich darauf vor, am Festtag der doppelten Neun in Guangzhou einen bewaffneten Aufstand zu starten. Doch wurde der Aufstand zerschlagen und Sun Yatsen floh ins Ausland. Dann gründete er in Yokohama die Xing Zhong Hui. 1900 schickte Sun Yatsen Zheng Shiliang nach Huizhou, um dort einen Aufstand zu starten, wo die Teilnehmerzahl auf über 20000 anwuchs. Der Aufstand wurde jedoch einen halben Monat später zerschlagen. Dennoch wurde Sun Yatsen ein allgemein anerkannter revolutionärer Führer.

Um sich der Revolution zur Wehr zu setzen, propagierte Bao Huang Hui aktiv, „den Kaiser zu schützen" und die Revolution zu verleumden. Die Revolutionäre konterten jedoch mit eigenen Schriften. Sun Yatsen veröffentlichte „Botschaft an die Landsleute" und „Widerlegung von Bao Huang Bao". Zhang Taiyan (1869-1936) veröffentlichte „Brief zur Widerlegung der Ansichten Kang Youweis über die Revolution". Zou Rong (1885-1905) schrieb „Die Revolutionäre Armee". Chen Tianhua (1875-1905) schrieb „Über das Gesicht! Und Alarmglocke". All diese oben erwähnten Bücher und Artikel halfen der Verbreitung der Einflüsse von demokratisch-revolutionären Vorstellungen, wobei viele kleine revolutionäre Gruppen im Vaterland entstanden, wie z. B. Hua Xing Hui (Gesellschaft für die nationale Wiedererstehung Chinas), die von Huang Xing (1874-1916) und Song Jiao Ren (1882-1913) in Hunan gegründet wurde, die Kexue Buxi Suo (Studiengruppe für Wissenschaft) von Liu Jingan (1875-1911) und Zhang Nanxiang (1874-1968) in Hubei, die Guang Fu Hui (Gesellschaft für Restauration) von Cai Yuanpei (1860-1940), Zhang Taiyan, Xu Xilin (1873-1907), Tao Chengzhang (1878-1912) und Qiu Jin (1875-1907) in Zhejiang. Diese Leute erweiterten aktiv die Mitgliedschaft durch Auswahl von Kandidaten aus der Neuarmee und Parteimitgliedern und organisierten Anti-Qing-Aufstände. Doch sie scheiterten regelmäßig.

Im Sommer 1905 hatte Sun Yatsen Teile der Mitglieder von Hua Xing Hui und anderen revolutionären Gruppen vereinigt und gründete auf dieser Basis Zhonguo Tong Meng Hui (Chinesische Revolutionsliga), deren Programme lauteten: „Mandschu zu vertreiben, China wieder zu beleben und eine Republik zu gründen und das Land gleichmäßig zu verteilen". Drei Abteilungen unterstanden ihr, nämlich die Exekutivgruppe, die Gruppe für Beurteilung und die juristische Gruppe. Sun Yatsen wurde zum Präsident gewählt und Huang Xing stand an der Spitze der Exekutivgruppe. Die Liga begründete außerdem noch Min Bao (Volksjournal). In ihrer ersten Ausgabe besprach Sun Yatsen das Prinzip des Nationalismus, das Prinzip der Demokratie und das Prinzip der Lebenshaltung des Volkes. Diese riefen das chinesische Volk dazu auf, für den Sturz der Qing-Herrschaft und die Etablierung einer unabhängigen Republik zu kämpfen. Neben dem Hauptquartier in Tokio errichtete Tong Meng Hui in Städten viele Zweigstellen wie z. B. in Shanghai, Hankou, Chongqing, Yantai, Hongkong. In den Gebieten südlich des südchinesischen Meeres, etwa in Europa und Amerika, gab es ebenfalls Zweigstellen. Die Revolutionäre unternahmen mit Min Bao als ihrem Sprachrohr große revolutionäre

Kaiser Xuan Tong der Qing-Dynastie, Aisin Gioro Puyi (1906-1967) und sein Vater Zai Feng (1883-1952)

Die Handschrift von Qiu Jin (1879-1907)

Revolutionäre Armee von Zou Rong

Sun Yatsen und Mitglieder der Tong Meng Hui in Detroit, USA

Aktivitäten. Sie hielten heftige Debatte mit der Xing Ming Cingbao (Neuchinesisches Journal), das von denjenigen, die den Kaiser schützten, verlegt wurde.

Zugleich organisierte Tong Meng Hui immer wieder bewaffnete Aufstände, davon vollzogen sich die berühmtesten in Henan, Jiangxi, Liling und Pingxiang. Außerdem startete sie nacheinander in den Küstengebieten, den Grenzgebieten im Südosten und in Gangdong sechs Aufstände. Xu Xilin und Qiu Jin, die Mitglieder von Tong Meng Hui waren, unternahmen revolutionäre Tätigkeiten im Namen von Guang Fu Hui und starteten geheim Aufstände in Anhui und Zhejiang. Manche Revolutionären kämpften sogar selbständig für die nationale Rettung. Sie suchten nach einer Gelegenheit zu einem politischen Attentat, was dazu führte, dass sich alle hohen Beamten im Kaiserhof davor fürchteten. Am 27. April 1911 (am 29. März nach dem chinesischen Mondkalender) startete Tong Meng Hui erneut den Guangzhou-Aufstand in Huanghuagang. Doch er endete mit einer Niederlage und die Leichen der 72 Märtyrer wurden in Huanghuagang begraben.

Lokale Revolten brandeten gleichfalls regelmäßig auf. Der Kampf gegen die Steuererhebung, die Plünderung von Reis und der Kampf für die Wiedergewinnung der Rechte auf Eisenbahnen und Bergwerke waren besonders heftig. Das Volk in Shanxi und Henan forderte, das Recht auf Eisenbahnen aus den Händen der Briten zurückzunehmen. Das Volk in Yunnan widersetzte sich dem Bau der Eisenbahnlinie Dianyue. Die Bevölkerung in Sichuan, Hunan und Guangdong forderten, die Verantwortung über die Eisenbahnlinien Guangdong-Wuhan und Sichuan-Wuhan zurückzuerhalten. Die Bewegung für den Schutz der Eisenbahnrechte war in Sichuan besonders heftig. Doch die lokalen Behörden schickten Armee und Polizei, um jene Personen, die Bittschriften einreichten, niederzuschlagen, was dazu führte, dass die entrüsteten Bürger Waffen zur Hand nahmen und eine eigene Armee für den Schutz der Eisenbahnrechte organisierten sowie bewaffnete Aufstände starteten.

Die Qing-Regierung versetzte Truppen von Hubei nach Sichuan, um die Revolte dort zu niederzuwerfen, so dass zwei geheime Gesellschaften in der Neuarmee Hubeis, die Wen Xue She (Gesellschaft für Freiheit) und die Gong Jin Hui (Liga des gemeinsamen Marsches) die Chance ergriffen, Aufstände zu starten. Sie errichteten ein Aufstandshauptquartier, dessen Chefkommandeur Jiang Yiwu (1885-1913) und Hauptberater Sun Wu (1880-1939) war.

Song Jiaoren (1882-1913)

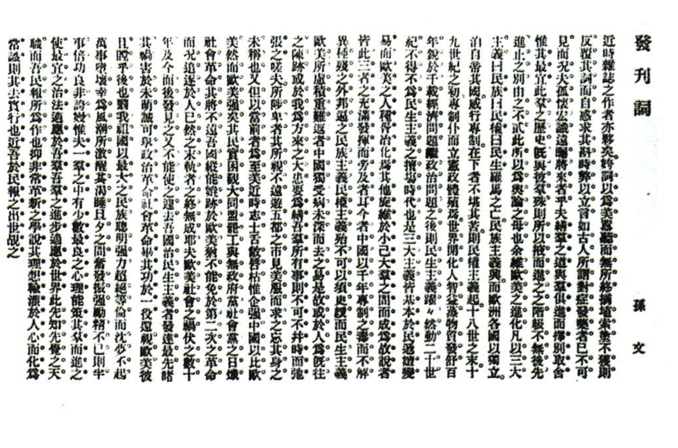
發刊詞
孫文

Ming Bao von Tong Meng Hui und sein Vorwort

Tao Chengzhang (erster von links)-Führer von Guang Fu Hui, Xu Xilin (erster von rechts) und einige Freunde

Li Yuanhong (1864-1928)

Jiang Yiwu (1882-1913), Führer von Wen Xue She, der den Aufstand Wuchang organisierte

Sun Wu, Führer von Gong Jin Hui, der den Aufstand organisierte

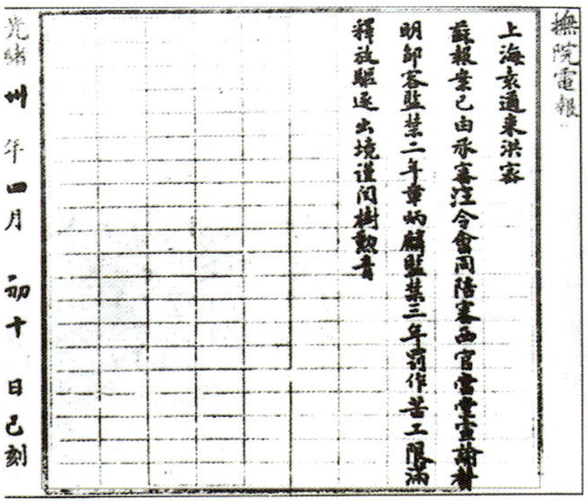

撫院電報

上海袁道來洪家

蘇報案已由承審注令會同陪審西官當堂訊着

明卸容監禁二年章炳麟監禁三年罰作苦工限滿

釋放驅逐出境謹聞樹勳肯

光緒卅年四月初十日己刻

Zhang Binglin wurde 1904 von dem gemeinsamen Gericht der Shanghaier internationalen Niederlassung illegalerweise ins Gefängnis gesetzt. Das ist das geheime Telegramm von Yuan Shuxun.

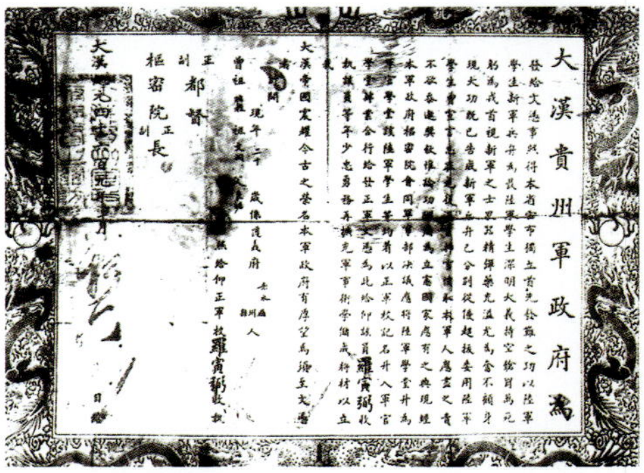

大漢貴州軍政府

Die Deklaration der Militäregierung Guizhou

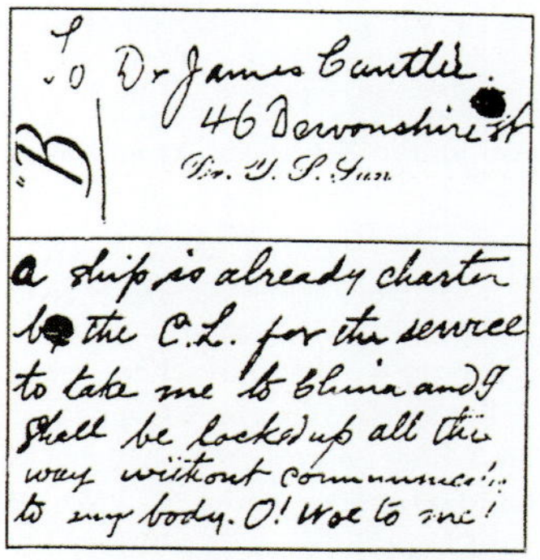

To Dr James Cantlie

46 Devonshire St

Dr. Y. S. Sun

a ship is already charter

by the C.L. for the service

to take me to China and I

shall be lockedup all the

way without communication

to any body. O! Woe to me!

Die Handschrift von Yun Yatsen auf einer Karte zur Bitte um Hilfe, als er in London in dringende Gefahr geriet

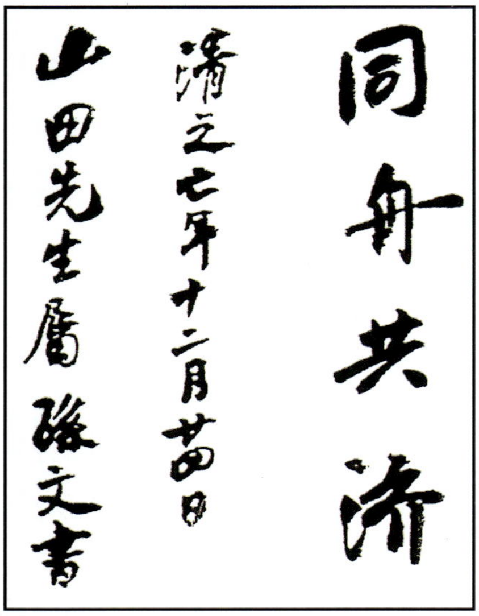

同舟共濟

山田先生屬 孫文書

Die Kalligraphie an einen japanischen Freund durch Sun Yatsen

Außerdem schickten sie Leute nach Shanghai, um die Führer von Tong Meng Hui von Shanghai nach Wuhan zu eskortieren, damit sie über wichtige Angelegenheiten diskutieren konnten. Das Datum für den Aufstand wurde auf den Tag des Mondfestes von 1911(den 6. Oktober) festgesetzt. Es wurde jedoch verschoben, da man für die Vorbereitung mehr Zeit brauchte. Wegen der plötzlichen Explosion eines Bombenversuches in der Niederlassung von Frankreich in Hankou durch Sun Wu, verfolgten die Qing-Truppen in Wuhan die Revolutionäre und verhafteten sie. Viele revolutionäre Führer wurden verhaftet und hingerichtet. Jiang Yiwu musste fliehen. Unter der Berücksichtigung der kritischen Situation waren die Revolutionären des 8. Bataillons der Neuarmee nun gezwungen, den Aufstand früher zu starten, nämlich in der Nacht zum 10. Oktober. Dann folgten alle anderen Bataillone dem Aufruf. Nach einem blutigen Kampf gegen die Qing-Truppen von fast einem ganzen Tag eroberte die Aufstandsarmee am Ende die Stadt Wuchang. Am 12. Oktober wurden auch Hankou und Hanyang erobert. Auf Vorschlag der Aufstandsarmee wurde Li Yuanhong, ehemaliger Brigadekommandeur der Neuarmee, zum Militärgouverneur gewählt und die militärische Regierung Hubei wurde gegründet, die Hubei für unabhängig erklärte. Kurz danach erklärten sich viele Provinzen wie Hunan, Shaanxi, Shanxi, Yunnan, Jiangxi, Guizhou nacheinander für unabhängig. Da das Jahr nach dem chinesischen Mondkalender das Jahr von Xinhai heißt, wird die Revolution in diesem Jahr von Historikern als Revolution von Xinhai bezeichnet. Nachdem Sun Yatsen im Dezember vom Ausland nach China zurückgekehrt war, wählten die Vertreter der Provinzen auf dem Kongress in Nanjing ihn zum provisorischen Präsidenten und sie erklärten 1912 als Anfangsjahr der Republik. Am 1. Januar trat Sun Yatsen das Amt an und die provisorische Regierung der Republik China wurde damit offiziell gegründet. Am 12. Februar war Kaiser Puyi der Qing-Dynastie gezwungen, abzudanken, was das Ende der Qing-Herrschaft und der autokratischen Monarchie, die über 2000 Jahre bestanden hatte, bedeutete.

Der Gedenkstele für die Bewegung des Schutzes der Eisenbahnprojekte im Herbst des Jahres Xinhai (1911)

Das Grab der 72 revolutionären Märtyrer Huang Huagang, Guangzhou, Provinz Guangdong

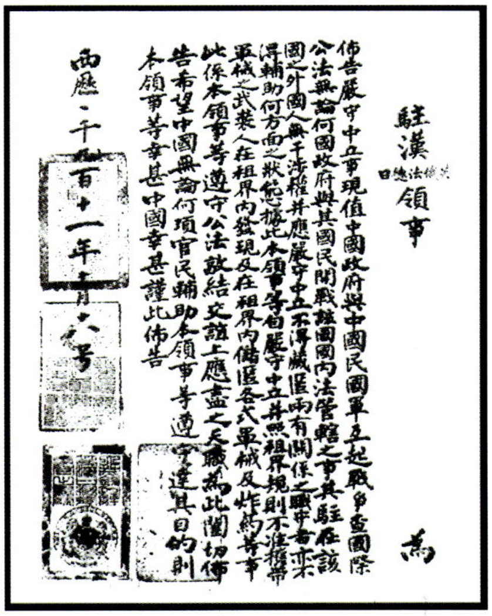
駐漢日德法俄英領事為
佈告嚴守中立事現值中國政府與中國民國軍互起戰爭查國際
公法無論何國政府與其國民開戰該國內法管轄之事其駐在該
國之外國人無干涉權并應嚴守中立不得藏匿兩有關係之職守者棄
掉輔助何方面之狀態據此本領事等自應嚴守中立并照租界規則不准攜帶
軍械之武裝人在租界內發現及在租界內備匿各式軍械及炸藥等事
此係本領事等遵守公法敦結交誼上應盡之天職為此闡切佈
告希望中國無論何項官民輔助本領事等遵守達其目的則
本領事等幸甚中國幸甚謹此佈告
西歷一千九百十一年十月十八号

Die Neutralitätsnote von ausländischen Konsuln in Wuhan während des Aufstands in Wuchang

Einnahme des Amtssitzes vom Gouverneur-General von Hunan und Hubei während des Aufstands in Wuchang

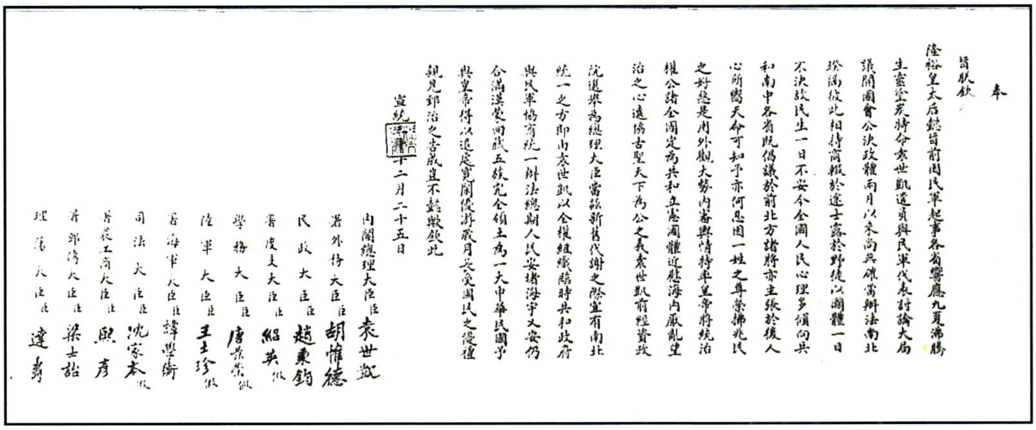
奉
旨朕欽奉
隆裕皇太后懿旨前因民軍起事各省響應九夏沸騰
生靈塗炭特命袁世凱遣員與民軍代表討論大局
議開國會公決政體兩月以來尚無確當辦法南北
暌隔彼此相持商輟於途士露於野徒以國體一日
不決故民生一日不安今全國人民心理多傾向共
和南中各省既倡議於前北方諸將亦主張於後人
心所嚮天命可知予亦何忍因一姓之尊榮拂兆民
之好惡是用外觀大勢內審輿情特率皇帝將統治
權公諸全國定為共和立憲國體近慰海內厭亂望
治之心遠協古聖天下為公之義袁世凱前經資政
院選舉為總理大臣當茲新舊代謝之際宜有南北
統一之方即由袁世凱以全權組織臨時共和政府
與民軍協商統一辦法總期人民安堵海宇乂安仍
合滿漢蒙回藏五族完全領土為一大中華民國予
與皇帝得以退處寬閒優游歲月長受國民之優禮
親見郅治之告成豈不懿歟欽此
宣統三年十二月二十五日
內閣總理大臣 臣 袁世凱
署外務大臣 臣 胡惟德
民政大臣 臣 趙秉鈞
署度支大臣 臣 紹英 假
學務大臣 臣 唐景崇 假
陸軍大臣 臣 王士珍 假
署海軍大臣 臣 譚學衡
司法大臣 臣 沈家本 假
署農工商大臣 臣 熙彥
署郵傳大臣 臣 梁士詒
理藩大臣 臣 達壽

Das Abdankungsedikt von Kaiser Xuan Tong der Qing-Dynastie, Aisin Gioro Puyi (1906-1967)

第十篇 传统待更新——中华民国

Kapitel 10

Die Tradition erwartet Erneuerung

-- Die Republik China

Die Revolution von 1911 beseitigte die absolutistische Monarchie. Die Republik China wurde gegründet und es begann damit eine beispiellose Situation in der langen Geschichte Chinas. Das Alte wurde beseitigt, das Neue war noch nicht errichtet. Die Wege der Geschichte sind aber niemals reibungslos. Die Unabhängigkeit und der Aufschwung der chinesischen Nation waren noch voller Schwierigkeiten.

Jiuzaigou, Provinz Sichuan

Feng Guozhang (Präsident, Juni. 1917-Okt. 1918)
Xu Shichang (Präsident, Okt. 1918-Juni 1922)
Li Yuanhong (Präsident, Juni. 1922-Juni 1923)
Gai Lingwei (Premier und Präsident, Juni-Okt. 1923)
Cao Kun (Präsident, Jan. 1923-Okt. 1924)
Huang Fu (Premier und Präsident, Okt.-Nov. 1924)
Duan Qirui (Provisorisch Nov. 1924-April 1926)
Yan Huiqing (Premier und Präsident, Mai-Juni. 1926)
Du Xigui (Premier und Präsident, Juni-Sept. 1926)
Gu Weijun (Premier und Präsident, Okt. 1926-Juni 1927)
Zhang Zuolin (Marschall der of militärregierung, Juni 1927-Juni 1928)
Sun Wen (Marschall, Sept. 1917- Mai. 1919)
Sun Wen (Marschall, April.1921-März 1923)
Nationalregierung (Guangzhou-Wuhan)
Wang Jingwei (Vorsitzender der Nationalregierung, Juli. 1925-Sep. 1927)
Jiang Zhongzheng (Vorsitzender der Nationalregierung, Mai 1948-April 1949)
Jiang Zhongzheng (Vorsitzender der Nationalregierung, Mai 1948-April 1949)
Li Zongren (Vize Präsident und Vertretender Präsident, Jan. 1949-Apilr. 1949)
Im April 1949, eroberte die Volksbefreiungsarmee Nanjing. Die Nationalregierung zog nach Taiwan)

I. Die Ergreifung der Staatsmacht und die Restaurierung der Monarchie

Der erste provisorische Großpräsident der Republik China, Sun Yatsen

Am 16. November 1911 gründete die Qing-Dynastie ein Kabinett mit Yuan Shikai an der Spitze, der die Militärmacht in seinen Händen hatte. Die provisorische Regierung in Nanjing hoffte, im Kampf gegen die Monarchie Yuan Shikai durch friedliche Verhandlungen zu gewinnen, damit der Kaiser der Qing-Dynastie abdankte und die Revolution möglichst schnell zu Ende gebracht werden könnte. Nach der erzwungenen Abdankung des Kaisers der Qing-Dynastie am 12. Februar 1912 wurde Yuan Shikai von der provisorischen Regierung Nanjing zum zweiten provisorischen Großpräsidenten gewählt. Doch mit der Meuterei in Beijing als Ausrede lehnte er es ab, das Amt anzutreten. Am 10. März trat Yuan Shikai in Beijing das Amt an und wurde Großpräsident. Im April erklärte Sun Yatsen, das Amt des Großpräsidenten aufzugeben. Da wurde die provisorische Regierung nach Beijing verlegt.

Auf der Grundlage der Vereinigten Liga (Tong Men Hui) gründeten Sun Yatsen, Huang Xing, Song Jiaoren u. a. in Beijing die Kuomingtang (die Nationale Volkspartei). Sun Yatsen wurde zum Vorsitzenden gewählt, während Song Jiaoren für praktische Parteiangelegenheiten zuständig war. 1913 siegte Kuomingtang in der nationalen Parlamentswahl und bekam damit das Recht, das Kabinett zu bilden. Das versetzte Yuan Shikai in Panik. Kurz danach hat Yuan Shikai Song Jiaoren ermorden lassen, als Song von Shanghai nach Norden fuhr. Yuan Shikai hat eine Menge Geld von einigen Banken aus Großbritannien, Frankreich, Deutschland, Japan und Russland eingetrieben und sendete Truppen in den Süden, um revolutionäre Kräfte zu beseitigen. Unter der Führung von Sun Yatsen startete Kuomingtang die zweite Revolution und beschloss, mit Militärkräften einen Feldzug gegen Yuan zu unternehmen. Li Jiejun (1882-1946), der damals Gouverneur von Jiangxi war, erklärte als erster die Provinz Jiangxi für unabhängig und begann in Hunan eine Strafexpedition gegen Yuan. Daraufhin erklärte Huang Xing in Nanjing die Provinz Jiangsu für unabhängig. Später erklärten die Provinzen und Städte Anhui, Shanghai, Guangdong, Chongqing und andere Gebiete hintereinander sich für unabhängig und schlossen sich der Strafexpedition gegen Yuan an. Doch diese Expedition dauerte kaum zwei Monate, bis sie mit einer Niederlage endete.

Danach befahl Yuan Shikai der Kuomingtang, sich aufzulösen und ihre Mitglieder im Parlament abzuziehen. Außerdem stoppte er die

Inschrift am „Stempel der Republik China“

Der vom provisorischen Großpräsidenten Sun Yatsen unterschriebene Eid

Sun Yatsens Handschrift: „Tianxia Weigong“- bedeutet die „Welt für jeden“.

Am Neujahrestag 1912 verkündete die Nanjinger Provisorische Regierung ihre Gründung. Am 4. Januar fand die Kabinettsitzung statt.

Leute aus verschiedenen Kreisen feierten in Ningbo und ... die Gründung der Nanjinger Provisorischen Regierung.

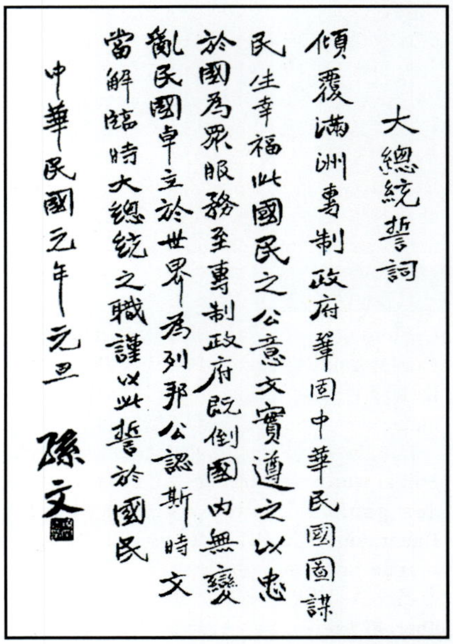

大總統誓詞

傾覆滿洲專制政府鞏固中華民國圖謀民生幸福此國民之公意文實遵之以忠於國為眾服務至專制政府既倒國內無變民國卓立於世界為列邦公認斯時文當解臨時大總統之職謹以此誓於國民

中華民國元年元旦

孫文

Yuan Shikai (1959-1916)

Cai E (1859-1916), der als erste Militärkampf gegen Yuan startete und Yuans Thronbestieg bekämpft.

1912 trat Yuan Shikai das Amt des provisorischen Großpräsidenten in Beijing an.

Yuan Shikai ernannte sich zum Kaiser und heilt die Opferzeremonie für den Himmel im Himmelstempel in Beijing.

Nach der Niederlage der zweiten Revolution gegen Yuan organisierte Sun Yatsen die Chinesische Revolutionspartei in Japan, die zum Ziel hatte, Zivilrechte zu verwirklichen, das Leben des Volks zu verbessern und die Diktatur zu beseitigen, um eine echte Republik China zu gründen.

Arbeit des Parlaments und der provinziellen Regierungen. Weiter beseitigte er die provisorische Verfassung und zwang, eine neue Verfassung – die Verfassung der Republik China - zu erarbeiten. Dadurch versuchte er, eine Diktatur zu errichten, die ihn zum Präsidenten auf Lebzeit machen sollte. 1915 nahm Yuan Shikai die 21 Anforderungen der Japaner an, die darauf zielten, China zu vernichten. Einige Artikel des Fünften Paragraphen der Anforderungen durften später noch verhandelt werden. Yuan Shikai forderte seine Untergeordneten dazu auf, Kou An Hui zu gründen (Gesellschaft für die Erhaltung des Friedens), die als Organ für die Propagierung der monarchistischen Idee diente. Weiter ließ er die Vertreter aus verschiedenen Provinzen ihre Stimmen abgeben, damit das imperiale Regierungssystem mit ihm als Kaiser restauriert wurde. Am 12. Dez. erklärte sich Yuan Shikai zum Kaiser des „chinesischen Kaiserreichs" und nannte das nächste Jahr das Jahr von „Hongxian".

Die Restaurierung der Monarchie durch Yuan Shikai wurde von großen Teilen der Bevölkerung des ganzen Landes stark bekämpft. Der Bauernaufstand 1913, der von Bai Lang geführt wurde, dauerte mehr als zwei Jahre und erstreckte sich über fünf Provinzen und erfasste über 40 Kreise. Sun Yatsen begründete in Tokio die Revolutionäre Partei Chinas und organisierte bewaffnete Kräfte, um Yuan im Juli 1914 zu Hause zu stürzen. Im Dezember 1915 kamen Li Jiejun und andere nacheinander in Kunming an und organisierten die Offiziere in Yunnan, um gegen Yuan zu kämpfen. Am 25. Dez. erklärte Cai E Yunnan für unabhängig und starteten mit der Hu Guo Jun (Die Armee zum Schutz des Vaterlandes) die Huguo-Bewegung (Der Krieg zum Schutz des Landes). Die Provinzen in Südwesten und Süden gewannen nacheinander Unabhängigkeit und gründeten in Guangdong das Militärbüro als eine Organisation zur Verbindung von verschiedenen unabhängigen Provinzen. Isoliert von der Mehrheit einschließlich seiner Untergeordneten, musste Yuan Shikai am 22. März 1916 das kaiserliche System für beendet erklären. Am 6. Juni starb er. Nach 83 Tagen kam das kaiserliche System von Hongxian zu Ende.

II. Separate Regimes von Kriegsherren

Li Yuanhong (1864-1928) trat das Amt des Großpräsidenten der Republik China an.

Nach dem Tod von Yuan Shikai stand die Beijing-Regierung immer noch unter der Kontrolle der Kriegsherren Beiyang (Norden). Die Beiyang-Kriegsherren, die sich in drei Zweige eingeteilt waren, kontrollierten den Norden Chinas. Die Wan-Fraktion (Provinz Anhui) unter der Führung von Duan Qirui, der aus Hefei der Provinz Anhui stammte, wurde von Japan unterstützt und übernahm die Kontrolle über Wan, Lu (Shandong), Zhe (Zhejiang), Min (Fujian), Shan (Shaanxi) und andere Provinzen. Die Zhi-Fraktion (Provinz Hebei) von Feng Guozhang (1859-1919), der aus Hejian in Zhili stammte, hatte England und Amerika hinter sich. Unter ihrer Kontrolle standen Su (Jiangsu), Gan (Jiangxi), E (Hubei) und andere Provinzen. Die Feng-Fraktion (Provinz Liaoning), die von Zhang Zuoling, der aus Haicheng in Fengtian stammte, geführt war, kontrollierte die Provinzen in Nordosten. Außerdem stand Shanxi unter der Kontrolle der Jin-Fraktion, die von Yan Xishan geführt wurde. Und Zhang Xun, der nach Gelegenheiten suchte, um Puyi bei der Restaurierung der Monarchie zu helfen, stationierte Truppen in Xuzhou. Die südlichen Kriegsherren, die von dem Militärverwaltungsbüro von Hu Guo Jun geführt wurden, bestanden aus der Dian-Fraktion unter der Führung von Tang Jirao und der Gui-Fraktion unter der Führung von Lu Rongting. Unterstützt von diversen ausländischen Kräften kämpften verschiedene Fraktionen der Kriegsherren um die Stelle der Zentralregierung, was dazu führte, dass die Regimes ständig wechselten, so dass es oft zu Kriegskatastrophen und großen Leiden des Volkes kam.

Im August 1916 verkündete Li Yuanhong im Amt des Großpräsidenten die Wiederherstellung der Verfassung der Republik China und die Einberufung des Parlaments sowie die Abschaffung des Militärbüros Guangdong. Allerdings blieb die Militärmacht der Beijing-Regierung praktisch in den Händen von Duan

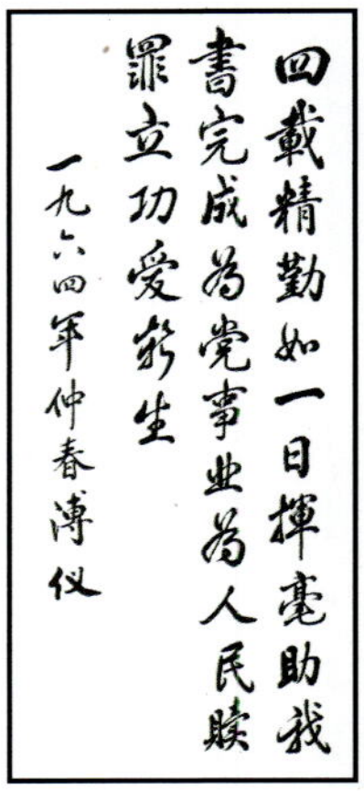

四载精勤如一日挥毫助我
书完成为党事业为人民赎
罪立功爱新生
一九六四年仲春溥仪

Pu Yis Handschrift in seinem Lebensabend (1964), es bedeutet „Ich habe vier Jahre hart gearbeitet, um mein Buch fertig zu schreiben. Ich leistete viel für die Partei, das Unternehmen und das Volk, um mein Verbrechen zu sühnen.

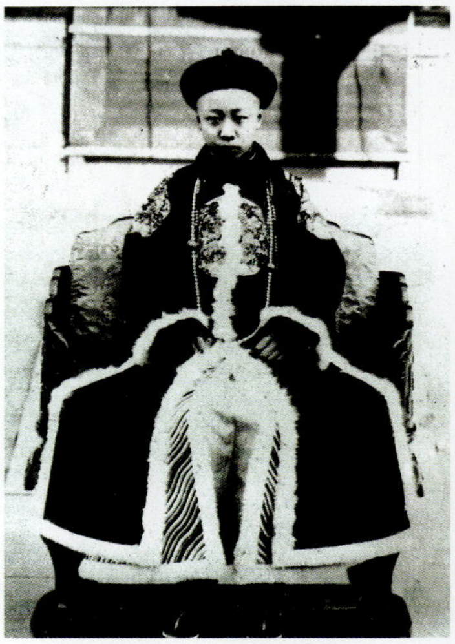

Puyi (1906-1967), der letzte Kaiser von Qing. Feng Yuxiang startete den Beijing-Putsch und Puyi verließ die Verbotene Stadt in Panik.

Duan Qirui (1865-1936)

Zhang Zuolin (1875-1928)

Feng Guozhang (1859-1919)

Lu Rongting (1859-1928)

1917 trat Sun Yatsen in Guangzhou das Amt des Großmarschalls der Hufa-Armee (Schutz der Verfassung) an. Er sendete Truppen zum Nordfeldzug, um die provisorische Verfassung zu erhalten.

Qirui, der damals Premierminister war. Weil er mit der Macht der Fraktion Wan unzufrieden war, befahl Li Yuanhong, Duan Qirui von seinem Amt zu entfernen, der wiederum die Wan-Fraktion und die Zhi-Fraktion ihre Unabhängigkeit erklären ließ. Außerdem richtete Duan in Tianjin das allgemeine Beratungskommando der unabhängigen Provinzen ein, um Li Yuanhong zu stürzen. Li Yuanhong bat bei Zhang Xun, einem Kriegsherrn aus Xuzhou, um Hilfe. Zhang kam nach Beijing, um den Konflikt zu schlichten. Zhang führte seine Zopf-Armee nach Beijing und brütete mit den Kriegsherren und Anhängern des Qing-Hofs ein Komplott aus, um die Qing-Dynastie zu restaurieren. Am 1. Juli 1917 setzten Zhang Xun und Kang Youwei und andere Pu Yi, den abgesetzten Kaiser der Qing, wieder in sein altes Amt ein.

Die Restaurierung der Monarchie durch Zhang Xun stieß bei der Bevölkerung in ganz China auf starke Ablehnung. Duan Qirui vereidigte in Machang in Tianjin die Truppen auf sich und ernannte sich zum General der Armee gegen Zhang. Er ergriff die Gelegenheit und startete in Beijing einen Kampf gegen Zhang Xun. Zhang floh nach seiner Niederlage. Pu Yi müsste nach einer Amtszeit von nur zwölf Tagen wieder abdanken. Duan Qirui hielt sich für einen Helden, der die Republik wiederherzustellen habe, und bekleidete nun das Amt des Staatspremiers. Unter seiner Leitung wurde die Kriegserklärung gegen Deutschland im ersten Weltkrieg beschlossen. Eine große Menge von Geld wurde von Japan geliehen. Duan Qirui organisierte die so genannte „Can Zhan Jun“ (Die beteiligte Armee), um seine Macht zu vergrößern und seine Diktatur zu stärken. Zugleich lehnte er die Wiederherstellung des Parlaments und der provisorischen Verfassung ab.

Mitte Juli kam Sun Yatsen in Guangzhou an und berief das außerordentliche Parlament mit dessen Mitgliedern ein. Außerdem organisierte er die Militärregierung mit sich selbst als „Großmarschall“, um Duan Qirui nieder zu schlagen, der als Verräter der Republik galt. Das war der Anfang der Huafa-Bewegung (Verteidigung der Verfassung). Diese Bewegung verbreitete sich in mehr als zehn Provinzen im Norden und Süden. Die Militärregierung zersplitterte sich und wurde von den Kriegsherren Dian (Yunnan) und Gui (Guangxi) kontrolliert. Diese veränderten das System des Großmarschalls in das von sieben Führern, um Sun Yatsen auszuschließen. Entrüstet verließ Sun Yatsen das Amt. Kurz danach schlossen Norden und Süden einen Frieden ab. Die Hufa-Bewegung endete mit einer Niederlage.

Danach geriet die Beijing-Regierung unter die Kontrolle von verschiedenen Kriegsherren, z. B. Wan, Zhi und Feng. Lokale Kriegsherren, Kompradoren und Landherren, die einer nach dem anderen mit den ausländischen Kräften kollaborierten, besaßen ihre eigenen Militärkräfte und kämpften um größeres Gebiet, was die chinesische Politik in eine chaotische Lage brachte.

Tang Jirao (1882-1927)

Zhang Xun (1854-1923)

Cao Kun (1862-1938)

Feng Yuxiang (1882-1948)

III. Die Bewegung der Neuen Kultur

Hu Shi (1891-1962)

Cai Yuanpei (1868-1940)

Chen Duxiu (1891-1942)

Li Dazhao (1889-1927)

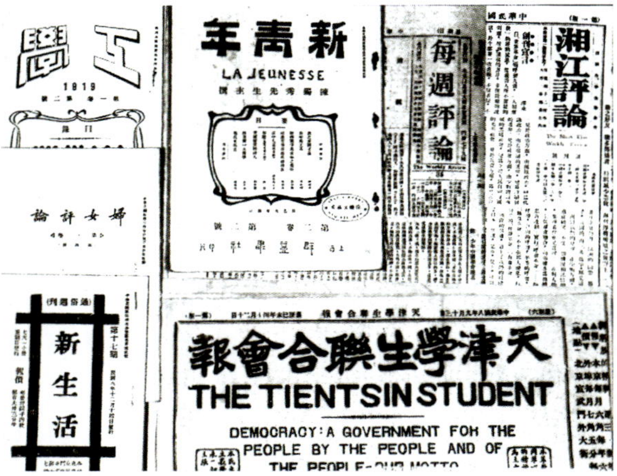

Zeitungen und Zeitschriften, die während der Neukulturbewegung erschienen

Am 5. September 1915 begründete Chen Duxiu (1891-1962) das Magazin *Jugend* (seit der zweiten Ausgabe *Neue Jugend*), das die Revolutionierung der Ethik, Politik, Philosophie, Religion und Kunst forderte. Deshalb fasste die Bewegung der Neuen Kultur Fuß. Im Januar 1917 wurde Cai Yuanpei zum Rektor der Beijing-Universität ernannt. Er forderte die akademische Inkorporation und ernannte Chen Duxiu zum Dekan der Fakultät für Geisteswissenschaften. Die Redaktion von *Neue Jugend* wurde von Shanghai nach Beijing verlegt.

Nun schrieben auch Li Dazhao, Hu Shi, Qian Xuantong, Liu Bannong und andere Intellektuelle der Bewegung der Neuen Kultur, die als Lehrer an der Beijing-Universität arbeiteten, Artikel für die *Neue Jugend* oder erledigten die Redaktionsarbeit. Im Dezember 1918 gaben Li Dazhao und Chen Duxiu ein anderes Magazin heraus, *Die Wochenschau.* Fu Sinian und Luo Jialun publizierten *Neue Strömung.* In der Bewegung der Neuen Kultur ging es vor allem um Demokratie und Wissenschaft. Chen Duxiu veröffentlichte in *Neue Jugend* den Aufsatz *An die Jugend,* der zum ersten Mal die Schlagzeile von Menschenrechten und Wissenschaft vorlegte und das Banner der Demokratie und freien Wissenschaft aufstellte. Die Revolution der Neuen Kultur forderte Demokratie und bekämpfte Autokratie und die Diktatur der Kriegsherren, förderte Wissenschaft und bekämpfte Aberglauben und Blindheit, kritisierte alte Formalitäten und die Moral, die von Konfuzius vertreten wurden und schlug die Beseitigung des Konfuzianismus vor. Außerdem diskutierten sie heftig über Probleme bezüglich der Frauenemanzipation, Familie und Ehe und propagierten die Gleichberechtigung von Mann und Frau sowie die Emanzipation des Individuums.

Ein anderer Bestandteil der Bewegung der Neuen Kultur war die Literaturrevolution, die das Schreiben in modernem Chinesisch anstelle des in klassischen Stils forderte. Die Literaturrevolution unterstützte eine neue Literatur und bekämpfte die alte Literatur. Im Januar 1917 veröffentlichte Hu Shi *Vorschläge zur Verbesserung der Literatur*, rief zur Verbesserung der Literatur auf und forderte, schlichte substantielle Literatur anstatt inhaltsloser und affektierter zu schreiben. Im Februar desselben Jahres veröffentlichte Chen Duxiu *Über die Literaturrevolution*, brachte explizit den Slogan der „Literaturrevolution" vor und setzte die Revolution der Literatur mit der der Politik in Verbindung. Für die erste Ausgabe von Band 5 der *Neue Jugend* (Januar 1918) verwendete man die moderne chinesische Literatursprache und neue Interpunktion. Neue Gedichte kamen auch zustande. Im April 1918 veröffentlichte Lu Xun in *Neue Jugend* die Erzählung „Das Tagebuch eines Verrückten", die die erste Geschichte in moderner chinesischer Literatursprache ist. Von *Neue Jugend* gefordert, folgten neue Publikationen aus verschiedenen Gebieten diesem Vorbild, so dass die Propagierung der neuen Strömung von Gedanken durch modernes Chinesisch zum Trend wurde.

Da die Bewegung der Neuen Kultur die Ketten der traditionellen Dogmen gebrochen hat, war sie tatsächlich eine beispiellose Bewegung der Denkbefreiung. Sie leitete die Vorstellung der westlichen Philosophie und Sozialwissenschaften sowie Naturwissenschaften ein, so dass der Horizont des Volkes erweitert wurde und die chinesische Politik, Ideologie, Wissenschaft und Kultur erheblich vorangetrieben wurden.

IV. Die Bewegung des 4. Mai und die Gründung der kommunistischen Partei Chinas (KPCh)

Nach dem 1. Weltkrieg fand die Friedenskonferenz unter den Siegermächten in Paris bzw. Versailles statt. Als einer der Sieger verlangte China, den Privilegien, die die Imperialisten in China genossen, ein Ende zu setzten, und es forderte die Beseitigung der 21 Anforderungen, die Yuan Shikai mit Japan unterzeichnet hatte. Außerdem widerrief China die Rechte, die Japan während des Krieges von Deutschland übernommen hatte und in der Provinz Shandong genoss. Doch die Friedenskonferenz, die noch immer stark vom imperialistischen Denken geprägt war, lehnte die Forderungen Chinas ab und sicherte Japan die Verantwortung über die Provinz Shandong zu. Die Beijing-Regierung erklärte dennoch ihre Bereitschaft zur Unterzeichnung des Friedensvertrags. Als man in China von dieser Nachricht hörte, war das ganze Land empört.

Am 4. Mai kam es in Beijing zu Massendemonstrationen am Tian'anmen-Platz, an denen Tausende von Studenten, die von der Beijing-Universität geführt wurden, teilnahmen. Sie forderten die Verteidigung der nationalen Souveränität und die Bestrafung der Verräter im Lande. Nach den Demonstrationen setzten sie das Haus Zhaojia Lou, das Privathaus von Cao Rulin, in Brand und schlugen Zhang Zongxiang nieder, der als in Japan stationierte Minister gerade bei Cao war. Die Beijing-Regierung sendete Militärkräfte, um die Studentenbewegung niederzuschlagen. Dabei wurden 31 Studenten und ein Bürger verhaftet. In allen Schulen und Universitäten in Beijing wurde der Streik ausgerufen. Der Studentenbund aller sekundären und höheren Schulen wurde gegründet. Die Studenten hielten auf Straßen patriotische Ansprachen, die den Boykott japanischer Waren und den Kauf chinesischer Produkte propagierten.

Anschließend verhaftete die Beijing-Regierung knapp 7000 Studenten in Beijing, was im ganzen Land größte Empörung auslöste. Die Arbeiter in Shanghai waren die ersten, die Streiks starteten, um damit die Studenten zu unterstützten. Die Geschäftsleute schlossen ihre Geschäfte. Auch Züge, Schiffe und Stadtbusse stellten ihren Betrieb ein. Streiks der Arbeiter, Geschäftsleute und Studenten brachen auch in anderen Städten wie Tianjin, Wuhan, Jiujiang, Nanjing und Hangzhou aus und die Bewegung erfasste schnell über 150 Städte in 22 Provinzen. Das Kampfzentrum verlagerte sich von Beijing nach Shanghai. Statt Studenten wurden Arbeiter die Hauptkräfte des Kampfs. Gleichfalls nahmen Studenten in fremden Ländern und Übersee-Chinesen an dem Kampf teil.

Unter der Drohung von Massen hatte die Beijing-Regierung die verhafteten Studenten freigelassen, Cao Rulin, Zhang Zongxiang und Lu Zongyu von ihrem Amt entfernt und die Unterzeichnung des Pariser Friedensvertrags abgelehnt.

Die Bewegung des 4. Mai zeigte die Kraft des chinesischen Volkes und beschleunigte die Entwicklung der Bewegung der Neuen Kultur. Nach 1919 verbreiteten sich verschiedene westliche Gedankenströmungen in China. Der Marxismus wurde mit dem Sieg der Oktoberrevolution in Russland in China eingeführt. Li Dazhao und Chen Duxiu beschäftigten sich aktiv damit, Aufsätze zur Propagierung des Marxismus zu verfassen. Fortschrittliche Publikationen kamen in großer Menge auf, um den Marxismus zu verbreiten. Kommunistische Gruppen nahmen nacheinander Gestalt an, die darauf zielten, den Marxismus zu propagieren und zu studieren.

Im August 1920 wurde mit der Hilfe der Kommunistischen Internationalen in Shanghai die erste marxistische Gruppe Chinas gegründet und Chen Duxiu wurde zu ihrem Sekretär gewählt. Im Oktober begann Li Dazhao mit der Gründung der Beijinger kommunistischen Gruppe. Anschließend wurden kommunistische Gruppen nacheinander in Wuhan, Changsha, Guangzhou, Jinan usw. gegründet. Zudem wurden in Paris und Japan kommunistische Gruppen von Auslands-Chinesen gegründet.

Am 23. Juli 1921 hielt die Kommunistische Partei Chinas ihre erste Nationale Konferenz geheim ab. Anwesend auf dem Kongress waren Vertreter der kommunistischen Gruppen aus dem In- und Ausland. Malin, der Vertreter der Kommunistischen Internationalen, nahm auch daran teil. Die Hauptbegründer der Partei, Chen Duxiu und Li Dazhao, erschienen wegen überfüllter Termine nicht auf dem Kongress. Während des Kongresses wurde der Kongressraum von französischen Polizisten durchsucht. Deshalb wurde die letzte Phase des Kongresses auf einem Reiseboot auf dem Lanhu-See im Kreis Jiaxing in der Provinz Zhejiang abgehalten. Die kommunistische Partei Chinas wurde hier gegründet. Das Zentralkomitee der Partei bestimmte 1941 den 1. Juli zum Geburtstag der Partei.

1917 erklärte Duan Qirui Deutschland den Krieg und nahm an dem Krieg teil. Im Bild: Chinesische Soldaten erwarteten Befehle zum Aufbruch.

Während der Bewegung des 4. Mai hielten Studenten in Beijing Reden auf den Strassen.

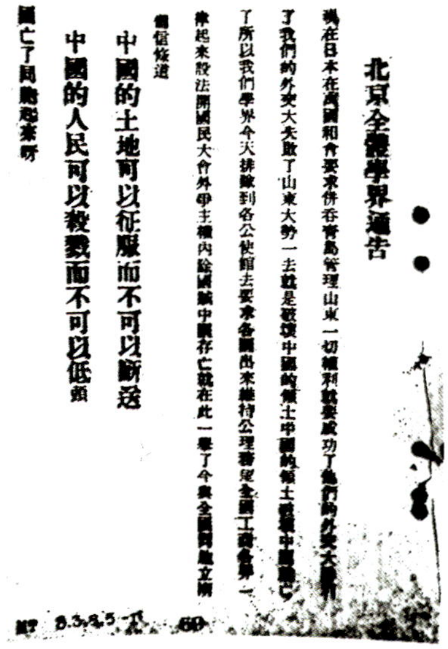

北京全體學界通告

現在日本在萬國和會要求併吞青島管理山東一切權利就要成功了他們的外交大勝利了我們的外交大失敗了山東大勢一去就是破壞中國的領土中國的領土破壞中國就亡了所以我們學界今天排隊到各公使館去要求各國出來維持公理務望全國工商各界一律起來設法開國民大會外爭主權內除國賊中國存亡就在此一舉了今與全國同胞立兩個信條道

中國的土地可以征服而不可以斷送

中國的人民可以殺戮而不可以低頭

國亡了同胞起來呀

Verkündung des ganzen akademischen Kreises in Beijing

Am 7. Mai 1919 gewannen die verhafteten Studenten Freiheit wieder.

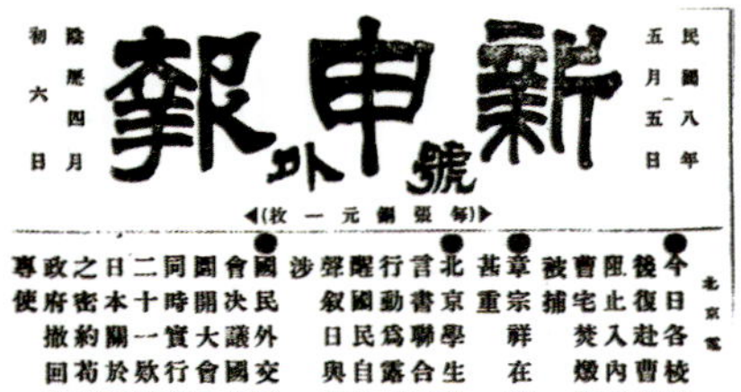

新申報 號外

民國八年五月五日

陰歷四月初六日

(每張銅元一枚)

北京電

今日各校學生遊街後復赴曹汝霖家因阻止入內打破電燈曹宅焚燬學生數人被捕（四日加急電）

章宗祥在曹宅受傷甚重（五日加急電）

北京學生界發表宣言書聯合各校一致行動爲露天演說喚醒國民自決曾通電聲敘日民與我歷來交涉（四日電）

國民外交協會昨開會決議國恥日在公園開大會分電各省同時實行聲明不認二十一款及列強與日本關於處分山東之密約若不得當請政府撤回赴歐和會專使（四日電）

Die Extraausgabe der Xinshen-Zeitung am zweiten Tag nach dem 4. Mai.

Studenten von Jinan der Provinz Shandong verhandelten mit den Beamten, die dazu befehlt wurden, sie zu halten.

Dong Biwu, zur Zeit des ersten Nationalkongresses der KPCh

Li Da, zur Zeit des ersten Nationalkongresses der KPCh

Zhang Guotao, zur Zeit des ersten Nationalkongresses der KPCh

Malin, Vertreter der kommunistischen Internationalen

Mao Zedong (1893-1976), zur Zeit des ersten Nationalkongresses der KPCh

Die Kommunistische Partei Chinas verkündete ihre Gründung auf einem Reisebott auf dem Nanhu-See im Kreis Jiaxing in der Provinz Zhejiang.

V. Nordfeldzug

Der Plenarsitzungsraum des ersten Nationalkongresses von Kuomintang, in Guangzhou, am 20. Januar 1924.

1919 hat Sun Yatsen die chinesische Revolutionspartei in Chinesische Kuomintang-Partei umgebildet. 1922 hielt Kuomintang eine Konferenz in Shanghai ab, auf der Kuomintang umgebildet wurde. Der erste Nationale Kongress von Kuomintang fand am 20. Februar in Guangzhou statt. 1924 leitete Sun Yatsen als Premierminister den Kongress. Die kommunistische Partei Chinas nahm auch an dem Kongress teil. Auf diesem Kongress wurden die Drei Volksprinzipien (San Min Zhu Yi) von Sun Yatsen, nämlich Nationalismus, Demokratie und das Wohl des Volkes auf neue Weise erläutert. Darauf wurde auch der Zentrale Arbeitsausschuss der Kuomintang gewählt, in dem die Kommunistische Partei Chinas vertreten war. Mit gemeinsamen Anstrengungen beider Parteien wurde die Revolutionäre Regierung Guangdong konsolidiert. Dabei wurde eine große Menge von militärischen Strategen und politischen Intellektuellen ausgebildet.

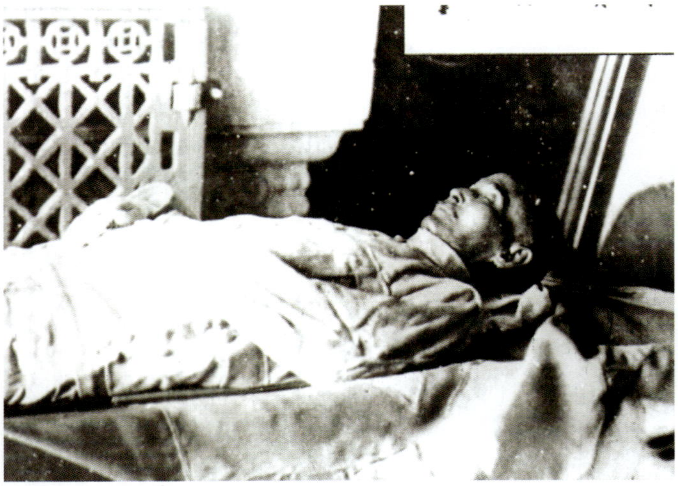

Leichnam von Sun Yatsen und sein Wille

Yan Xishan (1883-1960), Feng Yuxiang, Chiang Kaishi und Li Zongren (1891-1969) kämpften in dem Nordfeldzug gegen dieselbe Armee und wurden nach zwei Jahren Feinde. Damit brach ein heftiger Krieg auf den Zentralebenen aus.

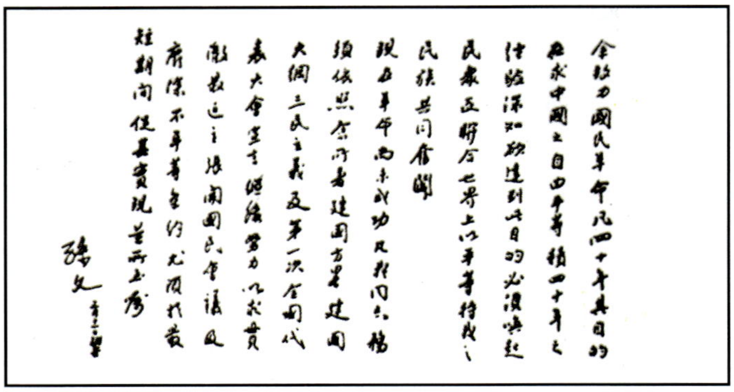

余致力國民革命凡四十年其目的
在求中國之自由平等積四十年之
經驗深知欲達到此目的必須喚起
民眾及聯合世界上以平等待我之
民族共同奮鬥
現在革命尚未成功凡我同志務
須依照余所著建國方略建國
大綱三民主義及第一次全國代
表大會宣言繼續努力以求貫
徹最近主張開國民會議及
廢除不平等條約尤須於最
短期間促其實現是所至囑
孫文

Im November 1924 fuhr Sun Yatsen auf die Einladung der Beijing-Regierung trotz seiner Krankheit nach Norden, um über die Lösung ihrer Probleme zu diskutieren. Er forderte, den nationalen Volkskongress zu berufen, die Herrschaft der Kriegsherren zu beenden, ungleiche Verträge mit anderen

Überreste der Huangpu Militärhochschule, Huangpu, Guangzhou

Chiang Kaischek (1887-1975). Im Juli 1924 wurde die Militärhochschule Huangpu errichtet und Chiang Kaichek wurde Rektor. Die Militärhochschule Huangpu war die Wiege der Militärtalente modernen Chinas.

Armee des Nordfeldzuges, Marsch mit siegesreichen Liedern

Liao Zhongkai (1877-1925), Assistent von Sun Yatsen, gestochen in Guangzhou, 1925.

Ländern abzuschaffen und gegen die Angriffe der Imperialisten zu kämpfen. Unglücklicherweise starb er am 12. März nächsten Jahres in Beijing an seiner Krankheit. Kurz danach wurde die Guangzhouer Nationale Regierung gegründet. Das nationale Militärkomitee Guangzhou wurde auch gebildet, um verschiedene Teilkräfte der Nationalen Armee zu führen. Die Nationalarmee wurde offiziell im August organisiert. Im Frühling 1926 wurde der Guangzhouer Revolutionsstützpunkt konsolidiert. Nun vollzog sich die Vereinigung von Guangdong und Guangxi. All dies ebnete den Weg für den Nordfeldzug.

Damals bestanden die Beiyang-Kriegsherren vor allem aus drei Teilen. Der erste Teil war die Zhi-Fraktion unter der Führung von Wu Peifu, die sich abschwächte und mit einer 200000 Mann starken Armee die Kontrolle über Henan, Hunan, Hubei und Gebiete einschließlich Zhili und Bao'an besaß. Der zweite wurde von Sun Chuanfang, Gouverneur von Zhejiang, geführt, der sich von der Zhi-Fraktion trennte und mit einer Armee von 200000 Mann über Jiangsu, Zhejiang, Jiangxi, Anhui und Fujian herrschte. Den dritten Teil bildete die Feng-Fraktion, die von Zhang Zuolin geführt wurde und mit einer Armee von 350000 Mann den Nordosten, Rehe, Qahar, Shandong, Beijing und Tianjin besetzte. Der Plan für den Nordfeldzug wurde mit der Hilfe des russischen Konsuls Galens Vasili Konstantivich (1891-1969) erarbeitet. Die Nationalarmee hatte ursprünglich sechs Korps mit 100000 Soldaten. Das 7. Korps unter der Führung von Li Zongren in Guangxi und das 8. Korps unter der Führung von Tang Shengzhi in Hunan schlossen sich später der Nationalarmee an.

Am 9. Juli leistete die Nationalarmee mit Chiang Kaischek als Ihrem Chefkommandeur in Guangzhou einen Eid und begann offiziell mit dem Nordfeldzug in drei Routen. Als Wegbereiter trat das unabhängige Regiment unter der Führung von Ye Ting schon im Mai in Hunan ein. Das erste Korps des Nordfeldzuges startete in Hunan und Hubei Angriffe und schlug auf den Brücken Ding Si und He Sheng die Hauptkräfte von Wu Peifu nieder. Schließlich eroberte sie Wuhan. Das zweite Korps trat in Jiangxi ein und nahm Jiujiang, Nanchang und vernichtete die Hauptkräfte von Sun Chuanfang. Das dritte Korps schritt nach Fujian und Zhejiang und besetzte im Dezember Fujian.

Doch entstanden während des Nordfelgzuges in der Kuomintang verschiedene Cliquen. Deshalb gab es solche Ereignisse wie den Mord an Liao Zhongkai 1925, das Ereignis des Kriegesschiffes Zhongshan 1926 und den Beschluss der Neuausrichtung der Parteiangelegenheiten. Anfang April 1927 fanden die Konferenzen der Anti-Kommunisten geheim in Shanghai statt. Am 12. April und 15. Juli entfesselten Chiang Kaischek und Wang Jingwei jeweils in Shanghai und Wuhan den reaktionären Putsch. Später eskalierte die Bewegung der „Reinigung der Partei“, was den Bruch der Kooperation zwischen der KPCh und Kuomintang sowie das Ende des Nordfeldzuges markierte.

VI. Die Sowjetzone (Rote Zone) und die von Kuomintang beherrschte Zone (Weiße Zone)

Im April 1927 wurde die Nanjinger Nationale Regierung mit Chiang Kaischek an der Spitze gegründet. Im Juli kam die Wuhaner Nationale Regierung mit Wang Jingwei an der Spitze zustande. Ning (Nanjing) und Han (Wuhan) kämpften miteinander um die Legitimation, während die Feng-Fraktion unter der Führung von Zhang Zuolin immer noch in Beijing regierte. Im Mai desselben Jahres startete die Nanjing-Regierung in drei Routen den Nordfeldzug. Die Expeditionsarmee überquerte den Yangtse, so dass die Fraktionen von Sun Chuanfang und Zhang Zong über Shandong flohen. Im August war Chiang Kaischek wegen der Niederlage in Nordfeldzug und des Drucks seitens der Wuhan-Regierung gezwungen, zu kündigen und nach Japan zu fahren.

Im September wurde das Zentrale Sonderkomitee von Kuomintang in Shanghai gegründet. Im November besiegte die Nanjing-Regierung unter der Unterstützung der Kriegsherren der Gui-Fraktion, die unter der Führung von Li Zongren stand, Tang Shengzhi, der in Wuhan eigene Militärkräfte hatte. Im Januar 1928 wurde Chiang Kaischek wieder in sein früheres Amt als Chefkommandeur der Nationalarmee eingesetzt. Auf der vierten Plenartagung des zweiten Zentralausführungskomitees ernannte er sich zum Mitglied des ständigen Komitees von Kuomintang und Vorsitzenden der Militärkommission. Am 5. April wurde die Nationalarmee unter der Führung von Chiang Kaischek in Xuzhou vereidigt und startete den neuen Nordfeldzug. Die vier Gruppen der Armee wurden jeweils von den Chefkommandeuren Chiang Kaischek, Feng Yuxiang, Li Zongren und Yan Xishan geführt. Der Nordfeldzug startete zugleich über vier Routen Angriffe gegen die Feng-Fraktion, um Zhang Zuolin, der Beijing innehatte, zu besiegen. Im Juni 1928 verließ Zhang Zuolin nach seiner Niederlage Beijing geheim und zog sich nach Nordosten zurück. Im Dorf Huanggu nahe Shenyang wurde er durch eine Explosion in seinem Zugwaggon von japanischen Imperialisten getötet. Im August besetzte die Expeditionsarmee Beijing. Nach dem Tod seines Vaters erkannte Zhang Xueliang den Ehrgeiz der japanischen Imperialisten zur Beherrschung der drei Provinzen im Nordosten Chinas. Er schickte im November ein offenes Telegramm, in dem es hieß, dass er sich der Nanjing-Regierung unterordnen wollte. Die Kriegsherren in den Provinzen im Südwesten folgten ebenfalls diesem Beispiel. Xinjiang und Rehe verkündeten auch, „die Banner zu ändern". Dadurch gelang es Kuomintang, ihre Herrschaft über das ganze Land zu erweitern.

Die Kommunistische Partei Chinas bewahrte kein Stillschweigen über die Herrschaft der Nanjing-Regierung. Am 1. August 1928 starteten Zhou Enlai und andere den Nanchang-Aufstand. Das war der erste Schuss gegen Kuomintang. An dem Aufstand teilgenommen

1930 posierte Nie Er, ein Musiker (unten) mit seinem Freund Zhang Genghou

Modisch gekleidete Mädchen in den 30-er Jahren des 19. Jh.

Westliche Anzeigen strömten in den 1930-ern nach China.

hat eine Armee mit über 30000 Mann, die die militärische und politische Elite der Nationalrevolutionsarmee bildete. Sie umfasste das Korps aus Offizieren und Initiatoren unter der Führung von Zhude, die 15. Division des Unabhängigen Regiments unter Führung von Helong, die 24. Division der 11. Armee unter Yeting. Nach der Besetzung von Nanchang marschierte die Aufstandsarmee südlich nach Guangdong. Im Osten von Guangdong erlitt sie eine Niederlage. Danach schloss sich der eine Teil der Armee den bewaffneten Bauernkräften an. Der andere Teil trat unter der Führung von Zhu De und Chen Yi über Süden von Jiangxi und Osten von Guangdong in Hunan ein. Dort führten sie einen Partisanenkampf. Am 7. August, eine Woche nach dem Aufstand in Nanchang, hielt das Zentralkomitee der KPCh eine Notkonferenz in Hankou ab. Auf dieser Konferenz beschloss die Partei, mit der Agrarreform als Kernpunkt den Aufstand der Herbsternte in Hunan, Hubei, Jiangxi, Guangdong und anderen Provinzen zu starten. Gleichfalls wurde ein neues provisorisches Zentralpolitbüro mit Qu Qiubai (1899-1935) als Generalsekretär gebildet.

Nach der Konferenz am 7. August kam Mao Zedong nach Hunan und gründete das Frontkomitee für den Aufstand der Herbsternte, das das oberste Führungsorgan war. Am 9. September brach der Aufstand an der Grenze zwischen Hunan und Jiangxi aus. Die Aufstandsarmee nahm die Kreise Liuyang und Liling ein und plante, in Changsha einzumarschieren. Doch wegen großer Verluste wandte sie sich aufs Land. Ende September erreichten die Truppen das Dorf Sanwan im Kreis Yongxin in der Provinz Jiangxi, wo sie umgebildet wurden. Dort wurden auch die Führung der kommunistischen Partei über die Armee und das Soldatenkomitee etabliert, um die Armee in demokratischer Weise zu verwalten. Daraufhin nahm die Neue Volksarmee in Politik und Organisation ihre Gestalt an. Nach der Umbildung marschierten die Truppen in das Gebirge Jinggang ein und begannen mit dem Aufbau des Stützpunktes in dem Jinggang-Gebirge. Danach brachen unter der Leitung von Fang Zhimin Bauernaufstände in Yining, Hengfeng, Nordosten von Jiangxi aus. Der Partisanenkampf wurde fortgeführt. Die demokratische Regierung der Arbeiter und Bauern wurde errichtet. Im November starteten die Bauern in Hailufeng hintereinander drei Aufstände. In Haifeng und Lufeng wurde jeweils eine demokratische Regierung der Arbeiter und Bauern errichtet. Im Dezember führten Zhang Tailei, Ye Ting und Ye Jianying den Guangzhou-Aufstand und besetzten zeitweise einen großen Teil von Guangzhou. Zwischen September 1927 und Sommer 1928 brachen über 100 bewaffnete Aufstände in ganz China aus.

Im Mai 1928 traf sich die Armee unter der Führung von Zhu De und Chen Yi mit den Truppen unter der Führung von Mao Zedong im Jinggang-Gebirge, wo sie zusammen das vierte Korps der Roten Armee der chinesischen Arbeiter und Bauern formten. Im Dezember brachten Peng Dehuai und Teng Daiyuan einen Teil des 5. Korps, das an dem Aufstand in Pingjiang teilgenommen hatte, ins Jinggang-Gebirge. Im Januar 1929 führten Mao Zedong, Chen Yi, und Zhu De die Hauptkräfte der chinesischen Roten Armee der Arbeiter und Bauern in den Süden von Jiangxi und den Westen von Fujian. Anfang 1930 etablierte das Regime mit bewaffneten Arbeitern und Bauern neben dem Zentralstützpunkt in Süd-Jiangxi und West-Fujian noch die Stützpunkte Hunan und West-Hubei, sowie die Stützpunkte Hubei-Henan-Anhui, Fujian-Zhejiang-Jiangxi, Hunan-Hubei-Jiangxi, Zuojiang-Youjiang, Hailufeng in Guangdong, Qiongya und Nord-Shaanxi. Die Rote Armee wuchs auf inzwischen 13 Korps mit 60000 Menschen in über 11 Provinzen an. Im November 1931 fand der erste allchinesische Sowjet-Kongress in Ruijing in der Provinz Jiangxi statt. Dort erklärte sich die provisorische Zentralregierung der chinesischen Sowjetrepublik für gegründet. Seitdem standen sich die Sowjetzonen und die von Kuomintang beherrschten Weißen Zonen feindlich gegenüber.

Die Kuomintang-Regierung führte eine Reihe von wirtschaftlichen und kulturellen Aufbaumaßnahmen innerhalb ihrer Zone durch. Sie gewann das Verwaltungsrecht über die Eisenbahn von den ausländischen Mächten zurück und machte die Eisenbahnlinien zum staatseigenen Betrieb. Außerdem baute sie Straßen und Eisenbahnen aus und legte eigenständig die Zölle fest. Darüber hinaus betrieb sie die Währungsreform und vereinigte die Währung. All diese Aktivitäten beschleunigten die Restaurierung und Entwicklung der Landwirtschaft, der Industrie und des Handels. Von 1929 bis zum 1936 lag die Wachstumsrate der Volkswirtschaft in der Blütezeit bei 8,3%. 1934 begann Chiang Kaischek mit der Bewegung des Neuen Lebens und bezeichnete sie als „die grundlegendste und effizienteste Bewegung zur Rettung und zum Aufbau des Landes, sowie zur Wiederbelebung der Nation". Das Grundprinzip der Bewegung des Neuen Lebens war „ das Bewusstsein von Höflichkeit, Gerechtigkeit, Ehrlichkeit und Ehre". Sie forderte die Menschen zu einem „sauberen, ordentlichen, einfachen, zielgerichteten und wahren Leben" auf und strebte nach einem militärischen Leben voller Kunst und Produktion. Chiang Kaischek war selbst als Vorsitzender des Förderungskomitees für die Bewegung des Neuen Lebens tätig, dessen Dienststellen sich über das ganze Land verteilten.

Die chinesische Sowjetrepublik war ein Staat der demokratischen Diktatur durch Arbeiter und Bauern. Das Ziel der Diktatur lag in der Abschaffung aller feudalen Überresten und der Vertreibung der imperialistischen Mächte aus China und der Vereinigung Chinas. Mao Zedong wurde zum Vorsitzenden des Zentralverwaltungskomitees und Zhu De zum Vorsitzenden des revolutionären Militärkomitees gewählt. Die Sowjetregierung richtete Komitees für Außenpolitik, Finanzen, Arbeit, Bildung, Innenpolitik und Justiz ein und arbeitete die Verfassung der chinesischen Sowjetrepublik, das Arbeitsgesetz, das Bodengesetz, das Ehegesetz usw. aus. Die Gründung der Sowjetstützpunkte zeigte eine neue Perspektive für China auf.

Der Versammlungsraum, wo der Kongress der KPCh zum ersten Mal in der Sowjetzone stattfand. Der in der Mitte des Pults ist Mao Zedong, der vierte von recht ist Zhu De.

Qu Qiubai (1899-1935)

VII. Der Lange Marsch

Zwischen 1929 und 1930 besiegte die Nanjing-Regierung hintereinander Li Zongren, Feng Yuxiang und Yan Xishan. Nach den Kriegen versetzte Chiang Kaischek die Kräfte, die gegen Feng und Yan kämpften, nach Süden, um den zentralen revolutionären Stützpunkt der KPCh zu umstellen. Zwischen 1930 und 1933 startete die Armee der Nanjinger Nationalen Regierung unter der Führung von Chiang Kaischek vier militärische Belagerung gegen den zentralen Stützpunkt in Jiangxi. All diese endeten mit der Niederlage. Doch die kommunistische Partei verlor aufgrund eines Opportunismus während der fünften Belagerung. Daher war die Rote Armee gezwungen, im Oktober 1934 aus dem revolutionären Stützpunkt in Jiangxi auszuziehen und den Langen Marsch, eine strategische Verlagerung, zu unternehmen.

Über 80000 Menschen nahmen an dem Langen Marsch teil. Der Chefkommadeur war Liu Bocheng. Zu den Hauptkräften gehörten das erste Korps unter der Führung von Lin Biao und das dritte Korps unter der Führung von Peng Dehuai. Die Hauptkräfte der Zentralen Roten Armee brachen von Ruijin auf und gingen über Süd-Jiangxi, Nord-Guangdong nach Hunan, so dass sie drei Belagerungslinien der Regierungsarmee durchbrachen. Ende November überquerten sie den Fluss Xiangjiang und durchbrachen die vierte Blockade. Im Dezember erreichte die Rote Armee die Grenze zwischen Hunan und Guizhou, wo Mao Zedong entschied, statt nach West-Hunan und Hubei sich in Richtung Guizhou fortzubewegen, wo die Kräfte der Feinde relativ schwach waren. Maos Entscheidung schützte die Rote Armee vor einer totalen Vernichtung.

Im Januar 1935 besetzte die Rote Armee Zunyi, wo die kommunistische Partei Chinas eine erweiterte Sitzung des Politbüros abhielt, auf der die Führung durch Mao Zedong festgelegt wurde. Im Mai überquerte die Rote Armee den Fluss Jinsha und kam von der Verfolgung der Regierungsarmee los. Dann marschierte die Rote Armee durch das Daliang-Gebirge, wo die Yi-Nationalität beheimatet ist. Anschließend gelang der Roten Armee der Übergang über den Fluss Dadu auf der Brücke Luding und überwand anschließend das Liupan-Gebirge, das das ganze Jahr mit Schnee bedeckt ist. Im Juni traf sich die zentrale Rote Armee in Maogong in der Provinz Sichuan mit der vierten Frontarmee. Da die Rote Armee es zum Ziel hatte, im Norden den Stutzpunkt Sichuan-Shaanxi zu errichten, beschloss das Zentralkomitee der Partei, die erste und die vierte Frontarmee in die Rechte Routenarmee und die linke Routenarmee umzubilden. Dann marschierten sie durch die Steppe nach Norden. Das Zentralkomitee folgte der vierten Frontarmee nach Norden und kam in Banyou und Baxi an. Weiter schritt sie nach Süden der Provinz Gansu. Unglücklicherweise weigerte sich Zhang Guotao, der Führer der vierten Frontarmee, nach Norden zu marschieren. Er versuchte, ein neues Zentralkomitee zu gründen und damit die Rote Armee zu zersplittern.

Der Zug der Rotarmee im Langmarsch

Unter der Führung von Mao Zedong und Zhou Enlai setzten das erste Korps und das dritte Korps der Zentralen Roten Armee ihren Nördlichen Marsch fort. Sie besetzte Lazikou und stiegen auf das Gebirge Minshan. Dadurch durchbrach sie eine Blockade entlang dem Fluss Weishui. Am 19. Oktober kamen sie in Wuqizhen in der Provinz Shaanxi an, wo sie und das 15. Korps der Roten Armee sich vereinigten. Die Guerrillazone in Nord-Shaanxi wurde von Liu Zhidan und Xie Zichang errichtet. Ende 1934 führte Xu Haidong das 25. Korps der Roten Armee in Hubei-Henan-Shandong von Henan nach Nord-Shaanxi. 1935 kamen sie in Nord-Shaanxi an, wo seine Armee mit der Armee unter Führung von Liu Zhidan das 15. Korps formte. 1936 verließ die zweite Frontarmee unter der Führung von He Long Hunan und den Norden von Hubei und folgte der Zentralen Roten Armee. Später vereinigten sich seine Armee und die vierte Frontarmee unter der Führung von Xu Xiangqian im Nordwesten von Sichuan. Anschließend trafen sie sich mit der ersten Frontarmee im Kreis Huining und im Kreis Jingning in der Provinz Gansu.

Der Lange Marsch war ein dramatisches Ereignis. Die Hauptkräfte durchreisten innerhalb zwei Jahren über zehn Provinzen und legten 25000 Kilometer von Süden nach Norden zurück, so dass es der Lange Marsch von 25000 genannt wird. Der Lange Marsch propagierte die Theorie und Richtlinien der Kommunistischen Partei Chinas und setzte die Saat für die chinesische Revolution, wurde schließlich ihre große Antriebskraft. Der revolutionäre Stützpunkt in Nord-Shaanxi, dessen Kern Yanan war, sollte für China eine neue Möglichkeit des Wandels aufzeigen.

VIII. Das Ereignis am 19. September und die Bewegung des 9. Dezember

Japanische Militaristen hielten es für japanische Nationalpolitik, einen Angriff gegen China zu beginnen. 1927 legte der japanische Premierminister Giichi Tanaka den Termin zum Angriff auf China vor und stiftete in China viele Vorfälle. In der Nacht vom 18. September 1931 zerstörten japanische Truppen einen Teil der südmandschurischen Eisenbahnlinie in der nördlichen Vorstadt von Shenyang durch Bomben und gaben chinesischen Truppen hierfür die Schuld. Mit dieser Ausrede attackierten japanische Truppen Beidaying und die Innenstadt von Shenyang. Am selben Tag besetzten sie auch wichtige Städte wie Andong (heute Dandong), Yingkou, Fushun, Fenghuangcheng, Anshan, Changchun u. a. Da Kuomintang eine Nichtwiderstand-Politik gegen die japanische Aggression betrieb, fielen die nordöstlichen Provinzen Chinas in die Hände der Feinde. Im Januar des selben Jahres verkündete Japan in Changchun die Gründung des „ Mandschurischen Staates", der Pu Yi als Regierungschef hatte, in der Tat aber ein Marionettenstaat unter japanischer Kontrolle war, um Japan die koloniale Herrschaft über die nordöstlichen Provinzen zu ermöglichen. (Im März wurde der „Mandschurische Staat" zum „Mandschurischen Kaiserreich" umbenannt, mit Pu Yi als Kaiser.)

Seitdem erweiterte Japan mit dem Nordosten Chinas als Stützpunkt seine Herrschaft nach Nordchina und sorgte in großen Städten entlang der Küstenlinie für Zerstörungen, z. B. in Tianjin, Tanggu, Qingdao, Xiamen, Fuzhou und Shanghai. Am 28. Januar 1932 starteten japanische Truppen den Angriff auf Shanghai. Die 19. Routenarmee und das 5. Korps unter der Führung von Cai Tingkai, Jiang Guangnai und Zhang Zhizhong begannen mit dem Widerstand gegen die japanische Armee. Wegen der Nichtwiderstand-Politik von Chiang Kaischek wurden chinesische Truppen geschlagen und sie zogen immer wieder zurück. Später nahmen Japan und China eine internationale Schlichtung an und verkündeten den Waffenstillstand. Anfang Januar 1933 besetzten japanische Truppen den Pass Shanhaiguan und griffen Rehe an. Im März wurde Chengde besetzt. Innerhalb von acht Tagen besetzte Japan den Norden und Süden der Großen Mauer sowie wichtige Festungen entlang der Großen Mauer. Die an der Großen Mauer stationierten Truppen unter der Führung von He Zhuguo und Song Zheyuan leisteten heldenhaften Widerstand. Danach unterzeichneten Japan und China das Tanggu-Abkommen, in dem die Kuomintang-Regierung die Besetzung der nordöstlichen drei Provinzen und Rehe durch Japan anerkannte. Dadurch gerieten Beijing und Tianjin in Gefahr.

Nach dem Ereignis des 18. September kam der Invasionsehrgeiz Tag für Tag ans Licht, Während Chiang Kaischek darauf bestand, die Herstellung innerer Stabilität dem Widerstand der fremden Aggression vorzuziehen. Er kämpfte nicht aktiv gegen Japan, was in ganz China weit verbreitete Unzufriedenheit auslöste. Im Bild: Chiang Kaischek traf in Nanjing mit den Vertretern, die Bittschrift einreichten.

Im Juni 1935 zwang Yoshijiro Umezu, der Kommandeur der japanischen Truppen in Nordchina, He Yingqin, den stellvertretenden Direktor der Beiping-Stelle der Militärkommission von der nationalen Regierung, die He-Umezu-Vereinbarung zu unterzeichnen. Als Grund hierzu gab Umezu an, dass zwei Japan eng verbundene Journalisten in der japanischen Konzession in Tianjin getötet worden seien. In der Vereinbarung verlangte Japan von China, die Nordostarmee und die Zentralarmee aus der Provinz Hebei abzuziehen, das Hauptquartier der KMT-Partei in der Provinz Hebei zu schließen und alle antijapanischen Tätigkeiten in Hebei zu verbieten. Die KMT-Regierung bestand weiter auf eine Nichtwiderstand-Politik und war bereit, den Verwaltungsrat Hebei-Qahar einzurichten, um sich der japanischen Forderung nach der „Sonderverwaltung in Nordchina" anzupassen. An diesem kritischen Punkt der nationalen Krise überreichten am 9. Dezember Tausende von Studenten in Beiping (Beijing) eine Bittschrift an He Yinqing in Jurentang, der damals Vertreter der Nanjing-Regierung war. Sie protestierten gegen die Einrichtung des Sonderverwaltungsrates von Hebei-Qahar und lehnte die so genannte Selbstverteidigungsbewegung gegen die Kommunisten ab. Weiter forderten sie von der Nanjing-Regierung, alle Bürgerkriege zu stoppen und den Völkern Meinungs-, Versammlungs-, Vereins- und Publikationsfreiheit zu gewähren. Am 16. Dezember starteten die Studenten in Beijing eine weitere Demonstration in großem Ausmaß. Die Behörde in Beiping ließ durch Polizei und Armee die Studenten niederschlagen. Die patriotische Tat der Beipinger Studenten fand Anklang bei Studenten des ganzen Landes und gewann ihre Unterstützung. Die Jiu Guo Hui (Gesellschaft für die Rettung der Nation) wurde hintereinander in verschiedenen Kreisen eingerichtet. Sie forderte von der Nationalregierung, den Bürgerkrieg zu stoppen und Truppen zum Kampf gegen Japan zu entsenden. Die Bewegung zum Kampf gegen Japan und zur Rettung des Vaterlandes ergriff schnell das ganze Land.

g Guangnai

Cai Tingkai (1892-1968), Korpskommandeur der 19. Routenarmee, der den Widerstandkampf Songhu des 28. Februar führte.

IX. Der Xi'an-Zwischenfall

Zhang Xueliang (1901-2002)

Yang Hucheng (1893-1949)

Zhou Enlai (1898-1976)

Zhang Xueliang in seinem Lebensabend

Im Sommer 1935 errichtete Chiang Kaischek in Xi'an das nordwestliche Hauptquartier zum Kampf gegen die Kommunisten. Er ernannte sich selbst zum Chefkommandeur und Zhang Xueliang war als Vize-Kommandeur tätig. Er forderte die Nordostarmee Zhang Xueliangs und die 17. Routenarmee Yang Huchengs, die beide in Shaanxi stationiert waren, dazu auf, die Rote Armee zu unterwerfen. Unter dem Einfluss der vereinigten Nationalfront gegen Japan, die von der Kommunistischen Partei Chinas geführt wurde, stoppten Zhang Xueliang und Yang Hucheng ihre Angriffe auf die Rote Armee.

In einem Antwortbrief auf den Aufruf zum Kampf gegen Japan und zur Rettung des Vaterlandes weigerten sich Cheng Jitang, Li Zongren und Bai Chongxi in Gungdong und Guangxi, der Nanjinger Regierung Folge zu leisten. Nach der Erledigung des Vorfalls Guangxi und Guangdong flog Chiang Kaischek zweimal nach Xi'an, um die Nordostarmee und die Nordwestarmee zum Angriff gegen die Rote Armee zu zwingen. Die patriotischen Studenten demonstrierten in Xi'an und forderten, den Bürgerkrieg zu beenden und gegen Japan zu kämpfen. Doch Chiang Kaischek ignorierte die Forderungen.

Am 7. Dezember schlugen Zhang Xueliang und Yang Hucheng in einem dramatischen Appell Chiang Kaischek vor, seine Einstellung zum Bürgerkrieg zu ändern und einen antijapanischen Kampf auf der Landesebene durchzuführen. Doch sie bekamen von Chiang Kaischek nur Zurechtweisungen. Am Morgen des 12. Dezember belagerte die Nordostarmee dem Plan von Zhang und Yang entsprechend rechtzeitig Huaqingchi in Lintong und griff Chiang an. Zugleich bekam die Nordwestarmee unter der Führung von Yang Hucheng Xi'an unter eigene Kontrolle und verhaftete Chencheng, Wei Lihuang und andere höhere Offiziere der Kuomintang. Zhang und Yang verkündeten sofort die Auflösung des nordwestlichen Hauptquartiers zur Beseitigung der Kräfte der KPCh. Gleichzeitig errichteten sie das nordwestliche provisorische Militärkomitee der vereinigten antijapanischen Armee. Sie gaben ein offenes Telegramm ab, in dem sie acht Vorschläge hervorbrachten, die lauteten: Umbildung der Nanjinger Regierung, Beendigung des Bürgerkriegs, die Freilassung der Führer von Jiu Guo Hui und politischen Gefangenen, die Öffnung der patriotischen Volksbewegung, der Schutz der Versammlungs- und Vereinsfreiheit des Volkes, die Befolgung des Willens Sun Yatsens sowie die Einberufung der Konferenz zur Rettung des Vaterlandes. Zugleich sandten sie ein Telegramm an das Zentralkomitee der KPCh und forderten, Vertreter nach Xi'an zu schicken, um über die Wege des antijapanischen Kampfes zu verhandeln. Später schlugen die Japan eng Verbundenen unter der Führung von He Yinqing vor, Xi'an anzugreifen, um einen Bürgerkrieg in großem Ausmaß auszulösen, während Song Ziwen und Kong Xiangxi mit der Unterstützung Englands und der USA darauf bestanden, das Ereignis auf friedliche Weise zu lösen. Am 17. trafen die Vertreter der KPCh unter der Führung von Zhou Enlai in Xi'an ein. Sie diskutierten mit Zhang Xueliang und Yang Hucheng aufrichtig darüber und schlugen vor, das Ereignis friedlich beizulegen. Am 22. flogen Song Ziwen und Song Meiling nach Xi'an, um mit Zhang Xueliang, Yang Hucheng und den Vertretern der KPCh zu verhandeln. Am 24. einigten sie sich auf einige Punkte, z. B. die Umbildung der Nanjinger Regierung, Vertreibung der mit Japan eng Verbundenen, Befreiung patriotischer Führer von Shanghai und politischer Gegner, Schutz der Freiheitsrechte des Volkes, Einbeziehung der Kommunisten in den Widerstand gegen Japan usw. Dann traf Zhou Enlai sich mit Chiang Kaischek, der schwor, die Vereinbarungen auszuführen. Am 25. begleitete Zhang Xueliang Chiang Kaischek von Xi'an nach Nanjing, bevor die Sache angemessen erledigt wurde, so dass er seiner Freiheit lange Zeit von Chiang Kaischek beraubt wurde.

Der Xi'an-Zwischenfall übte großen Einfluss auf die historische Entwicklung Chinas aus. Es zwang Chiang Kaischek dazu, den Bürgerkrieg zu beenden und Gespräche mit der KPCh über die Kooperation im Kampf gegen Japan zu führen. 1937 brachen der Vorfall vom 7. Juli und der Vorfall vom 13. August in Songhu aus und die japanische Aggression gegen China wuchs an. Die Nationale Regierung hatte nun auch erkannt, dass es höchste Zeit war. Sie verkündete den Widerstand gegen Japan und erließ Befehle, die Rote Armee in die Achte Routenarmee und die Neue Vierte Routenarmee umzubilden. Die zweite Kooperation zwischen Kuomintang und KPCh kam somit zustande. Hierauf durchlief China einen langjährigen schwierigen Krieg gegen Japan, der acht Jahre dauerte.

X. Widerstandskrieg gegen die japanische Aggression

Am Abend des 7. Juli hielten japanische Truppen ein Manöver in der Nähe von Lugouqiao ab, ohne vorher die chinesischen Truppen darüber zu informieren. Sie gaben an, eine Schießerei in der Stadt Wanping gehört zu haben und dass dabei ein japanischer Soldat getötet worden sei. Deshalb forderten sie, die Stadt Wanping zu durchsuchen. Als ihre Forderung abgelehnt wurde, zerstörten sie Lugouqiao durch Bomben. Das 29. Korps unter der Führung von Tong Linge und Ma Shi'ans Regiment schlugen zurück. Damit begann der landesweite Kampf gegen Japan. Ende Juli griffen japanische Truppen Beiping und Tianjin an. Die dort stationierten chinesischen Truppen kämpften heldenhaft gegen die Feinde. General Tong Linge und Zhao Dengyu waren gefallen. Beiping und Tianjin fielen in die Hände der Feinde. Am 13. August attackierten japanische Truppen Shanghai, was den Ausbruch des Krieges Songhu markierte. Die chinesische Armee mit über 70 Divisionen, etwa 700000 Soldaten kämpften drei Monate lang gegen 300000 Soldaten. Im Kampf wurden 50000 Japaner getötet, so dass der Plan Japans, innerhalb von drei Monaten China zu besetzen, scheiterte.

Von gemeinsamen ausländischen Feinden bedroht, kooperierten Kuomintang und die Kommunistische Partei Chinas im Kampf gegen japanische Truppen unter dem Banner des vereinten Widerstands. Im September 1937 attackierte die Achte Routenarmee mit der Unterstützung von der Jinsui-Armee Yan Xishans japanische Truppen am Pass Pingxingguang und tötete dort über 1000 feindliche Soldaten, was der erste Sieg seit dem Beginn des anti-japanischen Kampfes war. Mitte Oktober brach der Xinkou-Kampf aus. Beide Seiten befanden sich 20 Tage lang in einer Pattsituation. Hier kamen über 20000 japanische Soldaten ums Leben. Im November wurden Shanghai und Taiyuan besetzt, so dass die Nationale Regierung nach Chongqing verlagert werden musste. Im Dezember griffen japanische Truppen Nanjing an. Nanjing fiel nach einem heftigen Kampf. Die japanischen Truppen massakrierten unschuldige Bürger und töteten 300000 Menschen. Die brutale Tat der japanischen Truppen weckte bei den Chinesen noch stärkeren Widerstand. Im März brach in Tai'erzhuang (heute die Stadt Zaozhuang in der Provinz Shandong) ein heftiger Kampf zwischen beiden Seiten aus. Nach der Vernichtung von über 10000 japanischen Elitensoldaten errangen die chinesischen Truppen einen großen Sieg in diesem Krieg. Im Mai 1938 eroberten japanische Truppen Hefui und traten im Oktober in Wuhan ein. In viermonatigem Widerstand waren über 200000 japanische Soldaten verletzt oder getötet worden, während die chinesischen Truppen einen Verlust von 400000 Soldaten verzeichneten. Am Ende fiel Wuhan in japanische Hände.

Nach der Besetzung von Wuhan änderten die japanischen Imperialisten ihre Invasionsstrategie. Einerseits führten sie die Richtlinie ein, die chinesische Armee dazu zu verleiten, sich zu ergeben. Andererseits setzten sie ihre Hauptkräfte in den Kampf gegen die Achte Routenarmee und Neue Viertarmee ein, was zur Spaltung innerhalb der Kuomintang und der Nationalen Regierung führte. Im März 1940 fuhr Wang Jinwei nach Japan und gründete die Nanjinger Marionettenregierung.

Dank ihrer guten Ausrüstung gewannen japanische Truppen in Südchina und Mittelsüdchina

Am 13. Dezember 1937 besetzten die japanischen Truppen Nanjing und massakrierten in der ganzen Stadt über 40 Tage lang, was 300000 Chinesen das Leben forderte.

Die japanischen Truppen prügelten den Chinesen grausam.

Japanische Truppen drangen in Shanghai ein und verursachten das Ereignis des 13. August und zwangen die Bewohner zu fliehen. Der Kampf Songhu brach aus.

die Oberhand. Die chinesische Armee zog sich überall zurück und die Nationale Regierung musste nach Südwesten verlegt werden. Daher fiel die Hälfte des chinesischen Territoriums in die Hände der Japaner. In den besetzten Gebieten stärkten die japanischen Imperialisten die Marionettenregierung. In den befreiten Gebieten unter der Führung der KPCh unternahmen sie unbegrenzte Säuberungen und betrieben die Sanguang-Politik (nämlich, alle Menschen zu töten, alle Dörfer in Brand zu setzen und allen Besitz wegzunehmen). Zu jener Zeit führte das Volk ein sehr schwieriges Leben und diejenigen, die verhungerten, im Kampf starben oder auswanderten, waren unzählbar. Allerdings gab das chinesische Volk niemals seinen Widerstand auf. Stattdessen beharrten sie auf den Widerstand. Dank harten und blutigen Kampfes seitens beider Parteien wurden trotz des militärischen Nachteils Siege in regionalen Kämpfen errungen.

Nach dem Ausbruch des antijapanischen Krieges wurden zahlreiche Fabriken der Nationalindustrien in das Hinterland verlegt, während die Kampffront vom Süden nach Westen verschoben wurde. Daher wurde Sichuan, insbesondere Chongqing, das größte Industriezentrum. Die verlagerten Industriezweige umfassten Bergbau, Hüttenindustrie, Maschinenbau, Schiffbau, elektrische Maschinen, chemische Fabriken, Textilfabriken sowie Nahrungsmittelfabriken. Zugleich entwickelte sich Landwirtschaft und Transportindustrie im Hinterland ebenfalls sehr schnell. Die Blüte der Wirtschaft im Hinterland bot dem Widerstandskrieg effektive Unterstützung an. Mit der Nationalen Regierung zusammen wurden auch viele Hochschulen, das Zentralinstitut, die Staatsbibliothek, Kulturelle Relikte des Kaiserpalastes verlegt. Zahlreiche Wissenschaftler trugen viel zum Kampf gegen Japan und zur Rettung des Vaterlandes bei. Unzählige Talente wuchsen in schwieriger Situation auf.

Während des antijapanischen Krieges wurde Kultur die andere Kampffront der Bewegung, die darauf zielte, zur Rettung des Vaterlands gegen Japan zu kämpfen. Literatur, Kunst, Drama, Film und Journalismus dienten alle als scharfe Waffen, um das Volk zu vereinigen und die Feinde zu attackieren. Die Gesellschaft des Shanghaier Literaten- und Kunstkreises zur Rettung des Vaterlandes, die Gesellschaft der chinesischen Dramatiker, Musiker, Filmmacher und Zeichner für den Kampf gegen die Feinde sowie die dritte Abteilung des Politbüros des Militärkomitees von Kuomintang, die unter der Führung von Zhou Enlai, Guo Moruo stand, wurden mächtige Organe für die Propagierung des Widerstands. Zahlreiche kulturelle Veröffentlichungen bezüglich des Krieges und der Bewegung zum Kampf gegen Japan und zur Rettung des Vaterlandes tauchten auf, was ein glänzendes Kapitel in der Geschichte der modernen chinesischen Geschichte bildete.

Während des anti-japanischen Krieges betrieb die KPCh-Regierung in der Grenzregion zwischen Shaanxi, Gansu und Ningxia, deren Hauptstadt in Yan'an lag, die Politik der vereinten anti-japanischen Nationalfront. Sie rief Kongresse auf verschiedenen Ebenen ein und gründete eine demokratische Volksregierung. Außerdem führte sie Steuer- und Zinserleichterung ein. Darüber hinaus wurden große Produktionsbewegungen durchgeführt. Zur gleichen Zeit wurden dort die militärische und politische Anti-Japan-Hochschule, die Nordchinesische öffentliche Schule und die Kunsthochschule Luxun eingerichtet. All dies machte Yan'an zum Vorbild der chinesischen anti-japanischen, demokratischen Stützpunkte und Hauptquartiere im Hinterland während des anti-japanischen Krieges.

In Dezember 1941 startete Japan einen überraschenden Angriff auf Pearl Harbour. Damit brach der pazifische Krieg aus. Groß-Britannien und die USA erklärten Japan den Krieg. Der Widerstandkampf gegen Japan wurde ein wichtiger Bestandteil des anti-faschistischen Krieges der Welt. Im März 1942 sendete China eine Expeditionsarmee nach Burma, um die alliierten Militärkräfte zu unterstützen. Anfang 1943 mussten japanische Truppen im pazifischen Krieg Niederlagen und mangelnde Versorgung von Zuhause ertragen. Zwar war das Schicksal der Niederlage Japans schon vorbestimmt, aber es kämpfte hartnäckig in der chinesischen Kriegszone. Im April 1945 startete die chinesische Armee einen gewaltigen Gegenangriff in West-Guangxi und eroberte Liuzhou und Guizhou zurück. Kurz danach wurden Hunan, Henan, Fujian, Guangdong und Neimeng auch zurückerobert. Die

Die zentrale Inspektionsgruppe von Kuomintang erkundete Yan,an und andere Orte. Das Bild zeigt die Situation, wo die Inspektionsgruppe in Yan,an eintrat.

Die achte Routenarmee unter der Führung der KPCh war bereit, sich auf den Weg zu machen.

Die chinesischen Truppen stürmten in Tai'erzhuang und führten einen blutigen Kampf mit der japanischen Armee.

Die japanische Armee startete einen überraschenden Überfall auf Perlen-Hafen und Amerika erklärte Japan den Krieg, was zum pazifischen Krieg führte.

Wang Jingwei (1883-1944) strebte nach persönlicher Glanz und gründete die Puppenregierung in Nanjing. Deshalb rief er beim Volk Schimpfen hervor.

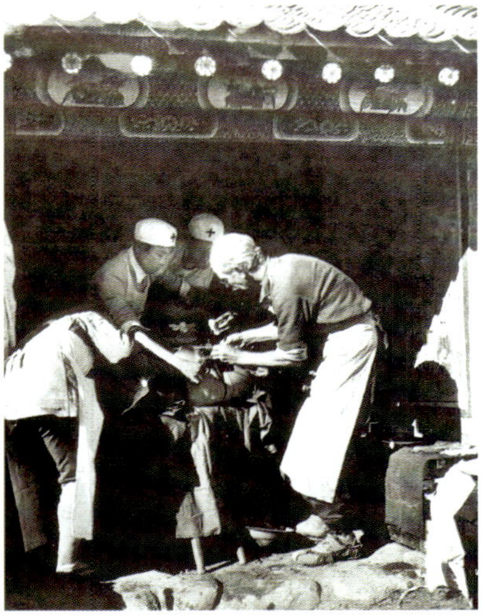

1937 kam der kanadische Arzt Henry Norman Bethune mit seinem medizinischen Team nach China, um den Widerstandskreig des chinesischen Volks zu unterstützen. Das Bild zeigt: Bethune operierte einen verwundeten Soldaten der achten Routenarmee in der Front.

Der Chefkommandeur Chiang Kaischek und sein Berater–der amerikanische General Joseph Steve während des zweiten Weltkriegs.

Die chinesische Feldzugsarmee in Burma

Soldaten des „Teams von Fliegenden Tigern" von der amerikanischen Luftwaffe, die freiwillig nach China kam, um Chinesen im Krieg zu unterstützen.

Seit 1945 errang die chinesische Armee nacheinander viele Siege und zwang die japanische Armee, sich zu entwaffnen und nacheinander zu kapitulieren.

Am 9. September 1945 reichte der Chefkommandeur der japanischen Armee, Okamura Yasuji, He Yingqin, dem Chefkommandeur der chinesischen Armee die Kapitulationsschrift.

Achte Routenarmee und die Neue Viertroutenarmee und lokale Partisanen nahmen alle an dem Gegenangriff teil und besetzten 950000 Quadratkilometer einschließlich Gebiete in Nordchina, Mittelchina und Südchina. Die japanische Armee wurde gezwungen, in manche isolierte Mittelgroßstädte oder Großstädte abzuziehen.

Im August warf Amerika Atombomben auf Hiroshima und Nagasaki. Die Sowjetregierung erklärte Japan den Krieg und sendete Truppen in den Nordosten Chinas und die Innere Mongolei. Am 15. August verkündete der japanische Kaiser die Akzeptierung der bedingungslosen Kapitulation. Am 2. September unterzeichneten Vertreter der japanischen Regierung die Kapitulationsschrift mit chinesischen und amerikanischen Vertretern. Am 9. September fand die Kapitulationszeremonie der chinesischen Kriegszone in Nanjing statt. Dies markierte das siegreiche Ende des achtjährigen anti-japanischen Krieges.

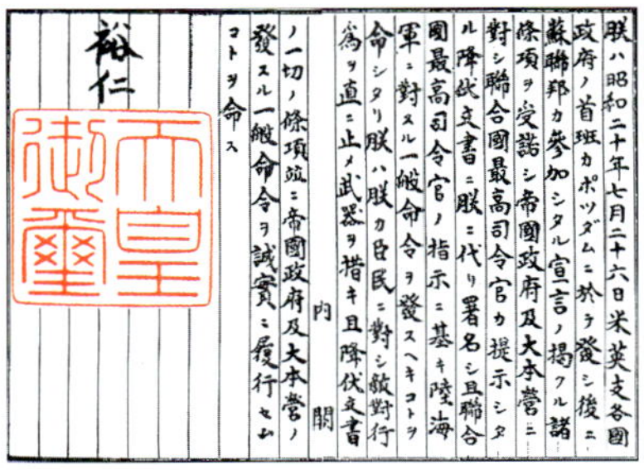

朕ハ昭和二十年七月二十六日米英支各國政府ノ首班カポツダムニ於テ發シ後ニ蘇聯邦カ参加シタル宣言ノ掲クル諸條項ヲ受諾シ帝國政府及大本營ニ對シ聯合國最高司令官カ提示シタル降伏文書ニ朕ニ代リ署名シ且聯合國最高司令官ノ指示ニ基キ陸海軍ニ對スル一般命令ヲ發スヘキコトヲ命シタリ朕ハ朕カ臣民ニ對シ敵對行爲ヲ直ニ止メ武器ヲ措キ且降伏文書ノ一切ノ條項並ニ帝國政府及大本營ノ發スル一般命令ヲ誠實ニ履行セムコトヲ命ス

内閣

裕仁

天皇御璽

Am 14. August 1945 unterschrieb die japanische Kaiser die Kapitulationsschrift. Der zweite Weltkrieg ging zu Ende.

XI. Der entscheidende Kampf zwischen zwei Schicksalen

Mao Zedong und Chiang Kaischek während der Verhandlung in Chongqing

Nach dem Widerstandskrieg versuchte Kuomintang, China zu regieren. Kuomintang und die Kommunistische Partei Chinas standen sich immer noch feindlich gegenüber. Unter der Vermittlung von Patrick Jay Hurley (1883-1963), dem amerikanischen Botschafter in China, nahmen beide Parteien im August 1945 in Chongqing Verhandlungen auf. Die Vertreter der KPCh umfassten Mao Zedong, Zhou Enlai und Wang Ruofei, während die Delegation von Kuomintang aus Wang Shijie, Zhang Zhizhong und Shao Lizi bestand. Am 10. Oktober unterzeichneten beide Seiten die „Zusammenfassung der Gespräche zwischen der Regierung und den Vertretern der KPCh", die auch als die „Vereinbarung des 10. Oktobers" bezeichnet wird. Dies war die Resolution für eine friedliche Lösung der inneren Probleme. Doch es sollte nicht gelingen, die Widersprüche zwischen beiden Parteien aufzulösen.

Ende 1945 ernannte der amerikanische Präsident Truman General George Catlett Marshall (1880-1950) zum Sonderbeauftragten des Präsidenten, um die Konflikte zwischen Kuomintang und der Kommunistischen Partei Chinas zu schlichten. Im April 1946 schlossen beide Parteien unter der Vermittlung von Marshall ein Abkommen, um militärische Konflikte zu vermeiden, und sie gründeten eine Militärgruppe mit drei Personen: Marshall, Zhang Qun (später von Zhang Zhizhong, Xu Yongchang abgelöst) und Zhou Enlai. Außerdem wurde die Beipinger militärische Vermittlungs- und Ausführungsabteilung aus Vertretern dreier Seiten gegründet. Im April kehrte die Nationale Regierung nach Nanjing zurück.

Im Juni 1946 brach der allseitige Bürgerkrieg aufgrund des Vertrauensbruches von Seiten der Kuomintang aus. Im August gaben Marshall und der amerikanische Botschafter John Leighton Stuart (1876-1962) eine gemeinsame Erklärung ab und verkündeten, dass ihre „Vermittlung" gescheitert sei. Nach achtmonatigem Kampf erlitt die nationale Regierung in Zhejiang, Anhui, Shandong, Shanxi, Hebei und Nordosten große Verluste. Im Juli 1947 verkündete die Nationalregierung die allgemeine Mobilisierung des ganzen Volkes, um die „Rebellion zu zerschlagen". Sie entsandte eine große Menge von Militärkräften, um die Stützpunkte der KPCh in Nord-Shaanxi und Shandong anzugreifen. Aber alle Angriffe wurden von der Nordwestfeldarmee und der Ostchina-Feldarmee der KPCh abgewehrt. Im Januar 1948 war die Nationalregierung gezwungen, die Politik der divisionalen Defensive zu betreiben. In dieser Situation startete die Volksbefreiungsarmee (VBA) unter der KPCh heftige Angriffe.

In der zweiten Hälfte 1948 trat der chinesische Bürgerkrieg in eine

Nach dem Widerstandkrieg wurde die soziale Wirtschaft ruiniert. Viele Fabriken beschäftigten eine Menge von Kinderarbeiter. Das Bild zeigt die Kinderarbeiter in der japanischen Baumwollenfabrik.

entscheidende Phase ein. Im September eroberte die VBA unter der Führung von Chen Yi die Stadt Jinan. Im Oktober eroberte die VBA unter der Führung von Lin Biao schließlich Jinzhou und Changchun und im Dezember Shenyang. Seitdem stand der ganze Nordosten unter der Kontrolle der KPCh. Im November kämpften die Ostchina-Feldarmee und die Mittelchina-Feldarmee unter der Führung von Chen Yi und Liu Bocheng mit der Regierungsarmee unter der Führung von Qiu Qingquan, Huang Bodao und Huang Wei in dem Gebiet Huaihai zwischen Xuzhou und Bangpu. Der Kampf zwischen ihnen dauerte gut zwei Monate und endete mit der Niederlage der Regierungsarmee. Im Dezember griffen die Vierte Feldarmee und die Nordchinesische Feldarmee der KPCh Tianjin an und eroberte es im Januar 1949. Dies ermöglichte ihnen den friedlichen Eintritt in Beiping. In den drei Kampagnen - Liaoxi-Shenyang, Huaihai und Beiping-Tianjin - wurden insgesamt über 1 500000 Soldaten der Regierungsarmee geschlagen, so dass die kommunistische Armee einen totalen Sieg errang. Am 21. Januar 1949 gab Chiang Kaischek an, dass er von seinem Amt zurücktreten werde. Li Zongren wurde sein Nachfolger. Zwar wurden Verhandlungen zwischen beiden Seiten ständig geführt, aber ihre Konflikte waren nicht mehr friedlich zu lösen.

Zugleich brach die Wirtschaft in dem von Kuomintang kontrollierten Gebiet völlig zusammen. Daher stiegen die Preise wegen der steigenden Militärausgaben und der Finanzdefizite der Regierung rasant. Im Juli 1947 war der Preis 60000 Mal so hoch wie in den Jahren zuvor, am Ende des Jahres 145000 Mal höher. Der industrielle Produktionswert sank drastisch und die Landwirtschaft wurde Tag für Tag schwächer. All dies machte den normalen Menschen das Leben schwer. Klagen hörte man überall. Die Herrschaft von Kuomintang war nicht mehr zu erhalten.

Am 21. April 1949 überquerte eine Million VBA-Soldaten den Yangtse und eroberte am 23. April Nanjing. Im Mai marschierte die VBA nach der Zurückeroberung von Hangzhou, Wuhan, Xi'an, Nanchang und Shanghai in den Südosten und Nordwesten, nach Südchina und Westchina, so dass die Nationale Regierung ihre Herrschaft auf dem Festland beenden und nach Taiwan fliehen musste.

Die steigende Inflation in den von Kuomintang beherrschten Gebieten zwangen die Leute, sich zum Einkauf alltäglicher Waren mit Bündeln von Banknoten zu eilen.

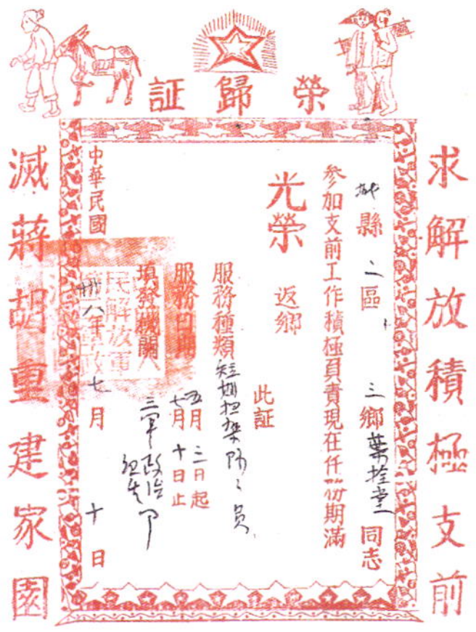

Während des Bürgerkriegs unterstützte das Volk in den befreiten Gebieten aktiv die Front. Das Bild zeigt das Zertifikat für ihre glänzende Unterstützung in der Front.

Am 31. Januar 1949 wurde Beiping friedlich befreit. Das Bild zeigt: Die Volksbefreiungsarmee hielt die Zeremonie des „Eintritts in die Stadt" ab.

Die Volksbefreiungsarmee nahm Nanjing ein und besetzte das Präsidialamt.

第十一篇 在探索中前进
——中华人民共和国

Kapitel 11

Große Wiedererstehung der chinesischen Nation

-- Die Volksrepublik China

Ein neues China entsteht im Osten der Welt. Auf der Suche nach einem richtigen Weg hat China trotz vieler Schwierigkeiten und Hemmnisse Fortschritte gemacht. Endlich setzte in China die Politik der Reform und Öffnung nach Außen ein. Nun gehen auch Chinesen den Weg zum großen Aufschwung.

Tian’anmen, Beijing

中华人民共和国万岁
世界人民大团结万岁

I. Die Gründung der Volksrepublik China

Am 19. September 1949 posierten Mao Zedong und andere Führer der KPCh sowie Demokraten für die Aufnahme vor der Qinian-Halle des Himmelstempels. Von links: Su Yu, Liu Bocheng, Cheng Xingling, Li Mingyang, Li Minghao, Mao Zedong, Chen Mingren, Zhang Yuanji, Chen Yi und Cheng Qian.

Im Dezember 1949 tagte die erste Plenarsitzung der Politischen Konsultativkonferenz des Chinesischen Volkes (PKKCV) in Beiping. Unter den Anwesenden gab es Vertreter der KPCh, verschiedener demokratischer Parteien, der Volksorganisationen, der Volksbefreiungsarmee, verschiedener Gebiete und Minoritäten, der Überseechinesen und von parteilosen Demokraten. Die Konferenz nahm das Organisationsgesetz der PKKCV, das Organisationsgesetz der Zentralen Volksregierung der VR China und Gemeinsame Programme der PKKCV an. Hier wurden das erste Nationalkomitee der PKKCV mit Mao Zedong als Vorsitzenden, der Staatsrat der Zentralregierung der VR China mit Mao Zedong als Vorsitzenden und Zhu De, Liu Shaoqi, Song Qingling, Li Jishen, Zhang Lan und Gao Gang als Vize-Vorsitzende sowie 56 Mitgliedern einschließlich Chen Yi und anderen gewählt. Die Sitzung bestimmte Beiping zur Hauptstadt der Volksrepublik China und benannte sie in Beijing um. Die christliche Zeitrechnung wurde als chronologisches System

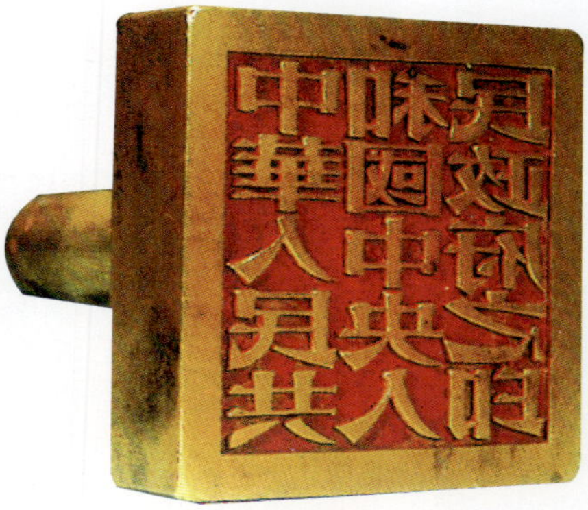

Siegel der Zentralen Volksregierung der Volksrepublik China

Um 3 Uhr Nachmittag am 1 Oktober 1949 verkündeten 300000 Beijinger Bewohner und Soldaten zeremoniell die Gründung des Neuen Chinas auf dem Tian'anmen-Platz. Das Bild zeigt, dass Mao Zedong die Proklamation der Zentralen Volksregierung der Volksrepublik China vorlas und die Gründung der Volksrepublik China erklärte.

Mao Zedong (1893-1976)

Zhu De (1886-1976)

der Volksrepublik China eingeführt. *Der Marsch der Freiwilligen* wurde zur Nationalhymne und die rote Flagge mit fünf Sternen wurde Nationalflagge.

Um 14 Uhr am 1. Oktober 1949 hielt das Zentralkomitee der Volksregierung seine erste Konferenz ab und es trat im Qingzhen-Palast von Zhongnanhai sein Amt an. Lin Boqu wurde zum Sekretär des Zentralkomitees der Volksregierung ernannt, Zhou Enlai zum Premier und Außenminister des Verwaltungsrates der Zentralen Volksregierung, Mao Zedong zum Vorsitzenden der revolutionären Militärkommission, Zhu De zum Obersten Befehlshaber der chinesischen Volksbefreiungsarmee, Shen Junru zum Präsidenten des obersten Volksgerichts, Luo Ronghuan zum Generalstaatsanwalt der obersten Staatsanwaltschaft. Die Konferenz beschloss, Gemeinsame Programme der PKKCV als Verwaltungsrichtlinie anzunehmen und verkündete Regierungen aller Welt, dass die Zentrale Volksregierung der Volksrepublik China die einzig legitime Regierung im Namen des Volkes der VR China sei. Sie war bereit, mit allen Staaten diplomatische Beziehungen aufzunehmen, die die Prinzipien der Gleichberechtigung und des gegenseitigen Nutzens befolgen und das Territorium und die Souveränität achten. Um 15 Uhr versammelten sich über 300000 Menschen in Beijing auf dem Tian'anmen-Platz, um an dem Gründungszeremoniell teilzunehmen. Nach der Erklärung des Beginns der Zeremonie durch Lin Boqu wurde die Nationalhymne gespielt. Dann erklärte Mao Zedong der ganzen Welt die Gründung der Volksrepublik. Anschließend begann die Militärparade der Marine, der Landherren und der Luftwaffe. Zhu De, der Generalkommandeur der Volksbefreiungsarmee, verkündete den Befehl des Generalquartiers der VBA. Nach der Zeremonie fand eine große Parade des Volkes statt.

Am Anfang des Neuen Chinas setzten sich die Kämpfe fort. Die Armee von Chiang Kaischek beherrschte immer noch große Teile von Guangdong, Guangxi, Sichuan, Guizhou, Yunnan und Xikang, relativ große Teile von Shaanxi, Hunan und Hubei. Ende 1949 besetzte die VBA alle Teile außer Tibet. Im Oktober 1951 marschierte die VBA friedlich in Tibet ein. Bis dahin vollzog sich die echte Vereinigung des Festlandes außer Taiwan und der angrenzenden Inseln.

Am 24. Mai 1951 gab Mao Zedong, Vorsitzender der Zentralen Volksregierung, ein Bankett zur Feier der Unterzeichnung des Abkommens über die Wege zur friedlichen Befreiung von Tibet. Das Bild zeigt Mao Zedong auf dem Bankett. Der erste links ist Apei Awagnjinmei, der dritte ist Banchan E'erdeni Quejijianzan.

II. Widerstandskrieg gegen die USA-Aggression und Hilfe für Korea

Im August 1945 teilten die amerikanischen und die sowjetischen Armeen Korea am 38. Breitengrad, als Japan die bedingungslose Kapitulation verkündete. Im Norden ist die Demokratische Volksrepublik Korea, während im Süden die Republik Korea ist. Am 25. Juni 1950 brach der koreanische Krieg aus. Am 27. Juni verkündete der amerikanische Präsident den Eintritt in den Krieg und sendete die 7. Flotte der Marine zur Taiwan-Straße, um die VBA daran zu verhindern, auf Taiwan zu landen. Am 7. Juli billigte der Sicherheitsrat der Vereinten Nationen die Forderung Amerikas, 15 Länder einschließlich Groß britannien, Frankreich, Südafrika und anderen zusammenzustellen und die Truppen der Vereinten Nationen zu bilden. Truman ernannte MacArthur zum Chefkommandeur der Truppen der Vereinten Nationen. Von Mitte September an setzten die UN-Truppen 50000 Soldaten sowie Kriegsschiffe und Flugzeuge ein, um in Inchon zu landen. Anfang Oktober überquerten diese Truppen die 38. Parallele und besetzten Pyongyong. Sie starteten den Kampf entlang dem Yalu-Fluss und bombardierten Andong (heute Dandong in China) und andere Orte, was eine große Gefahr für die Sicherheit Chinas darstellte.

Von der kritischen Situation bedroht, bat die Partei und Regierung Nordkoreas die KPCh und die chinesische Regierung um militärische Unterstützung. Am 8. Oktober traf das Zentralkomitee der KPCh eine strategische Entscheidung, an dem koreanischen Krieg teilzunehmen, um Korea in dem Widerstandskrieg gegen die amerikanischen Truppen zu unterstützen und damit das chinesische Vaterland zu verteidigen. Mao Zedong, der Vorsitzender des Militärkomitees des chinesischen Volkes war, forderte, die nordöstlichen Grenzmilitärkräfte in chinesische Freiwilligenarmee umzubenennen, deren Chefkommandeur und Politkommissar Peng Dehuai war. Am 19. überquerte die Freiwilligenarmee des chinesischen Volkes in drei Routen den Fluss Yalu und leistete zusammen mit dem nord-koreanischen Volk den USA Widerstand. Kurz danach begann in ganz China die Bewegung der Massen zum Widerstand gegen die amerikanische Aggression und zur Verteidigung des Vaterlandes. Um die Front zu unterstützen, traten wehrtaugliche Jugendliche mit großer Begeisterung der Freiwilligenarmee bei; die Massen verschiedener Kreise spendeten Geld für Flugzeuge und Kanonen; alle Branchen widmeten sich der Produktion und sparten für den Krieg.

Der Widerstandskrieg gegen die amerikanische Aggression zur Hilfe Koreas dauerte zwei Jahre und neun Monate. Im Juni 1951 organisierte die chinesisch-koreanische Armee fünf große Kämpfe, durch die der Feinde strategisch günstig zurückgeschlagen und fünf Siege errungen wurden. Dabei wurden 230000 feindliche Soldaten geschlagen und die amerikanischen Eindringlinge vom Yalu-Fluss und Kum-Fluss zur 38. Parallele zurückgetrieben. Das zwang die amerikanische Regierung dazu, den Vorschlag zur Verhandlung über den Waffenstillstand anzunehmen. Am 10. Juli fand die erste Sitzung der Verhandlung in Kaesong statt.

Danach folgten Verhandlung und Kampf auf dem koreanischen Kriegsfeld aufeinander. Vom Juli bis zum September starteten die US-Truppen die große „Sommeroffensive" und „Herbstoffensive" und verwendeten die so genannte Kriegsstrategie des Erwürgens. Die chinesisch-koreanischen Truppen nützten die Stellung und kombinierten die Defensivpositionen mit dem Bewegungskampf. Auf diese Weise stabilisierten sie ihre Frontlinie entlang der 38. Parallele durch zahlreiche kleine Siege. Am 14. Oktober starteten die amerikanischen Truppen heftige Angriffe auf die chinesisch-koreanischen Truppen in Shangganlin im Nordosten von Taeu-san. Auf einer Fläche von 3,7 Quadratkilometer setzte die amerikanische Armee 60000 Soldaten, 3000 Flugzeuge und 200 Panzer ein. Sie warfen 1 900000 Bomben und starteten insgesamt 900 Angriffe, so dass die Bergspitze um 2 m abgetragen wurde. Doch die Freiwilligenarmee hielt ihre Stellung 43 Tage und Nächte und vernichtete 25000 feindliche Soldaten. Vom Juni bis zum Juli 1953 starteten die chinesisch-koreanischen Truppen den Kumsong-Rückangriff und machte über 120000 feindliche Soldaten unschädlich. Am 27. Juli musste Amerika in Panmunjom die Waffenstandvereinbarung unterzeichnen. Zwar erlitt China in dem Krieg große Verluste, aber der Sieg stärkte das Selbstvertrauen des chinesischen Volkes und ihren Nationalstolz. Darüber hinaus erhöhte er das internationale Prestige Chinas erheblich und konsolidierte und verstärkte weitgehend den unabhängigen Status Chinas.

Die Bauern traten mit großer Begeisterung der Armee bei und bildeten Bahrenkolone und Transportkolone für die Front.

Peng Dehuai, Kommandeur der Freiwilligenarmee des chinesischen Volks und Politkommissar erkundete in der Front in Korea.

Unter dem Schutz der Kalonne starteten die Freiwilligen der VBA Angriffe auf die Fronte der amerikanischen Armee.

III. Wirtschaftlicher Aufbau und systematische Sanierung

Nach der Gründung der Volksrepublik China wurde die Aufgabe der neuen Regierung eher auf den wirtschaftlichen ufbau gerichtet. Von den 60 Artikeln der gemeinsamen Programme der PKKCV betrafen 16 die Wirtschaft. Von den 1 Abteilungen der Zentralregierung hatten 16 mit der Wirtschaft zu tun. Die fundamentalen Richtlinien des nationalen 'irtschaftsaufbaus bestanden darin: Achtung der öffentlichen und privaten Interessen, gegenseitiger Nutzen zwischen rbeitern und Kapitalinhabern, gegenseitige Hilfe zwischen Städten und Landgebieten, inländischer und auswärtiger ustausch. Die Volksregierung beherrschte die Energieversorgung und Produktion vieler Produktionsmittel dadurch, ass sie bürokratische Kapitale beschlagnahmte und wichtige Abteilungen kontrollierte, die für die Volkswirtschaft, B. Finanzen, Transport, Austausch usw. von großer Bedeutung waren.

Während die kapitalistische Wirtschaft weiter existieren und sich entwickeln dürfte, wurden Aktivitäten gegen pekulanten durchgeführt, um zu vermeiden, dass sie durch Akkumulation von Waren riesige Profite einnahmen. 'eiter wurden die Beziehungen zwischen öffentlichen und privaten Interessen geregelt. Außerdem wurden privaten nternehmen mehr Bearbeitungsaufträge und Einkaufsaufträge erteilt, so dass sie in die Laufbahn des Nationalplans ebracht werden konnten. Kapitalisten mussten die Leitung der Arbeiterklasse akzeptieren und die Arbeiter mussten raktische Anforderungen stellen, damit gegenseitige Interessen zwischen Arbeitern und Kapitalinhabern gesichert erden konnten. Zugleich wurden die Beziehungen zwischen Produktion und Verkauf geregelt, um die Planmäßigkeit es Kapitalismus zu erhöhen.

Im Juni 1950 wurde das Bodenreformgesetz der Volksrepublik China erlassen. Von diesem Winter an wurde die odenreform in weiten Gebieten ausgeführt. Die Landreform suchte das Eigentumssystem der Landherren abzuschaffen nd damit die wirtschaftliche Basis des feudalistischen Systems zu beseitigen. Gegen Ende 1952 teilten sich 00000000 zuvor besitzlose Bauern des ganzen Landes außer Xinjiang, Tibet und Taiwan 740000000 mu Ackerland owie viele produktive Materialien und andere Besitztümer. Ihnen wurden Steuer in 70 Mio. Jin (500 Gramm) etreide erlassen. Große Teile der Bauern sollten hierdurch befreit werden.

Im Oktober 1950 verkündete das Zentralkomitee der KPCh Anweisung zur Unterdrückung der konterrevolutionären ktivitäten und führte die Bewegung zur Unterdrückung der Konterrevolutionären durch. Diese Bewegung fokussierte uf Banditen, Spitzel, lokale Tyrannen und Führer der reaktionären Parteien und Gemeinden. Durch diese Bewegung urden die von der Kuomintang auf dem Festland hinterlassenen konterrevolutionären Kräfte im Großen und Ganzen eseitigt. Hierdurch fand die chinesische Gesellschaft nach langen Jahren zur erhofften Stabilität zurück.

Im Juni 1950 stellte das Zentralkomitee die Aufgabe auf, in drei Jahren zur grundlegenden Besserung der staatlichen inanzen und der wirtschaftlichen Lage zu gelangen. Der Ausbruch des Koreakriegs und das Embargo gegen China urch die Länder unter der Führung der USA nahmen großen Druck auf den wirtschaftlichen Wiederaufbau. Bei der tabilisierung der inländischen Märkte ergriff die Zentralregierung die Chance, wirtschaftlichen Aufbau urchzuführen. In der Landwirtschaft startete es den Aufbau von Bewässerungsanlagen, um Naturkatastrophen orzubeugen und die Produktion zu beschleunigen. In der Industrie legte man großen Wert auf die Entwicklung des ransports, die Produktion von Elektrizität, Kohle und Stahl. Mit der Restaurierung und der Entwicklung der andwirtschaft und der Industrie verbesserte sich die staatliche Finanzlage erheblich. Das Kulturniveau und der ebensstandard des Volkes erfuhren auch eine erkennbare Erhöhung.

Im Oktober 1951 stellte das Zentralkomitee der KPCh die Richtlinie auf, die lautete: „Bessere Truppen und nfache Administration, Erhöhung der Produktion und Praktizierung von Sparmaßnahmen". Die PKKCV rief das olk des ganzen Landes außerdem dazu auf, patriotische Bewegungen zur Steigerung der Produktion und aterialeinsparungen durchzuführen. Um die schlimmen drei Übel- „ Korruption und Verschwendung und ürokratismus" -unter den Funktionären zu überwinden, forderte das Zentralkomitee, die „Sanfan"-Bewegung (d.h. egen die drei Übel: Gegen Korruption, gegen Verschwendung, gegen Bürokratismus) im ganzen Land zu entfalten. 'ährend der Bewegung wurden manche Verbrecher, die riesige Unterschlagungen begangen hatten, entsprechend estraft, so wurden z. B. Liu Qingshan, Zhang Zishan und andere in der Provinz Hebei zum Tode verurteilt. Andere ersonen oder Gruppierungen, die im großen Stil veruntreut hatten, wurden festgenommen. Der Anteil der Beamten, e in der Bewegung gegen die Drei-Übel bestraft wurden, betrug etwa 4,5%.

Gleichzeitig wurde in dem Industrie- und Handelskreis die Wufan-Bewegung (Fünf-Anti-Bewegung) entfaltet. ie „Wufan" -Bewegung war gegen die Fünf Übel gerichtet- „Bestechung, Steuerhinterziehung, Betrug bei der usführung staatlicher Aufträge, Veruntreuung von Staatseigentum und Wirtschaftsspionage". Im Laufe der Bewegung urden große Mengen von Übeltaten der gesetzwidrigen Kapitalisten aufgezeigt.

Die Bewegung gegen die Drei-und die Fünf-Übel setzte den gesetzwidrigen Übeltaten der Kapitalisten einen hweren Schlag. Dadurch wurde eine andere, einfachere Sozialmode aufgestellt, was den erfolgreichen Abschluss es wirtschaftlichen Aufbaus sicherte.

1952 erreichte die Stahlproduktion 13490000, um 46,2% mehr als die höchste Jahresstahlproduktion im alten China, um 735,8% mehr als die von 1949. Das Bild zeigt das Eisen und Stahlwerk Anshan.

1952 wurde über 7,2 Mrd. Kilowatt-Stunden von Strom erzeugt, um 68,8% mehr als im Jahr 1949 und um 21,7% mehr als die jährliche höchste Stromerzeugung im alten China.

1952 betrug die Getreideproduktion des ganzen Landes 327, 8 Mrd. Jin, um 44,8% mehr als die von 1949 und um 9,3% mehr als die höchste Jahresproduktion in der Geschichte.

Zwischen 1949 und 1952 wurde die alte Eisenbahnlinie von über 10000 km repariert und 1320 Km Eisenbahnlinie wurden neu gebaut. Über 24 500 km Eisenbahnlinie ist im ganzen Land in Betrieb genommen.

Am 28. Juni 1950 erließ die Zentrale Volksregierung das Bodenreformgesetz der Volksrepublik China, das bei den Bauern große Unterstützung fand.

Prostituierten bekamen durch Bildung und Reform ein neues Leben. Manche traten der Gruppe für Gesundheitspflegung und Epidemievorbeugung, bei und gaben den Kinder auf dem Land Spritze von Vazzine.

Die Volksregierung nahm die Vagabunden auf. Das Bild zeigt, dass die Bettler und Landstreicher in die Reformschule Südchinas geschickt wurden.

Am 30 April 1950 erließ die Zentrale Volksregierung das Ehegesetz, das die angeordnete Eheschließung beseitigte und die Gleichberechtigung zwischen Mann und Frau sowie die Freiheit der Partnersuche einführte. Das Bild zeigt, dass die Bürger in Beijing das Ehegesetz vom Radio hörten.

Rauchgeräte und Wettspielgeräte wurden von der Volksregierung beschlagnahmt.

Im März 1953 erließ die Zentrale Volksregierung das Wahlgesetz des Nationalen Volkskongresses und das des lokalen Volkskongresses der Volksrepublik China. Das förderte, dass Frauen das gleiche Wahlrecht und Passivwahlrecht hatten. Das Bild zeigt, dass das Lu Lanfen, Direktor des Frauenverbandes vom Dorf Qifei des Autonomgebiets Yi-Nationalität des Kreises Mile in der Provinz Yunnan zum Vertreter des Dorfvolkskongresses gewählt wurde und die Wähler ihr gratulierten.

IV. Unabhängige Außenpolitik

Chinesische Delegation unter der Führung von Premier Zhou Enlai nahm an der Bandung-Konferenz teil.

Mao Zedong and Ho Chi Minh

Nach den von der PKKCV angenommenen gemeinsamen Programmen betrieb die neue chinesische Regierung die Außenpolitik der einseitigen Ausrichtung, d. h. sich der Seite des Sozialismus zuzuneigen. Am zweiten Tag nach der Gründung der Volksrepublik China beschloss die Sowjetunion, mit China diplomatische Beziehungen aufzunehmen. Danach nahmen Bulgarien, Rumänien, Ungarn, die Mongolei, Korea, Polen, die DDR, Albanien, Vietnam, Burma, Indonesien, Schweden, Dänemark und die Schweiz nacheinander mit China diplomatische Beziehungen auf. Pakistan, Großbritannien, Sri Lanka, Norwegen, Afghanistan, Finnland und Holland erkannten die Volksrepublik China ebenfalls an. Bis zum Ende Oktober 1950 gab es insgesamt 25 Staaten, die das neue China anerkannten. Davon nahmen 17 Länder offizielle diplomatische Beziehungen mit China auf.

Im Dezember 1949 besuchte die politische Delegation der KPCh, die von Mao Zedong geführt wurde, Moskau. Im Februar 1950 unterzeichneten China und die Sowjetunion den *Vertrag der freundschaftlichen Allianz und gegenseitigen Unterstützung*. In dem Vertrag hieß es, dass beide Länder „wirtschaftliche und kulturelle Beziehungen nach den Prinzipien der Gleichberechtigung, des gegenseitigen Nutzens und der gegenseitigen Achtung der Souveränität, territorialen Integrität und Nichteinmischung in die inneren Angelegenheiten" entwickelten. 1953 unterzeichneten China und die Sowjetunion das „Abkommen zur Hilfe der chinesischen Regierung bei der Entwicklung der Volkswirtschaft".

Trotz großen Drucks durch den Westblock wahrte die chinesische Regierung die unabhängige Außenpolitik, so dass eine relativ günstige internationale Umgebung für den wirtschaftlichen Aufbau des Neuen Chinas geschaffen wurde. Kapital und Technologie für den inneren Aufbau erhielt man durch internationale Hilfe. Nach dem Waffenstillstand des Koreakrieges nahm die Delegation unter der Führung von Premier und Außenminister Zhou Enlai vom April bis zum Juli 1954 an der Konferenz der Außenminister in Genf teil, um Probleme in Hinsicht auf die Vereinigung von Korea zu lösen und Frieden in Indochina zu stiften. Die Teilnehmer kamen aus 32 Ländern, einschließlich China, der Sowjetunion, den USA, Großbritannien, Frankreich, der Demokratischen

Volksrepublik Koreas und der Demokratischen Republik Vietnam. Das ist die erste wichtige internationale Konferenz, an der die VR China teilnahm.

Während der Konferenz stattete Zhou Enlai auf Einladung Indien und Burma einen Besuch ab. Am 28. und 29. Juni 1954 wurde die gemeinsame Erklärung der Außenminister von Indien und China sowie von Burma und China bekannt gegeben. Sie einigten sich darauf, die fünf Prinzipien - „Gegenseitige Achtung der territorialen Integrität und Souveränität, gegenseitiger Nichtangriffpakt, gegenseitige Nichteinmischung in die inneren Angelegenheiten, Gleichberechtigung, gegenseitiger Nutzen und friedliche Koexistenz" - als Leitprinzipien für die Beziehungen zwischen China und Indien sowie zwischen China und Burma zu halten. Die fünf Prinzipien der friedlichen Koexistenz, die von den öffentlichen Meinungen der internationalen Gesellschaft anerkannt und gelobt wurden, übten weitreichenden Einfluss auf die Entwicklung der internationalen Beziehungen und trugen zur Haltung des Friedens in Asien und der Welt viel bei.

Im April 1955 fand die asiatisch-afrikanische Konferenz mit dem Aufstieg der nationalen Befreiungsbewegung in Bandung in Indonesien statt, an der 29 Staaten aus Asien und Afrika teilnahmen. Die chinesische Delegation unter der Führung von Premier Zhou Enlai nahm auch daran teil. Auf der Konferenz stellte Zhou Enlai die Richtlinie der „Suche nach gemeinsamen Interessen und der Berücksichtigung der Unterschiede" auf. Er forderte, dass alle Staaten ihre Unterschiede gelten lassen sollten und für gemeinsame Interessen im Kampf gegen die Kolonialherrschaft die Zusammenarbeit intensivieren müssen. Auf dieser Konferenz wurde das Endkommunique der asiatisch-afrikanischen Konferenz freigegeben. Gemeinsame Vorschläge zur Entwicklung und Intensivierung der wirtschaftlichen und kulturellen Zusammenarbeit, zum Schutz der Menschrechte und Selbständigkeit, zur Lösung der Ansiedlung der Bevölkerung auf dem adjunktiven Land und zur Intensivierung des Weltfrieden und der Kooperation wurden vorgebracht. Auf der Grundlage der fünf Prinzipien wurden die zehn Prinzipien aufgestellt, die als Richtlinie für die Etablierung der friedlichen Koexistenz unter den asiatischen und afrikanischen Ländern galten. Die asiatisch-afrikanische Konferenz war die erste Sitzung nach dem 2.Weltkrieg, an der nur asiatische und afrikanische Länder teilnahmen. Auf dieser Konferenz zeigte China seine wichtige Rolle in der internationalen Gesellschaft.

Nach der Konferenz in Bandung intensivierten sich die Beziehungen zwischen asiatischen und afrikanischen Ländern. Die Besuche zwischen den Führern der Staaten wurden immer häufiger. Ende der 60er Jahren besuchten Staatschefs und Regierungschefs aus 22 Staaten China. Chinesische Führer besuchten ebenfalls viele afrikanische Länder. 20 asiatische, afrikanische und lateinamerikanische Länder nahmen diplomatische Beziehungen mit China auf. Im Juni 1964 nahmen China und Frankreich offizielle diplomatische Beziehungen auf. Kurz danach wurden Handelsvertreter zwischen China und Italien, sowie China und Österreich ausgetauscht, was der amerikanischen Isolationspolitik gegen China schwere Schläge versetzte.

Mao Zedong und Jugendliche aus Asien und Afrika

Als Chruschtschow 1956 an die Macht kam, änderten sich die Beziehungen zwischen China und der Sowjetunion dramatisch. 1958 legte Chruschtschow den Vorschlag vor, eine gemeinsame Flotte mit China zu errichten und das Langwellen-Radio aufzubauen. Dadurch versuchte er, China zu beherrschen. Um die Souveränität und die Nationalwürde Chinas zu wahren, lehnte Mao Zedong den Vorschlag kategorisch ab. Im Juni 1959 brach die Sowjetregierung einseitig das Abkommen über die Lieferung neuer Technologien zur nationalen Verteidigung, das von beiden Seiten im Oktober 1957 unterzeichnet wurde. Er lehnte es ab, den Prototyp und die Unterlagen zur Herstellung von Atombomben zu offerieren. Im Juli 1960 überreichte die Sowjetregierung der chinesischen Regierung eine Note und beschloss unilateral, Techniker aus China zurückzuziehen und verschiedene Abkommen und Verträge hinsichtlich der Kooperation in der Wirtschaft und Technologie abzuschaffen, was eine große Menge von Projekten zum Stillstand brachte und der chinesischen Wirtschaft große Verluste versetzte.

Nach dem 22.Kongress der sowjetischen Kommunistischen Partei verlautbarten sowjetische kommunistische Führer, Magazine sowie kommunistische Führer vieler anderer Länder, die von der sowjetischen kommunistischen Partei beeinflusst wurden, zahlreiche Resolutionen, Erklärungen und Artikel, um die kommunistische Partei Chinas anzugreifen. Sie stifteten die anti-chinesische Welle und die offene chinesisch-sowjetische Debatte an. 1964 starb Chruschtschow und sein Nachfolger Breschnew setzte die Politik gegen China fort. Nach dem 23. Kongress der kommunistischen Partei 1966 brachen die chinesisch-sowjetischen Beziehungen ab. Seit Anfang der 60er Jahre brachen militärische Konflikte entlang der Grenze zwischen China und der Sowjetunion immer wieder aus. Davon war der Überfall der Panzer der sowjetischen Grenzkräfte auf die Insel Zhenbao vom Januar 1967 bis zum März 1969 der blutigste. Chinesische Grenzsoldaten waren gezwungen, Gegenangriffe zu starten, um die Angreifer von der Insel zu vertreiben.

V. Fortschritt und Schwierigkeiten

Im Februar 1956 beschlossen das Zentralkomitee und der Staatsrat, das Nationalkomitee für Wissenschaftliche Planung zu etablieren. Das Bild zeigt Zhou Enlai und Zuständige des Nationalkomitees für wissenschaftliche Planung, z. B. Li Fushu, Nie Rongzhen unter wissenschaftlichen Mitarbeitern.

1952 brachte das Zentralkomitee der KPCh vor, von 1953 an innerhalb von 10 oder 15 Jahren den „Übergang des Sozialismus" im Großen und Ganzen zu beenden. Im September 1954 nahm der erste nationale Volkskongress die Verfassung der Volksrepublik China an, in der stand, dass die grundlegende Aufgabe des Landes während der Übergangsperiode darin besteht, Schritt für Schritt die sozialistische Industrialisierung des Landes zu verwirklichen, die sozialistische Reform der Landwirtschaft, des Handwerks und der kapitalistischen Industrie und Finanzen zu

Während des ersten Fünf-Jahres-Plans für die Entwicklung der Volkswirtschaft sandte die Sowjetunion über 3000 Experten nach China, um die chinesische Entwicklung zu unterstützen. Im Bild: Sowjetexperten diskutierten über Projektdesign mit Technikern der Stahlfabrik Angang

beenden. 1955 führte der nationale Kongress der KPCh die Resolution über den ersten Fünfjahres-Plan zur Entwicklung der Volkswirtschaft ein. Der erste Fünfjahres-Plan ging ein Jahr früher als geplant in Erfüllung. Bis 1957 war eine Reihe von Schlüsselunternehmen in Betrieb genommen, z. B. das große Walzwerk und das Werk für die Produktion von nahtlosen Stahlrohren, das erste Automobilwerk für Schwerlastkraftwagen, die erste Flugzeugfabrik und die erste Werkzeugmaschinenfabrik. Außerdem wurde die Wuhan-Brücke auf dem Yangtse fertig gestellt. Die Eisenbahnlinien Qingzang und Kangzang wurden in Betrieb genommen. Landwirtschaft und Leichtindustrie erfuhren auch eine große Entwicklung. All dies führte zur erheblichen Verbesserung des Lebensstandards des Volkes.

Gleichzeitig führte die Regierung die sozialistische Reform des Privateigentums an Produktionsmitteln durch. Auf dem Land wurde von 1949 bis 1952 die Bewegung der gegenseitigen Hilfe und Kooperation in jenen Gebieten in großem Ausmaß entfaltet, wo die Bodenreform durchgeführt worden war. Nach der Verkündung der allgemeinen Richtlinien trat die Kooperationsbewegung in die Stufe der primären Landwirtschaftskooperation ein. Von 1955 an erreichte die Bewegung die Stufe der fortschrittlichen landwirtschaftlichen Produktionskooperation vollsozialistischer Natur. Bis Ende 1956 wurde die sozialistische Reform der Landwirtschaft grundsätzlich zum Abschluss gebracht.

Nach dem November 1955 kam das gemeinsame staatlich-private Eigentumssystem der nationalen kapitalistischen Industrie und des Handels zustande. Das Bild zeigt, dass das Volk das gemeinsame staatlich-private Eigentumssystem aller Kreise und Branchen vor der Firma Yong'an in Shanghai feierte.

Die Reform der kapitalistischen Industrie und des Handels vollzog sich durch friedlichen Loskauf. Von 1953 bis zum Sommer 1955 wurde die elementare Form des Staatskapitalismus verwendet. Von da bis 1956 wurde die fortschrittliche Form des Staatskapitalismus verwendet. Nach der Richtlinie des Nutzens, der Beschränkung und der Reform der kapitalistischen Industrie und des Handels wurde in der kapitalistischen Industrie und dem Handel das gemeinsame Eigentum von Staat und Privatleuten durchgeführt, so dass der Übergang vom privaten kapitalistischen Eigentum zum öffentlichen sozialistischen Eigentum abgeschlossen wurde. Große Kapitaleigentümer wurden zu Arbeitern umgezogen, die das eigene Leben versorgen. Auf diese Weise wurde das chinesische Gesellschaftsmodell verändert und ging von einer Neodemokratie zum Sozialismus über.

Während dieser Periode wurden im ideologischen Bereich Studien und Kritik durchgeführt, um den Marxismus und Mao Zedongs Denken zu studieren, dialektischen Materialismus und historischen Materialismus zu propagieren und historischen Idealismus und Metaphysik zu kritisieren. Die Werke Marx' und die ausgewählten Werke von Mao Zedong (Band 3) erschienen einer nach dem anderen. 1951 wurde Kritik gegen den Film *Geschichte von Wuxun* geübt. Danach folgte die Kritik gegen die Untersuchung des „Traum der roten Kammer" durch Yu Pingbo und Kritik gegen die literarischen Gedanken Hufengs. Diese Kritiken propagierten innerhalb des Intellektuellen- und Kulturkreis in hohem Maße den historischen Materialismus. Viele Intellektuelle, die in der alten Gesellschaft aufgewachsen waren, erhielten dadurch eine sozialistische Umerziehung. Allerdings wurden sie in der Form der politischen Verurteilung anstatt durch demokratischen ideologischen Kampf und Literaturkritik durchgeführt. Doch noch schlimmer war, dass die Meinungsverschiedenheiten innerhalb der Literatur als Kampf zwischen Revolution und Konterrevolution aufgefasst wurden, so dass die Bildung und Kultur des neuen Chinas große Verluste erlitt.

1956 schlug Vorsitzender Mao vor, dass „lass hunderte Blumen blühen" im Kunst- und Literaturkreis und „Wetteifer hunderter Schulen" im Akademikerkreis als Richtlinien für die Entwicklung der Wissenschaft und des Gedeihens der Kunst und Literatur festgeschrieben werden sollten. Dies fand in intellektuellen Kreisen des ganzen Landes große Unterstützung. Kurz danach kam es in der Literatur, Kunst und Wissenschaft zur lebhaften Szene. Gleichzeitig stellte die KPCh in Hinsicht auf die Erweiterung des demokratischen Aufbaus die Richtlinie der „langfristigen Koexistenz und gegenseitigen Überwachung zwischen der KPCh und verschiedenen demokratischen Parteien" auf. Außerdem schlug sie vor, interne Konflikte unter den Völkern auf die ihr richtig erscheinende Weise zu lösen und alle aktiven Elemente zum Aufbau des Sozialismus zu mobilisieren.

Im April 1957 verkündete das Zentralkomitee der KPCh einige „Hinweise auf die Berichtigungsbewegung", die darauf zielte, in Hinsicht auf Bürokratismus, Subjektivismus, Kommandismus sowie die rückständige Ideologie mancher Funktionäre in der Partei eine Bewegung der Kritik und Selbstkritik zu entfalten. Die parteilosen Teilnehmer waren gleichfalls dazu aufgefordert, sich an der Bewegung zu beteiligen, um der KPCh bei der Berichtigung der Arbeitsweise zu helfen. Eine freie Meinungsäußerung wurde ermutigt. Parteilose Teilnehmer brachten verschiedene Meinungen vor, wie z. B. „Die Partei unterscheidet nicht zwischen Partei und Staat, die Partei ersetzt die Regierung". Sie forderten, den gesetzlichen Aufbau zu stärken und die Rolle der parteilosen Persönlichkeiten zu stützen. Aber einige wenige Ultra-Konservative ergriffen die Chance, gewaltige Angriffe auf die KPCh zu starten, so dass die Berichtigungsbewegung in eine Kampagne zum Kampf gegen rechte Kräfte ausartete. Da die KPCh den Klassenkampf und den Angriff der Rechte überschätzte, eskalierte die Kampagne zum Kampf gegen die Rechten. Sie wurde eine landesweite Bewegung. Als die Bewegung endete, waren über 550000 Leute missverständlicherweise als Rechte bezeichnet worden, davon wurde die Hälfte des Amtes verwiesen. Viele waren gezwungen, fortan unter Überwachung zu arbeiten.

Auf einer Versammlung für den Kampf gegen die Rechten im Ministerium für Kommunikation, Minister Zhang Bojun wurde kritisiert.

VI. Großer Sprung nach vorn und die Bewegung der Volkskommune

Wegen der Erfolge in der Sozialreform und im wirtschaftlichen Aufbau entstanden in der Partei blinder Stolz und linksgerichtete Strebung nach schnellen Erfolgen. Zugleich wurden chinesische Führungskräfte von dem Slogan der sowjetischen Führer aus 1957 beeinflusst, dass innerhalb von 15 Jahren die Sowjetunion die USA eingeholt und sogar überholt haben werde. Daher brachten die chinesischen Führungskräfte den Vorschlag vor, innerhalb von 15 Jahren England einzuholen und dann zu überholen. Im März 1958 stellte Mao Zedong auf der Konferenz in Chengdu die allgemeine Linie auf, „mit voller Kraft und hohem Ziel große, schnelle, bessere und mehr Erfolge im wirtschaftlichen Aufbau zu erzielen, um den Sozialismus aufzubauen". Dies zeigte, dass der Sozialismus in China in hohem Tempo aufgebaut wurde. Dieser Vorschlag, der als allgemeine Linie der KPCh galt, bekundete, dass China sich in einer Zeit befinde, wo „ein Tag zwanzig Jahre ist". Kurz danach wurde die „Bewegung des großen Sprungs nach vorn" in allen Branchen und Kreisen entfaltet.

Die Bewegung des großen Sprungs nach vorn begann mit der blinden und einseitigen Erhöhung des Produktionstempos in der Industrie und Landwirtschaft, insbesondere nach dem hohen Tempo und Index der Stahlproduktion. Am 12. Mai 1958 veröffentlichte die Volkszeitung den Leitartikel mit dem Titel „Entwicklung lokaler Industrie mit großen, schnellen, besseren und mehr Wirtschaftserfolgen". Dann wurden Industriefabriken in verschiedenen Provinzen, Regionen, Kreisen, Dörfern, Kommunen, Brigaden, sogar in Einrichtungen und Schulen errichtet. Im August 1958 forderte das Zentralkomitee, dass 1958 10,57 Mio. Tonnen Stahl produziert werden sollen, etwa zweimal so viel wie 1957. Die Volkszeitung veröffentlichte einen Leitartikel, der alle Leute dazu aufrief, Stahl zu produzieren. Menschen, Rohstoffe und Finanzmittel wurden überall durch Massenbewegung dazu gesammelt, Konverter und Blasöfen für die Stahlproduktion zu bauen. Zugleich stieg die von verschiedenen Regionen mitgeteilte Getreideproduktion auch schneller. Überall wehte großtuerischer Wind. Ein „Satellitentempo" wurde immer wieder vorausgesagt. Schlagzeile wie „so kühn man ist, so hoch wird der Ertrag" und „wovon man denkt, das kann man realisieren", wurden propagiert. Die Bewegung des großen Sprungs nach vorn brachte der Volkswirtschaft schwere Folgen. Sie brachte die Wirtschaftsentwicklung in Verwirrung. Dadurch geriet das Verhältnis verschiedener wirtschaftlicher Abteilungen ins extreme Ungleichgewicht.

Im April 1958 verkündete das Zentralkomitee der KPCh nach dem Vorschlag von Mao Zedong die Anweisung, „kleine landwirtschaftliche Produktionsgenossenschaften in große zu integrieren". Die Massen der integrierten großen Produktionsgenossenschaften führten spontan die Namen „Kommunistische Kommune", „Große Kommune" usw. ein. Anfang August 1958 setzte Mao Zedong nach der Untersuchung in Hebei, Henan, Shandong und anderen Orten den Namen „Volkskommune" fest. Vom Sommer 1958 an wurden mehr als 74000 Produktionsgenossenschaften in 26000 Volkskommunen umgebildet. Innerhalb von wenigen Monaten vollzog sich die Bildung der Volkskommunen im ganzen Land.

Typisch für die Volkskommunen mit hohem Grad an gemeinsamem Eigentum sind die Eigenschaften „groß und gemeinschaftlich". Zwar hatte die Bildung von Volkskommunen im Bau der Bewässerungsanlagen und in der Produktionskooperation eine gewisse Rolle gespielt, aber sie entsprachen, allgemein gesagt, nicht den Gegebenheiten der ländlichen Gebiete Chinas. In den Kommunen dominierten kommunistischen Gedanken, großtuerisches Gehabe, blinder Gehorsam und zwanghafte Befehle, was der landwirtschaftlichen Produktion großen Schaden zufügte. Zwar versuchte das Zentralkomitee der KPCh, die Fehler in der Bewegung des großen Sprungs nach vorn zu berichtigen, aber der Kampf gegen Rechtopportunismus, der 1959 auf der Konferenz in Lushan gestartet wurde, gab den korrekten Standpunkten, die von Peng Dehuai u. a. vertreten wurden, einen schweren Schlag. Nun verbreiteten sich die rechtsgerichteten Fehler nicht nur im wirtschaftlichen Bereich, sondern sie entwickelten sich zur Theorie der Erweiterung des Klassenkampfs. Die Demokratie in der Partei wurde dadurch zerstört und Mao Zedongs eigenmächtige Herrschaft und Personenkult wurden begünstigt. 1960 geriet die Volkswirtschaft in besonders große Schwierigkeiten. Angesichts dieser Situation führte die KPCh in der Volkswirtschaft eine fünfjährige Reorganisation durch, die von 1961 bis 1965 dauerte, so dass die Krise der Volkswirtschaft überwunden wurde und die Wirtschaft und andere Bereiche wieder große Entwicklung erfuhren.

Vom Sommer und Herbst 1958 an wurden 26000 Volkskommunen gegründet. 12000000 Bauernhaushalte traten den Kommunen bei. Das Bild zeigt, dass das Volk im Kreis Ningxiang in der Provinz Henan die Gründung der Volkskommunen feierte.

Die Agrarkommune Frühlingsblumen in dem Stadtteil Yantan in Xi'an der Provinz Shaanxi schuf das Wandbild „des großen Sprungs nach vorn" mit dem Titel „Lass Hochberge ihre Köpfe sinken und lass Wasser aus dem Weg gehen".

Die Volkskommunen errichteten zahlreiche öffentliche Kantinen, die allen zugänglich ist. Das Bild zeigt die öffentlichen Kantinen in der Kommune Longshan im Kreis Fanshun in der Provinz Guangdong.

Im Dezember 1958 feierten Arbeiter der Shanghaier Schiffbaufabrik die Erfüllung der Aufgabe der Stahlproduktion. Minister für Metallurgie verkündete, dass sich die nationale Stahlproduktion verdoppelt hat, nämlich 10 700000 Tonnen. In der Tat waren nur 8000000 Tonnen von guter Qualität. Das entsprach etwa 3/4 des Produktionsziels der Verdopplung.

Während der Bewegung der Stahlproduktion verteilten sich hausgemachte Blasöfen dicht über die öden Hügel Wulidun im Vorort der Stadt Xinyang in der Provinz Henan.

Am 16. Oktober 1964 wurde die erste Atombombe Chinas erfolgreich zur Explosion gebracht.

1965 wurde die Rakete, die China auf eigene Kraft entwickelt hatte, erfolgreich abgeschossen.

VII. Die Kulturrevolution

Am 18. August 1966 war Mao Zedong unter den Roten Garden.

Die zehnjährige Kulturrevolution wurde von Mao Zedong persönlich gestartet und geführt. Die Kritik an dem historischen Theaterstück „Hai Ruis Rücktritt von seinem Amt" begann im November 1965, was das Vorspiel der Kulturrevolution war. Im Mai 1966 nahm die erweiterte Sitzung des Politbüros des Zentralkomitees der KPCh die Mitteilung des Zentralkomitees der KPCh (kurz: Mitteilung des 16. Mai) und die Entscheidung über die große proletarische Kulturrevolution an. Dann wurden Pengzhen, Luo Ruiqing, Lu Dingyi und Yang Shangkun mehrerer Vergehen beschuldigt. Anschließend wurde ein irrtümlicher Kampf gegen Liu Shaoqi und Deng Xiaoping geführt. Die neugegründete Zentrale Kulturrevolutionsgruppe hatte die größte zentrale Macht in der Hand. Von da an trat an der Stelle der Kollektivführung des Zentralkomitees die individuelle Führung, die von Mao Zedongs linken Irrtümern dominiert wurde. Die Zentrale Kulturrevolutionsgruppe mit Lin Biao und Jiang Qing an der Spitze gab sich viel Mühe, um den Personenkult Mao Zedongs zu fördern. Gleichzeitig nützten sie die Begeisterung für den Personenkult, um ihren eigenen sozialen Status und Einfluss zu verstärken und zur höchsten Staatsmacht zu gelangen. Diese verkomplizierte die Natur der Kulturrevolution.

Vom August bis zum November 1966 empfing Mao Zedong auf dem Tian'anmen Platz achtmal die Rote Garde aus allen Landesteilen Chinas, die etwa 13 Mio. Menschen umfasste. Zahlreiche Jugendliche und Studenten verwandelten ihren Kult und Fanatismus für Mao Zedong in Entrüstung und Angriff auf der „Revisionismus" und die „Bourgeoisiehauptquartiere". Die Partei- und Regierungsorgane wurden gelähmt oder halb gelähmt. Zahlreiche Funktionäre wurden kritisiert und geschlagen. Experten und Gelehrten wurden beschuldigt, „gebildeten reaktionären Autoritäten" zu sein. Sie wurden mit den Bezeichnungen „Niu Gui She Shen" (Ochse, Teufel, Schlange und Dämon) beschimpft.

Im April 1969 nahm der neunte Kongress der KPCh den politischen Bericht von Lin Biao an. Daher stieg der Ehrgeiz des Blocks um Lin Biao erheblich an. Da ihr schneller Schritt zur Ergreifung der Staatsmacht von Mao Zedong aber erkannt wurde, ergriff Lin Biao überstürzt die Flucht ins Ausland. Er starb bei einem Flugsturz in Undurkhan in der Mongolei.

Im September 1976 starb Mao Zedong. Im Oktober beriefen Hua Guofeng, Ye Jianying und Li Xiannian und andere Mitglieder des Politbüros des Zentralkomitees eine Konferenz ein, auf der sie die Entscheidung trafen, die sogenannte „Viererbande" um Maos Frau zu verhaften. Die Viererbande wurden beseitigt und die Kulturrevolution beendet.

Die Kulturrevolution war eine katastrophale Dekade für das chinesische Volk. In der Kulturrevolution erlitten die glänzenden Kulturerben Chinas große Verluste. Blüten der Kunst verwelkten. Was übrig blieb, war das so genannte „Revolutionäre Modelldrama". Mit dem Aufstieg der Roten Garde wurde rasch die Neuaufnahme von Studenten an den Hochschulen unterbrochen. Bis 1968 wurden Schulabgänger dreier Jahrgänge ohne die Möglichkeit auf eine Weiterbildung entlassen. Ende desselben Jahres wurden nach dem Aufruf Mao Zedongs städtische Jugendliche mobilisiert, „ in die Berge und aufs Land zu gehen". Zahlreiche junge Schüler wurden zur landwirtschaftlichen Tätigkeit aufs Land oder auf Grenzfarmen geschickt.

Zhang Zhixin (1930-1975) stammte aus Tianjin. Sie trat 1955 der KPCh bei und war Absolvent der Volksuniversität Chinas. Sie leitete auch die Publikationsabteilung der KPCh der Provinz Liaoning. Während der „Kulturrevolution" wurde sie 1970 ins Gefängnis gesetzt und am 4. April 1975 grausam getötet, da sie oft den „Links"-Irrtum der Parteileitung kritisierte.

Werbung für das „revolutionäre Musterdrama"

Am 22. Februar 1968 sendete die Xinhau-Nachrichtenagentur Mao Zedongs Aufruf, dass "junge Intellektuelle zur Widererziehung von armen und mittleren Bauern aufs Land gehen müssen", der die „Bewegung des Aufslandgehen und Aufsberggehen der Intellektuelle" in Gang setzte. In den folgten zehn Jahren gingen 16230000 junge Intellektuelle aus allen Landesteilen auf die Berge und in die Dörfer, um von armen und mittleren Bauern wieder erzogen zu werden.

Ende der „Kulturrevolution" wurde Mao Zedongs Anweisung vom 7. Mai" überall ausgeführt und die Kaderschule des „7. Mai" wurde gegründet. Zahlreiche Kader, Lehrer, Experten und Künstler wurden aufs Land geschickt, damit sie dort Arbeit wieder aufnehmen konnten. Das Bild zeigt, dass Lehrer der Beijing-Universität und der Qinghua-Universität in der Kaderschule des „7. Mai" auf dem Poyang-See in Jiangxi arbeiteten.

Am 17. Juni 1967 wurde die erste Wasserstoffbombe erfolgreich zur Explosion gebracht.

Am 24. April 1970 schoss China den ersten künstlichen Erdsatelliten erfolgreich ab.

Am 29. Dezember 1968 wurde die Yangtse-Brücke Nanjing fertig gestellt und in Betrieb genommen.

VIII. Entspannung in der sino-amerikanischen und sino-japanischen Beziehung und die Wiederherstellung des ständigen Sitzes Chinas in den Vereinten Nationen

Zwischen dem 21. und dem 28. Februar 1972 besuchte der amerikanische Präsident Nixon China. Das Bild zeigt, dass Premier Zhou Enlai mit Nixon traf.

Am 21 Februar 1972 traf Mao Zedong mit Nixon.

Am 20 September 1972 traf Mao Zedong mit dem japanischen Premierminister Kukuei Tanaka.

Ende der 60-er Jahre verfolgten die USA und die Sowjetunion im Kampf um die weltweite Hegemonie China aufmerksam. Doch China hoffte, die gleichzeitige Konfrontation mit zwei Supermächten zu vermeiden.

Im November 1969 wurde Nixon amerikanischer Präsident, der mit der Entspannung der sino-amerkanischen Beziehungen begann. Am 1. Oktober 1970 empfing Mao Zedong auf der Terrasse des Tian'anmen-Platzes den amerikanischen Schriftsteller Edgar Snow und brachte deutlich zum Ausdruck, dass ein Besuch des amerikanischen Präsidenten Nixon in China begrüßt werde. Im April 1971 lud China die amerikanische Tischtennismannschaft, die eben an der 31.Weltmeisterschaft in Japan teilgenommen hatte, zum Besuch nach China ein und entfaltete die sogenannte „Pingpong-Diplomatie". Vom 9. bis zum 11. Juli 1971 besuchte Dr. Kissinger, der Sicherheitsberater des Präsidenten Nixon, China geheim. Am 16. Juli gaben die chinesische und die amerikanische Regierung ein Kommunique frei und verkündete in diesem den künftigen China-Besuch Nixons. Die Nachricht überraschte die ganze Welt. Am 21. Februar 1972 traf Nixon in Beijing ein. Am Nachmittag traf Mao Zedong mit Nixon zusammen, was die mehr als 20 Jahre dauernde Isolation zwischen den USA und China zum Ende brachte. Am 28. Juli wurde das gemeinsame Kommunique freigegeben, in dem beide Seiten bestätigen: Erstens: Die Beziehungen zwischen beiden Staaten muss auf der Grundlage der Fünf-Prinzipien der friedlichen Koexistenz geregelt werden. Zweitens: Beide Seiten sollten im asiatisch-pazifischen Raum keine Hegemonie erstreben. Drittens: Alle Chinesen auf beiden Seiten der Taiwan-Straße müssen als eine Ganzheit betrachtet werden, da Taiwan ein Bestandteil Chinas sei. Die amerikanische Regierung erhob dagegen keinen Einwand. Seitdem begann die Normalisierung der sino-amerikanischen Beziehungen.

Vom 18. bis zum 25. Oktober 1971 fand die 26. Plenarsitzung der Vollversammlung der UNO statt, auf der die Resolution über die Wiederherstellung aller legitimen Rechte für die Volksrepublik China mit überwältigender Mehrheit angenommen wurde. Am 15. November 1971 nahm die chinesische Delegation unter der Führung von Qiao Guanhua und Huang Hua an der 26.Vollversammlung der UNO teil und übernahm die Verantwortung eines ständigen Mitglieds des UN-Sicherheitsrats. Im April 1974 nahm die chinesische Delegation unter der Führung von Deng Xiaopin an der 6. Sonderversammlung der Un-Vollversammlung teil und verkündete die „Theorie von drei Welten". Sie gab bekannt, dass „China jetzt keine Supermacht ist und in der Zukunft auch keine Supermacht werden will."

Gleichzeitig wurden die sino-japanischen Beziehungen nach langjährigen Schwankungen normalisiert, als der japanische Premierminister Kakuei Tanaka im September 1972 China besuchte.

Am 31. Januar 1979 gab Vize-Premier Deng Xiaoping einen großen Empfang in dem chinesischen Verbindungsbüro in Amerika.

IX. Anfang der Reform und Öffnung nach Außen

Massen aller Kreise und Branchen versammelten sich, um die Beseitigung der „Viererbande" zu feiern.

Deng Xiaoping (1900-1996), Chefkonstrukteur der chinesischen Reform und Öffnung nach Außen

Nach der Kulturrevolution hinderten die falschen Richtlinien der zwei sogenannten „Irgendwelche" (nämlich: „Irgendwelche Entscheidung, die Mao Zedong traf, unterstützen wir; Irgendwelche Anweisung, die Mao Zedong gab, werden wir befolgen") China daran, viele historische Probleme von Grund auf zu lösen und die im realen Leben neu entstandenen Probleme richtig zu behandeln. Im Mai 1977 forderte Deng Xiaoping, die Fehler der zwei „Irgendwelche" zu beseitigen. Am 1. Mai 1978 veröffentlichte die Parteischule des Zentralkomitees in dem Magazin *Theoretische Trends* den Artikel „Praxis ist das einzige Kriterium zur Überprüfung der Wahrheit". Er erschien nachher in der Guangming-Zeitung, der Xinhua-Nachrichtenagentur, der Volkszeitung und der Zeitung der VBA. Zahlreiche Zeitungen und Zeitschriften des ganzen Landes führten heftige Debatten, die die Denkfreiheit des Volkes beförderten.

Die dritte Plenarsitzung des 11. Parteikongresses der KPCh fand vom 12. bis zum 22. Dezember 1978 statt, worauf historische Erfahrungen seit der Gründung der Volksrepublik China gesammelt wurden und Entscheidungen über viele wichtige Fragen getroffen wurden. Außerdem wurde falsches Urteil gegenüber Peng Dehuai, Tao Zhu, Bo Yibo, Yang Shangkun u. a. berichtigt. Daraufhin begann der erste Schritt zum allseitigen Aufbau und zur Öffnung zur Welt. Im Februar 1980 beschloss die 5. Plenarsitzung des 11. Parteikongresses der KPCh, Liu Shaoqi zu rehabilitieren. Gleichzeitig begann das Zentralkomitee mit der allseitigen Umkehrung vieler Fälle von Unrechtmäßigkeit, Rechtsbeugung und Justizirrtümer. Es führte verschiedene Richtlinien aus und rehabilitierte diejenigen, die fälschlicherweise zu den Rechtsgerichteten gezählt worden waren. Dies schuf die Voraussetzungen für die Verlagerung der Arbeitsschwerpunkte der Partei zum wirtschaftlichen Aufbau.

Im Sommer 1977 unternahmen die Provinzen Sichuan und Anhui Versuche über das auf dem Haushalt basierenden System der eigenen Verantwortung für das Management und die Produktion in der Landwirtschaft. Die vierte Plenarsitzung des 11. Parteikongresses der KPCh nahm offiziell Entscheidungen über einige Fragen zur Beschleunigung der landwirtschaftlichen Entwicklung (Entwurf) an und beschloss, auf die Reform des Wirtschaftssystems in ländlichen Gebieten und die Durchführung des Produktionssystems auf der Basis der Haushaltspflicht zu fokussieren. 1982 führten über 90% der Produktionsbrigaden das Produktionssystems auf der Basis der Haushaltspflicht ein. Vom Anfang 1983 an wurde das System der Volkskommunen reformiert, um berufliche

Mitglieder der Produktionsgruppe Hanjiawan des Kreises Chang'an in der Provinz Shaanxi erhielten die Verträge des Vertragsgebundenen Produktionssystems auf der Haushaltbasis.

Tätigkeiten in ländlichen Gebieten zu vermehren und die Integration der Landwirtschaft, der Industrie und des Handels zu fördern. Gemeindeeigene Betriebe kamen als neue Wirtschaftskräfte auf. Im Zhujiang-Delta, am Unterlauf des Yangtses und in den Küstengebieten im Südosten Chinas wurden neue Systeme der ländlichen Wirtschaftsstruktur etabliert, die sich durch Multi-Wirtschaft kennzeichneten.

1981 bestimmte die Regierung die Städte Shashi in Hubei, Changzhou in Jiangsu, Chongqing in Sichuan u. a. zu Pilotstädten für die allseitige ökonomische Reform in Zentralstädten. Darunter waren auch Beijing, Tianjin, Shanghai und Guangzhou.

Im Juli 1979 wurden Wirtschaftssonderzonen in Shenzhen, Zhuhai und Shantou in der Provinz Guangdong und Xiamen in der Provinz Fujian eingerichtet, die als chinesische Schaufenster und Versuchsanlagen der Öffnung zur Welt dienten. 1984 beschlossen das Zentralkomitee der KPCh und der Staatsrat, die Insel Hainan und 14 Städte entlang der Meeresküste für die Welt zu öffnen, einschließlich Dalian, Qinghuangdao, Tianjin, Yantai, Lianyungang, Nantong, Shanghai, Ningbo, Wenzhou, Fuzhou, Guangzhou, Zhanjiang und Beihai. 1985 öffnete China darüber hinaus das Yangtse-Delta, das Zhujiang-Delta, das Xia (Xiamen)-Zhang (Zhangzhou)-Quan (Quanzhou)-Delta im Süden Fujians, die Jiaodong-Halbinsel und die Liaodong-Halbinsel für die Welt. Auf diese Weise vollzog sich im Laufe der Zeit der Übergang der geschlossenen zu offenen Wirtschaft. Die wirtschaftliche Stärke stieg damit erheblich an.

Zone für neue Hochte chnologie, Zhongguangcun-Strasse, Beijing

Neue Sicht von Pudong, Shanghai

1980 wurde die Shenzhener Wirtschaftszone eingerichtet. In den letzten 20 Jahren wurde es eine internationale Handelsstadt mit großer Kapazität der Handyindustrie, Finanz und Meeresverschiffung. Das Bild zeigt die neue Sicht der Stadt Shenzhen

X. Die Rückkehr Hongkongs und Macaos

Die Zeremonie für die Übergabe von Honkong zwischen China und England am 01. Juli 1997, Hongkong

Seit der Durchführung der Reform und Öffnung nach Außen wahrt China eine unabhängige und friedliche Diplomatie, um eine günstige internationale Umgebung für den wirtschaftlichen Aufbau zu sichern. China unterhält und entwickelt freundschaftliche Beziehungen mit vielen Ländern und nimmt aktiv an den Aktivitäten der UNO und anderer internationalen Organisationen teil und treibt die friedliche Lösung regionaler Konflikte voran. Außerdem bemüht sich China, eine neue internationale Politik- und Wirtschaftsordnung zu etablieren. 1985 verkündete China, die Armee um eine Mio. Soldaten abzubauen und versprach, niemals Atomwaffen als erster anzuwenden, und diese auf keinen Fall gegen Länder ohne Atomwaffen einzusetzen.

Nach dem 1.Opiumkrieg besetzte Großbritannien Hongkong und nahm es als seine Kolonie, was ein Beispiel der Erniedrigung in der chinesischen Geschichte darstellte. Deshalb war die Wiedergewinnung der Souveränität über Hongkong zu geeigneter Zeit längst der feste Standpunkt der neuen chinesischen Regierung. Im September besuchte die Premierministerin Margaret Thatcher China. Deng Xiaoping, der Direktor des Beratungskomitees des Zentralkomitees der KPCh, hat mit ihr über die Zukunft von Hongkong gesprochen und brachte dabei explizit die Idee zur Lösung des Hongkong-Problems durch die Politik „Ein Land, Zwei Systeme" vor. Danach erklärte Deng Xiaoping während des Treffens mit ausländischen Gästen und Persönlichkeiten aus Hongkong mehrmals die Idee, dass Taiwan und Hongkong nach der Vereinigung ihr kapitalistisches System erhalten könnten, während das Festland weiter sein sozialistisches System fortsetze, dass die Volksrepublik China jedoch den Alleinvertretungsanspruch für sich beanspruche. Im Mai 1984 wurde die Idee von „Ein Land, Zwei Systeme" offiziell auf der zweiter Sitzung des 6.Nationalen Volkskongresses vorgebracht. Darauf wurde sie zur gesetzlichen Staatspolitik erklärt, was die Lösung des Hongkong- und Macao-Problems förderte.

Nach dem Prinzip von „Ein Land, Zwei Systeme" unterschrieben die Regierung des Vereinigten Königreichs von Großbritannien und Nordirland und die Regierung der Volksrepublik China am 26. September 1984 in Beijing die Gemeinsame Erklärung über die Frage Hongkong, in der stand, dass China seine Souveränität über Hongkong vom 1. Juli 1997 an wiedergewinnen wird und dass die britische Regierung am selben Tag Hongkong an China zurückgeben wird. Die chinesische Regierung musste die Sonderverwaltungszone Hongkong einrichten, die von Bürgern aus Hongkong verwaltet wird, ohne die gegenwärtige Gesellschaft, das gegenwärtige Wirtschaftssystem, die Lebensweise und Gesetze zu ändern. Diese Richtlinien werden nach der Gründung der Sonderverwaltungszone Hongkong 50 Jahre lang gelten. Im November nahm die 8. Sitzung des 6. nationalen Volkskongresses die sino-britische Gemeinsame Erklärung an. Beide Seiten tauschten das *Buch für die Annahme der sino-britischen gemeinsamen Erklärung* aus.

Am 01. Oktober 2000 hielt die Macao-Regierung nach fast einem Jahr nach der Rückkehr die Zeremonie der Flaggenheißung im Goldlotus-Park ab, um die Nationalfeiertage Chinas zu feiern.

Delegationen der chinesischen und der portugiesischen Regierung begannen im Juni 1986 mit Gesprächen über die Macao-Frage. Nach vier Gesprächsrunden erstellten beide Seiten die Gemeinsame Erklärung zwischen der Regierung der portugiesischen Republik und der Regierung der Volksrepublik China, in der stand, dass die Volksrepublik China am 20.Dezember 1999 die Souveränität über Macao wiedergewinnen wird und die Sonderverwaltungszone Macao der Volksrepublik China gründen wird. Macao genießt heute einen hohen Grad an Autonomie, nur die auswärtigen Angelegenheiten und die staatliche Verteidigung werden von der zentralen Volksregierung verwaltet. Am 14. April wurde die sino-portugiesische gemeinsame Erklärung offiziell unterzeichnet.

Am 1.Juli 1997 und am 20. Dezember 1999 kehrten Hongkong und Macao nach China zurück. Es wurde jeweils die Sonderverwaltungszone Hongkong und Macao gegründet. Dadurch hat China auf dem Weg zu seiner Vereinigung wieder einen neuen wichtigen Schritt getan.

XI. Marsch zur Wiedererstehung der chinesischen Nation

Anfang 1992 machte Deng Xiaoping eine wichtige Reise nach dem Süden. Das Bild zeigt Deng Xiaoping in Wuchang.

Während der kritischen Periode des Modernisierungsprozesses in China inspizierte der damals 88 Jahre alte Deng Xiaoping Wuhan, Shenzhen, Zhuhai, Shanghai sowie andere Orte und hielt wichtige Ansprachen auf seiner Reise vom 28. Januar bis zum 21. Februar 1992. Er wies darauf hin, dass der Schritt der Reform und Öffnung nach Außen beschleunigt werden müsse. Plan und Markt seien keine wesentlichen Unterschiede zwischen Sozialismus und Kapitalismus. Das Wesen des Sozialismus liege darin, die Produktivkraft zu befreien und zu entwickeln, die Ausbeutung und die Polarisierung zu beseitigen, um schließlich zu gemeinsamem Wohlstand zu gelangen. Im Oktober 1992 brachte der 14. Nationale Kongress der KPCh deutlich die Idee vor, dass das Ziel der Reform des chinesischen Wirtschaftssystems darin besteht, die sozialistische Marktwirtschaft zu etablieren. Hierdurch vollendete sich die Theorie des Aufbaus der sozialistischen Marktwirtschaft chinesischer Prägung. Die chinesische Wirtschaft erfährt seither eine ständige und rasche Entwicklung.

1992 nahm die 5. Sitzung des 7. Nationalen Volkskongresses die Resolution über das Drei-Schluchten-Projekt an und verkündete, dass das Projekt am 14. Dezember 1994 offiziell beginnen wird. Die drei Schluchten sind 192 km lang und erstrecken sich von Baidicheng in der Stadt Chongqing am Oberlauf bis zum Nanjin-Pass von Yichang in der Provinz Hubei am Unterlauf. Sie besteht aus den Schluchten Qutang, Wuxia und Xiling. Durch das Projekt können Überschwemmungen bekämpft, Elektrizität erzeugt und die Schifffahrt verbessert werden. Deshalb ist es ein gewaltiges Projekt, das umfassende Vorteile hervorbringen kann. Es kann die zerstörerische Überschwemmung entlang des Jingjiang-Flusses (einem Teil des Yangtse) eindämmen. Aus ihm wird, wenn es fertig gestellt ist, das größte Wasserkraftwerk Chinas und sogar der Welt. Dadurch können die Schifffahrtsbedingungen des Yangtse erheblich verbessern werden, so dass Verbände von 10000 Tonnen direkt von Chongqing nach Wuhan fahren können. Die ersten Aggregate werden 2003 in Betrieb gehen und Elektrizität produzieren. Das ganze Projekt wird 2009 fertig gestellt.

Im Juni 1998 kam es im Norden und Süden Chinas zu starkem Regen. Die Wasserpegel des Yangtse stieg in kurzer Zeit stark an. Jiangxi, Hubei, Hunan, Chongqing, Sichuan, die Innere Mongolei, Heilongjiang und andere Provinzen wurden von Überschwemmungen heimgesucht. Jiang Zeming, Li Peng, Zhu Rongji und andere Leiter der Partei und Regierung gingen in den Krisengebieten zur Bekämpfung der Überflutung und kommandierten persönlich die Bekämpfung der Überschwemmung. Millionen von Soldaten und Einwohner trafen strikte Maßnahmen zur Überschwemmungsbekämpfung, so dass der Kampf gegen die Überschwemmung erfolgreich endete. Während der Überschwemmung kümmerte sich das ganze Volk um die Überschwemmungsgebiete. Sie unterstützten die Leute in den Überschwemmungsgebieten auf verschiedene Weisen, was den Zusammenhalt und den festen Willen des chinesischen Volks demonstrierte.

1998 brach die Finanzkrise, die die ganze Welt schockierte, in Asien aus. Als ein großes verantwortungsbewusstes Land bestand die chinesische Regierung darauf, die Währung Renminbi nicht abzuwerten. Sie trug damit zur Überwindung der Finanzkrise bei. Gleichzeitig erreichte die chinesische Wirtschaft eine Wachstumsrate von 7%, die seit vielen Jahren gehalten wird. Die umfassende Staatsstärke stieg erheblich.

Im Juni 1999 begann China mit dem Projekt der großangelegten Entwicklung der westlichen Gebiete, die die lokale Verteilung der Produktivkräfte optimieren und die Entwicklungsdifferenz verschiedener Gebiete und die allseitige Wirtschaftsentwicklung in China beschleunigen sollte.

Am 13. Juli 2001 gewann Beijing auf der 112. Plenarsitzung des Internationalen Olympischen Komitees in Moskau den Auftrag für die Austragung der Olympischen Spiele 2008. Der Sieg zeigte die Zuversicht der Welt auf die künftige wirtschaftliche Entwicklung Chinas.

China wurde am 11. Dezember 2001 von der Welthandelsorganisation offiziell angenommen. Chinas WTO-Beitritt förderte nicht nur die Reform und Öffnung nach Außen, sondern er steigerte auch die Zuversicht auf die globale Wirtschaftsentwicklung.

Unter der Leitung des Zentralkomitees der KPCh um Jiang Zeming marschiert das chinesische Volk nunmehr zur Wiedererstehung der chinesischen Nation.

Am 13. Juni 2001 verkündete das Internationale Olympische Komitee, dass China zur Austragung der Olympischen Spiele 2008 gewählt wurde. Das ganze Volk ist von dieser Nachricht begeistert.

Am 12 November unterzeichnete der Handels- und Wirtschaftsminister Shi Guangshen im Namen der Volksregierung der VR China das Abkommen über den WTO-Beitritt Chinas in die.

Chronologie

China	Sino-westliche Beziehungen	Weltgeschichte
2205-1767 v. Chr., Xia-Dynastie		2775 v. Chr., die erste Dynastie der Ur, 2736-2563 v. Chr., die vierte Dynastie Ägyptens, Bau der Pyramide
1766-1112 v. Chr., zuerst Shang-Dynastie, dann Yin-Dynastie		1580 v. Chr., Gründung des neuen Reichs von Ägypten 1180 v. Chr. Trojanischer Krieg
1111-771 v. Chr., Westliche Zhou-Dynastie		1029 -974 v. Chr., David an der Regierung
770-256 v. Chr., Östliche Zhou-Dynastie, Konfuzius lebte zwischen 551- 478 v. Chr., Laozi lebte im 5. Jh. vor Christus.	Herodot (484-425) hat zum ersten Mal China erwähnt.	753 v. Chr., Gründung Roms
453-221v. chr.,J.-C Periode des Royaumes combattants		443 v. Chr., Blütezeit von Perikles 399 v. Chr., Tod von Sokrates 376-323 Feldzug Alexanders
221-206 v. Chr. erste Reichsvereinigung. Gründung der Qin-Dynastie durch Qin Shihuang		219-201 v. Chr., Zweiter Krieg von Guerre
206-25 v. Chr., Westliche Han-Dynastie 9-23 v. Chr. Regime von Wang Mang 23-220 n. Chr. Östliche Han-Dynastie 105 Erfindung des Papiers	97 Niederlage des ersten Eintritts in China 166 Eintritt syrischer Geschäftsleute in China	59-50 v. Chr., Eroberung Galliens durch Julias Cäsar 4-5 Geburt Jesus Christus 70 Zerstörung von Jerusalem 161-180 Regime von Aurelie
220-280 Drei Reiche		
Kurzzeitige Einigung 265-316 Westliche Jin		275 Invasion der Franken nach Gallien
Invasion und Spaltung 316-589 Nordchina: Invasion von barbarischen Hunnen und Urmongolen Südchina: Folge von Dynastien der Chinesen	498 Gründung des Nestorianismus in Persien 555 Einführung von Seiden nach Konstantinopel	330 Gründung von Konstantinopel 380 Christentum wurde einzige gesetzliche Staatskirche Roms 451 Invasion der Hunnen 476 Zusammenbruch des westlichen Römerreichs 496 Clovis' Bekehrung
Einigung 589-618 Sui-Dynastie 618-907 Tang-Dynastie, Hauptstadt Chang'an	638 Gründung des Nestorianismus in China 851 Aufnahme der Beziehungen zw. China und Indien	622 Begründung des Islams 632 Tod von Mohammed 732 Niederschlagung der Invasion in Portiers von Arabern durch Martell 800 Krönung Kaiser Karls des Großen in Rom
Spaltung 907-960 Nördliche separate Regimes		
Einigung 960-1126 Song-Dynastie		987 Regierung Hughes Capes in Frankreich 1095 Aufruf zum ersten Kreuzzug 1099 Besetzung von Jerusalem durch die Kreuzzügler
Norden und Süden in Teilung 1115-1234 Jin-Dynastie der Toungous-Rasse in Norden 1127-1279 Südliche Song-Dynastie, Hauptstadt Hangzhou	1245-1246 Reise von Jean du Plan Carpin 1253 Reise von Guillaume de Rubrouck 1260 Reise von Nicole und Mafeo Polo	1187 Besetzung von Jerusalem durch Saladin 1204 Besetzung von Konstantinopel durch die Kreuzzügler (im 4. Kreuzzug) 1216 Der 5. Kreuzzug 1226-1270 Regime von Saint Louis 1230 Invasion auf Europa durch Mongolen
Einigung 1280-1368 Mongolische Yuan-Dynastie, Hauptstadt Beijing	1272-1295 Reise von Marco Polo 1287 Reise von Rabban Cauma aus Europa 1293-1328 Montcorvins Aufenthalt in Beijing 1314-1328 Reise von Odoritz de Pordenone	1291 Vertreibung der Kreuzzügler aus der Heiligen Stadt 1309 Papst in Avignon 1329 Anfang des 100jährigen Krieges 1365 Pestwellen in Europa; massiver Bevölkerungsrückgang
1368-1644 Ming-Dynastie, Hauptstadt Nanjing, dann Beijing 1592-1597 Japans Expedition nach Korea	1498 Ankunft in Kalicut von Vasco de Gama 1517 Ankunft in Guangdong des Gesandten Portugals 1557 Niederlassung von Portugiesen in Macao 1580 Le P. Riccis, Ankunft in Macao	1453 Besetzung von Konstantinopel durch Türken 1492 Kolumbus landet in Amerika 1517 Luthers Thesen; Beginn der Reformation in Deutschland 1524/25 Bauernkrieg 1539 Aufbau des Jesuitenordens 1618-48 30jähriger Krieg 1640-88 Aufstieg Brandenburgs unter Friedrich Wilhelm I.
1644-1912 Mandschurische Qing-Dynastie, Hauptstadt Beijing 1667-1722 Regime von Kangxi 1735-1796 Regime von Qianlong 1851-1864 Revolte von Taiping 1862 Regentschaft von Kaiserinmutter Cixi 1895 Niederlage Chinas in Korea 1898 Reformversuch (Kang Youwei) 1908 Tod der Kaiserinmutter Cixi	1685 Ankunft der französischen Jesuiten in Beijing gesandt von Louis XIV. 1704 Condamnation des rites chinois par le pape 1792-1793 Britischer Gesandte Lord McCartney 1839 Der erste Opiumkrieg 1857-1860 Der zweite Opiumkrieg 1869 Reform durch Meiji in Japan 1884-1885 Französisch-chinesischer Krieg (Indochina) 1897-1898 Entwicklung der ausländischen Niederlassungen in Shanghai 1900-1901 Krieg von Yihetuan 1904-1905 Niederlage Russlands im Krieg mit Japan	1661 Anfang der Regierungszeit von Louis XIV. in Frankreich 1685 Aufhebung des Edikts von Nantes 1688-89 „Glorious Revolution" in England 1773 Verbot des Jesuitenordens durch Papst 1789 Französische Revolution 1793 Hinrichtung von Louis XIV. 1804 Napoleon wird Kaiser der Franzosen 1815 Wiener Kongress 1817 Wartburgfest
1911 Republik China 1921 Gründung der KPCh 1925 Tod von Sun Yatsen, Nachfolger Chiang Kaischek 1937 Aggression Japans		1914-1918 Der Erste Weltkrieg 1917 Oktoberrevolution in Russland 1939-1945 Der Zweite Weltkrieg 1945 Gründung der UN
1949 Gründung der VR China 1950 Allianzvertrag zw. China und Sowjetunion 1956-1957 Hundert-Blumen-Politik 1958 Großer Sprung nach vorn 1959-1961 Naturkatastrophe 1960 Abbrechung der sino-sowjetischen Beziehungen 1966-1968 Kulturrevolution 1976 Tod Zhou Enlais und Mao Zedongs	1950 Koreanischer Krieg 1964 Aufnahme der Beziehungen zw. Frankreich und China 1971 Chinas Aufnahme in die UNO	1949 Gründung der BRD und der DDR 1953 Tod Stalins 1954 Niederlage von Dien Bien Phu 1956 Einzug von sowjetischen Truppen in Budapest 1961 Bau der Berliner Mauer 1968 Sowjetische Intervention in Tschechoslowakei 1968 Studentenproteste in ganz Europa

Liste der Weltkulturerben in China

No.	Name	Dynasty	Place	Description	Page
1	Das Palastmuseum	Ming and Qing	Beijing	Kaiserlicher Palast der Ming- und Qing-Dynastie	153
2	Die Große Mauer	Ming	China	Vom Jiayu-Pass im Westen bis zum Shanhai-Pass im Osten, auch das 8. Weltwunder genannt, im Dezember 1987 in die Liste der Weltkulturerbe aufgenommen	148
3	Potala-Palast, Jokhang-Monastrium	Yuan	Nordwestliche Vorstadt von Lhasa, Tibetisches Autonomgebiet	Ein palastähnlicher Baukomplex, die Essenz der alten tibetischen Baukunst.	143
4	Qingshihuangs Mausoleum und die Terrakotta-Armee	Qin	Xi'an, Shaanxi	Der wichtigste archäologische Fund des 20. Jahrhunderts, ebenfalls als das 8. Weltwunder bezeichnet.	52
5	Die Mogao-Höhle in Dunhuang	Tang	Mingsha-Berg, Dunhuang, Provinz Gansu	Buddhistische Höhlentempel gegraben von der Zeit der 16 Staaten bis zur Yuan-Dynastie. Es ist die größte Schatzkammer der buddhistischen Kunst auf der Welt.	86
6	Landschaft und Sehenswürdigkeiten in Jiuzaigou	Republik China	Kreis Jiuzaigou, die tibetische Autonompräfektur Aba, Provinz Sichuan	Bei dem Zang-Volk als Magische Berge und „Heiliges Wasser" geltend, von Östlichen als Paradies auf der Erde bezeichnet, wie bei den Westlichen das Märchenland.	212
7	Der Sommerpalast in Beijing	Qing	Beijing	Einer der größten kaiserlichen Gärten der Welt	172
8	Der Himmelstempel in Beijing	Ming	Beijing	Während der Ming- und der Qing-Dynastie kamen Kaiser zum Opfern des Himmelsgottes in den Tempel, um für gute Ernte und für Regen im Sommer und Schnee im Winter zu beten	152
9	Landschaft und Sehenswürdigkeit Taishan-Berg	Qin and Han	Tai,an, Provinz Shandong	Auch „Östlicher Heiligberg", „Daizong" und „Daiyue" genannt, in die Liste der Weltkultur- und Naturerben aufgenommen.	48
10	Sehenswürdigkeitsgebiet Lushan-Berg	Song	Norden der Provinz Jiangxi	Weltbekannt für seine Majestät, Eigenartigkeit, Schroffheit, und Schönheit.	137
11	Altstadt von Pingyao	Ming	Pingyao, Provinz Shandong	In der Westlichen Zhou-Dynastie gebaut, gut erhaltenes Aussehen aus der Ming- und Qing-Dynastie	155
12	Sommerresidenzen und die Tempel in der Umgebung	Qing	Chengde, Provinz Hebei	Bestanden aus Kaiserlichem Palast, kaiserlichen Gärten und großartigem Tempelkomplex	183
13	Zhoukoudian: Heimat des Peking-Menschen	Urzeit	Gemeinde Zhoukoudian, Stadtteil Fangshan, Beijing	Die inhaltreichste und systematischste Ruine der Altsteinzeit	8
14	Altstadt von Lijiang	Yuan	Lijiang, Autonomer Kreis Naxi, Provinz Hunan	Ende der Song und Anfang der Ming-Dynastie gebaut, Palast, Gärten, Geschäftsvierteln und Beamtenresidenzen waren gut erhalten.	131
15	Klassische Gärten in Suzhou	Qing	Suzhou, Provinz Jiangsu	Kombination von baukünstlerischer, natürlicher und künstlicher Schönheit, fein, elegant und einzigartig	204
16	Felsenschnitz Dazu	Song	Kreis Dazu	Statuen verteilt sich auf den ganzen Kreis, die am besten erhaltene Felsenschnitzarbeit	129
17	Alte Bauten auf dem Berg Wudang	Norden und Süden	Stadt Danjiangkou, Nordwesten der Provinz Hubei	Auch Taiheshan und Xuanue-Berg genannt, der bekannte heilige Ort für den Taoismus, berühmt für die eindrucksvollen Taoistischen Tempel.	79
18	Die Longmen-Grotten	Nördliche Wei und Tang	Luoyang, Provinz Henan	Gebaut in der Nördlichen Wei über die Östliche und Westliche Wei, Nördliche Qin, Sui, Tang und Song-Dynastie. Zusammen mit den Mogao-Grotten in Dunhuang in der Provinz Gansu, Yungang-Grotten in Datong in der Provinz Shanxi werden sie Drei Große Grotten Chinas genannt.	96
19	Kaiserliche Mausoleen der Ming- und der Qing-Dynastie	Ming and Qing	Nanjing, Beijing, und Anlu in der Provinz Hubei und Zunhua in der Provinz Hebei	Es gibt 18 kaiserliche Gräber der Ming und 15 Gräber der Qing, mit großem Maßstab und kompletter Struktur	201
20	Konfuzius, Gebäude, Tempel und Friedhof	Frühlings- und Herbstperiode, Streitende Reiche	Qufu, Provinz Shangdong	Der größte Konfuzius-Tempel, die Residenz der Nachfahren Konfuzius, und der Familienfriedhof	42
21	Dujiang-Damm und Qingchengshan-Berg	Streitende Reiche	Stadt Dujiangyan, Provinz Sichuan	Gebaut von dem Vorsteher der Präfektur Li Bin und seinem Sohn in Shu. Der Berg Qingchengshan ist alt und friedvoll.	32
22	Alte Dörfer in Süd-Anhui – Xidi und Hongcun	Qing	Kreis Yixian, Provinz Anhui	Dort gibt es 3600 gut erhaltene alte Bürgerhäuser.	203
23	Landschaft und Sehenswürdigkeit Hualong	Drei-Reiche	Kreis Songfan, Provinz Sichuan	Mit einzigartiger Landschaft, reichen Ressourcen und ursprünglichem Ökosystem ist es ein gut erhaltener „Jaspersee auf der Erde".	70
24	Landschaft und Sehenswürdigkeit Huangshan-Berg	Song and Yuan	Stadt Huangshan, Provinz Anhui	Gilt als „der größte Berg in China", in die Liste der Weltkultur- und Naturerben aufgenommen.	144
25	Landschaft und Sehenswürdigkeit Wulingyuan	Nördliche und Südliche Dynastien	Stadt Zhangjiajie, Provinz Hunan	Mit schroffen Bergen, merkwürdigen Gipfeln, schönen Flüssen, friedlichen Streifen und herrlichen Höhlen.	82
26	Der Emei-Berg und der Großbuddha Leshan	Tang	Stadt Emeishan, und Stadt Leshan, Provinz Sichuan	Einer der vier berühmtesten buddhistischen Berge Chinas. Leshan-Großbuddha wird auch Lingyun-Großbuddha genannt. Es wurde in der Tang-Dynastie gebaut und mit 71 m Höhe der größte Buddha der Welt	113
27	Landschaft und Sehenswürdigkeit Wuyishan	Südliche Song	Stadt Wuyishan, Provinz Fujian	Mit wechselhafter Landschaft. Es ist das Zentrum der südöstlichen Kultur Chinas und wird „Dao Nan Li Ku" genannt.	133
28	Die Yungang-Grotten	Nördliche Wei	Stadt Datonbg, Provinz Shanxi	In der Nördlichen Wei gebaut, vom Osten bis zum Westen erstreckt es sich 1 km. Es gibt 53 Höhlen und insgesamt 51.000 Statuen. Majestätisch und emporragend.	81